本书得到国家自然科学基金面上项目（项目编号：71873011）和北
社会科学首都商贸发展研究基地的资助

农村数字普惠金融
发展研究

张正平◎著

STUDY ON
THE DEVELOPMENT OF
RURAL DIGITAL
INCLUSIVE FINANCE
IN CHINA

经济管理出版社
ECONOMY & MANAGEMENT PUBLISHING HOUSE

图书在版编目（CIP）数据

农村数字普惠金融发展研究/张正平著 . —北京：经济管理出版社，2023.7
ISBN 978-7-5096-9164-9

Ⅰ.①农… Ⅱ.①张… Ⅲ.①数字技术—应用—农村金融—研究—中国 Ⅳ.①F832.35

中国国家版本馆 CIP 数据核字（2023）第 142032 号

组稿编辑：曹 靖
责任编辑：郭 飞
责任印制：张莉琼
责任校对：蔡晓臻

出版发行：经济管理出版社
　　　　　（北京市海淀区北蜂窝 8 号中雅大厦 A 座 11 层　100038）
网　　　址：www. E-mp. com. cn
电　　　话：(010) 51915602
印　　　刷：唐山玺诚印务有限公司
经　　　销：新华书店
开　　　本：787mm×1092mm/16
印　　　张：24.25
字　　　数：490 千字
版　　　次：2023 年 8 月第 1 版　2023 年 8 月第 1 次印刷
书　　　号：ISBN 978-7-5096-9164-9
定　　　价：98.00 元

前　言

党中央、国务院高度重视发展普惠金融，并高度肯定了数字普惠金融的发展方向。党的十八届三中全会就明确提出发展普惠金融。2015 年《政府工作报告》则进一步提出，要大力发展普惠金融，让所有市场主体都能分享金融服务的雨露甘霖。2015 年 12 月，为推进普惠金融发展，提高金融服务的覆盖率、可得性和满意度，增强所有市场主体和广大人民群众对金融服务的获得感，国务院正式印发了《推进普惠金融发展规划（2016—2020 年）》（以下简称《规划》），标志着国家层面的普惠金融发展战略的正式出台。需要注意的是，《规划》明确指出，鼓励金融机构运用大数据、云计算等新兴信息技术，打造互联网金融服务平台，为客户提供信息、资金、产品等全方位金融服务。

2016 年，G20 杭州峰会发布了《G20 数字普惠金融高级原则》（以下简称《G20 高级原则》），提出了倡导利用数字技术推动普惠金融发展、平衡好数字普惠金融发展中的创新与风险、构建恰当的数字普惠金融法律和监管框架、扩展数字金融服务基础设施生态系统、采取负责任的数字金融措施保护消费者、重视消费者数字技术基础知识和金融知识的普及、促进数字金融服务的客户身份识别、监测数字普惠金融进展八项原则，"数字普惠金融"的概念也由此正式诞生。按照《G20 高级原则》，数字普惠金融可以理解为一切通过使用数字金融服务促进普惠金融的行为。

2021 年中央一号文件首次明确提出发展农村数字普惠金融。显然，作为乡村振兴战略实施的重要推动力量，农村数字普惠金融被寄予厚望。2022 年 2 月 28 日，《推进普惠金融高质量发展的实施意见》（以下简称《意见》）在中央全面深化改革委员会第二十四次会议审议通过。《意见》提出，要深化金融供给侧结构性改革，把更多金融资源配置到重点领域和薄弱环节，加快补齐县域、小微企业、新型农业经营主体等金融服务短板，促进普惠金融、绿色金融和科创金融等融合发展，提升政策精准度和有效性。要优化金融机构体系、市场体系、产品体系，有效发挥商业性、开发性、政策性、合作性金融作用，增强保险和资本市场服务保障功能，拓宽直接融资渠道，有序推进数字普惠金融发展。要完善普惠金融政策制定和执行机制，健全普惠金融基础设施、制度规则、基层治理，加快完善风险分担补偿等机制，促进形成成本可负担、商业可持续的长效机制。

在这样的政策背景下，我国农村数字普惠金融获得了长足的发展，并日益成为乡村振兴的有力金融工具。与此同时，2019 年笔者成功获批了国家自然科学基金面上项目"乡村振兴战略背景下我国农村数字普惠金融的形成机制及其风险治理研究（71873011）"，在该项目的资助下，笔者带领团队围绕农村数字普惠金融发展的相关问题展开了一系列研究，不仅关注了疫情冲击下我国数字普惠金融面临的机遇和挑战、农村商业银行（以下简称农商行）发展数字普惠金融的进展，而且特别关注了农村数字普惠金融发展中的风险以及农村数字普惠金融发展的影响因素，从人口老龄化、互联网使用、信息技术、省联社等角度进行了讨论，更重要的是，我们从多个维度研究了农村数字普惠金融发展的经济影响，例如，讨论了对农商行信贷投放、运营效率、绩效的影响，分析了对农业生产中资本替代劳动、农村劳动力自我雇佣、农村地区高中入学率等方面的影响，也为农村数字普惠金融发展提出了政策建议。

本书正是这些研究成果的集合。具体来说，本书主体部分由五篇共二十二章构成：

第一篇，农村数字普惠金融的发展现状。由疫情冲击下我国数字普惠金融的挑战与机遇、《G20 高级原则》视角下农村商业银行数字普惠金融的发展、金融科技在农业供应链金融中的应用及其完善、区块链技术在我国农村金融的应用及完善四章组成。

第二篇，农村数字普惠金融发展中的风险。由电子化对农村商业银行风险承担的影响、农村商业银行数字化转型对风险承担的影响、农村数字普惠金融发展中的风险及治理三章组成。

第三篇，农村数字普惠金融发展的影响因素。由人口老龄化对数字普惠金融发展的影响、互联网使用对居民金融素养的影响、信息技术发展对我国农户贷款规模的影响、省联社在农信机构数字化转型中的作用四章组成。

第四篇，农村数字普惠金融发展的经济影响。由数字普惠金融发展对农村商业银行涉农贷款投放的影响、数字金融发展对农村商业银行运营效率的影响、数字普惠金融发展对农信机构绩效的影响、数字普惠金融发展对农业生产有资本替代的影响、互联网金融发展对农信机构绩效的影响、数字普惠金融发展对农村劳动力自我雇佣的影响、数字金融发展对农村地区普通高中入学率的影响七章组成。

第五篇，农村数字普惠金融发展的政策建议。由农信机构数字化转型的误区与选择、发展农村数字普惠金融的路径选择、省联社数字化转型的应用实践和发展思路、贫困地区普惠金融发展的探索与思考四章组成。

此外，附录部分还收录了笔者在《金融时报》《中国银行保险报》等权威报纸上发表的有关农村数字普惠金融发展的六篇时事评论（或专访）。这些时事评论是笔者结合农村数字普惠金融发展的相关政策或实践变化应相关报纸的邀请撰写的"小文章"，可作为对主体部分的有益补充。

总体来看，本书可以看作是过去几年笔者对农村数字普惠金融发展问题研究的一个系统总结，这份总结有如下三个特点：

第一，主题明确。尽管本书的主体部分是由笔者近几年发表的若干篇相关学术论文整理形成的，但这些研究成果都是围绕农村数字普惠金融发展这个主题所展开的，分别涵盖发展的现状、发展中的风险、发展的影响因素、发展的经济影响以及发展的政策建议五个方面的内容，逻辑清晰，主题明确。

第二，内容丰富。自2016年G20峰会提出数字普惠金融的概念以来，尤其是2021年中央一号文件明确提出发展农村数字普惠金融后，学界、业界、政界均对农村数字普惠金融发展给予了较多的关注，笔者也积极投身其中做了大量的研究工作，不仅关注农村数字普惠金融发展的现状和风险，还重点讨论了农村数字普惠金融发展的影响因素及其经济效益，并从多个角度提出了建议，既有宏观的政策讨论也有微观的机制检验，内容比较丰富。

第三，观点鲜明。围绕农村数字普惠金融发展这个主题，笔者经过研究提出了若干独到见解，尽管只是"一家之言"，但笔者试图抓住重点、探求本质的努力是一如既往的，这些看法不免带有"个人色彩"，但观点无疑是鲜明的。例如，笔者认为，对标《G20数字普惠金融高级原则》，农村商业银行数字普惠金融的发展仍存在"认识不到位，资源投入有限""自主创新不足，服务同质化"等问题；作为迈向信息化、数字化的必然阶段，农商行电子化水平仍有待提高，无论基础设施电子化还是渠道电子化，均应以提高效率、强化风控为根本依归，努力平衡好金融创新与风险控制之间的关系。

必须说明的是，本书中的不少内容是与自己的研究生合作完成的，部分成果曾在"中国农村金融发展论坛""中国金融工程学年会""中国金融学者论坛""中国区域金融年会"等学术会议上进行交流，得到了同行专家的指点，一些内容以论文形式投稿给相关期刊过程中，还得到了编辑、审稿专家的指导。简而言之，本书在某种程度上可以看作是集体智慧的成果。由于不同文章发表时，有其相应的背景，本书对这些特定背景都予以了保留，以保持文章的特点与特色。如果本书能对我国农村数字普惠金融的发展或研究有所贡献，那一定离不开这些智囊的支持，如果书中有任何错漏或不当，请各位读者和专家批评指正。

最后，要特别感谢那些对笔者的学术研究给予过帮助的学界专家和朋友，他们是（排名不分先后）：中国社会科学院农村发展研究所的杜晓山、冯兴元、孙同全，中国农业大学经济管理学院的何广文、郭沛、何婧，中国人民大学农村发展学院的马九杰、周立、毛学峰，北京大学的黄卓、杨汝岱，对外经济贸易大学的吴卫星，首都经济贸易大学的尹志超，南京农业大学金融学院的周月书、董晓林、张龙耀，华中农业大学经济管理学院的刘西川，云南财经大学金融学院的熊德平，西南大学经管学院的温涛、王定祥，湖南大学金融与统计学院的王修华，北京化工大学经管学院的李宾，中央民族大学经济学院的吴本健，北京工商大学的杨德勇、倪国华、张伟、张迎新等同事以及我指导的那些研究生们。名单再长也难免遗漏，因此有必要衷心地说一句：谢谢所有给予过我帮助的领导、老师和朋友们！

　　农村数字普惠金融发展是一个长期的过程，本书只是一个阶段性的总结。面向全面乡村振兴、农业现代化和农业强国的伟大号召和实践需要，推进农村数字普惠金融高质量发展将是未来相当长一段时期内的重大课题。革命尚未成功，同志仍须努力，我们一起努力吧！

张正平

2023 年 1 月 1 日于阜光里

目　录

第一篇

农村数字普惠金融的发展现状

第二篇

农村数字普惠金融发展中的风险

第三篇

农村数字普惠金融发展的影响因素

第四篇

农村数字普惠金融发展的经济影响

第五篇

农村数字普惠金融发展的政策建议

附　录

农村数字普惠金融发展的时事评论

第一篇

农村数字普惠金融的发展现状

第一章 疫情冲击下我国数字普惠金融的挑战与机遇[①]

近年来，我国数字普惠金融发展势头良好。首先，我国数字普惠金融体系初步形成。我国已经形成了以政府积极推动数字设施建设、传统金融机构大规模应用数字技术提供金融服务、新兴金融科技企业提供高水平数字技术服务三方良性互动的发展格局。其次，我国数字普惠金融实现了跨越式发展。根据北京大学数字金融研究中心的测算，2018年省级数字普惠金融指数的中位值是2011年的8.9倍，指数值平均每年增长36.4%；在覆盖广度、使用深度和数字化程度方面都取得了长足进步。最后，我国数字普惠金融发展绩效突出。根据中国人民银行和中国银保监会联合发布的《2019年中国普惠金融发展报告》，截至2019年6月，我国人均拥有7.6个银行账户、持有5.7张银行卡，每10万人拥有ATM机79台、POS机2356台；全国使用电子支付的成年人比例达82.39%；2019年银行业金融机构离柜率总体超过85%（李伟，2020）。然而，突如其来的新冠肺炎疫情，不仅造成了我国经济运行的暂时停摆，也给数字普惠金融的发展带来了巨大的挑战，与此同时，为应对疫情给人民生产生活带来的不利影响，全国上下开展了积极的"抗疫"行动，又为数字普惠金融的发展带来了新的机遇。

一、疫情冲击下我国数字普惠金融面临的挑战

（一）数字金融业务竞争加剧

突如其来的疫情加快了金融机构转型升级的步伐。据中国银行业协会统计，

---

① 本章发表于《银行家》2020年第5期，作者为张正平、黄帆帆和卢欢，录入本书时略有修改。

疫情防控期间银行机构线上业务的服务替代率平均水平高达 96%。不难看出，一场升级版的银行业数字化转型浪潮已然到来。大型银行凭借着自身线上业务的长期积累和组织机制优势，可以较高效地实现疫情防控期间的数字化转型。例如，网商银行依托庞大数据资源不断优化"310"贷款模式，疫情防控期间联合同业机构发起"无接触贷款"助微计划，累计向湖北小店、全国医药类小微商家 14.6 万户发放贷款 46.8 亿元；光大银行深化"云缴费"服务，将各地分散的缴费业务集中接入云平台，2020 年 1 月 24 日至 3 月末，完成湖北省线上缴费 230 多万笔，服务用户 124.3 万户（李伟，2020）。但对中小银行而言，面对突发的疫情冲击，即使有国家利好的政策支持，仍感捉襟见肘、招架乏力。在疫情影响下，中小银行不仅受到来自资产端、负债端和权益端的直接冲击，还面临利润下降、道德风险和高杠杆风险等问题。腾讯等金融科技公司则凭借其在网络、数据方面的优势，在疫情防控期间为企业及个人提供了优惠便捷的信贷支持，还提供了许多数字生活服务。此外，根据众安金融科技研究院 2020 年 3 月发布的研究报告，受疫情影响，短期内保险公司业务面临一定压力，财险业务遭受较大的冲击，航空意外险、交通意外险等消费因出行或旅游计划的大幅减少而下降，行业排名前十的财险公司中有九家机构的业务规模出现了大幅萎缩。

（二）小微企业风控难度加大

在本次疫情中，小微企业是受影响较大的群体之一。北京大学数字金融中心研究员王靖一等（2020）的研究显示，在重点疫区湖北省，线下微型商户活跃商户量和营业额，较推算出的如果没有疫情发生的"反事实结果"，分别下降 59.3% 和 69.7%；而在全国其他省份，活跃商户量和营业额则分别下降约 40% 和 50%。从短期来看，受疫情影响，小微企业尤其是批发零售、住宿餐饮、物流运输等行业的收入锐减，导致企业入不敷出、流动性不足。对于那些实力薄弱的小微企业来说，不仅复工复产举步维艰，一些企业甚至走到了生死边缘，多半无力偿还到期的贷款。从长期来看，疫情引发的经济下滑将进一步恶化小微企业的生存环境。在经济系统中，小微企业抵御经济波动的能力往往是最弱的。中国人民大学中国普惠金融研究院的一项调查发现，疫情发生后的三个月是大部分企业的"生死线"，65% 的企业主表示自有资金只能维持不超过三个月的正常生产经营活动，58% 的企业主表示所有能借到的资金仅够维持不超过三个月的正常生产经营活动。事实上，部分小微企业面临的经营难题实质上并非疫情导致的，而是经济周期，或是订单、市场、财税等方面的问题。因此，对这部分小微企业而言，即使获得信贷支持，也只是暂时缓解资金流动性，延续其退出市场的时间，需要出台解决小微企业长期困难的政策措施。而且，疫情防控期间企业经营情况变化更加难以捕捉，外部政策调整也趋于频繁，这进一步增加了风险控制的难度。总之，对金融机构而言，疫情防控期间乃至疫情结束后相当长的一段时期内，为小微企业提供信贷服务都会承担比以往更大的风险，风控问题更加突出。

（三）农户金融需求降低

在疫情防控期间，各地采取的防控措施给农业生产经营活动带来了诸多不利影响。汪小亚和杨庆祥（2020）调查发现，由于农产品有存活率和保鲜度的特别要求，物流受阻对农户影响大于中小企业、个体工商户，90%以上的客户表示物流受限对农业生产和销售都有影响，对家庭农场和农民合作社影响相对较大。根据一亩田农业网的数据，对比春节前后 1 个月内农产品成交数据发现：全国农产品供货量下降了 11.1%，平台交易撮合数下降了 10.4%，其中湖北省农产品供货量下降了 90.5%，平台交易撮合数下降了 89.2%。农产品滞销的同时，农户的金融需求急剧下降。首先，疫情导致的物流受阻致使农产品滞销严重，尤其是畜禽产业受损失较大，在这种情况下，农户往往要面对沉重的经营损失，无力继续申请贷款进行生产经营或扩张生产规模，导致短期内农户的信贷需求减少。其次，对大规模种植、养殖的农户而言，由于种子、化肥及饲料的采购所需资金规模较大，疫情引发的交通阻塞致使种子等物资的采购难度加大甚至错过采购时机，使这部分资金需求有所降低。再次，疫情防控期间农户外出活动的次数、时间大幅减少，各类农业经营活动受到较大的影响，因经营而产生的金融需求也随之下降。最后，数字鸿沟的存在阻碍了农户的金融需求。在疫情防控期间，很多金融服务被迫在短期内迅速转变为线上服务，通过网上银行、手机银行等形式提供，但农户因为存在更大的数字鸿沟，金融素养水平普遍较低，对数字金融产品和服务短期内难以理解和接受，从而降低了其金融需求。

（四）数字基础设施建设受阻

数字普惠金融的发展，必须有相应的数字基础设施作为基础和保障。所谓数字基础设施建设，主要是指与数据相关的基础软硬件建设，包括网络、数据中心、云计算平台、基础软件等方面，大数据、云计算、物联网、人工智能、5G、区块链等则是其背后的核心技术。金融机构也纷纷加大了金融科技投入力度，据中国人民银行科技司司长李伟（2020）透露，2019 年主要银行业金融机构科技投入占营业收入的比例普遍超过 2.5%。突发的新冠肺炎疫情，对我国加速发展的数字基础设施而言是一场严峻的考验，其影响主要表现在相关设备器件生产商的生产延期以及相关设施建设的施工进度延缓等方面。一方面，受疫情影响，大部分企业复工复产大幅延后，造成数字基础设施建设所需的设备供货推迟。另一方面，道路交通的阻隔以及社区的封闭式管理，导致全国范围内的数字基础设施建设都出现了延缓。值得注意的是，疫情防控期间金融基础设施（包括各种支付清算系统以及基础征信系统等）的数字化建设进程也受到了较大的影响。由于金融基础设施是金融发展的重要物质基础，因此对数字普惠金融的发展也产生了一些阻碍。

二、疫情冲击下我国数字普惠金融面临的机遇

（一）政策支持力度加大

为应对疫情的不利影响，我国出台了一系列支持性政策，为数字普惠金融的发展创造了新的机会。从供给端来看，金融机构发展数字普惠金融获得了更有利、更有力的政策支持。首先，人民银行实行了更加宽松的货币政策，累计释放普惠金融定向降准资金约9000亿元，将普惠金融在银行业金融机构分支行综合绩效考核指标中的权重提升至10%以上，并降低中小银行拨备覆盖率20个百分点，银保监会鼓励金融机构对受疫情影响、仍有良好发展前景的小微企业通过调整还款付息安排、适度降低贷款利率、完善展期续贷、衔接等措施进行纾困帮扶，以上举措不仅为金融机构注入了流动性，降低了其资金成本，也促进了金融机构更多更好地开展普惠金融业务。其次，银保监会推行无接触贷款计划，鼓励金融机构积极拓展线上金融服务，强化网络银行、手机银行、小程序等电子渠道服务管理和保障，优化和丰富非接触式服务渠道和场景，这促进了金融机构线上业务的发展，提升了金融服务的数字化程度。最后，工业和信息化部明确将进一步加快数字基础设施建设，围绕5G网络、工业互联网、数据中心、基础软件等重点领域精准发力，培育壮大数字经济的新动能，这极大地激发了金融机构发展数字金融业务的热情，推进数字技术和数字产品的创新发展。从需求端来看，弱势群体使用数字金融服务的能力得到了恢复甚至加强。为降低疫情冲击，财政部、国家税务总局迅速推出了减税降费、社保减免、生产补贴等措施，积极帮扶各类小微企业、个体工商户；一些省份通过发放网络消费券、给困难民众发放现金补贴等形式刺激消费需求，助推企业复工复产；一些有责任感的企业推出了减免租金、延长账期、降低售价、发放消费券等优惠政策，降低小微企业、个体工商户、消费者的成本，帮助经济尽快回归正轨。这些措施的实施，不仅激发了市场需求，由于很多措施通过数字化形式推进，

还迫使弱势群体提升了数字金融的使用水平。

（二）发展空间得到拓展

疫情虽使中国经济按下暂停键，但也意外地为我国数字普惠金融的发展提供了新的契机。一是发掘了潜在的客户。受疫情影响，部分从未有过贷款的企业和个人可能出现临时性资金短缺，而医药器械、生鲜配送等行业及其上下游经营者可能扩大经营而产生资金需求，这为数字普惠金融业务发掘了大量的潜在客户。二是出现了需求反弹。疫情缓和后，出现了"抢工复产潮""报复性消费"等现象，农户积极备耕备产，农民加快返城务工，个体工商户、小微企业积极筹备开业就是最好的证明，由此带来更加强劲的投资、信贷等金融需求。三是增强客户黏性。自疫情暴发以来，很多金融机构勇于担当，"雪中送炭"，将更多的资源向缺乏金融支持的小微企业及"三农"群体倾斜，并通过简化业务流程、延迟贷款期限、降低贷款利率等方式帮助客户应对疫情冲击。据《四川日报》报道，新网银行开展"新网向蓉"战疫活动，为四川省内的小微企业主、个体工商户、创客等小微客户的复工复产提供20亿元的数字无抵押专项贷款，获得了客户的高度认可和好评。四是激发内生变革。此次疫情充分暴露了金融机构在业务流程、风险防控、产品设计等方面存在的问题，让其更加清晰地认识自身的不足，从而为其进行全面的转型、变革提供了动力。

（三）全社会数字化转型加速

疫情防控期间，数字技术在疫情防控、生产生活保障、复工复产等各个环节得到广泛应用，推动了数字化新业态、新模式、新应用的加速普及。数字技术除助力疫情防控外，还可能推动政府、企业、金融机构及民众行为模式的转变，加速全社会的数字化转型，为我国数字普惠金融的发展带来新的机遇。首先，受疫情影响，很多地方政府搭建了数字化治理平台，利用新一代信息技术及非接触式数字化技术提高了政府治理效率和政府服务能力。例如，浙江省充分运用云计算、大数据、人工智能等技术手段，形成了从疫情采集、防控隔离到疾病治疗，再到复工复产、尽快恢复生产生活秩序的一套全新的数字化治理体系。其次，企业进一步强化了数字化转型观念，加快了企业数字化产品和技术的应用，提高了数字化生产和经营水平。据《温州新闻》披露，温州的一家制鞋企业——红蜻蜓，线下4000家门店被迫关闭之后，积极开展线上销售，疫情防控期间线上业务增长了600%。再次，为应对疫情冲击，金融机构加速推出"线上金融服务"，利用数字技术搭建"非接触式服务"渠道，加速线上服务对线下服务的替代，推进数字化转型进程。据《金融时报》报道，疫情防控期间青岛农商行推出了"汇青客"线上金融超市，客户点击进入即可线上提交需求，全程零接触，上线一个月，"汇青客"客户点击量达63.9万人次，累计办理线上贷款、理财、车险等个人金融业务5970笔，金额达5.1亿元。最后，疫情使人们必须待在家里，人们的社交、消费等活动因此大幅减少，但依托互联网、智能手机、物联网，越来越多的民众开始接触并使用在线理财、在线消费等数字金融服务，一些农民和老人甚至因为疫情"被迫"生平第一次"触网"，进而接触、使用了"网上查询余额""在线领取养老金"等数字金融服务。总之，疫情下我国形成了数字化全民参与的格局，加快了全社会数字化转型的步伐，为数字普惠金融的发展创造了坚实的社会基础。

（四）科技赋能金融速度加快

疫情下，人们的工作和生活方式发生了改变，这种现实的约束为科技赋能金融提供了新的、更多的场景，促使金融机构加速发展和充分利用金融科技，积极探索各类非接触式金融服务渠道，提供更加具有针对性的数字金融产品和服务。事实上，受疫情影响，数字金融产品和服务获得了更多消费者的青睐。具体而言，一是依托5G、互联网、物联网等数字技术，疫情防控期间人们在线购物的频率、规模均大幅增加，网络支付、网络借贷、网络理财也因此变得更加普及。二是依托云计算和大数据风控模型的发展，以微众银行、网商银行、新网银行为代表的互联网银行以及腾讯金融等金融科技企业则进一步扩大了市场规模，成为疫情防控期间一些有贷款需求者的首选。据《四川日报》报道，2020年第一季度，新网银行小微贷款增速不降反增，而且高于其行内各项贷款增速8.18个百分点，累计服务小微企业客户达6.5万户。三是得益于大数据技术的进步，受疫情影响保险意识增强的人们仍可以通过网络购买医疗险、人寿险等险种，推动了互联网保险的发展。四是得益于AI技术的发展，封闭在家的个人和机构投资者都可以利用智能投顾购买理财产品和基金产品，智能客服中心与远程银行"照常营业"，非接触式服务得到广泛推广。与此同时，以支付宝、微信支付等为代表的数字金融平台与"支付宝健康码""微信抗疫服务"等数字管理系统紧密配合，为人们提供了更加精准高效的金融服务，受到了普遍欢迎。总之，疫情没有阻止数字技术的发展，反而促进了原本"孤岛般"的个人大数据的整合和线上办公、购物、培训等活动的广泛应用，为数字普惠金融的大发展提供了坚实的基础。

三、进一步推进我国数字普惠金融发展的对策

（一）强化政府的支持和引导

为应对疫情带来的挑战，发展数字普惠金融必须强化政府的支持和引导功能。首先，要更加积极地运用货币政策。既要积极运用定向降准、再贷款、再贴现、差别化存款准备金等货币政策工具，降低社会融资成本，也要鼓励和引导金融机构更多地将新增或者盘活的信贷资源配置到小微企业和"三农"等领域。其次，要更加灵活地运用财政政策。既要为复工复产发挥更加积极的财政政策职能，也要立足公共财政职能，完善、用好普惠金融发展专项资金，对普惠金融相关业务或机构给予更有力度的支持。再次，要大力健全金融监管机制。既要推进监管科技能力建设，探索构建穿透式监管、监管沙盒等新型监管模式，也要协同推进金融科技创新和监管科技创新，建立适应数字普惠金融发展的监管组织架构和运营模式。最后，要继续加强地方配套支持。鼓励各级地方政府通过优化营商环境、降低土地租金、提供税收减免或给予补贴、奖励等方式，激励和引导企业和科研院所加大数字技术研发的力度，激励和引导各类金融机构加大数字金融产品的创新力度，瞄准小微企业、"三农"等弱势群体发力，推动数字普惠金融更快的发展。

（二）推动参与主体的竞合发展

疫情影响下推动数字普惠金融的发展，要求各类数字普惠金融参与主体都必须树立更加开放包容的发展理念，既要相互竞争，更要适度合作，共同打造良性的发展生态。一是要建立市场规则为良性竞争创造条件。一方面，要尽快确立各类数字技术的行业标准，为科技企业的技术创新创造条件；另一方面，要尽快明确数字金融产品与服务的监管规则，为金融机构和相关企业创新数字金融产品提供指引。二是要积极探索开放银行模式，利用开放 API（应用程序编程接口）技术，实现与第三方机构间的数据共享，使金融服务融入各类生产生活场景，充分利用疫情带来的商机。三是要大力支持传统金融机构和互联网企业、金融科技企业加强合作，采取产品采购、技术输出、业务培训、交叉持股等方式，充分利用大数据、AI、区块链等数字技术，共同推进面向"三农"和小微客户的数字金融产品和服务的创新。

（三）提升金融机构的数字服务能力

疫情冲击下，数字普惠金融的发展要求金融机构应大力提升其数字服务能力。一是要加快机构的数字化转型进程。不仅要在发展战略上明确数字化转型的目标和步骤，还要在资金投入、人才聘任、岗位设置、组织架构等层面推进数字化转型战略的落实。二是要加强机构数字化转型的制度建设。围绕数字化转型提升金融机构的数字化服务能力，离不开扎实有效的制度支撑，既要制定数字化转型的发展战略、工作规划，也要出台相关的选人用人标准和薪酬政策，还要建立数字化转型的协同机制、营销方案。三是要因地制宜推进数字金融产品和服务创新。金融机构既可以通过与金融科技企业合作、采购等方式直接引入数字产品，也可以通过参观考察、学习培训、自主研发等方式间接发展数字金融产品与服务。四是要注重运用数字技术提高风控水平。不仅要利用大数据、AI等数字技术构建符合机构特色的智能风控模型，优化信贷风险决策，还要建设线上线下相互结合的贷款质量监测平台，加强贷后风险管控。

（四）加强数字基础设施建设

首先，要加快数字基础设施核心技术攻关。一方面，由工业和信息化部牵头，有效整合高校、科研院所、科技企业的研究力量，组建分工明确、任务清晰、保障有力的科研团队；另一方面，要聚焦数字化转型的重大需求，加大5G增强技术、6G技术研发支持力度，推动创新链、产业链、资金链、政策链的精准对接。其次，要进一步夯实互联网的支撑能力。一方面，要进一步提升全民的互联网普及率，另一方面，要稳步推进互联网协议第六版（IPv6）的部署和5G网络建设，尤其是在金融行业的规模部署和应用步伐，助推各类支付清算系统功能的完善和金融信用信息基础数据库建设。再次，要进一步培育丰富各类应用场景。坚持应用导向、需求导向，持续丰富"数字基建"的应用场景，推动数字基建与制造、能源、交通、农业等实体经济领域融合发展，为数字金融的创新创造更多的应用空间。最后，要注意区域协调发展。重点加强中西部、农村及偏远地区的数字基础设施建设，缩小区域间的数字鸿沟，补齐数字金融发展的基础设施短板，减少弱势群体获得金融服务的现实障碍。

第二章 《G20 高级原则》视角下农村商业银行数字普惠金融的发展[①]

一、引言

2015 年 12 月，国务院印发了《推进普惠金融发展规划（2016—2020 年）》（以下简称《规划》），《规划》指出发展普惠金融是全面建成小康社会的必然要求，而早在 2013 年，党的十八届三中全会就提出要发展普惠金融，并在此后数年致力于实践。一直以来，农村商业银行（以下简称农商行）都是我国农村金融的中坚力量，也是推动农村普惠金融发展的中坚力量，然而，我国普惠金融发展仍面临低收入群体金融普惠性不足、小微企业金融支持不足等问题。

2016 年，G20 杭州峰会提出《G20 数字普惠金融高级原则》（以下简称《G20 高级原则》）（见表 2-1），这是国际社会关于数字普惠金融发展的共识，旨在推动各国加强数字技术在金融领域的应用。2018 年 8 月 9 日，京东金融研究院与中国社会科学院中小企业研究中心共同发布了《普惠金融数字化转型的行业实践》报告，提出数字科技改变了传统普惠金融的信贷逻辑，为农业等普惠金融的阵地带来了市场增量，数字普惠金融是普惠金融发展的必经之路。

表 2-1 《G20 高级原则》内容及其基本含义

内容	基本含义
倡导利用数字技术推动普惠金融发展	促进数字金融服务成为推动包容性金融体系发展的重点，它包括采用协调一致、可监测和可评估的国家战略和行动计划

[①] 本章发表于《农村金融研究》2019 年第 3 期，作者为张正平、刘旭晶和夏海，录入本书时略有修改。

续表

内容	基本含义
平衡好数字普惠金融发展中的创新与风险	在实现数字普惠金融的过程中，平衡好鼓励创新与识别、评估、监测和管理新风险之间的关系
构建恰当的数字普惠金融法律和监管框架	充分参考 G20 和国际标准制定机构的相关标准与指引，构建恰当的数字普惠金融法律和监管框架
扩展数字金融服务基础设施生态系统	扩展数字金融服务生态系统，包括加快金融和信息通信基础设施建设，用安全、可信和低成本的方法为所有相关地域提供数字金融服务
采取负责任的数字金融措施保护消费者	创立一种综合性的消费者和数据保护方法，重点关注与数字金融服务相关的具体问题
重视消费者数字技术基础知识和金融知识的普及	根据数字金融服务和渠道的特性、优势及风险，鼓励开展提升消费者数字技术基础知识和金融素养的项目并对项目开展评估
促进数字金融服务的客户身份识别	通过开发客户身份识别系统，提高数字金融服务的可得性，并能适应以基于风险的方法开展客户尽职调查的各种需求和各种风险等级
监测数字普惠金融进展	通过全面、可靠的数据测量评估系统来监测数字普惠金融的进展

资料来源：全球普惠金融合作伙伴组织（2016）。

近年来，我国金融科技行业迅猛发展，对金融业的转型发展产生了重要影响，利用金融科技解决发展痛点已经成为农商行推动数字普惠金融发展的新契机。本章从《G20 高级原则》视角出发，分析了我国农商行近年来应用金融科技推动数字普惠金融发展方面所采取的举措，揭示存在的问题，剖析导致问题的原因，并提出相应的政策建议。

二、农村商业银行应用金融科技发展数字普惠金融的现状

（一）积极应用金融科技

抵押物不足、融资额度小和信息获取成本高等问题一直是农村金融面临的主要难题。随着数字化浪潮的兴起，各地农商行开始借助金融科技企业提供的平台和大数据等技术，创新服务和产品，不断提升数字普惠金融发展水平（见图 2-1）。

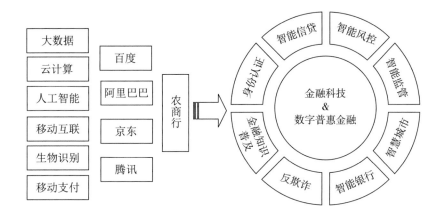

图 2-1 金融科技与数字普惠金融的融合

1. 智能信贷

农村地区客户通常由于无法提供全面的财务资料和抵押担保而陷入融资困境，因此农商行必须寻求新的信息获取渠道以建立新的客户评级模型进而达到授信放贷的目的。大数据具有类型多、数量大和处理速度快等特点，通过收集、分析大量数据获取有价值的信息，建立算法模型，能够发现数据内在规律，最终形成新的商业模式，这为农商行建立新的信用评级模型、开展信贷业务提供了思路。

表 2-2 梳理了部分农商行利用大数据技术分析客户信息实现自动征信和放贷的情况，可见农商行的智能信贷模式是通过联合党政机关或自助采集获取客户数据，然后运用大数据技术将这些信息转化为不同类型的指标进行回归分析，建立客户信用评价模型，将传统的人工手动征信转变成系统自动征信，将信贷业务从"人力密集型"转化为"智力密集型"和"数据密集型"，从而大幅降低农商行的信贷风险和运营成本。

表 2-2 部分农商行利用大数据技术实现自动征信和放贷的情况

贷款业务	信息获取	征信及放贷方法
民丰农商行"信用贷"	联合党政机关获取	从江苏省相关党政机关获取客户在征信、税收、社保、公积金、水电费缴纳、生产经营等方面信息、搭建信用库、建立客户评分模型、系统自动授信放贷
濉溪农商行"金农信 e 贷"	联合政府机构获取	从淮北市智慧城市数据库获取客户信息、利用大数据技术建立信贷模型、客户自助申请贷款、系统自动放贷
云龙农商行"微信贷"	联合政府机构获取	联合政府采集农户信息、运用"大数据+互联网"技术批量建档、建立农户信息管理系统、自动评级授信放贷
高密农商行"V 贷"	自助采集	自助采集客户信息、建立信用风险量化模型、系统自主对客户进行评级、测算额度和贷款利率、自动放贷

贷款业务	信息获取	征信及放贷方法
泗阳农商行"E阳快贷"	自助采集	采集客户信息、建立客户信息库、基于大数据和机器学习算法建立授信模型、系统自主审批、网点收取贷款

资料来源：笔者整理。

2. 智能风控

信贷风险是我国商业银行面临的主要风险，随着商业银行互联网化的趋势加剧，利用金融科技防范信贷风险成为银行未来角逐的核心竞争力。而且，随着电子化管理普及，银行职务犯罪的智能化特点日益显著，利用金融科技构建内部监控框架，也是《G20 高级原则》所倡导的数字普惠金融发展方向。

例如，昆山农商行利用大数据和人工智能技术建立"智能风控模型"，提炼不良贷款企业的共性，有针对性地对具有共同风险特性的企业进行重点排查和筛选，达到信贷风险防控和预警的目的；兴化农商行利用人工智能技术收集系统定期自动获取的定量信息和人工录入的定性信息，建立"小企业早期预警模型"，达到批量化预警的目的。

3. 电子银行

交易成本高是农村金融服务匮乏的重要原因，农村客户面临的地理排斥等金融排斥加剧了交易成本的提升。移动互联网的发展和手机的普及为解决地理排斥等问题提供了新思路，基于移动支付技术，农商行先后推出了手机银行、微信银行等一系列电子银行。

（1）手机银行。手机银行又称移动银行，是指利用手机来完成查询、转账、理财等金融交易，可以有效解决网点缺位和金融服务空白问题。例如，泉州农商行在手机银行的基础上开设"巧妇贷"项目，以纯信用方式授信，最高额度可达30万元，实现贷款业务全程在线办理，满足了辖区内城乡妇女在创业、生产、经营和家庭消费等方面的资金需求。

（2）微信银行。自 2013 年 7 月招商银行推出全国首家"微信银行"后，各大商业银行包括农商行相继开通了微信银行。表 2-3 梳理了部分开通微信银行的农商行及其提供的主要服务。由此可见，微信银行主要为客户提供开户、转账、贷款申请等基础服务和生活缴费、理财咨询、网上商城等特色服务。微信银行的出现进一步缓解了农村地区的地理排斥问题，推动了移动支付在农村地区的发展，显著提升了农商行服务"三农"的效率。

表 2-3 部分开设微信银行的农商行及其服务的情况

农商行	地区	功能		
		借记卡服务	信用卡服务	特色服务
北京农商行	北京	开卡、查询、转账	信用卡办理	生活缴费、网上商城
上海农商行	上海	转账、贷款申请	账户查询	理财咨询、移动商城
广州农商行	广东	开卡、贷款申请	信用卡办理	预约开户、网点查询
深圳农商行	广东	账户查询、转账、贷款申请	信用卡办理、积分查询	理财、生活缴费
武汉农商行	湖北	查询、挂失解绑、贷款申请	无	网点查询、理财、网上商城

资料来源：笔者整理。

（二）构建数字金融生态系统

数字金融生态系统的核心是在不改变金融功能和本质的基础上，对交易技术、交易渠道和交易方式等方面的创新（黄浩，2018）。《G20 高级原则》指出，扩展数字金融生态系统需要加快信息通信等互联网基础设施的建设，提高使用交易账户的整体便利性。农商行推动数字生态系统建设的进展主要有以下两个方面：

1. 智慧城市

我国已有多家农商行与科技企业进行合作，助力智慧城市发展。例如，张家港农商行联合腾讯建设"移动智慧城市"，打通多种线上支付场景；江都农商行推出"银铁通"①，实现取款售票一体化；潍坊农商行联合京东开设"无人超市"，打造全程自助购物科技旗舰店；淮海农商行联合腾讯在徐州东站停车场推出"腾讯无感支付"②，实现停车缴费无卡化，并打造"银行+公共服务"的生活服务平台，在线办理生活缴费和日常购买等业务，平均月办理各项便民业务近 20 万笔，为 3 万余户家庭提供优质便捷的代缴费服务③；青岛农商行等则开设了自己的电商平台，一些农商行还推出聚合支付二维码。

2. 智能银行

2009 年，花旗银行最先将"智能银行"的理念引入中国，到 2018 年，智能银行在我国已经发展成为新零售银行、DIY 银行、无人银行等不同种类。智能银行突破了传统物理网点在服务时间、地点和流程等方面的限制，实现了银行对客户的全方位服务。例如，北京农商行打造智能银行金融旗舰店，由智能设备扮演业务处理员的角色，省去单据填写过程，已能办理 90% 以上的柜台业务；东阳农

---

① 一款融合银行 ATM 功能和铁路客票售票功能的自助设备。
② 腾讯无感支付是基于停车场智能管理系统推出的便捷支付技术，车主只需在微信上绑定开通免密支付淮海农商银行卡，即可实现停车无卡扣费。
③ 资料来源：http://baijiahao.baidu.com/s？id=1597578835417176279&wfr=spider&for=pc。

商行建设的智慧银行由智能机器人、智能预处理设备、智能机具、ATM 存取款机和高清触控屏构成，客户可根据需要自行办理业务。

（三）发展数字化保护措施

伴随移动支付的快速发展，消费者面临的网络风险也日益突出：一是当前技术应用可能存在漏洞，致使各类诈骗事件层出不穷；二是农村客户尤其是中老年客户缺乏防范意识，识别能力差，加剧了网络诈骗的发生（张正平等，2016）；三是监管不到位促使了不法分子产生诈骗动机。因此，《G20 高级原则》倡导采用数字化措施保护消费者的利益。

农商行通过对个人用户各种交易行为的时间和空间多维度分析，提炼客户群体信息的共性特征，以达到反欺诈的目的。例如，东莞农商行通过收集客户注册登录和交易等信息，构建"交易反欺诈系统"，对渠道交易和重点业务的关键风险点进行筛选、甄别、预警和控制，及时发现并提示相关的交易风险，有效预防外部欺诈可能造成的客户资金损失。

（四）提升消费者金融素养

据中国人民银行发布的《消费者金融素养调查分析报告（2017）》，农村消费者在金融知识水平、金融技能等方面都明显落后于城市居民，且风险防范和反欺诈意识严重不足。农商行利用微信群和公众号推文传播金融知识，有助于提高农村消费者金融素养。例如，贵州凯里农商行在微信上开办"微信金融致富学校"，建立了 7 个"农户金融服务信息交流群"，引导村民入群学习相关金融知识，提升消费者反欺诈意识。从表 2-4 统计的情况来看，农商行利用公众号推文对农村消费者进行金融知识教育具有明显的优势和可行性。

表 2-4　2018 年 6 月 8~14 日微信公众号发文阅读量 Top5 的农商行

单位：人次，篇

排名	微信公众号名称	阅读总量	平均阅读量	发文数量
1	南安农商银行	153944	4528	34
2	北京农商银行 e 服务	61671	7709	8
3	昆山农商银行	53212	10642	5
4	江西省农商银行	32911	2194	15
5	太仓农商银行	27966	3111	9

资料来源：微信公众号"今日农商行"统计数据。

（五）开发客户身份识别系统

身份认证是保障信息安全的核心技术之一，银行认证客户身份的传统方法是利用专业身份证识别机和公安部身份核查系统核查身份证上号码是否真实，然后对比两者的信息是否一致，但人工对比容易出现差错。生物特征识别技术通过可测量的身体或行为等生物特征进行身份认证，具有显著的优势，不少农商行通过指纹识别和人脸识别技术进行客户身份认证。

例如，2016 年深圳农商行在柜面、自助终端业务中引入指纹模块，客户在识别认证通过后，即可办理相应的业务，既增加了银行业务办理渠道，又起到分流的作用，并提高了风险防控能力；2018 年 4 月，民丰农商行和海口联合农商行相继在手机银行端开通了人脸识别功能，提高了客户移动支付的安全性和便捷性，是农商行应用信息技术的又一创举。

三、农村商业银行数字普惠金融发展存在的主要问题及其原因

（一）存在的主要问题

尽管很多农商行在业务中已经开始应用金融科技，降低客户交易成本，推动数字普惠金融的发展，但其提供的服务与大型商业银行和金融科技企业相比仍有很大差距，尤其在数字技术赋予中国普惠金融弯道超车的四大优势上仍显不足，主要表现在：

1. 发展不均衡，基础设施落后

由于地域经济和金融发展不平衡，导致各地农商行数字普惠金融发展水平差异极大。一方面，经济欠发达地区的农商行金融基础设施建设落后，缺乏应用金融科技的基础条件；另一方面，大部分农商行的数字普惠金融发展处于起步阶段，金融产品和金融服务的供给仍然难以满足社会各类群体的需求（王国刚，2018），服务可获得性仍显不足。

2. 认识不到位，资源投入有限

金融科技已经成为促进金融发展的重要因素，但大部分农商行对金融科技的认识仍不到位，对正在变革的行业没有任何研究储备和资源布局（李东荣，2018），在智慧银行和智能投顾等方面的建设能力不足，在供应链金融和消费金融

等前瞻性创新中处于跟随地位，技术差距明显。

3. 自主创新不足，服务同质化

大部分农商行缺乏自主创新能力，在业务经营和产品开发方面选择跟风大银行。由于自身发展基础薄弱，技术开发应用能力不足，农商行难以解决新旧系统的替代或并行问题，提高了系统维护成本，因此往往选择简单模仿大银行的产品和业务，由此导致服务同质化现象严重，对农户和农村小微企业需求特点关注不多。

4. 难以平衡创新和风险，风险防控不足

科技驱动金融创新的同时也可能带来新的技术风险，甚至诱发系统性风险（杨东，2018），但农商行在应用金融科技时却容易忽视这些新风险，加之农商行的风险管理制度不完善，风险防范意识淡薄，尤其是在交易路径复杂、行业链条较长的情况下，极易引发支付风险的蔓延，而且，农商行往往对创新引致的风险缺乏必要的防控，因此可能导致更加严重的后果。

（二）问题产生的主要原因

1. 体制机制约束

首先，经营体制的约束。一方面，由于农商行脱胎于农信社，所以大部分农商行还保留着农信社的运行模式，但这种模式已经难以满足农商行当下的发展需要；另一方面，我国大多数省份仍实行省联社模式，这种集权式行政管理限制了农商行自主发展（何广文和何婧，2015）。

其次，监管体制的约束。受监管部门的约束，农商行的风险容忍度远低于金融科技企业，创新业务的监管制约明显；严监管的政策下，我国农商行大多为偏居一隅的小法人机构，不能跨省经营，导致农商行缺乏全国影响力，盈利空间十分有限，难以"走出去"，也难以"引进来"。

最后，创新机制的约束。农商行承担的"支农支小"职责与改制后的商业银行角色存在一定的冲突，极易产生"农"与"商"的矛盾，弱化农商行的创新动力；并且，在既有体制下，农商行受制于省联社，作为独立法人的农商行往往缺乏创新激励。

2. 生产要素约束

首先，资金约束。资金是农商行发展金融科技的重要制约，并且资金约束还会导致技术约束和人才约束。我国农商行虽然总量庞大，但个体差异巨大，受经济增长放缓和大型商业银行降维竞争等因素的影响，加之传统盈利模式不适应新型业务的快速变化，农商行的市场份额逐渐缩小，总体资产利润率不断下降，进一步加剧了资金约束。

其次，技术约束。农商行普遍技术储备不足，技术更新资金投入有限，而且金融科技的投入周期长见效慢的特点使农商行依靠自身的力量难以跟上行业现有水平，只能依靠同行业的技术输出，加大了农商行与其他大型商业银行之间的技术差距。

最后，人才约束。农商行往往缺少"科技+金融"的复合型人才。一方面，受盈利能力的限制，农商行提供的薪资水平对优质人才缺乏吸引力，难以引进和留住高技术人才；另一方面，由于人才管理和考核机制不健全，大多数农商行仍停留于以前台关系型营销为主导的阶段，也难以留住优质人才。

3. 经营理念约束

一方面，农商行缺乏合作意识，"单打独斗，独来独往""各自为政"等理念加剧了行内恶性竞争，使大部分农商行无力他顾。

另一方面，大部分农商行仍怀有"规模情结"和"速度情结"，以规模论英雄，盲目追求市场扩张，忽略发展效益。

此外，农商行客户金融素养普遍不足也是重要的外部原因。农商行的客户大部分是农村人口，这类客户尤其是老年群体金融素养普遍较低，天然抵触看不见摸不着的虚拟化银行服务，接受手机银行和微信银行这类电子银行新生事物的速度较慢，导致农商行缺乏足够动力开发应用数字技术创新金融服务。

四、进一步促进农村商业银行数字普惠金融发展的对策

（一）改革体制，培育良好的市场环境

一方面，要着力改革农商行的经营体制，逐步弱化省联社的管理功能、强化其服务功能。具体来看，推进省联社模式改革，重点在于逐步赋予农商行更多自主决策权，不妨从产品创新、人才引进等领域入手，促进农商行更加深入地融入金融科技发展浪潮。

另一方面，要积极推进改革农商行监管体制，探索更富灵活性、更具穿透力的监管体制，建立有利于公平竞争的市场环境。第一，在风险可控的前提下，鼓励农商行进行产品和业务创新，激发其应用金融科技的潜力，并适当提高其风险容忍度；第二，适当修订相关监管规定，促进农商行与各类金融机构、金融科技企业公平竞争，引导农商行与金融科技企业合作。

（二）完善机制，增强技术储备能力

一方面，要完善农商行人才引进和考核机制。第一，农商行要加大复合型人

才的招聘力度，建立更富吸引力和激励的薪酬体系，争取引进跨界高素质专业人才；第二，对高科技人才或数字技术研发团队，借鉴金融科技企业经验，探索建立更加灵活的考核机制，畅通科技人才晋升通道，大力培养研发人才，加大对技术变革的关注，增强农商行的技术储备能力。

另一方面，要完善农商行创新机制。建议从企业文化和管理制度的角度不断完善企业创新机制：首先，将创新精神提升至企业战略地位，在农商行内部形成鼓励创新、尊重创新的共识，逐步形成鼓励创新的企业文化；其次，要加强制度建设，修订管理制度，在考核、晋升、奖惩等方面增强创新激励，提升自主创新能力。

（三）转变理念，加大行业合作力度

一方面，在经营理念上，农商行要从各自为政转向合作共赢。第一，依托行业协会平台（如中国银行业协会、农商银行联盟等），加强同业交流合作，取长补短，抱团发展，将产品、信息和资金等资源在联盟内共享；第二，农商行应积极主动与金融科技企业进行合作，通过购买服务、签署合作协议等方式在产品设计、流程再造、风险控制等领域加大合作，提升其应用金融科技的能力，推动数字普惠金融的发展。

另一方面，在发展理念上，农商行要从追求速度和规模转向提质增效。具体地，农商行应以质量和效益为导向，由"做大做强"转向"做精做细"，深耕农村金融市场，推动农村金融业务与金融技术的深度融合，将价格竞争转为产品差异竞争，提升客户黏性和满意度。

（四）提升素养，夯实基础设施建设

一方面，要进一步加强金融知识宣传，提升客户金融素养。不仅央行、银保监会要继续开展金融知识进万家等活动，还应该将农商行等金融机构开展金融知识宣传的情况纳入监管考核的范畴，同时督促各级地方政府加大投入，通过组织培训、宣讲或利用微信等社交媒体宣传等方式，大力提升农户的金融知识水平，弥补"数字鸿沟"。

另一方面，要进一步夯实基础设施建设，降低农村数字普惠金融成本。在一些经济落后的地区尤其是偏远的贫困山区，电力、网络、通信等基础设施的覆盖还不到位或供给质量不高，成为农商行发展数字普惠金融的首要障碍，由于这些数字基础设施属于公共品，因此，需要各级政府协调配合，进一步加大资金投入力度，夯实金融科技应用的基础。

第三章 金融科技在农业供应链金融中的应用及完善[①]

一、引言

近年来，随着我国乡村振兴战略和数字乡村计划的实施，尤其是以大数据、云计算、区块链、物联网、人工智能等为代表的金融科技与传统农村金融的融合发展，农村金融市场的发展呈现出全新的"数字"面貌，2021年中央一号文件进一步明确提出发展农村数字普惠金融，为金融科技应用于传统农业供应链金融实现创新发展提供了新的契机和政策支持。

基于此，本章重点关注农业供应链金融领域金融科技的应用问题，在揭示传统农业供应链金融存在的不足后，深入分析了区块链、大数据、人工智能、物联网等金融科技在传统农业供应链金融领域应用的技术原理、实践案例和面临的挑战，进而提出进一步发展的建议。

二、传统农业供应链金融的不足

（一）风险控制机制不完善

随着农业供应链转型升级带来的多产业融合发展、供应链延伸和供应链生态

---

① 本章发表于《银行家》2021年第3期，作者为张正平、黄帆帆和卢欢，录入本书时略有修改。

圈的扩大，供应链上的经营主体及相互业务往来会越来越多，这会形成非常多的新的委托代理关系，而这其中必定存在更多的操作风险、欺诈风险，也意味着更多的信息不对称。面对农业供应链金融中存在的若干风险，传统的管理手段及经验已无法有效应对。虽然传统金融机构、核心企业、物流公司以及电商平台等经营主体具有较强的资金实力，但它们各自应用的风险控制模型往往并不一致且相互不能兼容，农业供应链金融中所需掌握的资金流、物流和信息流也无法实现及时有效地对接和比较，这导致了传统农业供应链金融的风险控制手段一直没有突破性的创新，难以有效提高农业供应链金融服务的效率。

（二）产品及服务单一

传统的农业供应链金融仅为供应链上游的企业提供基于订单、应收账款等有实际贸易背景的融资，贷款多为生产性资金。由于资金是农业供应链上企业最大的需求之一，因此，农业供应链上的金融企业主要利用信贷产品来吸引客户，进而抢占优质客户资源。然而，即便存在激烈的市场竞争，各金融机构提供的农业供应链金融产品依旧非常相似，产品及服务同质化严重。近年来，随着农村经济的快速发展，农业产业化、规模化趋势明显，对规模更大、期限更灵活的资金产生了较多的需求，然而，传统的农业供应链金融却不能提供有效的解决方案。而且，由于农业供应链金融是依托于供应链中的信用逻辑提供资金支持，因此比其他金融产品的风险更高，这进一步压缩了农业供应链金融的发展空间（陆岷峰，2020）。

（三）获客渠道狭窄

一方面，农业供应链的发起主体主要是核心企业或者是金融机构。一般情况下，在开展供应链业务时大多是发起主体在经营所在地寻找合适的合作伙伴，没有找到合适的合作伙伴，便很难开展农业供应链金融业务。另一方面，传统的农业供应链金融只能为企业提供贷款，无法提供其他的增值性服务来增加客户的黏性，竞争力不强。在这种情况下，只能利用地缘优势发展的传统农业供应链获客渠道就变得十分单一了，也很难找到匹配的客户资源，这进一步制约业务大范围开展。

（四）多方合作难以协调

首先，银行单独发挥的作用有限。在我国金融发展过程中，商业银行始终发挥着核心作用，如果其在农业供应链金融业务的开展上缺席，那么金融资源就不能得到最优的配置。而银行围绕农业供应链开展的业务在其所有业务中占比极低，相对于其在农业供应链中存在的应收账款闲置问题，其产品创新的力度和所占的市场份额明显不足。其次，银行不能与其他金融机构有效的合作。虽然当前已有部分银行与一些小额贷款公司、数字金融平台开展了合作，但是从整体情况来看，银行与其他金融机构之间普遍缺乏信任，信息孤岛状况严重，农业供应链金融未获得充分的发展。最后，农业企业与农户的合作大多有短期、松散的特点，农业供应链易受到违约风险的冲击而处于不稳定的状态，严重的甚至导致信用链断裂，威胁农业供应链金融的系统安全。

三、金融科技在农业供应链金融中的应用

近年来，随着以大数据、云计算、区块链、物联网、人工智能等为代表的金融科技的快速发展，尤其是金融科技在传统农业供应链金融领域的应用，充分展现了金融科技的技术优势，有效地解决了传统农业供应链金融发展中的痛点，极大地提高了农业供应链金融的运行效率，成为我国农村数字普惠金融发展的一个重要方向。

（一）大数据、云计算+农业供应链金融

相对于传统农业供应链金融仅依靠会计报表进行企业的风险评估，大数据和云计算技术在农业供应链金融中的综合运用，不仅能准确识别有效信息，通过模型和机器算法使结论量化、更加精准，还能更加准确地预测链内企业的发展前景，更具全面性和客观性。从技术原理方面来看，大数据和云计算技术既能将农业供应链内发生的经济活动绘制出详细的数据图谱，又能直接用数据语言对农业供应链内企业进行可穿透式管理，从而在解决信息管理中不对称问题的同时弥补了传统管理中的技术短板。

在实际应用方面，苏宁易购基于数以亿计的交易数据，依托云计算技术与传统金融机构开展合作，将农业供应链的龙头企业作为信息的担保方或提供方，为链内的经销商、代理商及农户提供金融服务；新希望金服①则依托新希望集团的数据储备，建立了大数据风险管理模型，从客户准入、贷前审核、贷中监控和贷后管理等方面实现全面智能化管理，给客户提供纯信用、免担保的"好养贷"产品，在客户使用过程中，新希望金服不断积累客户生产信息、信贷信息等，进一步丰

① 新希望金服是新希望集团打造的泛农业产业科技与金融服务平台，利用互联网、物联网、人工智能、大数据等技术，与新希望集团现有农牧业版图共同协作，专注于中小微企业信贷领域。

富完善数据库，不断升级迭代风险管理模型（刘利科和任常青，2020）。

在今天的数字时代，数据已经成为一种新的生产要素，但大数据、云计算技术应用于农业供应链金融仍面临不少难题。一方面，数据共享难。在农业供应链上，银行可以根据核心企业与上下游企业之间签订的真实订单和应收账款等交易单据对链内提供质押、贷款等金融服务。然而，由于我国在数据保护方面的法律法规还不完善，企业普遍担心银行或其他金融机构可能将企业重要的数据出售给竞争对手或第三方，从而导致本企业的市场竞争力削弱，损害企业利益（申云等，2018）。在这种情形下，企业不愿意与银行等金融机构共享数据，这是当前农业供应链金融利用大数据面临的一大难题。另一方面，数字质量没有保障。由于农业供应链各成员企业开展的业务较多、涉及面较广，很难对信息进行标准化、规范化的公开披露，使金融机构获得的企业数据质量较低（张东博，2017）。此外，银行还担心核心企业与供应商、经销商达成骗贷共识，从而篡改 ERP 系统中真实的交易信息，这种行为会潜在地增加银行风险，也不利于整个农业供应链的稳定。

（二）区块链+农业供应链金融

从技术原理方面来看，区块链是赋能农业供应链金融发展的有力工具。首先，区块链能有效解决票据真实性风险。在"区块链+农业供应链金融"模式下，只要产生了交易，其业务信息就会分别记录到相关的主体账户中，同时农业供应链内的信息传输不会失真，使作假行为几乎不可能发生。其次，区块链有助于提高农业供应链内企业的互信水平。在"区块链+农业供应链金融"模式下，各家企业可以利用智能合约来提高信用约定的执行力，交易双方只要有一方履行了合同上载明的责任和义务，系统会自动强制另一方履行合约，从而避免信用欺诈的发生。最后，区块链有助于提高农业供应链金融的运行效率。通过营造各种形式、更加丰富的区块链应用场景，农业供应链内各个参与主体将能获得真实有效的经济活动数据，实现在农业供应链内部完成资金的交易和业务的交割，从而提高交易的精度和效率。

在实践中，新希望慧农（天津）科技有限公司（以下简称希望金融）通过应用区块链技术，建立了更加规范的农业供应链业务模型，提升了农业供应链系统平台的开放度，实现了全流程的风险控制，有效地规避了人为造假和投机行为。截至 2020 年 10 月 31 日，希望金融累计借贷金额达 118.35 亿元，借款人数达 3.8 万余人，借贷逾期率和坏账率低于 0.1%，有效地服务了实体经济和乡村振兴。河南天香面业有限公司基于物联网和区块链前沿科技的应用，将产业链深度融合应用场景作为切入点，打造了国内首个"区块链+金融服务+粮食"平台——"优粮优信"。该农业供应链金融服务平台可生成标准电子仓单，具备智能合约应用、多方账本共享、业务数据存证和粮食质量溯源等功能，可以实现风险管理、资产监管及数字资产的可视化展示，整个过程公开透明，反担保措施简单有效。

尽管区块链技术与农业供应链金融的结合带来了前所未有的变革，但其大规模应用还需解决两大挑战：一是农业供应链金融各参与主体争相借助区块链技术搭建供应链信息管理系统，使传统供应链金融市场的信息碎片化，而技术壁垒的存在又使跨链数据难以互通，形成了新的信息孤岛（张正平和马彦贵，2020）；二是实践中往往缺少既懂区块链技术又熟悉农业供应链金融运营的复合型人才。

（三）物联网+农业供应链金融

所谓物联网，是指在传统互联网的基础上，利用射频识别、红外感应、激光扫描等技术，将物流、资金流和信息流进行了整合，从而实现人、机、物之间的互联互通的虚拟网络。从技术原理方面来看，基于物联网技术的农业供应链管理系统，可使供应链内的企业商品在任何时间、任何地点都被实时监控，实现从土壤养护到温室栽培、从加工包装到冷链配送、从在线销售到独立订购、从农业到农业的一体化发展，从而大大提升农业供应链管理的效率与灵活性，优化企业的资源配置，有效减少物资非法转移活动，进而大幅度降低农业供应链的融资风险。

在实践中，北京农信互联科技有限公司做出了有益的尝试。该公司成立于2015年，隶属大北农集团，依托大北农集团的资源优势，综合利用互联网、物联网、云计算、大数据等多种技术，探索形成了包含"农业大数据、农业交易、农村金融服务"农业供应链金融新模式（许玉韫和张龙耀，2020）。在这种模式下，运营中心可根据物联网记录的养殖户生产经营环节的大数据、在线销售生猪情况的大数据等数据在线生成的信用分筛选潜在贷款客户。

毫无疑问，物联网应用于农业供应链金融具备十分诱人的前景，但当前的发展还面临不少的困难：一是物联网的投入巨大，仅依靠核心企业的资金实力和技术水平不足以支撑"物联网+农业供应链金融"模式的规模化发展；二是现阶段大量农户仍以传统销售方式为主，线上信息沉淀较少，数字足迹较为缺乏；三是农业供应链各参与主体协同发展意识薄弱，孤岛问题严重，物流、资金流和信息流不能有效畅通和共享。

（四）人工智能+农业供应链金融

从技术原理方面来看，物联网、大数据及云计算等技术的广泛应用是人工智能在农业供应链金融领域发挥作用的基础。"人工智能+物联网+大数据+云计算+农业供应链"有可能形成一种具备自主学习能力的农业供应链，从而让农业供应链能够进行自我管理。在这种多技术叠加的农业供应链金融模式下，放置在农业供应链各环节的激光扫描仪或传感器会自动收集相关主体的各类信息，并持续地将各种数据传输到云端服务器，最终这些数据交由人工智能进行分析和处理，为金融机构寻找贷款人、提供贷款、控制放贷风险提供依据。2019 年美国 Taulia 公司基于人工智能技术推出了一款适用于供应链金融的现金预测工具，随着更多的数据被处理和分析，该工具可以在不断积累的过程中有效识别未经批准的发票和采购订单的风险，从而实现更多的农产品装运和采购订单融资。

尽管人工智能在农业供应链金融领域具有十分广阔的应用前景，但迄今我国鲜有比较成功的应用案例，与此同时，将人工智能技术成熟运用于农业供应链金融仍面临不少挑战：首先，农业供应链金融涉及的环节多、周期长、内耗严重，而当前人工智能技术本身不成熟，短时间内仍无法解决农业供应链金融的这些问题。其次，在将机器学习等人工智能技术运用于农业供应链金融数据之前，作为其中核心节点的企业必须先收集数据，而要从成百上千家的农户、分销商、经销商和零售商等处获取数据具有较大的困难。最后，我国农产品供应链物流基础设施仍较为落后，缺乏标准化体系，操作流程不规范，标准不统一，造成供应链整体的信息化程度不高，经常出现信息失真现象，影响人工智能技术的落地应用。

需要说明的是，为了行文的方便，前文中我们大致是按照不同类别的金融科技分别讨论了其在农业供应链金融中的应用情况，但当前金融科技与农业供应链金融融合创新的趋势是多种金融科技的综合应用，进而形成更强的优势，破解传统农业供应链金融的痛点。

四、进一步促进金融科技在农业供应链金融领域应用的建议

毋庸置疑，以区块链、大数据、物联网等为代表的金融科技在我国农业供应链金融中的应用已经取得了可喜的进展，但未来的发展依然面临诸多挑战。基于前文的分析，为了更好地促进金融科技在农业供应链金融中的应用，应该从如下几个方面着手：

（一）继续完善法律法规

首先，需要为金融科技企业立规。有关部门应尽快研究出台金融科技企业的监管法规，界定金融科技企业的业务范围，明确企业属性，划定准入门槛，促进金融科技企业健康发展。其次，需要为数据安全立法。金融科技具备赋能农业供

应链金融的能力，但必须以数据安全为前提，为此，有关部门应结合中国国情加快研究数据安全法规，明确数据采集、流通、加工、使用等行为的界限，对数据经营企业实施准入制度，确保供应链上信息得到安全合理的使用。最后，需要为技术立标准。近年来，大数据、区块链、人工智能、物联网等技术发展迅猛，但相关的诸多技术标准却依然空缺，已经成为金融科技行业发展的一大障碍。

（二）持续推进数字乡村建设

一方面，要加强农村信息基础设施建设。农村信息基础设施建设是金融科技应用的重要前提，应大力提升乡村网络设施水平，尽快实现农村地区网络的全覆盖，积极推进农村地区基础设施的数字化，加强农村地区物联网设施建设，奠定金融科技应用的基础。另一方面，要推动农业产业数字化转型。没有农业产业的数字化，金融科技应用于农业供应链金融就难以实现大规模发展，应大力发展"互联网+农业、农村电商、智慧农业"，提升农业生产、加工、存储、运输、销售全流程的数字化水平。

（三）不断丰富应用场景

一方面，农业供应链内企业应结合不同类型金融科技特点和不同农业产业的特色，积极探索更加丰富多元的应用场景，为金融科技的融入创造条件。对于那些具备资金和技术实力的核心企业和大型金融机构来说，应充分发挥其规模优势，拓展各类金融科技的应用场景，为其农业供应链金融的规模化发展创造条件。另一方面，应深入挖掘大数据、云计算、区块链、物联网及人工智能等数字技术在农业供应链金融中应用的潜力，加强各数字技术的结合和交叉使用，推动金融技术应用农业供应链金融场景的创新，拓展金融科技应用的广度和深度。

第四章 区块链技术在我国农村金融的应用及完善[①]

一、引言

经过多年的努力，我国农村虽然已经初步形成了"广覆盖、多层次、多元化"的金融服务体系，但一些问题依然存在。例如，农民缺乏抵押担保，借贷门槛高；金融服务机构数量少，农贷风险机制不健全；农村金融产品种类单一，且产品创新不适应农民实际需求等（汪昌云等，2014）。总的来说，现阶段农村金融发展中的基本矛盾还是农村金融供给不能满足农民日益增长的金融服务需求的矛盾（董晓林和朱敏杰，2016），在这种背景下，以区块链技术为代表的金融科技及其在农村金融领域的应用，为破解我国农村金融难题提供了全新的思路。

简而言之，区块链就是一种分布式数据存储、共识机制、点对点传输、加密算法等计算机技术的新型应用模式。原始区块链是一种去中心化的数据库，最初作为所有交易的分布式记账簿被应用在比特币中，具有去中心化、信息不可篡改、开放性、自治性、匿名性等特点。近年来，区块链技术及其应用的相关政策不断完善：2016年10月，工业和信息化部发布《中国区块链技术和应用发展白皮书》，首次提出了区块链在我国应用中的标准化路线图；同年12月，国务院将区块链纳入《"十三五"国家信息化规划》；2017年5月，中国电子技术标准化研究院发布了《区块链参考架构》，同月，中国信息通信研究院发布了可信区块链标准；2018年5月，工业和信息化部信息中心正式发布《2018中国区块链产业白皮书》。与此同时，各级地方政府也纷纷出台政策（见表4-1），支持区块链行业的发展。

---

① 本章发表于《武汉金融》2019年第5期，作者为张正平和刘云华，录入本书时略有修改。

表 4-1　我国部分地区发布的区块链相关政策

省份	相关政策
北京	2017 年 9 月，北京市金融工作局等联合发布《关于构建首都绿色金融体系的实施办法》，提出基于区块链发展绿色金融信息基础设施
河北	2018 年 2 月 22 日，河北省人民政府印发《关于加快推进工业转型升级建设现代化工业体系的指导意见》，倡导发展区块链、量子通信、太赫兹等未来产业
上海	2018 年 4 月，上海机场检疫局为了创新进口消费品检验监督模式，构建了区块链数据平台
广东	2018 年 3 月，深圳市经济贸易和信息化委员会印发《市经贸信息委关于组织实施深圳市战略性新兴产业新一代信息技术信息安全专项 2018 年第二批扶持计划的通知》，提出对区块链项目进行扶持
江西	2018 年 1 月，江西省人民政府发布《赣江新区建设绿色金融改革创新试验区实施细则》，倡导运用区块链等金融科技提供服务
浙江	2018 年 4 月，杭州启动国内首个区块链产业园，截至 7 月底，产业园已成功签约了 10 个区块链项目
贵州	2017 年 6 月，贵阳市人民政府办公厅印发《关于支持区块链发展和应用的若干政策措施（试行）》
江苏	2017 年 12 月，苏州高铁新城开放第一批区块链应用的 15 个场景，为了引进区块链企业和科技人才，共发布了 9 条扶持政策

资料来源：笔者整理。

在各级政府的大力扶持下，区块链技术在我国发展迅速，尤其在金融等领域得到了较为广泛的应用，为创新农村金融发展提供了契机。据中国区块链基础服务联盟发布的《2018 中国区块链行业应用报告》统计，截至 2017 年底，我国区块链（含数字货币）相关公司约 360 家，在金融和企业服务领域中占比超过 80%；京东金融、腾讯、阿里巴巴、华为四巨头相继发布《区块链应用白皮书》；2018 年 9 月，中国信息通信研究院发布了《区块链白皮书（2018 年）》，区块链与金融的结合越来越紧密，研究区块链及其应用创新已经成为金融科技战略的重要方向之一。

二、区块链技术在农村金融领域应用的现状

根据中国人民银行金融消费权益保护局发布的《2017 年中国普惠金融指标分析报告》，截至 2017 年末，农户生产经营贷款余额仅占各项贷款余额的 3.91%，2015～2017 年每季度新增人民币贷款中的涉农贷款占比约为 20%，其中仅有 12% 来自农村金融机构。中国人民银行发布的《2017 年农村地区支付业务发展总体情况》显示，传统的金融业务交易量在农村地区都有着不同程度的下降，其中 ATM

交易笔数下降 21.56%，POS 机业务量下降 36.57%，而 2017 年农村地区移动支付金额却是 POS 机业务金额的 5.8 倍，业务量的 52 倍。由此可见，一方面，传统农村金融机构难以有效满足农村经济发展的需要；另一方面，已有的传统农村金融服务正在被新兴的金融科技服务"挤出"。

从实施乡村振兴战略的角度来看，农村金融难题亟待突破，利用区块链技术赋能农村金融已经成为我国农村金融改革的一个大趋势，下文将从支付结算、数字票据、保险、供应链金融、征信五个业务领域讨论区块链在农村金融中的应用。

（一）区块链+支付结算业务

我国农村支付结算体系仍存在很多问题亟待解决，主要有：一是农村金融机构网点数量少，覆盖面窄，支付体系不健全，支付结算业务的推广应用受限（吴悫华，2015）。二是农村支付体系的演变以及第三方支付在农村的发展，导致支付制度的供需不平衡和供给需求成本高（吴敬花，2015）。三是由于农村金融发展受制度约束以及存在地区、市场的分割现象，具有外生性，导致农村信贷资金配给缺乏效率（张乐等，2016），且支付结算业务多依靠人工操作，程序复杂繁琐容易出错。区块链作为一种新型的底层技术，在解决农村支付结算体系的问题时具有天然的应用优势（见图 4-1）。首先，运用区块链技术，交易双方可以不通过中介机构，直接进行点对点交易，可以有效缓解地区、市场分割问题，而且交易和结算可同时进行（冯文芳和申风平，2017），能大幅度节约交易时间，降低结算成本。其次，由于所有步骤均记录在分布式账本中，信息共享但不可篡改，通过联盟链和私有链共同作用，可缓解支付制度的供需不平衡问题，扩大农村金融覆盖面，也可有效保障数据的安全性。最后，在区块链系统中以时间戳、交易序号为标准，建立查询树，指向特定的区块子集，可简化程序，提高查询效率，避免出错。

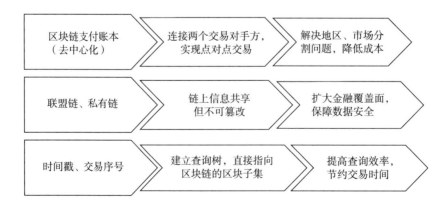

图 4-1　区块链应用于农村支付结算系统的优势

我国已有多家金融机构或互联网公司应用区块链技术，致力于农村金融支付结算体系的改进和创新。例如，2017年7月，银联商务股份有限公司推出了基于区块链的"鑫e贷"小额贷款信用信息共享平台，能有效改善农村地区小额信贷公司发展的问题。在该共享平台上，小额贷款公司可以省去纸质申请、贷款人资质审核等复杂的流程，在线录入个人信息、完成实名验证和接收贷款申请等操作，同步实现用户个人信息、贷款情况以及抵押品信息等数据的调取，顺利完成贷款资质审核步骤，"数据质押"不再是纸上谈兵（唐时达，2016）。2017年8月1日，中国农业银行与趣链科技合作开发的"e链贷"平台成功完成了第一笔线上订单支付贷款，为农户、农村中小企业提供在线融资服务，包括网络支付业务、电子商务等业务，打造了联盟链。该平台构建了统一的操作视图和交互接口，链上对账服务也按相同的标准实行，合作的银行企业可随时查看信贷及资金交易信息，使交易安全透明化，加快资金流转速度，减少不良贷款率，降低道德风险发生率，能有效保障农户和金融机构双方的利益，在一定程度上缓解了农业生产资金回流慢，周期长，大额农贷需求获得率偏低的问题。

（二）区块链+数字票据业务

长期以来，我国农村票据市场仍存在诸多问题，例如，不同的地区和机构之间业务缺乏合作联系，形成分散割裂的状态，局部性、区域性特征明显（汤莹玮，2018），信息不对称导致管理成本高、交易效率低；农村资金供给主体单一，交易工具少，票据的交易规模和签发量不足（肖小和和汪办兴，2015）；金融机构存在操作不规范、违规交易等问题，票据造假现象频发，克隆票、变造票等伪造纸质票据的行为屡见不鲜，难以进行有效监管和防控风险（汤莹玮，2018）。而且，农业产业的特殊性决定了涉农票据的高信用风险，导致汇票到期承兑人不及时兑付的现象频发。

在这种背景下，应用区块链技术改善农村票据业务具有重要的意义。孙玥璠等（2018）认为，使用区块链实现数字票据的"点对点"传递，可使偏远地区的金融机构也能参与数字票据的交易，同时通过数据接口与多方资金平台对接，能有效缓解农村资金供给主体单一的问题。在数据层面，建立分布式总账，分布式存储和传播票据信息，提升农村票据市场数据信息的安全性和可容错性，使用智能合约，控制票据流转的方向和价值的限定，保证每个环节的可监控性和可追溯性（徐忠和姚前，2016），有利于农村票据市场形成统一的市场规则秩序，便于监管和风险防控。在操作层面，设置时间戳记录和回溯信息，应用非对称加密技术尽可能减小价值交换中的摩擦边界，达到数据透明的同时保护隐私，可实现匿名交易（任安军，2016）。

值得注意的是，在我国农村金融市场上，针对面额较小、期限较短的区块链票据的应用已经落地。例如，贵阳银行与深圳区块链金融服务有限公司合作开发的区块链票链产品，为农村小微企业提供不限金额、期限的票据融资服务，并节约企业和农户的融资费用。浙商银行在数字汇票中应用区块链技术后，客户可直接在移动客户端中签收、签发、转让、买卖、兑付移动数字汇票，最大程度解决汇票防伪、流通、遗失等问题。中国农业银行与趣链科技合作，运用区块链技术创新数字票据业务，已完成 POC 测试[①]，并在中国农业银行 E 商管家的大量企业中实现试用。

（三）区块链+保险业务

当前我国农村保险市场存在的问题主要有：一是农村保险产品覆盖率低，由于信息不对称，所以数据监测和产品质量追溯体系不完善，产品设计缺乏针对性，产品定价依据不足，保险流程复杂（张荣，2017）。二是农村地广人稀，农业产品环境依赖性很高，保险赔付概率大，且农业骗保事件频发，给保险公司带来额外的负担，导致农民获取产品和机构服务的成本都较高。三是农村缺乏小额保险的供给主体和销售渠道，小额保险的服务网络和机制不完善（李杰和赵勇，2013）。

由于传统保险业普遍存在"道德风险"和"逆向选择"问题，保险公司需要对客户进行全面可靠的信用评估，这个过程往往耗费很多人力、物力，也很难有精准的客户画像。在这种情况下，保险公司可以运用区块链技术建立一种自证明的模式，即自动验证投保农户的身份信息、信用记录、资产信息、医疗健康记录和各项交易记录，不需要第三方机构的参与（见图 4-2）。同时，保险公司可以通过这些精准的农户信息，设计出契合农户需求的产品。而且，通过引入基于区块链技术的智能合约，可将整个保险流程透明化，从而有效遏制骗保事件的发生，从投保到赔付不需要人工干预并且结果准确，这不仅简化了业务手续，还提高了赔付效率（赵大伟，2016），有利于降低农户和保险公司双方的成本。例如，在农业保险中，当投保事件（如洪水、干旱）发生时，智能合约可以自动触发索赔过程，投保人可以得到及时高效的保险理赔。最后，通过联盟链对接多家保险公司和销售渠道，有利于搭建农村小额保险的服务网络，完善保险服务机制。

图 4-2 区块链应用于农村保险业务的优势

---

① POC 测试，即 Proof of Concept，是业界流行的针对客户具体应用的验证性测试。

例如，2017 年 5 月，众安科技运用区块链技术推出"安链云"平台，完成了保险核心系统的搭建，实现了农业保险业务的创新。中国人寿电子商务公司与蚂蚁金服公益保险平台合作，基于区块链技术实现信息全公开，共同开发精准扶贫模式的公益保险。2018 年 2 月，中国平安开发了基于区块链技术的壹账链平台，搭建 BaaS① 服务平台联盟链，可提供主账户、资产登记平台、钻石交易平台、壹企银四个方面的服务，该平台运用底层数据加密和共享机制，实时更新交易信息，判断各种可能出现的异常状态，让众多小微企业和中小银行能够实现互惠共赢。

（四）区块链+供应链金融业务

供应链金融虽然在一定程度上缓解了农村金融中融资分散、信用水平低、交易成本高、农户操作不规范等问题（宋雅楠等，2012），但其发展并不完善，主要存在的问题有：供应链上企业众多，很难对每个环节进行追踪调研，信息透明度低；链条上的信用主要依托核心企业，存在信息不对称问题且可能发生核心企业逐利行为；供应链金融交易依然涉及多家机构，交易周期长，手续复杂，成本高（何佳，2016）。

区块链技术应用于农村供应链金融，不仅改变了现有的交易模式，还重构了供应链模式的底层基础设施。周立群和李智华（2016）认为，区块链技术可能是银行突破瓶颈的最佳方案，为原本融资难的中小企业提供了更多的机会，减少了资金的风险防控成本，节约了时间，降低了操作难度。而且通过搭建联盟链，将供应链中的上下游企业、核心企业与物流仓储、金融机构以及第三方信息服务商连接到供应链金融平台上，共享链上透明可靠的信息，避免了信息不对称问题以及核心企业的逐利行为，提高了流转效率和灵活性（朱兴雄等，2018）。杨慧琴等（2018）指出，运用区块链技术可构造集供应链联盟、金融机构及政府监管机构"三位一体"的供应链信息平台概念模型，构建可信的供应链生态体系。此外，还可以利用智能合约，确保交易程序的数字化，设定自动支付的条件和时间，简化交易流程，从而提高了准确性和工作效率。

例如，2017 年 6 月，众安科技联合多家公司成功将区块链等技术运用于农村土鸡的养殖，推出了"步步鸡"项目：利用物联网设备搜集从鸡苗供应到饲料喂养、检疫预防、屠宰仓储、物流运输等多个环节的数据，实时上传到链上，实现全程溯源，打造生态健康的土鸡食品。2017 年 4 月，中南建设与北大荒联手成立"善粮味道"农业科技公司，共同开发区块链大农场：基于区块链技术，牢牢锁定粮食种植生产过程中关键节点的农业核心大数据，形成时间戳、地理戳、品质戳，激活北大荒农业大数据的应用价值。

---

① 后端即服务（Backend as a Service，BaaS），公司为移动应用开发者提供整合云后端的边界服务。

（五）区块链+征信业务

现阶段征信系统在农村中的发展还存在很多问题：一是由于农村存在农民、个体户、乡镇小微企业等不同征信对象的差异，导致征信规范不统一，尤其是农民很难突破不动产权利担保的限制，难以建立明确的信用体系（韩喜平和金运，2014）。二是农村根深蒂固的熟人交往模式，很难扩大征信范围，可调研考察的信息不全面，甚至存在刻意隐瞒信息的行为，难以确保信息的真实可靠性。三是农村征信相关法律不完善，缺乏对照标准，部门机构之间合作不紧密，没有信息共享机制（叶银龙，2016）。

将区块链技术应用于农村征信系统建设具有明显的优势：基于区块链技术的去中心化特点，可以合理记录并验证个人信息的真实性、有效性、唯一性。政府、金融机构都应该努力构建一个统一并不断更新完善的"大数据"征信平台（巩世广和郭继涛，2016），农村经济主体可通过这个平台扩大征信范围，节约征信成本。在该平台上用户信息可查询，一旦有不良的征信记录，则通过智能合约自动记录到黑名单中，终生不可取消，从而保证征信信息的正确性，有效解决农民缺乏信用担保的问题。同时，金融机构可以通过区块链平台选择部分信息共享，将原始数据保存在内部链中，将用户授权共享的信息上传到公有链上，供平台中的机构查询使用，从被动低效地提供数据转变为主动高效地分享数据，实现互惠共赢的模式（见图4-3）。

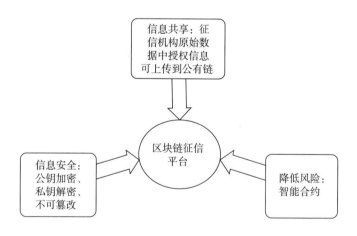

图4-3　区块链在农村征信中应用的优势

例如，2017年5月，宜信公司推出的宜农贷产品将区块链技术应用到农村公益众筹中，每一笔爱心出借的资金都通过区块链的征信平台进行记录，在保护隐私的前提下，捐款者可以实时查看资金动态，清楚地了解资金的使用情况。这种方式可以避免第三方资金挪用的现象，保证了借贷双方的合理利益，克服了原有捐赠扶贫模式不可持续的缺点，同时也保护了贫困人口的个人隐私。2018年5月，GVE基金会[①]与村村乐合作，尝试解决农村征信系统中媒介中心化及信任缺失导致的诸多问题，将区块链技术作为基础支撑，使用"智能合约"，实行匿名数据分享激励，旨在发展农村新社交、农村新经济，逐步建立起交易智能化、去中心化信息共享的乡村金融服务网络平台。

三、区块链在我国农村金融应用中存在的问题及原因

从前文的分析可知，区块链技术在农村金融中的应用发展迅速，值得注意的是，由于与区块链相关的基础技术发展还不成熟，在农村金融中的各类应用场景仍有待市场检验，发展中仍存在很多亟待解决的问题。

（一）区块链技术推广困难，难以形成规模效应

从区块链技术在我国农村金融中的应用情况来看，尽管发展迅速，但应用较为单一，总体应用数量也较少，难以形成规模效应，主要表现为：第一，农村金融业务中区块链技术应用率较低；第二，区块链技术的应用在农村地区推广困难。

导致上述问题的原因在于：一是农村地区金融基础设施建设落后，尤其是边远贫困地区，连基础的金融服务都难以获得，而区块链技术的应用恰恰对金融基础设施、网络安全、科技发展水平等条件要求都较高，因此，这一矛盾制约了区块链在农村金融中的应用。二是农村地区居民金融素养较差，阻碍了区块链应用的推广。根据中国人民银行发布的《2017年中国普惠金融指标分析报告》，农村地区居民金融知识得分为5.52分，比全国平均得分低0.66分，这说明农村居民整体金融素养偏低，对金融知识、信息科技的理解存在困难（张欢欢和熊学萍，2017）。三是农村地区金融机构从业者的知识水平有限，接受的技术培训不足，往往对区块链一知半解，难以推动农村地区区块链技术的应用。

---

① GVE（Globalvillage Ecosystem）基金会是一家注册于新加坡的非营利性基金管理机构，以开发和研究应用于全球乡村生态系统的区块链解决方案为主要宗旨，并为相关企业的区块链技术研发、维护、生态系统运营等提供资金和技术支持。

（二）区块链应用深度有限，技术优势难以凸显

区块链技术在农村难以发挥相应的优势，主要表现为：一是区块链技术在农村金融业务中的应用场景有待挖掘，应用落地的周期较长；二是区块链在农村地区的应用可能存在"伪创新"，脱离实际需求；三是区块链技术与农村金融业务未达到深度融合的水平，难以凸显其技术优势。

导致上述问题的主要原因是：首先，农村地区互联网普及水平不高、科技发展水平低等问题使得农村部分地区尤其是边远贫困地区没有发展数字金融的必要条件，并且，区块链的应用前期需要大量资金投入，农村金融机构难以负担，没有动力探索区块链在农村金融中的应用场景，增大了应用的难度。其次，农村地区金融资源分布不均，且农村金融机构服务"脱农"现象频发，在此基础上产生的区块链技术的应用缺乏针对性，容易偏离农村金融消费者的实际需求。最后，从整体来看，农村地区经济发展落后，财政资金紧缺，往往难以承担区块链技术在农村金融中应用的高成本，导致两者很难达到深度融合，其技术优势难以凸显。

（三）区块链应用存在风险，安全性缺乏保障

区块链技术应用于农村金融市场还存在较大的风险隐患，主要表现为：第一，区块链在农村金融中的应用不成熟，可能存在区块链的滥用错用问题。第二，农村金融机构对技术风险的管理能力较弱，更容易发生因黑客攻击而泄露消费者隐私的风险。第三，农村金融机构在获取更多共享信息的同时，也可能面临自身核心数据被窃取的风险。

导致这些问题的主要原因是：首先，农村金融机构发展相对落后，无论在硬件建设上还是在专业人才储备上均有较大发展空间，可能出现区块链应用的错配。其次，农村金融机构管理风险的能力相对较差，大多还没有建立针对区块链技术应用的风控体系，尤其是区块链的去中心化特征不同于传统的中心化模式，对农村金融机构的风控体系提出了较高要求。最后，针对农村金融市场的监管相对落后，监管力量不足，现有的监管的法规、监管方式以及技术手段并不能很好地满足区块链技术应用的要求，加大了区块链技术在农村金融市场上应用的风险。

四、进一步促进区块链在我国农村金融领域应用的对策

区块链技术在我国农村金融中的应用已经取得了可喜的进展，但依然任重道

远，展望未来，必须正视区块链应用中存在的问题。为此，我们提出如下对策：

（一）加大区块链技术在农村金融应用中的推广力度

首先，中国人民银行以及银保监会应尽快出台相关法律法规，鼓励、引导农村金融机构研究区块链技术在农村金融领域的应用，各省联社应充分利用其资源整合能力强的优势加大研发和推广的力度，引导本省农村商业银行、农村信用社稳步发展区块链金融产品。其次，政府应不断改善农村金融基础设施，加大对包括通信、网络、征信和法制等与区块链应用相关的金融基础设施建设的力度，为区块链技术的应用提供必要的基础条件。最后，相关部门应持续加大对农村地区金融科技教育培训的力度，普及金融科技基础知识，提高农民以及基层金融从业者的金融素养，使大家对金融科技有更多的认知，为区块链技术在农村金融业务中的应用创造良好的外部环境。

（二）创新区块链技术在农村金融中的应用场景

一方面，农村金融机构可考虑设立专门的区块链应用工作小组，明确其工作计划、目标和激励约束机制，通过立项的形式研究区块链技术应用问题，深入分析本地区农村金融的需求特性，针对农村金融需求的痛点，将区块链应用与农村金融需求场景结合，创新区块链金融产品，推动"场景+金融"的深度融合。另一方面，地方政府可通过税收优惠等方式积极创造条件，推动高水平科技公司与本地农村金融机构、农业龙头企业的合作：利用科技公司的技术优势，对接农村金融机构与龙头企业紧密关联的业务优势，共同研究区块链在农村特定场景中应用的难题，推动区块链技术应用农村金融场景的创新，加大应用的深度。

（三）加强区块链在农村金融中应用的安全保障

首先，国家有关部门（尤其是"一行两会"）需要加大对政策规范的调查研究，尽快出台针对区块链技术在农村金融中应用的技术规范和监管办法，推动农村金融机构建立与之相适应的、有效的风险防控体系。其次，地方金融监管部门（尤其是地方金融办或地方金融监督管理局）应与"一行两会"地方派出机构保持良好的沟通，建立紧密的联动机制（如信息共享、定期召开联席会议等），联手加大对区块链技术应用于农村金融中的各种潜在问题和风险的监管与治理力度，在条件成熟的地方可探索引入"监管沙盒"模式，增进监管机构与被监管对象的良性互动，降低未知风险的发生率。再次，作为地方农村金融机构的集中统一管理者，省联社应担负起必要的指导、管理职责，不仅要与各级监管部门密切互动，还要及时地指导所辖农村金融机构开展相关工作，出台相应的指导意见和管理办法，引导地方农村金融机构强化风险意识、夯实风险防控的制度基础。最后，农村金融机构在探索应用区块链技术的同时，需要对应用带来的风险进行系统的评估，并对风险防控体系做出必要的适应性调整以增强其风险防控能力。此外，对金融机构的培训、金融消费者的教育，对地方金融环境的优化也有助于增强区块链技术应用的安全保障水平。

第二篇

农村数字普惠金融发展中的风险

第五章　电子化对农村商业银行风险承担的影响[①]

一、引言

近年来，中国银行业正加速向信息化、数字化方向迈进，农村商业银行受限于农村地区高素质人才短缺等问题，仍处在提升电子化发展水平的阶段，这是信息化、数字化的早期阶段。例如，2019年1月14日，银保监会发布的《关于推进农村商业银行坚守定位 强化治理 提升金融服务能力的意见》明确提出：农商行应改进和创新金融服务方式，加强现代技术的应用，增加农村电子机具的布设力度，提升电子化水平[②]。值得关注的是，银行电子化的发展是信息技术在金融创新中的重要成果，在改变银行经营方式等的同时，也给银行带来了新的风险，使银行的风险承担变得复杂（苏虹和张同健，2010）。那么，对于风控能力较弱、资产质量较差的农商行来说，电子化发展对其风险承担会产生怎样的影响呢？事实上，农商行的电子化既可能带来降低运营成本、提升经营效率的好处，也可能增加新的运营风险，提升潜在的风险水平。根据2019年4月审计署发布的《2018年第四季度国家重大政策措施落实情况跟踪审计结果》，截至2018年底，多家农商行存在掩盖不良资产、不良贷款率高、资本充足率低、拨备覆盖率低等风险问题；银保监会的数据进一步显示，农商行2019年第一季度不良贷款率为4.05%，远高于行业平均水平，而Wind的数据则显示，部分农商行的不良贷款指标逐年改善，例如，辽阳、中山、苏州等地农商行2018年的不良贷款率均降至1.5%以下。由此，

---

① 本章发表于《财贸经济》2020年第6期，作者为张正平和刘云华，录入本书时略有修改。

② 农商行电子化水平不高的主要原因是：没有强大的数据中心做支撑，难以独立完成电子银行业务和风险管控；缺乏高学历的人才团队运营维护，容易引发风险问题（肖四如，2014）。

一个值得讨论的问题是，农商行电子化对其风险承担产生了怎样的影响？其影响机制是怎样的呢？这正是本章要研究的问题。

从已有文献来看，有关银行电子化及其与风险承担关系的研究主要集中在两个方面：

（一）银行电子化及其影响

电子计算机技术和现代通信技术的发展，使银行拥有了高度自动化的电子网络、发达的信息体系架构、更趋完备的综合服务功能，尤其电子银行这一新兴金融服务业态的形成代表了银行以客户为中心、资源共享、信息媒介全面电子化的实现（李伟，2017；宓福驹，2000）。随着银行电子化的深入发展，银行的业务重点从简单的存贷款业务逐步转向提供金融服务和中介信息服务，电子货币的支付转账方式逐渐代替了传统的柜台交易，银行的营业网点也不再局限于物理建筑，逐步向 ATM 机、POS 机、网络、客户端等电子工具上转移（Hernando 和 Nieto，2007；方洪全等，2003）。研究发现，银行电子化能增加客户流量，提升客户黏性，提高银行业绩，增强其竞争力（Malhotra 和 Singh，2009，2010）；而且，银行电子业务具有联网优势、便捷自助、边际成本低、对复合型人才需求高等特点，可提升运营效率、降低服务单位客户成本并提高盈利能力（陈梓元等，2016；Hernando 和 Nieto，2007）。

（二）银行电子化与其风险承担的关系

对此，学术文献主要有三种观点。第一种观点认为，银行电子化所面临的风险种类增加，其风险承担随之提高。例如，陈燕红（2017）、Jin 和 Fei-Cheng（2005）、方洪全等（2003）认为，电子金融不仅包含传统金融业务的风险，还具有基于虚拟金融创新业务的特殊风险，其风险影响广、来源多、扩散速度快，可能有放大传统金融风险的作用。银行电子业务的风险主要来自银行内部的员工、技术、制度上的风险，随着银行在经营管理过程中对信息技术的依赖日益增多（李伟，2017；杨涛，2010；Stafford，2001），银行将承担更多的风险，尤其中小商业银行由于盈利水平、人才、资源禀赋等因素，在银行电子化进程中面临诸多困难，与大型商业银行电子化发展水平差距较大（陆岷峰，2017）。第二种观点认为，银行电子化有利于改进银行的经营、风控水平，降低银行风险承担。由于计算机具有强大的信息整理和分类功能，可简化银行交易数据信息分享的过程（谢媛，2014），降低风险发生的可能性；银行技术、应用、管理等领域的电子化会显著提升其风控能力，与风险状况显著负相关（苏虹和张同健，2010；Malthotra 和 Singh，2009）。第三种观点则认为，银行电子化不影响其风险承担（Sathye 和 Milind，2005）。

梳理上述文献可知，对银行电子化影响的研究多集中在银行业务量、效率、客户满意度等方面，且多以大型商业银行为研究对象，鲜有文献以农商行为研究对象；就银行电子化对其风险承担的影响，已有文献大多是定性分析，且观点不一致，对其背后的作用机制研究不多。上述不足为我们的研究提供了机会：本章以我国 165 家农商行为样本，基于 M 构造理论从基础设施和渠道两个维度衡量电子化水平，采用固定效应模型、系统广义矩估计方法实证检验了电子化对农商行风险承担的影响。

本章的边际贡献为：第一，基于 M 构造理论，从基础设施和渠道两个维度度量农商行的电子化水平，为度量农商行的电子化提供了新的思路。第二，以农商行为研究对象，实证检验电子化对农商行风险承担的影响及其影响机制，进一步丰富了有关农商行改革发展的相关文献，拓宽了银行风险承担问题的研究范围。

二、理论分析与假说提出

（一）农商行电子化水平的度量：基于 M 构造理论

银行电子化是指银行采用计算机、通信、网络等现代技术手段，通过综合的信息网络，将具备只能交换和增值服务的多种以计算机为主的信息系统互联，创造银行经营、管理和服务的系统工程（苏虹和张同健，2010）。关于金融电子化，美国麦肯锡公司提出的金融电子化发展理论即 M 构造理论有十分广泛的影响力，M 构造理论也称为 M1—M2—M3 理论，其原理是对银行发展信息技术的成本进行分层分析，M1、M2、M3 分别代表银行信息技术管理的三个层次（陈征宇，2002）。其中，M1 是银行计算机体系结构、硬件、系统软件、语言等基础电子设施，M2 是银行自主开发或者购买版权的内部应用软件，以及对人机交互操作培训、提高业务人员专业水平的投入，M3 是银行业务需求和信息技术结合的部分，也是影响银行电子化效益的关键。按照 M 构造理论，M1 和 M2 主要涵盖了银行电子化所需的软硬件基础电子设施，而 M3 的内容主要涵盖了银行电子化渠道①。基于 M 构造理论的分析框架，结合农商行电子化发展的实际情况，本部分将从基础设施电子化和渠道电子化两个维度度量农商行电子化发展水平，并检验对风险承担的影响。

---

① 所谓银行电子化渠道，是指银行利用应用软件和信息技术为客户提供银行业的输出口，是客户需求与银行服务的结合通道。

（二）农商行电子化与其风险承担

农商行主要通过引入计算机处理系统、移动互联网等现代技术推进基础设施的电子化，提升其管理系统、业务处理系统等方面的电子化水平。一方面，从理论角度来看，基础设施电子化可能是影响农商行风险承担的因素。Akbari 等（2012）指出，技术基础设施、系统进入难易程度、数据精准度、内部控制以及安全性会对电子银行的风险承担产生影响。而且，在应用新技术为客户提供新产品和高效便捷服务时，商业银行对策略的制定和选择会更加频繁，其执行过程的严谨程度以及策略的正确与否都将影响银行的风险承担（Stafford，2001）。Malthotra 和 Singh（2009）发现，网络银行的应用对银行风险具有显著的负向影响；苏虹和张同健（2010）认为，商业银行信息化技术的应用及创新能显著提升银行的风控能力，可降低银行的风险承担。另一方面，从农商行特征来看，基础设施电子化也存在影响其风险承担的可能。由于农商行长期存在风险识别信息不充分、风险识别范围不全面、识别方法选用不恰当、管理人员能力素质不足等问题，利用互联网等现代信息技术手段可对客户实行动态管理，从贷前、贷中、贷后三个环节，建立风险跟踪机制，及时防控和化解风险（韦群生，2019）。此外，农商行还可以通过基础设施电子化水平的提升推动信贷、财务、风险管理向精细集约化转变，丰富传统风控的数据维度，利用新算法模型形成其独具特色的风控评价体系，包含反欺诈、风险预警及风险精准计量等一系列风控功能（刘仲生，2019）。事实上，一些农商行的电子化进程已基本实现管理信息化和柜台业务自动化，ATM 机、POS 机、CRS 及自助终端等自助机具的布防力度也不断加大，业务处理效率得到大幅提升，基于电子设备的风控体系也更加完善[①]。据此，提出本章的第一个假说：

假说 1：农商行基础设施电子化水平的提升会降低其风险承担。

研究显示，银行渠道电子化不同于基础设施电子化，随着自助银行、网上银行、手机银行、微信银行等电子渠道的应用和推广，加快了银行产品创新的进程，为风险的产生和传播提供了更多的渠道（刘春杰等，2000）。Jin 和 Fei-Cheng（2005）指出，由于在网络中流动的是虚拟货币信息，这些信息所代表的货币量远远超过了实际的货币拥有量，存在一定的风险隐患。事实上，网络技术的高效处理能力，虽然提升了银行的效率，但也加剧了风险积聚的过程，而且波及面广，扩散速度快，可增加银行的风险承担（陈燕红，2017）。而且，银行电子化业务的

---

① 武汉农商行从科技管理、基础设施、应用系统和数据机构四个维度实现全面线上化，与人民银行第二代支付系统、网上支付跨行清算系统、农信银支付清算系统、银联等扩展了支付结算系统，CRM、绩效考核等系统的上线，都提高了运营效率、降低了决策风险（王伟，2019）。

操作不再只取决于内部员工，客户也可直接通过电子设备、网络等渠道办理业务，使风险来源更加多元化。Gan 等（2006）认为，信息私密性和网络安全是顾客在选择电子银行渠道时考虑的主要变量，相较于传统银行产品，电子银行产品属于一种金融创新，其带来的潜在风险也更多。通常，不愿意使用电子银行者大多对其安全性持怀疑态度（王凯，2014）。对于农商行而言，上述渠道电子化增加风险承担的可能性同样存在，更重要的是，农商行在经营理念、业务能力、内部管理、人员素质、风险控制等方面与大型商业银行存在明显差距，部分农商行可能通过电子渠道进行跨区激进发展，偏离了服务本地、小微和"三农"的业务本源，这进一步放大了农商行的风险（纪淼和李宏瑾，2019）。事实上，农商行电子渠道的开发应用通常是模仿大型商业银行的模式，其电子产品和服务虽然日渐丰富，但多为复制型创新，且各产品之间可能相互割裂，未充分挖掘客户的实际需求（刘仲生，2019）。而且，农商行面对的是农村地区的客户，其教育水平、金融素养、科技素养普遍较低，由数字鸿沟导致的不恰当使用将使农商行面临更高的操作风险①。据此，提出本章的第二个假说：

假说2：农商行渠道电子化水平的提升会增加其风险承担。

总的来说，不论是银行基础设施电子化还是渠道电子化，都要通过电子化联网实现内部管理或对外经营，网络尤其是互联网在银行电子化过程中发挥着重要的作用。一方面，互联网交易渠道作为物理分支的补充而非替代，可以减少管理费用进而转化为银行盈利能力的提升（Hernando 和 Nieto，2007）。而且，客户通过银行的电子设备、电子化渠道出现在网络上的行为本身就创造了价值，这种网络的正外部性会带来客户的规模效应（Malhotra 和 Singh，2010）。因此，农商行通过网上银行、手机银行、微信银行等电子渠道和自助设备等电子设施的综合作用可以弥补其物理网点的劣势，增加客户流量，增强客户黏性，进而降低其风险承担。另一方面，农商行电子化改变了其传统运行方式，实现了业务处理自动化、服务电子化以及管理信息化（苏虹和张同健，2010），其信息采集更加全面、风险识别和分析的能力有所提高，能更有效地控制风险。而且，农商行还可以利用网络技术等现代信息手段，提升金融服务效率及风险识别能力，基于客户数据对其信用进行精准评估并提供个性化服务，采用自动化、批量化、大数据审批模式，减少人工干预，提高审批和放贷效率，控制不良率（纪淼和李宏瑾，2019）。因此，总体上看，农商行电子化水平的提升有助于增强客户黏性、建立健全客户信用评价数据库、提升风险识别能力、扩展风险管理工具、提高风险管理能力，进

---

① 例如，佛山农商行在电子渠道建设中，微信银行、手机银行、金融商城和直销银行四个系统同时存在却互不相通，客户体验不好；九台农商行在省联社两级开发平台战略的引导下受益颇多，但仍未能从根本上解决业务需求与科技资源间不匹配的矛盾。

而降低其风险承担。据此，提出本章的第三个假说：

假说3：总体上，农商行电子化水平的提升会降低其风险承担。

随着基础设施电子化水平的提升，银行通过电子信息技术及平台，能够增强其获取信息和处理信息的能力（谢媛，2014），有助于搜集到更全面的客户信息，进行更加精准的信用评估，为客户提供更加灵活快捷的服务，从而提高其运营效率和信贷质量（Hernando和Nieto，2007）。就农商行来说，一方面，由于其柜台业务逐步实现计算机自动化处理，各种电子机具的布设范围和密度都不断扩大，其业务办理能力得到大幅提升（李伟，2017）；另一方面，农商行电子化联网具有方便快捷、服务成本低、处理速度快、反馈时间短等特点，有助于降低边际成本、提升运营效率（陈梓元等，2016）[①]。进一步地，田雅群等（2018）发现，农商行利润效率越高，其风险承担水平越高，且风险承担随着成本效率的提高而降低[②]。因此，我们有理由相信，随着农商行运营效率的提升，其应对风险的能力会提高，从而降低其风险承担水平。据此，提出本章第四个假说：

假说4：农商行基础设施电子化水平的提升有助于改善其运营效率，进而降低其风险承担。

农商行渠道电子化本质上属于一种金融创新，极大地改变了其经营模式，相对于传统业务而言，渠道电子化对中间业务等非传统业务的影响可能更大。Jagtiani等（1995）实证研究了美国大、中、小银行表外业务的渗透过程，发现银行表外业务的创新与新技术的发展显著相关。Stiroh和Rumble（2006）指出，商业银行通过金融创新带来的收益具有较强的波动性，一旦商业银行风险管理水平无法满足创新业务的发展，将导致风险承担累积过高，甚至带来灾难。银行卡支付、移动支付等具有网络规模效应和降低交易成本的优势，随着金融创新和技术进步，其他较高收益的资产也容易转换为可以作为支付手段的货币，这大大地改变了人们的货币需求形式（谢平和刘海二，2013），我们认为，这种改变同时也给银行实现收入多元化创造了机会。显然，渠道电子化这种金融创新不仅有助于提高渠道业务的效率，还能实现银行非利息收入的增加，这对于高度依赖利息收入的农商

[①] 例如，2016年江南农商行与南通农商行使用了电子基础设施——大额支付系统，顺利实现同业存款电子化交易，电子化签约改变了传统业务模式下合同签署繁琐、交易成本高、操作风险大等缺点，既能提高效率、降低成本，又控制了风险。自2017年11月开始，江苏灌云农商行重点建设线上"交易系统"，相继开发了精准营销系统、移动运营平台、贷后精准管理系统、不良贷款系统等与信贷业务相关的电子科技项目，大幅提高了业务交易和管理效率，并且及时把控风险，将信贷风险降到最低。

[②] 一些文献发现，银行利润效率与风险承担之间也可能存在倒U形关系，不仅仅是单一的线性关系（周晶和陶士贵，2019；谭政勋和李丽芳，2016）。本章认为，由于农商行不同于其他商业银行，需兼顾经济效率和社会效率，而这种双重效率具有不同步性（于引等，2019），因此整体的运营效率可能主要取决于成本效率而非利润效率，因此，农商行的风险承担与运营效率之间是反向的一次关系，与田雅群等（2018）的研究结果是一致的。与此同时，本章也实证检验了运营效率和农商行风险承担之间可能存在的非线性关系，其结果均不显著，证实了假说的合理性。

行来说有很大的吸引力。谷慎和吴国平（2018）实证研究了以非利息收入占比衡量的业务自由化对商业银行风险承担的影响，发现过度的业务自由化会提高银行的风险承担。孙秀峰等（2018）证实，对于中小规模的商业银行，非利息业务的扩展提高了其风险水平。黄国妍（2015）认为，非利息收入的高波动性是银行风险调整回报降低、破产风险增加的原因。Santomero 和 Trester（1998）发现，金融创新使银行业的风险资产组合显著增加，且非流动性的减少增加了银行提供风险资本的意愿。由此可见，对于农商行来说，渠道电子化水平的提升能够增加其非利息收入，但很可能加大其风险承担水平①。据此，提出本章的第五个假说：

假说5：农商行渠道电子化水平的提升有助于增加非利息收入，进而提高其风险承担。

由此，本章建立了一个农商行电子化对其风险承担影响的分析框架，如图5-1所示：

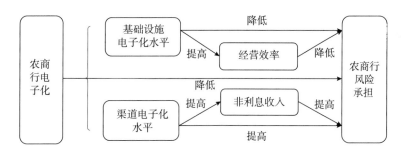

图5-1 农商行电子化影响其风险承担的机制

三、研究设计

（一）数据来源

本章通过公开渠道收集整理了2014~2018年我国165家农村商业银行作为

---

① 例如，农商行为了增加业务品种，可能大量发行电子理财产品，从而挤占存款，但由于在资管新规及地方监管的窗口指导下，其投资范围有限，导致理财收益率降低、客户流失，加之风险管理尚不完善，可能增加风险（王文娟和余柯男，2018）。据金融监管研究院调查分析，大部分农商行的表外业务扩张速度远超表内资产增速，但贸易融资业务操作环节多、交易条款复杂、抵质押等增信条件较弱，银行对其信息披露不详、重视程度低，因此其资产质量难以准确识别，存在较大风险。介休农商行董事长武栋提出，农商行应该在有效防控风险的前提下，稳步压缩保本理财的规模，将更多资金投向信贷"三农"、小微、民营领域，审慎开展资金业务"杠杆操作"。

研究样本，其中，农村商业银行的数据来源于各银行的官网以及中国债券信息网、中国货币网披露的年报、中报等；宏观变量数据来源于相应年份的《中国统计年鉴》。

（二）变量定义

1. 被解释变量

已有的文献多采用不良贷款率、加权风险资产、资本充足率、Z值、资产收益率波动性、系数、贷款损失准备金等指标度量银行的风险承担（尹威和刘晓星，2017；Adhikari和Agrawal，2016；Chen等，2015；Pathan，2009）。由于资产收益率波动性指标、系数一般度量的是上市公司的风险情况，需要时间序列较长、完整的数据集，但农商行几乎都是非上市银行，因此无法用这些指标进行衡量。而且，由于农商行均处在政府的隐性担保之下，几乎不存在破产风险（喻微锋和周黛，2018），因此衡量破产风险的Z值也不适用。由于加权风险资产比例衡量银行的事前风险是一种更加全面的风险度量，而不良贷款率属于事后风险度量，可作为事前风险的补充（史永东和王龑，2017）。因此，综合考虑，本章以加权风险资产比例作为农商行风险承担的代理变量，并用不良贷款率进行稳健性检验。

2. 核心解释变量

由于电子设备投入水平和电子渠道的开发应用情况是商业银行电子化的重要表现（Malthotra和Singh，2009），结合数据的可得性，本章采用农商行电子设备净值与固定资产净值之比加1的对数值①作为农商行基础设施电子化水平的代理变量，以电子交易替代率、银行卡手续费的对数值作为农商行渠道电子化水平的代理变量。

3. 控制变量

参考相关文献，为了有效识别农商行电子化的影响，本章控制了其他可能影响农商行风险承担的重要变量，包括资产规模（喻微锋和周黛，2018）、资本充足率（徐明东和陈学彬，2012）、利率水平（Delis和Kouretas，2011）、存贷比（尹志超等，2014）、法人持股比例（Saunders等，1990）等微观层面的控制变量②，以及农商行所在地区的经济发展水平（田雅群等，2018）、金融发展水平和产业结构（史永东和王龑，2017）等宏观层面的控制变量（见表5-1）。

---

① 由于农商行电子设备净值与固定资产净值的比值太小，为避免零值和缺失值问题，参考王姝勋等（2017）的做法，我们采取在原值基础上加1再取对数的方式加以处理。

② 考虑到本章引入了银行盈利能力、资产规模等与银行战略扩张高度相关的控制变量，因此，有理由相信，本章的回归中由于农商行战略扩展导致的风险承担水平变化已经得到了控制。

表 5-1　变量定义

变量类别		变量名称（符号）	变量的计算
被解释变量	风险承担	加权风险资产比例（Risk）	农商行的加权风险资产/总资产
核心解释变量	农商行电子化水平	基础设施电子化水平（EBank1）	Ln（农商行电子设备净值/固定资产净值+1）
		渠道电子化水平（EBank2）	农商行电子交易替代率 = 主要电子交易笔数/（主要电子交易笔数+柜面交易笔数+其他交易笔数）
控制变量	宏观因素	经济发展水平（AGDP）	农商行所在地市（县）GDP总额/农商行所在地市（县）人口总数
		金融发展水平（FL）	农商行所在地市（县）金融机构贷款余额/农商行所在地市（县）GDP总额
		产业结构（PIR）	农商行所在地市（县）第一产业产值/农商行所在地市（县）GDP总额
	微观因素	资产规模（Asset）	农商行资产总额的对数值
		资本充足率（CAR）	农商行的资本充足率
		资产利润率（ROA）	农商行的净利润/期初期末资产总额的均值
		利率水平（IIR）	农商行的利息收入/贷款总额
		存贷比（DLR）	农商行贷款总额/存款总额
		法人持股比例（CSR）	农商行法人股/（法人股+自然人股）
		非利息收入占比（NIR）	农商行的非利息收入[①]/营业收入[②]
		总资产周转率（TOTC）	农商行的营业收入/资产总额

注：①用手续费及佣金收入计算农商行非利息收入。②用利息收入与非利息收入之和代替农商行营业收入，进而计算非利息收入占比和总资产周转率。

（三）模型设定

基于上述理论分析，为了验证假说1和假说2，建立如下计量模型对农商行电子化对银行风险承担的影响进行验证：

$$Y_{it} = \alpha_0 + \alpha_1 Ebank_{1it} + \alpha_{2j}X_{ijt} + t_{1i} + \varepsilon_{1it} \tag{5-1}$$

$$Y_{it} = \beta_0 + \beta_1 Ebank_{2it} + \beta_{2j}X_{ijt} + t_{2i} + \varepsilon_{2it} \tag{5-2}$$

其中，被解释变量 Y_{it} 表示第 i 家农商行 t 年的风险承担指标；核心解释变量 $Ebank_{1it}$ 表示第 i 家农商行 t 年的基础设施电子化水平指标，$Ebank_{2it}$ 表示第 i 家农商行 t 年的渠道电子化水平指标，控制变量 X_{ijt} 表示农商行特征变量、地区特征变量向量，j 表示第 j 个控制变量，t_i 表示控制年份的虚拟变量，ε_{it} 表示扰动项。为了验证假说 3、假说 4、假说 5，借鉴廖文梅等（2019）的方法，建立如下中介效应模型：

$$Y_{it} = \alpha_0 + \alpha_1 Ebank_{1it} + \alpha_{2j}X_{ijt} + t_{1i} + \varepsilon_{1it} \tag{5-3}$$

$$Z_{it} = \beta_0 + \beta_1 Ebank_{it} + \beta_{2j}X_{ijt} + t_{2i} + \varepsilon_{2it} \tag{5-4}$$

$$Y_{it} = \gamma_0 + \gamma_1 Ebank_{it} + \gamma_2 Z_{it} + \gamma_{3j}X_{ijt} + t_{3i} + \varepsilon_{3it} \tag{5-5}$$

其中，Y_{it}、$Ebank_{it}$、X_{ijt} 的定义和模型（5-1）、模型（5-2）相同，Z_{it} 为中介变量。模型（5-3）中 α_1 衡量了农商行电子化水平对农商行风险承担的影响，模型（5-4）中 β_1 衡量了农商行电子化水平对中介变量的影响，模型（5-5）中 γ_1 衡量了农商行电子化水平对农商行风险承担的直接效应，$\beta_1 \times \gamma_2$ 为中介效应的影响。在中介效应模型中，若 α_1、β_1、γ_2 均显著且 $\beta_1 \times \gamma_2$ 与 α_1 同号，则为存在中介效应，若异号则是遮掩效应（温忠麟和叶宝娟，2014）。检验中介效应是否显著的步骤通常为：第一步检验 α_1。如果 α_1 不显著，则停止进行中介效应分析；如果显著则进行第二步。第二步依次检验 β_1、γ_2。如果都显著，那么继续检验 γ_1：如果 γ_1 显著则表明部分中介效应显著，如果 γ_1 不显著则表明完全中介效应显著；如果 β_1、γ_2 至少有一个不显著，则需要做 Sobel 检验，检验结果显著则表明中介效应显著，否则中介效应不显著。

四、实证结果及其分析

（一）变量描述性统计

表 5-2 报告了样本各个变量的描述性统计结果。总体来看，不同农商行的加权风险资产比例、资产规模、非利息收入占比、利率水平、存贷比、法人持股比例、总资产周转率、电子交易替代率（渠道电子化）等变量的标准差较大，说明样本农商行在这些方面的表现差别较大。就几个重要的变量来看，农商行基础设施电子化的均值为 0.1474，标准差为 0.1285，差异较小，表明样本农商行都很重视电子化基础设施的投入；电子交易替代率最大值为 96.94%，最小值为 28.43%，均值达 78.42%，可见样本农商行渠道电子化水平较高，但银行间差异不容忽视；加权风险资产比例均值为 62.51%，标准差为 13.8993，不良贷款率的均值为 3.12%，远高于行业平均水平，且银行间差异较大。

表 5-2　变量描述性统计结果

变量名称	最大值	最小值	均值	标准差
基础设施电子化（对数值）	0.6774	0.0019	0.1474	0.1285
渠道电子化（%）	96.9400	28.4300	78.4220	11.8847
加权风险资产比例（%）	93.7679	0.5431	62.5118	13.8993
不良贷款率（%）	27.7061	0.2900	3.1188	2.9928
资产规模（对数值）	9.1597	2.0631	4.9294	1.2319
资本充足率（%）	24.8180	8.0300	13.9307	2.2431
资产利润率（%）	8.1500	0.0100	1.1159	0.6815
利率水平（%）	24.1392	0.3256	8.4390	2.7855
存贷比（%）	149.3950	7.0127	64.7542	11.2232
法人持股比例（%）	97.7000	17.4700	52.8235	16.1770
总资产周转率（%）	11.3146	0.3488	4.5664	1.3822
非利息收入占比（%）	38.7272	0.0015	2.6846	3.4457
经济发展水平（万元/人）	32.9029	0.6861	6.4712	4.3203
金融发展水平（%）	11.0222	0.0121	1.0039	0.7693
产业结构（%）	58.6230	0.0362	11.1169	8.4075

（二）样本估计结果及分析

本章样本数据集为短而宽的非平衡面板，单位根检验可省略，解释变量之间的相关性系数均小于 0.5，因此它们不存在多重共线性问题。关于估计模型的选择，我们分别对模型（5-1）、模型（5-2）进行 LM 检验，结果拒绝原假设，不采用混合效应模型；进一步进行 Hausman 检验，其 P 值均小于 5%，结果拒绝随机效应模型，因此，本章采用固定年份的固定效应（FE）模型进行估计。由于模型（5-1）、模型（5-2）可能存在遗漏变量，也可能存在反向因果关系[①]，因此可能存在内生性。为了尽可能地消除内生性，一方面，我们在 FE 中采用滞后一期的银行特征变量进行回归；另一方面，Durbin 检验、Wu-Hausman F 检验结果表明，模型（5-1）中电子设备净值占比、模型（5-2）中利率水平分别为内生变量，因此，本章在采用系统广义矩估计方法（SYS-GMM）估计时分别用其滞后一期值作为解释变量进行估计。此外，在表 5-3、表 5-4 中，AR（2）检验与 Sargan 检验结果说明，扰动项的差分不存在二阶序列相关且工具变量是有效的。表 5-3、

[①]　例如，农商行电子化水平（如电子设备净值占比）不仅受自身损耗折旧的影响，管理层因对其风险承担水平的关注也会影响其增加或减少电子设备的决策，这意味着农商行的风险承担也可能影响其电子化水平。

表 5-4 分别对应前文的模型（5-1）、模型（5-2），其中，回归（1）、回归（3）为 FE 的估计结果，回归（2）、回归（4）为 SYS-GMM 的估计结果。

表 5-3 的两次回归中，农商行基础设施电子化的系数均为显著的负值，即基础设施电子化水平的提高会降低其风险承担，这与假说 1 的预测一致，说明农商行增加电子设备的投入有助于完善其风控系统，从而降低风险承担。在控制变量中，银行特征变量除资本充足率、利率水平、存贷比之外，对风险承担的影响都是显著的，表明资产规模、资产利润率、法人持股比例也是影响农商行风险承担的重要因素；其中，资产规模、法人持股比例的提高会降低农商行的风险承担，而资产利润率正向影响农商行的风险承担。当地经济发展水平的回归系数显著为正，表明农商行风险承担随着经济发展水平的提高而增加，这与郭品和沈悦（2015a）、Gambacota（2009）的估计结果一致；产业结构的回归系数显著为负，说明农商行风险承担随着第一产业占比的增加而降低。

表 5-3　农商行基础设施电子化对其风险承担的影响

变量	回归（1）	回归（2）
	FE	SYS-GMM
基础设施电子化	-50.5867*** (-3.1122)	-16.6884* (-1.9280)
资产规模	-39.2720*** (-6.8226)	-2.9244*** (-2.9361)
资本充足率	0.2944 (0.4882)	0.5151 (0.7233)
利率水平	0.3719 (0.4914)	-0.2018 (-0.3918)
存贷比	0.1942 (1.5301)	0.1544 (1.5443)
资产利润率	10.1228*** (2.7258)	6.0501** (2.0616)
法人持股比例	-1.5880*** (-5.2231)	0.0828 (1.2970)
金融发展水平	9.2651 (0.9293)	-0.6163 (-0.9541)
经济发展水平	1.3494 (0.7632)	0.6861** (2.1842)
产业结构	1.5659** (2.3748)	-0.4081** (-2.2234)
年份	是	是

变量	回归（1）	回归（2）
	FE	SYS-GMM
常数	317.4776***	58.8025***
	（6.7884）	（3.5155）
R^2	0.5582	0.2410
Hausman 检验	25.21	—
Durbin 检验	—	7.6218
Wu-Hausman F 检验	—	6.9855
AR（2）检验	—	0.8522
Sargan 检验	—	0.4798

注：*、** 和 *** 分别表示在 10%、5% 和 1% 的统计水平上显著，括号内数值为标准差。本章下同。

　　表5-4 的回归结果显示，对于解释变量电子银行替代率来说，固定效应模型和 SYS-GMM 的回归结果均显著为正，这表明随着渠道电子化水平（电子银行替代率）的增加农商行的风险承担水平提高了，假说 2 因此得到了证实。就控制变量来说，估计结果基本与表5-3 一致。

表 5-4　农商行渠道电子化对其风险承担的影响

变量	回归（3）	回归（4）
	FE	SYS-GMM
渠道电子化水平	0.4445*	0.2146*
	（1.9517）	（1.9544）
资产规模	-35.0869*	-3.9239***
	（-2.0060）	（-3.0691）
资本充足率	-0.4595	0.0193
	（-0.8269）	（0.0336）
利率水平	-0.5803	0.5543
	（-0.3812）	（0.8145）
存贷比	0.0004	0.0585
	（0.0052）	（0.3602）
资产利润率	6.4972	5.7784***
	（1.2766）	（2.9426）
法人持股比例	-1.6451	0.0826
	（-1.5940）	（0.7460）
金融发展水平	-14.7127	1.9745
	（-1.2020）	（0.9868）

续表

变量	回归（3）	回归（4）
	FE	SYS-GMM
经济发展水平	-3.0217 (-0.5294)	1.0196** (2.1370)
产业结构	-0.3016 (-0.2383)	-0.3323** (-1.9474)
年份	是	是
常数	337.5989*** (3.4102)	39.7198** (2.0948)
R^2	0.3220	0.2357
Hausman 检验	28.97	—
Durbin 检验	—	8.5314
Wu-Hausman F 检验	—	7.6336
AR（2）检验	—	0.3003
Sargan 检验	—	0.1775

表5-5 报告了农商行电子化水平对风险承担的总影响。为了估计总影响，我们先用变异系数法将经过无量纲处理之后的基础设施电子化水平指标与渠道电子化水平指标合成总的电子化指标（Ebank）[①]，用 Ebank 替代模型（5-1）中的 Ebank1 后采用 FE 和 SYS-GMM 两种方法进行回归。表5-5 的结果表明，在两次回归中农商行电子化的系数均为显著的负值，这意味着，总体上看，农商行电子化有助于降低其风险承担，与假说3的预测是一致的。

表5-5 农商行电子化对风险承担的总影响

变量	回归（5）	回归（6）
	FE	SYS-GMM
电子化水平	-20.5218*** (-4.8083)	-11.2308** (-2.3288)
资产规模	-87.0354*** (-3.6314)	-9.3878** (-2.4174)
资本充足率	3.8148*** (2.8792)	-6.6797* (-1.9576)

---

① 借鉴李俊玲等（2019）的指数构建方法，本章运用变异系数法将基础设施电子化和渠道电子化加权得到总的农商行电子化水平（EBank），具体的构建步骤为：首先分别对电子设备净值/固定资产净值和电子交易替代率取对数；其次分别求得两者对数值的标准差和均值，用两者标准差和均值之比得到各自的权重；最后加权求和得到总指标"EBank"。

续表

变量	回归（5）	回归（6）
	FE	SYS-GMM
利率水平	-8.5662***	2.2780
	(-4.7806)	(1.4877)
存贷比	0.9030***	0.5207
	(4.7880)	(0.7873)
资产利润率	12.0673**	24.3617**
	(2.4365)	(2.0386)
法人持股比例	-0.2372	0.4639**
	(-0.1774)	(2.0422)
金融发展水平	-93.4233***	-0.0186
	(-3.0827)	(-0.0080)
经济发展水平	-10.1138***	1.5935*
	(-3.7487)	(1.7910)
产业结构	3.8100***	-1.2141***
	(4.5706)	(-3.4590)
年份	是	是
常数	639.6383***	127.2290*
	(3.6870)	(1.8939)
R^2	0.8448	0.3521
Hausman 检验	25.86	—
Durbin 检验	—	8.0678
Wu-Hausman F 检验	—	5.2412
AR（2）检验	—	0.4649
Sargan 检验	—	0.7481

五、进一步分析：影响机制的检验

通过以上分析，我们证实了农商行电子化对其风险承担的确产生了影响，但其影响机制还有待研究。为此，我们采用中介效应模型，分别以农商行运营效率和金融创新水平的代理变量总资产周转率、非利息收入占比作为中介变量进行回归，进一步检验农商行电子化对其风险承担产生影响的机制。为了消除内生性问题，我们仍使用 SYS-GMM 方法进行估计。表5-6、表5-7分别检验了农商行基础设施电子化和渠道电子化对风险承担的影响机制，其中回归（7）、回归（8）、回归（9）分别对应模型（5-3）、模型（5-4）、模型（5-5）。

表5-6报告了以总资产周转率为中介变量的估计结果。在回归（7）中，农商行基础设施电子化的系数显著为负，表明可以继续进行中介效应的检验。在回归（8）中，基础设施电子化的系数显著为正，即农商行基础设施电子化水平越高，其运营效率也越高。在回归（9）中，基础设施电子化的系数显著为负，总资产周转率的系数显著为负，表明农商行基础设施电子化通过总资产周转率影响了其风险承担，即总资产周转率在二者关系中发挥了部分中介效应，假说4得到了证实。具体地，由估计的系数可得，$\beta_1 \times \gamma_2 = 1.8385 \times (-5.2731) = -9.6946$，即在总效应中总资产周转率作为中介变量的贡献为（-9.6946）/（-16.6884）=58.09%。

表5-6　农商行基础设施电子化对其风险承担的影响机制

变量	回归（7）	回归（8）	回归（9）
总资产周转率	—	—	-5.2731*** (-2.7185)
基础设施电子化水平	-16.6884* (-1.9280)	1.8385*** (2.8361)	-26.0426** (-2.3016)
控制变量	是	是	是
常数	58.8025*** (3.5155)	-2.3115*** (-2.5955)	43.4902** (2.2048)
R^2	0.2410	0.8683	0.4148
Durbin检验	7.6218	6.0256	6.9535
Wu-Hausman F检验	6.9855	5.0027	6.1475
AR（2）检验	0.8522	0.1965	0.6989
Sargan检验	0.4798	0.1837	0.1794

表5-7报告了以非利息收入占比为中介变量的估计结果。在回归（10）中，农商行渠道电子化的系数显著为正，说明可继续进行中介效应的检验。在回归（11）中，农商行渠道电子化的系数显著为正，意味着农商行渠道电子化水平越高，非传统业务占比越大，非利息收入占比越高。在回归（12）中，农商行渠道电子化水平的系数显著为正，同时非利息收入占比的系数在10%的统计水平上也显著为正，即非利息收入占比在农商行渠道电子化对其风险承担的影响中存在部分中介效应，这表明农商行电子化水平通过影响非利息收入占比进而影响其风险承担，假说5得到证实。具体地，由估计的系数可得，$\beta_1 \times \gamma_2 = 0.1706 \times 0.8068 = 0.1376$，在总效应中非利息收入占比作为中介变量的贡献为（0.1376）/0.2146=64.12%。

表5-7　农商行渠道电子化对其风险承担的影响机制

变量	回归（10）	回归（11）	回归（12）
非利息收入占比	—	—	0.8068* （1.9248）
渠道电子化水平	0.2146* （1.9544）	0.1706** （2.4308）	0.6106** （1.9765）
控制变量	是	是	是
常数	39.7198** （2.0948）	−18.4534* （−1.6996）	−28.8599 （−0.9643）
R^2	0.2357	0.1974	0.3695
Durbin 检验	8.5314	9.0194	9.1636
Wu-Hausman F 检验	7.6336	7.9742	8.1822
AR（2）检验	0.3003	0.2246	0.2269
Sargan 检验	0.1775	0.9865	0.1495

六、稳健性检验

为了验证前文回归结果的稳健性，我们采用变量替换法做进一步的检验：

（一）替换被解释变量

用农商行的不良贷款率替换加权风险资产，代入模型（5-1）、模型（5-2）中分别用固定效应模型和SYS-GMM进行回归，得到如表5-8所示的四次回归结果，其中三次回归中核心解释变量的系数都显著，且系数符号与前文一致。

表5-8　农商行电子化对风险承担的影响：替换被解释变量

变量	回归（13）	回归（14）	回归（15）	回归（16）
	FE	SYS-GMM	FE	SYS-GMM
基础设施电子化	−0.7782 （−0.8976）	−5.0589*** （−3.1163）	—	—
渠道电子化	—	—	0.0686* （1.6995）	0.0326* （1.6811）
控制变量	是	是	是	是

续表

变量	回归（13）	回归（14）	回归（15）	回归（16）
	FE	SYS-GMM	FE	SYS-GMM
常数	8.0962**	5.8345***	17.1094	1.1232
	（2.6172）	（3.2230）	（1.1559）	（0.3826）
R²	0.3273	0.2454	0.7956	0.6005
Hausman 检验	59.16	—	41.01	—
Durbin 检验	—	8.5068	—	7.5721
Wu-Hausman F 检验	—	7.5018	—	6.7428
AR（2）检验	—	0.3197	—	0.2200
Sargan 检验	—	0.6154	—	0.6912

（二）替换解释变量

我们用农商行银行卡手续费的对数值衡量农商行渠道电子化，替换电子交易替代率后与基础设施电子化的指标用变异系数法合成新的农商行电子化水平指标，代入模型（5-1）中分别采用固定效应模型和 SYS-GMM 进行回归，估计结果如表5-9 所示。农商行电子化水平的系数在回归（18）中显著为负（在回归（17）中仍为负值但不显著），与表5-5 的回归结果一致，表明前文的估计结果具有稳健性。

表5-9　农商行电子化对风险承担的总影响：替换解释变量

变量	回归（17）	回归（18）
	FE	SYS-GMM
电子化水平	-2.4106	-11.8123*
	（-0.2914）	（-1.8226）
控制变量	是	是
常数	213.1055***	78.9724*
	（4.0007）	（1.6985）
R²	0.4358	0.3283
Hausman 检验	23.05	—
Durbin 检验	—	11.9321
Wu-Hausman F 检验	—	11.3124
AR（2）检验	—	0.3495
Sargan 检验	—	1.0000

七、研究结论及政策启示

基于 M 构造理论，本章从基础设施和渠道两个维度度量了农商行的电子化水平，并利用 2014～2018 年 165 家农商行的非平衡面板数据，实证检验了农商行电子化对其风险承担的影响及其影响机制，主要的结论有：第一，总体来看，农商行电子化水平的提升有助于降低其风险承担，即农商行电子化发展有助于改善其风险状况。第二，农商行的风险承担随着基础设施电子化水平的提高而降低，随着渠道电子化水平的提高而增加。第三，基础设施电子化水平的提升可提高农商行的运营效率，进而促进风险承担的降低；而渠道电子化水平的提升会增加其非利息收入，进而促进风险承担的增加。

上述研究结论对我国农商行进一步提升电子化水平、加快数字化转型和强化风险治理具有重要的政策启示。总的来看，未来农商行应进一步提升电子化水平，因地制宜发展渠道电子化和基础设施电子化，合理地承担风险。具体地，首先，农商行应稳妥地提升电子化水平。一方面，农商行应积极响应银保监会的号召，加大现代信息技术的投入应用，适当增加自助设备、POS 机等电子机具在农村的布设力度，设立专门的电子化发展部门强化精细化管理水平；另一方面，农商行应进一步优化业务流程，各家农商行根据各自的实际情况，不断加强电子渠道与传统业务渠道的联通互动，稳步推进渠道电子化建设。其次，农商行应着力提高运营效率。农商行应瞄准大型商业银行信息化、数字化转型的大趋势，充分利用"船小掉头快"的小银行优势，抓住机会加强自身基础设施电子化建设，提高银行各类业务条线的运营效率，为合理承担风险提供硬件保障。最后，农商行应审慎推进渠道创新。在创新电子化渠道的过程中，农商行切忌盲目扩张新渠道新业务，应坚持稳中求进、审慎创新的原则，因地制宜、有步骤地推进渠道电子化。例如，农商行可以选择在拥有优势的业务领域创新电子金融产品，也可以利用其物理网点分布多、覆盖面广的特点在网点内开展产品"体验活动"，或者先在部分区域进行试点，待应用成熟后再推广。

总之，作为迈向信息化、数字化的必然阶段，农商行电子化水平仍有待提高，无论基础设施电子化还是渠道电子化，均应以提高效率、强化风控为根本依归，努力平衡好金融创新与风险控制之间的关系，实现可持续、稳健的发展。

第六章　农村商业银行数字化转型对风险承担的影响[①]

一、引言

  防控风险是商业银行经营管理的重要内容，作为服务"三农"、支持乡村振兴金融主力军的农村商业银行，其风险防控的任务格外艰巨。一方面，农业具有天然的弱质性，农业经营主体信息不易获取，农户金融素养较低；另一方面，国有大行、金融科技企业纷纷进入农村市场，加剧了农村金融市场竞争，农商行面临着较大的经营压力。与此同时，在金融数字化转型渐成趋势的背景下，不少农商行也加大了金融科技应用力度，推动其数字化转型进程。2022年1月，中国银保监会正式印发的《关于银行业保险业数字化转型的指导意见》提出，到2025年，银行业保险业数字化转型取得明显成效的发展目标，并从战略规划与组织流程建设、业务经营管理数字化、数据能力建设等方面给出了指导意见。其实，2021年2月发布的《中共中央　国务院关于全面推进乡村振兴加快农业农村现代化的意见》已明确提出发展农村数字普惠金融，2021年7月中国人民银行官网发布的《关于深入开展中小微企业金融服务能力提升工程的通知》强调，为提升中小微企业金融服务的便利度，应鼓励地方法人银行业金融机构使用数字信息技术。由此可见，数字化转型已成为包括农商行在内的中小银行提升综合实力、实现可持续发展的必然选择（朱太辉和张彧通，2021）。然而，有研究表明，数字化的前期阶段电子化会给农商行带来新的风险（张正平和刘云华，2020），那么，大行其道的农商行数字化转型会对其风险承担产生影响吗？尤其是数字化转型会影响农商行

---

  ① 本章发表于《武汉金融》2023年第4期，作者为张正平、纪环宇和董晶，录入本书时略有修改。

的主动风险承担吗？影响机制是怎样的？是否存在异质性影响？进一步地，农商行数字化转型影响其被动风险承担吗？与主动风险承担有什么关系呢？这些正是本章试图研究的问题。

从文献来看，关于商业银行数字化转型与风险承担关系的研究主要集中在两个领域：

一是商业银行数字化转型及其影响。新一代信息技术的发展为数字化转型提供了技术支撑（王鹏虎，2018），加快了数字化转型的进程。金融科技通过推动商业银行外部环境和内部能力的改变进而驱动数字化战略转型（谢治春等，2018），数字技术在数字金融领域的应用改变了商业银行的经营效率与风险偏好，进而对商业银行的经营模式进行了创新（黄益平和黄卓，2018）。而且，商业银行数字化转型着力于技术思维与技术构建、金融生态思维与金融生态场景构建、数据思维与数据能力构建、互联网思维与新商业文明构建等思维和能力的转变（朱太辉和张肖通，2021）。Standaert等（2020）通过与来自大型银行、金融科技公司的专家谈话，确定了数字技术与信息数据的应用作为银行决策者制定未来战略方向的依据之一。Kellner和Dannenberg（1998）研究发现，数字技术在商业银行中的应用能够使银行在竞争中取得优势。熊健等（2021）认为，金融科技的发展能够通过技术溢出效应达到降低商业银行运营成本并提升工作效率的目的。此外，银行数字化转型也意味着银行面临着大数据处理、网络安全风险方面的问题（Dahl和Meye，2017）。就农商行数字化转型而言，由于农户、小微企业信息不透明、抗风险能力较弱、缺乏抵押物，农商行涉农贷款的发放将承担更多经营风险（阳烨和杨胜刚，2018），农村金融供给侧结构性改革可以通过技术创新改进金融服务（董晓林和朱敏杰，2016），农商行的数字化转型也能够通过降低经营成本改善农商行的盈利能力（董晓林等，2021b）。

二是银行风险承担的影响因素。从文献来看，商业银行风险承担分为主动风险承担和被动风险承担，前者为银行事前风险承担意愿的反映，后者则是银行风险的事后衡量（方意，2015；金鹏辉，2015；孙志红和琚望静，2022）。从宏观因素来看，Dias（2020）认为，资本监管与银行风险承担之间存在非线性关系。经济政策的不确定性显著提升了商业银行主动风险承担，同时降低了商业银行被动风险承担（顾海峰和于家珺，2019），互联网金融（余静文和吴滨阳，2021）、数字金融与普惠金融（董晓林等，2021b）的发展则有效降低了商业银行被动风险承担。从微观因素来看，Kasman和Kasman（2016）认为，企业文化相对稳健的银行风险承担水平较低，Nguyen等（2018）发现，企业文化偏激进的银行则更倾向于选择高风险信贷项目。银行治理过度也会加大银行面临的风险（Altunba等，2020），但可以通过改善运营效率来降低银行风险水平（郝项超，2015；Harkin等，

2019）。就农商行而言，农商行内部资本水平的变动与农商行风险承担水平之间呈现负相关关系（范亚辰等，2019），价格竞争则加剧了农商行风险承担水平（田雅群，2022），利率市场化放大了农商行这种被动风险承担（田雅群等，2019）；而且，相比股份制银行与城市商业银行（以下简称城商行），经济政策的不确定性对农商行主动和被动风险承担的抑制作用更强（顾海峰和于家珺，2019）。

梳理上述文献可知，有关银行数字化转型与风险承担关系的研究已经取得了丰硕的成果，但仍存在不少值得改进的地方：第一，现有文献对农商行数字化转型特点和运行环境的研究较多，少有关注农商行数字化转型带来的影响；第二，有关农商行风险承担的研究并没有清晰地阐明主动风险承担与被动风险承担的关系；第三，鲜有文献关注农商行数字化转型对其风险承担的影响及其作用机制。这些不足为本章的创新提供了机会，本章基于文本挖掘法构建农商行数字化转型指数，检验农商行数字化转型对其风险承担意愿的影响及其作用机制，分析不同资产规模、不同省联社干预强度下的异质性影响，并进一步讨论农商行数字化转型过程中主动风险承担与被动风险承担的关系。

具体地，本章的主要创新点：第一，以农商行为研究对象，实证检验农商行数字化转型对其主动风险承担的影响，丰富了有关农商行数字化转型的研究；第二，探讨农商行数字化转型对主动风险承担的影响，并分析数字化转型过程中农商行主动风险承担与被动风险承担的关系，拓展了银行风险承担问题的研究范围；第三，揭示了农商行数字化转型通过改善运营效率提升其主动风险承担的作用机制，并考察了在不同资产规模、不同省联社干预强度下农商行数字化转型对其主动风险承担的异质性影响，深化了对两者关系的理解。

二、理论分析与假说提出

（一）数字化转型对农商行主动风险承担的影响

农商行数字化转型主要通过缓解银行竞争压力和强化金融科技应用促进其主动风险承担意愿。一方面，数字化转型可以缓解国有银行、股份制银行与城商行带来的竞争压力，进而增加农商行主动风险承担意愿。数字化转型能帮助银行识别客户需求差异，扩充稳定资金的来源，进而增加银行存款（陈忠阳和易卓睿，2022），缓解存款市场竞争压力。而且，为了提升银行特许权价值，银行主动承担风险的意愿也会随之增加（Ariss，2010；孙志红和琚望静，2022）。同样地，商业银行的竞争行为对农商行的稳健运营也产生了重要影响（田雅群，2022），数字化转型可以降低农商行的经营成本（董晓林等，2021a），从而缓解银行竞争带来的压力，这种情况下主动风险承担意愿会更强烈。另一方面，数字化转型可以促进农商行加大金融科技的应用，从而进一步增加其主动风险承担意愿。农商行可利用网络技术、大数据、云计算和人工智能等手段，提升金融服务效率及风险识别能力（纪森和李宏瑾，2019），进一步缓解信息不对称给其带来的困扰（董晓林等，2021a），从而增加其主动风险承担意愿。据此，提出本章的假说1：

假说1：农商行数字化转型会提升其主动风险承担意愿。

（二）数字化转型影响农商行主动风险承担的机制分析

数字化转型通过提高农商行运营效率进而增加其主动风险承担意愿。一方面，数字化转型可以提升农商行的运营效率。庄雷和周涵（2020）发现，科技企业与传统银行在长期博弈过程中，最终实现互利共赢。换言之，金融与科技相结合能帮助银行降低运营成本，提升运营效率。从农商行的角度来看，数字金融的发展使金融和科技融合得更深，加速了农商行的转型，进而提高了其运营效率（张正平和刘云华，2022）。同样地，数字化转型促进了金融资源的定价与配置（黄益平等，2018），有助于缓解农村金融中交易成本高、信息不对称等问题（郑美华，2019），还可以提高农商行业务办理水平、降低运营成本（董晓林等，2021b），最终提升农商行的运营效率。另一方面，农商行运营效率的提高可以增加其主动风险承担意愿。田雅群等（2018）从市场势力的角度研究发现，农商行成本效率的降低使其抵御风险的能力下降。也就是说，农商行经营成本降低、运营效率提高可以提升其风险控制能力。当制定有效的风险控制措施后，商业银行更愿意主动承担风险（钟世和等，2018），因此，随着农商行运营效率的提升，应对风险的能力会提高（张正平和刘云华，2020b），风险承担意愿也随之增加。据此，提出本章的假说2：

假说2：农商行数字化转型有助于提升其运营效率，进而增加其主动风险承担。

（三）数字化转型对农商行主动风险承担的异质性影响

资本是银行抵御风险的重要防线，银行自身的资本闲置将影响其盈利，为了弥补利润损失，银行具有较高的风险投资激励（杨新兰，2015）。相对于资产规模小的农商行，资产规模大的农商行的人才储备和技术储备更充足，有更多的资源可投入到数字化转型上（朱太辉或张彧通，2021）；进一步地，在数字化转型提升农商行主动风险承担的过程中，资产规模大的农商行凭借优质客户资源降低经营成本，提升运营效率（周再清和杨鹤皋，2015），其结果可能是增加农商行的主动风险承担意愿。而且，资产规模较大的农商行还可以利用其规模优势有效地进行分散化投资，这也有助于提升其主动风险承担意愿。因此，在资产规模更大的农商行中，数字化转型对其主动风险承担意愿的影响可能更大。

为更好地发挥农商行服务"三农"的金融主力军作用，省联社一直承担着对辖内农商行的管理、指导、协调、服务等职能。具体而言，省联社对农商行的干预工作主要从两个方面体现：间接调配农商行的金融资源和直接插手农商行的经营行为（张正平等，2020）。尽管省联社的这种干预会制约农商行的正常运营和发展（王子扶，2015），但在农商行数字化转型过程中，省联社的作用十分重要，不可忽视（张正平和王子源，2020）。例如，在数字化转型前期，省联社可以协调整合辖内外农商行的资源，促进农商行间的交流合作，助推数字化转型（朱太辉和张彧通，2021）；在数字化转型过程中，省联社可以发挥其"平台优势"，通过集中进行人才招聘、升级核心业务系统等方式，获得规模经济好处，降低辖内农信机构在数字化转型中的投入成本，提升转型效率（张正平和王子源，2020），这可能会增加农商行的主动风险承担水平；而且，省联社干预也可能是为农商行提供必要的风险管理服务，提升其风险控制能力（张正平和夏海，2019），从而增加其主动风险承担的意愿。据此，提出本章的假说3：

假说3a：在资产规模更高的农商行中，数字化转型对其主动风险承担意愿的影响更大。

假说3b：在省联社干预更强的省份中，数字化转型对农商行主动风险承担意愿的影响更大。

（四）进一步分析：对被动风险承担的作用

值得注意的是，数字化转型可以抑制农商行的被动风险承担。一方面，数字化转型能够增加商业银行对客户行为数据的捕捉（陈冬梅等，2020），缓解信息不对称问题，进而提升商业银行的风险控制能力（Norden等，2014；杨望等，2020），减少客户的违约行为，从而降低其被动风险承担水平。另一方面，商业银行的数字化转型能够优化传统业务流程，降低风险转嫁的动机（刘忠璐，2016），进而降低其被动风险承担水平。就农商行而言，可借助线上化和电子化等途径，拓展金融服务渠道，提升运营效率（张正平和刘云华，2020），从而进一步降低其被动风险承担水平。

有趣的是，提高农商行的主动风险承担意愿有利于降低其被动风险承担水平。金洪飞等（2020）的研究表明，在商业银行战略转型过程中，应用金融科技能够改善其风险承受能力，同时降低风险承担水平。而且，在政策不确定性增加的情况下，商业银行的主动风险承担意愿下降，而不良贷款率和破产风险会增加（顾海峰和于家珺，2019）。就农商行而言，当农商行主动风险承担水平增加后，势必引起其风险资产的扩张，由此可能倒逼银行计提更多的风险准备金以应对潜在的风险累积；而且，在数字化转型框架下，农商行进一步重塑其业务流程和风控制度，从而提升其风控水平（朱太辉和张彧通，2021），最终降低其被动风险承担水平（不良贷款率）。据此，提出本章的假说4：

假说4：农商行数字化转型会降低其被动风险承担，并通过提升其主动风险承担意愿降低农商行的被动风险承担水平。

三、研究设计

（一）数据来源

本章手工整理了2015~2020年207家农商行的数据，具体的数据来源于各银行的官网以及中国债券信息网和中国货币网披露的年报，部分财务数据来源于国泰安数据库；此外，宏观变量数据来源于相应年份的《中国统计年鉴》。

（二）变量定义

1. 被解释变量

在已有文献中，银行风险承担水平的衡量指标主要包括不良贷款率、加权风险资产、资本充足率、Z值、资产收益率波动性、β系数、贷款损失准备金（尹威和刘晓星，2017；Adhikari和Agrawal，2016）。由于资产收益率波动性、β系数度量的一般是上市公司的风险情况，需要时间序列较长、完整的数据集，但农商行大多没有上市，因此无法用这些指标来衡量。而且，农商行均处在政府隐性担保之下，几乎不存在破产风险（喻微锋和周黛，2018），因此Z值不适用。综合考虑，本章借鉴顾海峰和于家珺（2019）的做法，分别以加权风险资产和不良贷款率衡量农商行的主动风险承担水平和被动风险承担水平。一方面，主动风险承担水平是银行事前风险承担意愿的体现，而风险加权资产是指银行高风险资产，在银行确定资产组合时即可确定，该指标值越高代表银行风险承担偏好和意愿越强，因此能够较为全面地反映银行的主动风险承担行为和水平；另一方面，被动风险承担水平是银行因已发放的贷款出现违约所被动承担的风险，而不良贷款率是银行事后风险的度量指标（孙志红和琚望静，2022），能够评估银行贷款质量，度量贷款违约风险的变化。

2. 核心解释变量

参考吴非等（2021）的做法，本章采用文本挖掘法测算农商行数字化水平，衡量其数字化转型情况。参考《2021农商行转型趋势报告》《金融业数字化转型发展报告》《2021中国银行业数字化转型研究报告》，筛选出适合农商行的数字化转型词库，同时考虑到农商行也属于企业，参考《企业数字化转型蓝皮书》，总结数字化转型词汇加入其中。具体的关键词词库如表6-1所示。

表6-1　农商行数字化转型关键词词库

管理系统	软件	网络平台	智能平台	数据系统	数字化	数据平台	人工智能
机器学习	数字分析	大数据	区块链	物联网	深度学习	云计算	互联网
云计算	生物识别	结构扁平化	服务定制化	服务互动化	智能化	线上化	金融科技
智能银行	数字化经营	数字化风控	智慧社区	智能风控	微信银行	数字银行	数据模型
线上营销	智慧政务	数字运营	智慧场景	智慧医疗	智慧专业化市场	数据可视化	智能金库

3. 机制变量

为识别数字化转型对农商行主动风险承担的作用机制，引入运营效率作为机制变量，并参考张正平和刘云华（2022）的做法，以农商行总资产周转率作为运营效率的代理变量。

4. 控制变量

为精准识别农商行数字化转型对风险承担的影响，引入了微观层面和宏观层面的控制变量。其中，微观层面的控制变量包括农商行的资产利润率（尹威和刘晓星，2017）、资产规模、资本充足率（徐明东和陈学彬，2012）、存贷比（尹志超等，2014）；宏观层面的控制变量包括农商行所在地区的经济发展水平（田雅群等，2018；张正平和刘云华，2020）变量。具体变量定义如表6-2所示。

表6-2　变量定义

变量类别	变量名称（符号）	变量定义
被解释变量	加权风险资产（LnRisk）	农商行的加权风险资产（取对数）
	不良贷款率（Loan）	农商行不良贷款率
核心解释变量	数字化水平（DL）	文本挖掘法测算农商行数字化水平
机制变量	总资产周转率（TOTC）	农商行的营业收入/期初与期末资产总额的均值

变量类别	变量名称（符号）	变量定义
控制变量	资产利润率（ROA）	农商行的净利润/期初与期末资产总额的均值
	资产规模（LnAssert）	农商行资产总额（取对数）
	资本充足率（CAR）	农商行的资本充足率
	存贷比（DLR）	农商行贷款总额/存款总额
	经济发展水平（AGDP）	农商行所在地市（县）人均 GDP

（三）模型设定

参考张正平和刘云华（2022）的做法，设定如下计量模型对农商行数字化转型与主动风险承担的关系进行实证检验：

$$Y_{it} = \alpha + \beta_1 DI_{it} + \beta_{2j} X_{ijt} + t_i + \varepsilon_{it} \tag{6-1}$$

其中，被解释变量 Y_{it} 表示第 i 家农商行 t 年的主动风险承担指标；核心解释变量 DI_{it} 表示第 i 家农商行 t 年的数字化水平指标；X_{ijt} 表示农商行控制变量，j 表示第 j 个控制变量；t_i 表示控制年份的虚拟变量，ε_{it} 表示扰动项。

参考董晓林等（2021a）的做法，构建如下模型识别数字化转型通过提高运营效率促进农商行主动风险承担的作用机制：

$$Y_{it} = \alpha + \beta_1 DI_{it} + \beta_2 DI_{it} \times TOTC_{it} + \beta_{3j} X_{ijt} + t_i + \varepsilon_{it} \tag{6-2}$$

其中，$TOTC_{it}$ 表示农商行运营效率，若 β_2 系数显著、符号符合预期，且已有文献证实数字化转型对农商行运营效率有显著作用，则表明农商行数字化转型通过改善其运营效率进而促进其主动风险承担。

四、基准回归及其分析

（一）变量描述性统计

表 6-3 为各变量描述性统计结果。结果表明，农商行数字化水平的最大值为 92.0000，最小值为 0.0000，均值为 3.8836，可见样本农商行数字化转型仍处于初级阶段，不同农商行之间数字化水平差距较大；加权风险资产的最大值为 8.9669 亿元，最小值为 3.8836 亿元，均值为 5.5078 亿元，这表明不同农商行的主动风险承担有很大的差别，不良贷款率的均值为 2.5147%，远高于商业银行平均水平，标准差为 1.7091，表明农商行被动风险承担的差异并不大。此外，存贷

比、流动比率、人均 GDP 等控制变量的标准差相对较大，这表明不同农商行在这些方面的表现存在显著差别，符合计量回归的需要。

表6-3　变量描述性统计结果

变量	最大值	最小值	均值	标准差
数字化水平	92.0000	0.0000	3.8836	10.4916
加权风险资产取对数（亿元）	8.9669	3.8836	5.5078	1.0682
不良贷款率（%）	18.4700	0.0700	2.5147	1.7091
总资产周转率（%）	10.1079	0.3742	3.3669	1.5047
资产规模取对数（亿元）	9.2658	3.2465	5.9084	1.2154
资本充足率（%）	27.6600	3.8200	14.1126	2.4048
资产利润率（%）	94.2600	0.0100	1.1546	3.1956
存贷比（%）	149.3900	7.0100	67.1802	10.5351
经济发展水平（百元/人）	22859.0000	22.0900	1280.9970	2379.1660

（二）基准回归分析

首先，由于本章的平衡面板数据的时间长度小于面板个体数，趋势性的影响较小，属于短而宽的面板数据，因此可不必进行单位根检验。其次，采用方差膨胀因子（VIF）对面板数据的所有解释变量进行多重共线性检验，结果表明变量之间不存在多重共线性。最后，进行基准回归前，需在混合回归、随机效应和固定效应模型中选择合适的模型，通过检验，结果表明固定效应模型优于混合效应模型；进一步进行 Hausman 检验，P 值为 0.000，结果拒绝随机效应模型，因此本章采用双向固定效应模型进行基准回归。

表6-4 报告了农商行数字化转型对其主动风险承担影响的基准回归结果。结果表明，在未加入控制变量时，农商行数字化的系数为显著的正值；加入控制变量后，农商行数字化的系数仍为显著的正值，表明数字化转型显著提升了农商行主动风险承担的意愿；其经济意义为，当其他因素不变时，数字化水平每增加1个单位，农商行主动风险承担的意愿增加 0.13 个百分点。上述结果表明假说1得到了支持。上述回归结果导致这个结果的原因在于，农商行数字化转型重塑了其业务流程、升级了其运营系统，有助于提高其经营效率、降低经营成本（董晓林等，2021b），进而刺激农商行主动风险承担的意愿。

表 6-4　基准回归结果

变量	(1)	(2)
数字化水平	0.0529 *** (8.0613)	0.0013 * (1.943)
资产规模	—	0.9046 *** (8.8640)
资产利润率	—	-0.0788 ** (-2.0468)
资本充足率	—	-0.0366 *** (-4.6833)
存贷比	—	0.0029 * (1.9132)
总资产周转率	—	3.4593 ** (2.1271)
经济发展水平	—	-0.0001 ** (-2.5574)
常数项	5.2054 *** (63.2671)	0.1570 (29.2629)
个体固定效应	是	是
年份固定效应	是	是
R^2	0.1178	0.5656

注：*、** 和 *** 分别表示在 10%、5% 和 1% 的统计水平上显著；括号内数值为标准差。本章下同。

　　就控制变量来看，资产规模、资本充足率、存贷比和总资产周转率的估计结果是符合预期的。需要说明的是，资产利润率的估计系数显著为负，与预期不一致，可能的原因是，资产利润率衡量的是银行的盈利能力（宋科等，2021），在农商行资本监管相对薄弱、内部风险治理水平较低（朱辰和陈莉萍，2016）的情况下，即使盈利能力较低也可能激励农商行采取更冒险的经营策略（增加主动风险承担）以获取较高收益，这与徐明东和陈学彬（2012）得到的"较低的营利性可能促使银行为改善盈利指标而采取高风险策略"的结论是一致的；当地经济发展水平的估计系数显著为负，与预期也不相符，其原因可能在于，在经济发展水平较好的地区，银行的密集程度较高，各类型银行的布局也较为完善，企业信贷资金来源更加广泛（李洋等，2022），农商行因此面临着更加严峻的外部竞争环境，倾向于采取更加保守的经营策略，从而降低主动风险承担意愿。

（三）内生性分析与稳健性检验

1. 内生性分析

（1）工具变量法。

由于农商行主动风险承担也会对其自身数字化转型的推进产生一定影响，即变量间可能存在一定的反向因果关系，因此本章借鉴邱晗等（2018）的做法，选择互联网普及率（Int）作为数字化转型程度的工具变量，其计算方法为当地互联网宽带接入用户数×100/年末当地总人口数，使用2SLS进行回归，以减轻计量识别中的内生性问题。一方面，互联网普及作为商业银行数字化转型的必备基础建设，与数字化转型有着密不可分的联系，满足相关性原则；另一方面，在控制商业银行微观经济层面以及宏观经济层面的相关变量后，互联网普及率不会对农商行的主动风险承担造成直接的影响，满足外生性原则，因此，互联网普及率应是一个较为有效的工具变量。本章将农商行数字化转型程度对互联网普及率以及其他控制变量做一阶段回归，并通过了名义显著性水平为5%的Wald检验，表明工具变量有效。

采用工具变量进行回归后的结果如表6-5所示，数字化水平的估计系数在10%的水平上显著为正，表明在考虑到内生性问题后，农商行数字化转型仍能显著地提高其主动风险承担，与基准回归结果一致。

表6-5 工具变量法的回归结果

变量	2SLS	
	第一阶段	第二阶段
	数字化水平	主动风险承担
工具变量	0.0238*** (2.7101)	—
数字化水平	—	0.0026* (1.8996)
Wald外生性检验（P值）	46.7200*** (0.0000)	—
一阶估计F值（P值）	9.5300** (0.0020)	—
控制变量	是	是
常数项	3.3344*** (5.0901)	5.8489*** (29.2629)
R^2	0.9845	0.0496

（2）系统广义矩估计（SYS-GMM）。

考虑到农商行上一期风险承担水平与本期风险承担水平之间可能存在一定的

高持续性，因此本章引入银行风险承担水平的滞后一期作为工具变量，运用动态
面板模型进行系统广义矩估计。由表6-6报告的系统广义矩估计回归结果可知，
数字化水平的估计系数在10%的水平上显著为正。AR（2）检验结果表明扰动项
差分不存在二阶序列相关，Wald检验结果和Hansen检验结果说明工具变量选取有
效，这表明在考虑变量内生性因素后，基准回归的结论依然成立。

表6-6　系统广义矩法（SYS-GMM）的回归结果

变量	（1）
数字化水平	0.0214*
	(1.6906)
常数项	7.9336***
	(5.9026)
个体固定效应	是
年份固定效应	是
Wald	<0.01
AR（2）检验	0.627
Hansen	0.942

注：Wald检验原假设为"工具变量与内生变量不相关"，AR（2）检验原假设为"残差不存在二阶自相
关"，Hansen检验原假设为"工具变量均外生"，表中所列出的检验结果为相应的P值。

2. 稳健性检验

（1）更换解释变量。

考虑到农商行正从电子化阶段向数字化阶段转型，包含电子化的词频可能导
致对农商行数字化水平的衡量产生偏差，因此，去除文本挖掘词频中关于农商行
电子化相关词频（手机银行、网上银行和互联网），重新构建农商行数字化转型指
标进行回归分析。表6-7中列（1）的结果表明，数字化水平的系数仍显著为正，
与基准回归结果一致。

（2）更换被解释变量。

借鉴金洪飞等（2020）的做法，选择核心一级资本充足率作为银行主动风险
承担的代理变量进行稳健性检验，核心一级资本充足率越大，银行风险承担能力
越强。表6-7中列（2）的结果显示，替换被解释变量后，数字化水平的系数仍显
著为正，与基准回归结果一致。

（3）剔除极端值。

为避免极端值带来的干扰，将农商行主动风险承担代理变量进行1%的缩尾处
理后再次进行回归，结果如表6-7中列（3）所示，剔除变量极端值后，数字化水

平的系数仍显著为正，与基准回归结果一致。

（4）增加控制变量。

考虑到市场竞争可能带来的影响，借鉴戴美虹（2022）的做法，本章使用单位面积内银行网点数量衡量当地银行业竞争水平，通常情况下，单位面积内银行网点数量越多，当地的竞争水平越高。表6-7中列（4）的回归结果显示，增加当地银行竞争水平这个控制变量后，数字化水平的系数仍显著为正，与基准回归结果一致。

表6-7 稳健性检验的结果

变量	（1）替换解释变量	（2）替换被解释变量	（3）剔除极端值	（4）增加控制变量
数字化水平	0.0514**(2.0392)	0.0210*(1.9201)	0.0025*(1.7323)	0.0030**(2.4179)
常数项	11.2654**(2.7242)	24.4236***(3.1601)	5.7938***(28.5388)	5.8723***(31.0806)
控制变量	是	是	是	是
个体固定效应	是	是	是	是
年份固定效应	是	是	是	是
R^2	0.0098	0.1733	0.0720	0.0670

五、作用机制与异质性分析

（一）作用机制分析

表6-4表明，农商行数字化转型对其主动风险承担有显著的正向影响，但其作用机制仍有待分析。表6-8的回归结果显示，农商行总资产周转率与数字化的交互项系数为显著的正值，这意味着，农商行总资产周转率每增加1个单位，数字化对农商行主动风险承担的直接影响会增加0.0271，也明确表明农商行运营效率显著增加了数字化转型对其主动风险承担的正向影响。其可能的原因是，一方面，数字化转型促进金融资源的定价与配置（黄益平等，2018），有助于解决农村金融中交易成本高、信息不对称等问题（郑美华，2019），还可以提高农商行业务办理水平、降低运营成本（董晓林等，2021b），最终达到提升农商行运营效率的

效果；另一方面，随着农商行运营效率提升，其应对风险的能力会提高（张正平和刘云华，2020），主动风险承担的意愿也随之提升。由此，假说2得到验证。

进一步地，借鉴周利等（2020）的做法，采用分组回归的方式检验上述作用机制的稳健性。根据总资产周转率将样本划分为低运营效率组与高运营效率组，如果高运营效率组中数字化水平的系数更显著并且绝对值更大，则表明该机制是成立的。由表6-8可知，组间系数差异显著，两组估计结果具有可比性；在运营效率高的一组中，农商行数字化转型对主动风险承担有显著的正向影响，而在运营效率低的一组中并不存在正向影响，假说2得到了支持。

表 6-8　作用机制的回归结果

变量	主动风险承担		
	交互项检验	低运营效率组	高运营效率组
数字化水平	−0.0126 （−0.9722）	−0.0095 （−0.5176）	0.0225 * （1.6851）
总资产周转率×数字化水平	0.0271 * （1.7683）	—	—
常数项	3.9108 *** （3.9609）	4.0161 ** （2.7024）	4.4597 ** （3.1177）
控制变量	是	是	是
个体固定效应	是	是	是
年份固定效应	是	是	是
R^2	0.2928	0.2783	0.3131
P 值	0.077		

（二）异质性分析

1. 资产规模的异质性

根据农商行总资产，将样本划分为高资产规模组与低资产规模组，采取分组回归的方式进一步识别不同资产规模的农商行数字化转型对其主动风险承担的异质性影响。由表6-9中列（1）、列（2）可知，P值的结果表明分组回归后数字化转型估计系数间的差异是显著的；并且，在高资产规模组中，农商行数字化水平的系数为显著的正值，在低资产规模组中，农商行数字化水平的系数则为不显著的负值，这表明，相比于低资产规模的农商行，高资产规模的农商行数字化转型对其主动风险承担的影响更强，假说3部分得到验证。

2. 省联社干预的异质性

采用张正平等（2020）测算的省联社信贷业务关注指数衡量各地省联社干预

水平,将样本划分为强省联社干预组和弱省联社干预组,采用分组回归检验异质性影响。由表6-9中列(3)、列(4)可知,P值的结果表明分组回归后数字化转型估计系数之间的差异是显著的;并且,在强省联社干预组中,农商行数字化水平的系数为显著的正值,而弱省联社干预组的农商行数字化水平系数则不显著,这表明,相比弱省联社干预组,强省联社干预组中农商行数字化转型对主动风险承担的影响更强,假说3得到了验证。

表6-9 数字化转型对农商行主动风险承担的异质性影响

变量	(1)高资产规模组	(2)低资产规模组	(3)强省联社干预组	(4)弱省联社干预组
数字化水平	0.0227*(1.6627)	−0.0067(−0.0384)	0.0325*(1.9188)	0.0386(0.9161)
控制变量	是	是	是	是
常数项	6.9335*(1.6529)	8.6433(1.5709)	5.8440**(2.6879)	2.0492(0.2917)
个体固定效应	是	是	是	是
年份固定效应	是	是	是	是
R^2	0.1222	0.1009	0.3598	0.4536
P值	0.000		0.025	

六、进一步分析:对被动风险承担的影响

为验证假说4,按照江艇(2022)的建议[1],借鉴赵健宇和陆正飞(2018)的做法,建立如下模型进一步验证数字化转型对农商行被动风险承担的影响以及主动风险承担的作用:

$$Y_{it}=\beta+\beta_1 DI_{it}+\beta_{2j}X_{ijt}+t_i+\varepsilon_{it} \tag{6-3}$$
$$M_{it}=\alpha_0+\alpha_1 DI_{it}+\alpha_2 X_{ijt}+t_i+\varepsilon_{it} \tag{6-4}$$

模型(6-3)、模型(6-4)中,Y_{it}表示农商行的被动风险承担水平;M_{it}表示机制变量主动风险承担水平,若系数α_1显著,且M_{it}在理论上是影响被动风险承担的,则表明M_{it}的机制是成立的。

[1] 根据江艇(2022)的建议,本章放弃中介效应的逐步回归,不再估计间接效应,重点关注X对Y影响的因果关系识别,对X与中介变量进行回归检验,而从理论上或基于已有文献论述中介变量对Y的影响。

从表6-10的回归结果来看，对于农商行被动风险承担，数字化系数为显著的负值（-0.0112），这说明，农商行数字化转型有效降低了其被动风险承担水平，假说4得到了部分验证。其可能的原因在于，农商行可借助线上化和电子化，拓展金融服务方式渠道，提高运营效率解决金融对接困难等问题（张正平和刘云华，2020）。从主动风险承担的机制作用可知，农商行数字化水平的系数为显著的正值（0.0013），这表明数字化转型显著提升了农商行的主动风险承担。进一步地，当农商行主动风险承担水平增加后，势必引起其风险资产的扩张，由此可能倒逼银行计提更多的风险准备金以应对潜在的风险累积，并在数字化转型框架下进一步重塑其业务流程和风控制度，提升农商行的风控水平（朱太辉和张彧通，2021），最终降低其被动风险承担水平（不良贷款率）。

综上可知，农商行数字化转型可通过提升主动风险承担进而降低被动风险承担。至此，假说4得到了完全验证。

表6-10　数字化转型对农商行被动风险承担的影响：主动风险承担的作用

变量	（1）	（2）
	被动风险承担	主动风险承担
数字化水平	-0.0112* (-1.6597)	0.0013* (1.9430)
常数项	4.5381*** (5.0845)	0.1570 (29.2629)
控制变量	是	是
个体固定效应	是	是
年份固定效应	是	是
R^2	0.2133	0.5656

七、研究结论及政策启示

本章使用文本挖掘法测算农商行数字化水平，利用2015~2020年207家农商行的数据作为研究样本，实证检验农商行数字化转型对其风险承担的影响及其影响机制，主要的结论有：第一，农商行数字化转型能够有效提升其主动风险承担，同时有效抑制其被动风险承担，即农商行数字化转型既能增加事前的风险承担意愿，也能降低其事后的风险承担水平，并且，数字化转型通过提升农商行主动风险承担水平降低其被动风险承担水平;第二,农商行数字化转型水平的提升可提升其运营效率,进而提高其主动风险承担;第三,在资产规模更大和省联社干预更强的农商行中,数字化转型对其主动风险承担有更强烈的正向影响。

上述研究结论对我国农商行加快数字化转型和强化风险治理具有重要的政策启示。

首先,农商行应积极推进数字化转型,借力数字化转型提升其风险承担水平。遵循银保监会发布的《关于银行业保险业数字化转型的指导意见》的精神,一方面,农商行应积极探索适合自身情况的数字化转型模式,通过与金融科技合作、借助省联社平台优势等方式提升金融科技应用水平,探索线上与线下的适宜匹配方式,加大数字人才引进、培养的投入力度,加快物理网点的升级改造,积极推进数字化转型。另一方面,农商行应在数字化转型中加强数据治理,着力完善业务流程,提升信息获取和处理能力,打造智能化风控系统,逐步消除信贷业务中的信息不对称、交易成本高等痛点,提升农商行主动风险承担的意愿和能力。

其次,农商行应着力改善运营效率,结合内外特征稳妥推进数字化转型。一方面,农商行积极运用数字技术创新业务流程,提升业务处理能力,降低运营成本,促进运营效率的提高。另一方面,农商行应结合内外特征稳妥地推进数字化转型。具体而言,对于资产规模较小的农商行,应遵循"先战略、组织,后技术、运营"的顺序稳妥推进数字化转型,确保农商行有更坚实的基础应对数字化转型带来的新风险;对于省联社干预较强的农商行,不仅可依靠省联社的管理作用,也可以与其他农商行"抱团取暖",打造数字化转型的行业协同机制,合力推动数字化转型。

最后,在数字化助力的基础上,农商行应合理增加风险承担水平。研究表明,农商行数字化转型会增加其主动风险承担水平,并通过增加其主动风险承担意愿降低其被动风险承担水平。这意味着,一方面,农商行可利用数字化转型带来的"正向效应"提升其主动风险承担意愿,从而加大对风险资产(项目)的配置比例,提升其盈利能力。另一方面,农商行还可以进一步借助数字化转型实现银行战略、业务、流程、系统、产品等方面的全面再造,进一步推动降本增效的同时提升风险控制能力,降低被动风险承担水平。

第七章　农村数字普惠金融发展中的风险及治理[①]

2021 年中央一号文件首次明确提出发展农村数字普惠金融。显然，作为乡村振兴战略实施的重要推动力量，农村数字普惠金融被寄予厚望。因此，研究我国农村数字普惠金融发展中的风险及其治理对策具有重要的现实意义。

一、我国农村数字普惠金融发展的现状

（一）农村金融机构数字化转型推进加快

我国银行业数字化转型正加速推进，而农村金融机构总体上仍处在提升电子化水平的阶段。受资产、人才和管理体制等因素制约，大多数农村金融机构对数字化转型持观望态度，但突如其来的新冠肺炎疫情极大地加快了农村金融机构的数字化转型步伐。例如，在转型战略方面，浙江农信明确提出坚持线上线下相互结合的发展路线；在系统数字化方面，北京农商行建设了智能语音导航和自动应答机器人相结合的新一代 IVR（自助语音系统），有效提升了数字化应用能力；在人才队伍方面，重庆农商行大力实施人才强行战略，通过推进招聘、引进、培训"三个一批"，初步建立了一支能够满足数字化转型和数字普惠金融发展需要的复合型人才队伍。

（二）农村金融业务数字化水平显著提高

近年来，随着乡村振兴战略的全面实施，农业农村信息化基础设施也不断完

[①]　本章发表于《中国金融》2021 年第 16 期，作者为张正平和陈杨，录入本书时略有修改。

善，为农村金融机构推进数字化金融产品奠定了良好基础，农村金融机构通过移动终端和手机银行等方式拓展业务，促使业务数字化水平不断提高。据央行数据，截至2019年末，农村地区手机银行、网上银行开通数累计8.16亿户和7.12亿户，同比分别增长21.87%和16.37%。2019年，农村地区发生移动支付100.58亿笔，网上支付126.60亿笔，同比分别增长7.15%、24.02%。在业务经营管理方面，大部分农村金融机构初步形成了线上线下相结合的信贷服务模式，既可以发挥数字技术获客、风控的优势，又可以通过线下跟进发挥农村金融机构本土优势。

（三）农村数字基础设施不断完善

网络等基础设施的普及是发展农村数字普惠金融的前提。据统计，截至2020年末，我国行政村通光纤和通4G比率均超过98%，农村宽带接入用户数达到1.39亿，比上年末净增488万户，比上年同期增长8%。在基础设施不断完善的前提下，农村地区银行账户普及率不断提高。截至2019年底，我国农村地区累计开立个人银行结算账户45.18亿户，同比增长4.96%；农村地区银行卡发卡量为35.43亿张，同比增长10.44%。随着数字乡村战略的进一步实施，乡村信息基础设施建设、农业农村大数据应用领域、农业生产数字化水平等更加改善，将极大地助推农村数字普惠金融发展。

（四）农村数字普惠金融模式不断创新

根据金融服务供给主体的不同，农村数字普惠金融的发展已经形成了基于金融机构、农业供应链金融服务商和金融科技企业三种典型模式。基于金融机构的农村数字普惠模式是指传统金融机构通过网络银行、手机银行等电子平台创新业务模式推动农村数字普惠金融发展，例如，建设银行的"裕农通"、工商银行的"e融购"和农业银行的"惠农e通"等。基于农村供应链金融的模式，主要是指依靠涉农龙头企业的订单或应收账款面向产业链上游农户、家庭农场、种养大户和农村小微企业的金融服务。"十四五"规划和"2035远景目标"均强调"提升产业链供应链现代化水平"，该模式迎来发展的黄金期。基于金融科技企业的模式是指一些大型的综合电商平台和金融科技公司开展的农村金融业务，如阿里巴巴、京东和腾讯等。近年来，阿里巴巴积极推进互联网金融下乡，推出旺农贷、旺农保、旺农付系列品牌；京东实施农村金融发展战略，推出京农贷、农村众筹、乡村白条、农村理财等系列产品。

二、我国农村数字普惠金融发展面临的主要风险

虽然我国农村数字普惠金融发展已经取得了不错的成绩，但由于管理体制、经营理念、人员素养、基础设施等方面的不足，农村数字普惠金融的发展仍面临着较大的风险。

（一）第一类风险：机构转型风险

农村金融机构尤其农信机构规模普遍较小，客户主体以小微居多，区域属性明显，发展数字普惠金融必须同时推进机构的数字化转型，由转型引发的战略调整、组织变革、文化融合和技术融合均存在潜在的风险。

1. 战略调整风险

农村金融机构数字化转型的关键是战略和思维的转型，要将机构的发展战略与数字化转型的步骤有机结合起来，从资金投向、人员素质、激励机制、组织协调、治理结构等方面作出规划，制定"一盘棋"战略。然而，当前部分农村金融机构是"为转型而转型"，没有真正以客户体验为驱动，在战略上的转型安排并不到位。

2. 组织变革风险

从部门设置来看，农村金融机构现有的组织架构多数是对公业务、零售业务与网上银行部、信息科技部并行的架构，部门间几乎都是各自为政。从人才结构来看，大多数农村金融机构从业人员中，本科以上学历者占比不高，从业人员年龄结构偏大，对数字化产品的适应能力较差。从农商行来看，目前柜面业务的线上服务替代率已达90%以上，但人员的数字化水平和线上营销等能力不足加剧了机构数字化转型的风险；而且，农商行对科技人才缺乏独立的引人、用人、晋升机制，存在"引不进、留不住"的人才困境。

3. 文化冲突风险

在既有的管理体制下，农村金融机构往往形成了相对保守、僵化、厌恶风险的企业文化，对新事物接受度不高，业务发展缺少创新意识，不愿、可能也不敢跨界合作，而数字化转型需要更多的部门间协调沟通，要敢于尝试，敢于突破舒适圈。数字化转型需要更多的共享、协作，这与农村金融机构既有的文化形成了冲突。

4. 技术融合风险

农村金融机构发展数字普惠金融势必要采用大数据、云计算、区块链等数字

技术。这些新技术在为农村金融机构的金融交易提供便利性的同时，新技术与既有的系统、产品、流程融合的过程中也会带来新的风险，例如，新技术与既有的系统不兼容导致系统运行出错、工作人员对基于新技术开发的产品不熟悉导致的风险暴露等。

（二）第二类风险：机构展业风险

农村金融机构利用手机银行、网上银行、移动终端以及大数据、区块链等技术发展农村数字普惠金融业务的过程中，受限于认知理念、研发能力等方面的不足，面临较大展业风险。

1. 认知理念风险

农村金融机构的数字化不等于渠道数字化，数字化产品也不等于产品数字化，流程数字化也并非简单地设立专门的部门，对推进数字化转型、发展数字普惠金融认知理念上的任何偏差都会带来风险。例如，一些农村金融机构将数字化转型理解为做一个手机 App、开通微信银行或将传统的产品放到线上销售，而没有任何战略、组织、人员上的协调推进，其结果往往是多一个鸡肋产品而已。

2. 产品研发风险

农村金融机构发展数字普惠金融离不开科技的支撑。以农信机构为例，除了少数实力较强的农商行，大量的农信机构也都需要依靠省联社的系统升级和产品研发来发展数字普惠金融业务。其后果是，农信机构进一步强化了对省联社的依赖，弱化了自身的研发能力，省联社统一研发的系统和产品往往难以兼顾各机构的差异化需求。

3. 客户识别风险

一方面，农村金融机构长期依赖线下人工手段进行客户风险识别，对依靠数字技术进行客户风险识别时会存在操作不熟练、流程不适应等情况，从而带来更大的问题；另一方面，走向另一个极端，过分依赖数字技术而完全放弃原有的线下人工手段，放大了客户识别阶段的风险。

4. 技术依赖风险

一方面，农村金融机构在发展数字普惠金融业务时过度依赖外部的科技公司，习惯"拿来主义"，难以打造接地气的数字化产品和应用场景，加大了业务的潜在风险；另一方面，一些机构尝到了大数据等数字技术带来的"甜头"后容易过分"沉迷"其作用，而忽视了这些技术在农村地区应用的条件仍很不成熟，放弃了原有的线下展业的传统优势。

5. 流程整合风险

处于数字化转型初期的农村金融机构，战略重构、系统升级、组织再造等举措固然重要，但最后都要落实到数字技术与业务流程整合中去。例如，线上线下业务流程衔接不到位，尤其是部分关键流程（如风险控制）在信息系统处理与人工操作之间协调不足，导致信息共享不足、交互不够、没有形成闭环等问题，加大了展业风险。

6. 场景缺失风险

发展农村数字普惠金融，必须将金融业务嵌入到适当的场景中去才能有效发挥数字技术的优势。然而，适合农村金融机构应用数字技术展业的场景仍十分有限。在业务开展过程中，没有必要的业务场景与数字技术对接，农村数字普惠金融无从谈起。然而，一哄而上发展数字普惠金融很可能因为场景缺失而加大农村金融机构的业务风险。

7. 数据缺失风险

一方面，农村金融机构自有的客户数据大多分散于各类业务信息管理系统中，数据仓库尚处于搭建阶段，不能实现数据的全面共享；另一方面，农村金融机构客户更多的数据分散在县域各级政府部门，形成了一个个有待深度挖掘的"数据孤岛"。数据缺失、数据不完整导致基于数字技术的分析工具和模型结果有偏，从而增加了展业风险。

（三）第三类风险：机构环境风险

发展农村数字普惠金融对客户素养、行业生态和监管能力等提出了更高要求。农村金融机构发展数字普惠金融时可能面临以下三个方面的环境风险：

1. 客户素养不足

一方面，农村客户多为老人、妇女等弱势群体，他们的教育水平和金融素养较低，对电脑、智能手机等设备的使用不多，在观念上对基于数字技术提供的金融服务和产品接受程度较低；另一方面，农业生产经营的数字化水平仍较低，农村小微企业和各类新型农业经营主体的数字化水平更低，加大了农村数字普惠金融发展的风险。

2. 行业生态不佳

近年来，一些互联网金融平台甚至农村金融机构打着普惠金融的旗号，变相收取高额利息或违规发售理财产品，严重侵害了金融消费者的权益，对整个数字金融行业生态产生了"污名化效应"，成为了农村数字普惠金融发展的"隐性负担"。

3. 监管能力不足

在发展农村数字普惠金融过程中，尤其是面对数字技术与金融业务的融合创新，金融监管面临着能力不足的巨大挑战。例如，对农村金融机构利用大数据技术建立模型进行风险控制时，县域金融监管部门要么采用传统的监管方法进行监管，但效果显然不好，要么简单粗暴地予以禁止，这些均不利于数字普惠金融的发展。

三、进一步强化我国农村数字普惠金融风险治理的建议

（一）继续完善数字技术应用法律法规

数字技术在金融领域的合理应用需要有明确的法律法规提供保障，这对于落后的农村地区尤为重要。为了促进农村数字普惠金融发展的规范性和可持续性，应继续完善数字技术应用标准，建立专业化的数字技术应用审核和验证体系，尽快推出相应的法律法规。截至目前，我国已经出台了《金融数据安全 数据安全分级指南》《多方安全计算金融应用技术规范》《金融业数据能力建设指引》《云计算技术金融应用规范技术架构》《云计算技术金融应用规范安全技术要求》《区块链技术金融应用评估规则》《人工智能算法金融应用评价规范》《中华人民共和国数据安全法》等法规。建议加快研究出台《网络安全等级保护条例》等法规，促使数字普惠金融在法规下有序发展，让金融科技企业或农村金融机构依法使用数据，避免数据滥采、滥用，保护消费者的合法权益。

（二）大力加强农村数字普惠金融监管

在发展农村数字普惠金融的过程中，利用数字技术重塑业务流程、创新金融产品变成常态，需要从监管理念、工具、队伍等方面提升监管能力。在监管理念上，监管部门对数字金融产品或数字技术的应用要给予足够的包容和空间，倡导"功能监管""穿透式监管"，在保护消费者合法权益的前提下，鼓励金融创新并监测创新动态。在监管工具上，与金融科技对应的"监管科技"应是合理的选择，探索利用区块链、大数据等数字技术替代人工核查，增强风险研判能力，扩大监管范围。在监管队伍上，需要充实更多具备计算机知识和金融知识的复合型人才到监管队伍中，在重视监管科技硬实力的同时也要提升监管的软实力。

（三）稳妥推进农信机构数字化转型

农信机构既是乡村振兴的主力军，也是发展农村数字普惠金融的主要载体。

在数字经济大发展的背景下，农信机构的数字化转型已迫在眉睫。农信机构的数字化转型是一个系统工程，涉及战略、组织、系统、流程、产品等多个方面，有两个关键点需要注意：第一，应制定数字化转型战略，强化战略引领作用，统一思想认知，因地制宜推进数字化转型；第二，应确定数字化转型的重点，根据机构实际情况稳妥推进数字化转型进程，有针对性地进行系统升级、组织重构和流程优化，采取先试点再逐步推广的推进策略。对于大部分农信机构而言，其数字化转型可从如下两个方面逐步推进：一方面，利用地缘人缘优势做好"线上+线下"业务。农信机构分布广、数量多，扎根基层，人缘地缘优势明显，采取线上线下相结合的模式既可以发挥互联网精准、快速营销，全面、科学的风险控制等优势，又可以通过人工干预、线下跟进，发挥人缘地缘优势。另一方面，利用省联社平台提升数字化水平。大多数的农信机构科技水平及资金实力不足以支撑其自建系统或聘请高水平科技人才，可以利用省联社在整合资源方面的优势搭建核心系统或招募高水平科技人才，进而提升农信机构的数字化水平。

（四）着力构建数字普惠金融发展生态

只有形成良好的生态体系，农村数字普惠金融才能健康发展，才能有效服务于乡村振兴战略。数字普惠金融发展生态并非简单地将普惠金融生态数字化，而是需要采用系统性思维去看待数字普惠金融发展的全部要素，这里不仅要考虑"三农"数据的采集、归并、溯源，还要考虑数据的确权、估值和定价，既要关注农村金融机构的数字化转型、金融服务和产品的数字化创新，也要关注数字普惠金融的立法、基础设施建设、行业标准和监管政策制定等。尤其是，应继续加强农村网络等基础设施建设，提升农村互联网普及率，填补普惠金融发展的"数字鸿沟"；应大力推进农村地区金融知识普及教育，提升农村居民的金融知识和金融素养水平。总之，从我国的实际情况看，建立完备的金融基础设施，形成多元化、多层次、综合性的金融服务体系，构建有弹性、兼容性强的应用场景，搭建高效的监管与政策支持体系是四个重要的方向。

第三篇

农村数字普惠金融发展的影响因素

第八章 人口老龄化对数字普惠金融发展的影响[①]

一、引言

近年来，我国数字普惠金融发展迅猛，日益成为服务小微企业、"三农"以及精准扶贫的重要手段（黄益平，2017；刘锦怡和刘纯阳，2020）。然而，我国数字普惠金融发展仍需面对复杂社会环境带来的冲击，人口老龄化就是其中一个重要的社会环境因素。低生育率和出生人口规模减小的态势，将进一步强化我国人口年龄结构的变动趋势，使未来老年人口比例超过30%，并持续处于高位（王广州，2019）。值得注意的是，人口老龄化会带来金融需求的转变，促使金融供给结构性改革，给金融发展带来机遇和挑战（袁志刚和余静文，2014）。根据生命周期理论，人口老龄化必然引起个人对金融机构、金融工具和金融技术需求的转变（夏淼和吴义根，2011；Arenas-Gaitan 和 Ramos，2020），这种同质性需求变化可能影响金融发展水平。但遗憾的是，有关人口老龄化与数字普惠金融发展关系的研究还非常有限，缺乏对于二者关系及其作用机制和异质性的深入分析。鉴于此，本章探讨了人口老龄化对数字普惠金融发展的影响及其异质性，并基于技术接受模型和风险厌恶的时变特性，引入互联网普及和风险厌恶两个中介变量，探索性地考察人口老龄化影响数字普惠金融发展的机制。本章结论对我国普惠金融战略的实施和应对人口老龄化挑战具有重要的借鉴意义。

从文献的角度来看，人口结构与金融发展的关系很早就受到了学术界的重视，但从人口老龄化视角解释金融发展的文献相对较少，结论也不一致。例如，王平

[①] 本章发表于《财经论丛》2021年第11期，作者为张正平和陈杨，录入本书时略有修改。

权（1996）认为，人口与金融发展之间存在着相互依赖、相互适应、相互作用的关系。夏淼和吴义根（2011）指出，人口老龄化会影响不同金融机构及其提供的金融产品的竞争力，从而导致不同金融机构发展潜力的此消彼长，最终促使我国金融结构变迁。Nguyen 和 Stuzle（2012）认为，人口老龄化会造成资产价格的下降，进而影响金融的发展。刘方和李正彪（2019）研究发现，人口老龄化对金融发展具有显著的负向作用。

随着人口老龄化不断加剧，有关人口老龄化对金融可得性、普惠金融发展影响的研究开始受到关注。例如，Hogarth 和 O'Donnell（1997）指出，一个地区的老人过多不利于金融可得性的改善；赫国胜和柳如眉（2015）认为，人口老龄化导致我国老龄人口持有的金融资产规模持续扩大，但严重的数字鸿沟导致老年人利用传统金融机构互联网业务的水平较低，不利于金融互联网业务发展及实现普惠金融的目标；朱超和宁恩祺（2017）发现，在北京这样的金融发达地区老年人口占比与金融排斥之间仍是显著正相关的。

近年来，随着大数据、云计算、移动互联网等数字技术的快速发展及其与金融业的深度融合，数字普惠金融逐渐成为普惠金融发展的方向，并产生了重要的影响（Manyika 和 Lund，2016）。2016 年 9 月，在杭州召开的 G20 峰会发布了《G20 数字普惠金融高级原则》，倡导利用数字技术发展普惠金融，有关数字普惠金融的研究也随之大量涌现（孙玉环等，2021）。在数字普惠金融测度方面，葛和平和朱卉雯（2018）从覆盖广度、使用深度和数字服务支持三个维度选取 16 个指标构建了数字普惠金融评估指标体系；郭峰等（2020）利用蚂蚁金服的微观数据编制了一套包含省、市和县三个层级的"数字普惠金融指数"以刻画数字普惠金融的发展状况。在数字普惠金融发展特征方面，梁榜和张建华（2020）发现城市数字普惠金融的发展水平具有显著的空间自相关性；张龙耀和邢朝辉（2021）发现，我国农村整体数字普惠金融水平明显上升，绝对差异大幅缩小，相对差异总体呈下降趋势，并呈现出明显的收敛趋势；郭峰等（2020）发现我国数字普惠金融发展水平虽然逐年提升，但是农村地区总体发展水平仍然较低，且 31 个省份之间仍存在一定差异；郭峰等（2020）发布更新的指数报告时指出，尽管最近几年数字普惠金融指数增速有所放缓，数字金融使用深度地区间差异已经大幅缩小，但仍然驱动了数字普惠金融指数的地区差距[①]。在数字普惠金融的影响因素方面，Izaguirre 等（2016）分析了新兴数字储值产品导致的存款保险问题对数字普惠金融发展的影响，并提出了三种存款保险方式以加强对数字客户资金的保护；蒋庆正等（2019）发现，人均收入水平和城镇化水平对数字普惠金融的发展有显著的

---

① 2021 年 4 月 17 日，"北京大学数字普惠金融指数"课题组发布更新了《北京大学数字普惠金融指数（2011-2020）》第三期，郭峰代表课题组报告了指数的最新进展。

正向影响；董晓林和张晔（2021）指出，自然资源依赖对数字普惠金融的发展有负向影响。值得注意的是，有少量文献研究人口年龄特征对数字金融使用的影响，例如，齐红倩和李志创（2019）发现，目标群体的老年特征减少了数字金融的使用。

上述文献有助于我们深入理解人口老龄化与数字普惠金融发展的关系，但这些研究仍存在一些不足：一方面，已有文献研究了人口老龄化对传统普惠金融的影响，但有关人口老龄化对数字普惠金融发展影响的研究仍十分有限；另一方面，已有文献对人口老龄化影响数字普惠金融发展的异质性和机制关注不多。这些不足为本章的创新提供了机会，本章基于我国 2011~2018 年的省级面板数据，实证检验了人口老龄化对数字普惠金融发展的影响及影响机制。具体来说，本章的边际贡献为：第一，从理论上分析了人口老龄化对数字普惠金融发展的影响，即从人口老龄化视角解释了我国数字普惠金融地区发展水平的差异，丰富了数字普惠金融的研究内容；第二，采用实证方法揭示了人口老龄化对数字普惠金融发展的影响以及在不同人口老龄化水平、不同地区、不同城乡收入差距上的异质性影响，为全面理解数字普惠金融发展的影响因素提供了新的角度；第三，基于技术接受模型和风险厌恶的时变特性，从互联网普及和风险厌恶两个层面分析并验证了人口老龄化影响数字普惠金融发展的机制，深化了对数字普惠金融发展机制的认识。

二、理论分析与研究假说

（一）人口老龄化对数字普惠金融发展的影响

随着老龄化程度的提高，老年群体将逐步扩大（翟振武等，2017），老年群体一直是普惠金融发展过程中应予以特别关注的对象，因此，人口老龄化可能会影响普惠金融尤其是数字普惠金融的发展。一方面，人口老龄化可能不利于传统普惠金融[①]的发展。根据生命周期理论，随着居民年龄增大，财富不断积累，但信贷需求开始下降，同时，金融机构贷款年龄限制又将老年群体部分潜在需求拒之门外，这造成了信贷需求随老年人数量增加而减少，从而不利于传统普惠金融的发展（张卫峰等，2020）。此外，"未富先老"是我国人口老龄化的重要特征，有限的收入加上老年群体对金融服务的自我排斥进一步降低了金融需求，从而影

[①]　孟娜娜和粟勤（2020）将传统普惠金融定义为依托物理设施作为获客和展业渠道的传统金融业态，即以基础设施驱动传统金融机构参与的传统金融形式。本章遵循这一定义。

响传统普惠金融的发展。基于中国家庭普惠金融调查数据,尹志超等(2019)发现,年老家庭尤其是夹心层家庭享受到的普惠金融水平明显较低。另一方面,人口老龄化可能进一步抑制数字普惠金融的发展。从数字普惠金融需求的角度看,创新性的数字普惠金融产品对使用者的认知水平和学习能力提出了一定要求,而老年人的金融素养水平普遍较低,由此造成人口老龄化地区对数字金融产品的使用意愿较低(Bauer 和 Hein,2006)。事实上,已有一些文献通过实证分析发现人口老龄化显著地抑制了数字金融服务的使用(齐红倩和李志创,2019;Laukkanen,2016),这显然不利于数字普惠金融的发展。从数字普惠金融供给的角度来看,依托互联网公司、金融科技公司的创新性理念和技术而得以快速发展的数字普惠金融,离不开高素质人才的支撑(董晓林和张晔,2021),但对于人口老龄化的地区来说,其医疗负担更加沉重,抑制了当地对人力资本的投资(李昊,2021)。由此可见,人口老龄化不利于数字普惠金融的发展。据此,提出本章的第一个假说:

假说 1:人口老龄化抑制了数字普惠金融的发展。

(二)人口老龄化影响数字普惠金融发展的异质性

由于我国是一个区域经济发展不平衡的国家,因此,人口老龄化对数字普惠金融发展存在的抑制作用很可能因为不同地区的差异而存在异质性。一方面,从数据来看,我国人口老龄化呈现出东高西低的区域差异特征(吴连霞和吴开亚,2018),而数字普惠金融指数也呈现由东至西递减发展的一致性趋势(葛和平和朱卉雯,2018),这在一定程度上说明在不同的地区人口老龄化对数字普惠金融发展的影响可能存在差异。另一方面,东部、中部、西部地区传统金融的发展是不均衡的(郭纹廷和王文峰,2005),而数字普惠金融的发展却依赖于传统金融的积淀(郭峰和王瑶佩,2020),这进一步强化了数字普惠金融发展的地区差异。此外,我国人口老龄化水平具有"城乡倒置"的特点(杨菊华等,2019),而城乡收入差距过大对于原本就已经老龄化水平较高的农村地区无疑是雪上加霜,从而导致城乡收入差距较大的地区人口老龄化对数字普惠金融发展的抑制作用可能更强。据此,提出本章的第二个假说:

假说 2a:人口老龄化对数字普惠金融发展的影响在不同的人口老龄化水平上具有异质性。

假说 2b:人口老龄化对数字普惠金融发展的影响在不同的地区上具有异质性。

假说 2c:人口老龄化对数字普惠金融发展的影响在不同城乡收入差距水平上具有异质性。

（三）人口老龄化影响数字普惠金融发展的机制

在我国互联网普及率不断提高的背景下，老年群体利用互联网的水平仍处于较低层次。第 47 次《中国互联网络发展状况统计报告》显示，截至 2020 年 12 月，我国网民规模达 9.89 亿，但 60 岁及以上用户仅占 11.2%。基于 Davis（1986）提出的技术接受模型，Phang 等（2006）指出互联网使用意愿是由其感知有用性和易用性驱动的，而老年人往往对互联网使用的感知有用性和易用性较差，导致其互联网使用意愿下降。就感知有用性来看，老年人使用互联网不是为了提高工作效率，而是要丰富其日常生活，如果老年人认为互联网与其日常生活没有关系，不能满足他们的生活需求，他们便不会使用（许肇然等，2017）。就感知易用性来看，随着年龄的增大，老年人身体机能的下降和对计算机使用的焦虑会影响其对于互联网易用性的感知（刘勋勋等，2012）。由此可见，老年人的生理特征，包括认知能力下降（Niehaves，2010）、心理恐惧（刘勋勋等，2012）、生理机能下降（Chou 等，2013）等，阻碍其对互联网等新技术的使用。更为严重的是，由于衰老、健康状况等原因给老年人社会网络带来的消极变化使其处于社会隔离的状态中（张文娟和刘瑞平，2016），导致其难以接触互联网或缺少技能无法使用互联网（Czaja 等，2006）。因此，随着人口老龄化水平的提高，老年群体的扩大将会抑制互联网的普及。

进一步地，有研究发现，数字普惠金融的发展依赖于互联网的普及（胡滨和程雪军，2020）。一方面，互联网普及水平越高，越有利于降低数字普惠金融的供给成本进而促进其发展。依托互联网，金融机构可以充分利用大数据、云计算以及移动互联网等数字技术的优势，打破物理网点的地理限制，大大提高金融机构信息获取和处理能力，降低金融服务成本，延伸金融服务的触达能力和范围（谢平和邹传伟，2012；宋晓玲和侯金辰，2017）。另一方面，互联网普及水平越高，越有利于降低数字普惠金融的使用成本进而促进其发展。依托互联网，那些缺乏金融服务或金融服务不足的群体可以通过手机银行、微信银行等渠道获得金融服务，由此降低了人们获取金融服务的门槛，提升了获得金融产品的易得性和便利性（郭峰等，2020）。此外，一些经验研究表明，互联网普及率的提高显著促进了数字普惠金融的发展（Turvey 和 Xiong，2017；吴金旺等，2018）。可见，人口老龄化通过抑制互联网普及对数字普惠金融的发展产生不利的影响。据此，提出本章的第三个假说：

假说 3：人口老龄化抑制了互联网普及，进而不利于数字普惠金融的发展。

根据相关研究，风险厌恶程度在人的生命周期内存在时变特性，表现为年龄越大其风险厌恶程度越强（易祯和朱超，2017），因此，人口老龄化程度的提高会增强一个地区总体的风险厌恶程度（余静文和姚翔晨，2019）。一个地区风险厌恶程度越强可能越不利于当地数字普惠金融的发展。一方面，作为数字技术与普惠金融深度融合的数字普惠金融本身属于金融创新，并且在发展过程中不断创新丰富金融产品，而风险厌恶程度增强则会抑制数字技术等新技术（Christian 等，2017）和金融创新产品的使用意愿（Bauer 和 Hein，2006；Van Rooij 等，2007），从而减少数字普惠金融的需求，不利于数字普惠金融发展。另一方面，面对相同回报的金融服务，一个地区风险厌恶程度越强越倾向于选择低风险的金融服务，而数字普惠金融在平台管理、技术融合和监管等方面存在较大的风险（黄益平，2017；胡滨，2016；Slozko 和 Pelo，2015），由此导致风险厌恶程度越强的地区其数字普惠金融的需求越少，从而抑制数字普惠金融的发展。可见，人口老龄化可能通过增强风险厌恶程度抑制数字普惠金融的发展。据此，提出本章的第四个假说：

假说4：人口老龄化提高了风险厌恶程度，进而抑制数字普惠金融的发展。

由此，本章建立了一个人口老龄化影响数字普惠金融发展的分析框架，如图8-1所示。

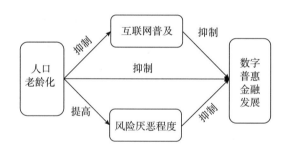

图8-1　人口老龄化影响数字普惠金融发展的分析框架

三、研究设计

（一）数据来源

本章将北京大学数字金融研究中心发布的"数字普惠金融指数"与 2011～2018 年我国 31 个省份的宏观数据相匹配作为实证检验的数据集。其中，31 个省份宏观变量数据来源于相应年份的《中国统计年鉴》、各省的统计年鉴、Wind 数据库、中经网统计数据库、中国经济社会大数据研究平台。

（二）变量说明

1. 被解释变量

北京大学发布的"数字普惠金融指数"包括数字金融服务的覆盖广度、使用深度和数字化程度三个维度的 33 个具体指标，构建了省、市、县三个层级的数字普惠金融指数（郭峰等，2020）。参考宋晓玲和侯金辰（2017）的做法，将 2011~2018 年的省级数字普惠金融指数取对数后作为被解释变量。

2. 核心解释变量

在已有的文献中，人口老龄化水平的衡量通常采用 65 岁及以上人口占总人口比重或老年人口抚养比两个指标。但是，刘哲希等（2020）发现，我国人口老龄化进程已呈现出劳动人口占比开始下降、老年抚养比加速上升的态势。因此，参考汪伟等（2015）的做法，采用老年抚养比作为解释变量。

3. 中介变量

对于风险厌恶，参考余静文和姚翔晨（2019）从宏观角度衡量风险厌恶的方法，利用各省份金融机构存款额与股票交易额的比值衡量该地区的风险厌恶程度。对于互联网普及水平，参考程名望和张家平（2019）的方法，采用互联网普及率作为衡量指标。

4. 控制变量

参考相关文献，从经济、社会、文化及地理四个维度选取控制变量。具体地，用人均国内生产总值的对数值（吴金旺等，2018）反映经济维度的影响；用城乡收入差距（葛和平和朱卉雯，2018；孙英杰和林春，2018）、地方财政支出占比（孙英杰和林春，2018；陆凤芝等，2017）反映社会维度的影响；用普通高等学校毕业生人数的对数值反映文化维度的影响（蒋庆正等，2019）；用人口密度（葛和平和朱卉雯，2018）反映地理维度的影响。变量定义及描述性统计如表 8-1 所示。

表 8-1　变量定义及描述性统计

名称（符号）	变量的计算方法	均值	标准差	最小值	最大值
数字普惠金融指数（Index）	Ln（北京大学数字普惠金融省级指数）	5.064	0.679	2.786	5.934
老年抚养比（Elder）	省内 65 岁及以上人口数/劳动年龄人口数	0.135	0.032	0.067	0.227
65 岁及以上人口占比（Old）	省内 65 岁及以上人口数/总人口数	0.099	0.022	0.048	0.152
人均国内生产总值（Lnpgdp）	Ln（人均国内生产总值）	10.767	0.434	9.710	11.851
城乡收入差距（Uig）	省内城镇居民人均可支配收入/农村居民人均纯收入	2.691	0.442	1.850	3.980

续表

名称（符号）	变量的计算方法	均值	标准差	最小值	最大值
地方财政支出占比（Gov）	省内财政支出/GDP	0.281	0.211	0.110	1.379
普通高等学校毕业生人数（Edu）	Ln（普通高等学校毕业生人数）	11.974	0.976	9.007	13.281
人口密度（Tpd）	Ln（省内人口数/面积数）	7.854	0.426	6.244	8.669
互联网普及率（Did）	互联网使用人数/总人口数	47.756	15.522	18.600	115.000
风险厌恶程度（Rav）	省内金融机构存款/股票交易额	0.975	1.029	0.0576	6.898

（三）模型设定

考虑到金融发展的积累效应，即在数字普惠金融发展水平较高的地区其未来的数字普惠金融发展水平也更高，因此，参考张正平和杨丹丹（2017）的做法，引入被解释变量的滞后项作为控制变量。为了验证假说1和假说2，参考邹瑾（2014）、葛和平和朱卉雯（2018）的研究，建立如下计量模型：

$$\text{Index}_{it} = \alpha_0 + \lambda_1 \text{Index}_{i,t-1} + \alpha_1 \text{Elder}_{it} + \alpha_{2j} X_{ijt} + A_i + \lambda_i + \varepsilon_{it} \tag{8-1}$$

其中，被解释变量 Index_{it} 表示第 i 个省 t 年的数字普惠金融指数；核心解释变量 Elder_{it} 表示第 i 个省 t 年的人口老龄化水平；控制变量 X_{ijt} 表示第 j 个控制变量，A_i 表示地区固定效应，λ_i 表示时间固定效应，ε_{it} 表示随机误差项。

为了验证假说3和假说4，参考邹瑾（2014）、戴魁早和刘友金（2020）的研究，建立如下中介效应模型：

$$\text{Index}_{it} = \alpha_0 + \lambda_1 \text{Index}_{i,t-1} + \alpha_1 \text{Elder}_{it} + \alpha_{2j} X_{ijt} + A_i + \lambda_i + \varepsilon_{1it} \tag{8-2}$$

$$Z_{it} = \beta_0 + \lambda_2 Z_{i,t-1} + \beta_1 \text{Elder}_{it} + \beta_{2j} X_{ijt} + A_i + \lambda_i + \varepsilon_{2it} \tag{8-3}$$

$$\text{Index}_{it} = \gamma_0 + \lambda_3 \text{Index}_{i,t-1} + \gamma_1 \text{Elder}_{it} + \gamma_2 Z_{it} + \gamma_{3j} X_{ijt} + A_i + \lambda_i + \varepsilon_{3it} \tag{8-4}$$

其中，Index_{it}、Elder_{it} 的定义和模型（8-1）相同，Z_{it} 为中介变量，X_{ijt} 为控制变量，A_i 为地区固定效应，λ_i 为时间固定效应。需要说明的是，因滞后项可在一定程度上控制遗漏变量的潜在影响，为了增强结果的稳健性，在模型（8-3）中引入了中介变量的滞后一期作为控制变量。

四、实证结果及其分析

（一）基准回归结果及分析

在实证分析前，对本章的面板数据采用 LLC 单位根检验法进行检验，检验结果拒绝了存在单位根的原假设，表明面板数据是平稳的。在回归模型（8-1）时，一方面，模型中因变量的滞后一期做了解释变量，很可能存在内生性问题，如果直接采用混合回归（OLS）、固定效应（FE）等传统方法进行估计，则会造成参数估计结果有偏和非一致性；另一方面，模型也可能存在遗漏变量和反向因果导致的内生性问题。因此，本章用动态面板广义矩估计方法（GMM）对模型（8-1）进行估计，但考虑到GMM存在的横截面相依性问题会导致估计量有偏，本章参考朱超和张林杰（2012）的做法，在模型中引入年度虚拟变量；进一步地，GMM包括差分GMM和系统GMM两种形式，但差分GMM容易出现弱工具变量等问题，本章最终采用系统GMM进行回归。

在表8-2中，回归（1）采用系统GMM进行估计，回归（2）至回归（5）采用不同的估计方法作为回归（1）的对照。在回归（1）中，AR（2）检验结果说明扰动项的差分不存在二阶序列相关，且Sargan检验结果说明不能拒绝原假设，模型通过了过度识别检验，符合系统GMM的估计要求。在回归（1）和回归（2）[①]中，人口老龄化的系数均显著为负，即人口老龄化抑制了数字普惠金融的发展，支持了假说1。由回归（3）和回归（4）报告的OLS和FE估计结果可知，回归（1）中L. Index的系数0.346介于回归（3）和回归（4）中L. Index的系数，即在0.335~0.449，而回归（5）中差分GMM的L. Index系数不在该范围内。这表明，回归（1）中系统GMM的估计结果并未因为样本数量和工具变量的选择而产生明显的偏差，且相对于差分GMM的估计结果更准确。这进一步表明，人口老龄化对数字普惠金融的抑制作用显著且稳健。

表8-2　人口老龄化对数字普惠金融发展的影响：基准回归

变量	回归（1）	回归（2）	回归（3）	回归（4）	回归（5）
	系统 GMM	FE	OLS	FE	差分 GMM
Elder	-0.450***	-2.196***	-0.037	-0.339*	-0.324***
	(-4.129)	(-2.633)	(-0.316)	(-1.743)	(-3.098)
Lnpgdp	0.105***	0.563***	0.097***	0.061*	0.029
	(4.105)	(4.310)	(9.101)	(1.710)	(0.920)
Uig	-0.025*	-0.029	0.005	-0.009	0.002
	(-1.810)	(-0.356)	(0.634)	(-0.481)	(0.105)

———————

① 在回归之前，我们检验了各变量的方差膨胀因子（VIF），结果表明，变量的VIF最大值为4.31，均值为2.71，故不存在严重的多重共线性问题；对模型（8-1）进行LM检验，结果拒绝原假设，即不采用混合效应模型；进一步做Hausman检验，其P值小于1%，结果拒绝随机效应模型。所以，我们采用双向固定效应模型估计。

变量	回归（1）	回归（2）	回归（3）	回归（4）	回归（5）
	系统 GMM	FE	OLS	FE	差分 GMM
Gov	−0.095 （−1.109）	1.598*** （3.370）	0.011 （0.485）	−0.104 （−0.938）	−0.044 （−0.627）
Edu	0.002 （0.302）	0.345** （2.196）	0.011** （2.147）	0.021 （0.557）	0.118*** （4.214）
Tpd	0.012 （0.947）	0.046 （0.864）	0.006 （0.884）	0.019 （1.255）	0.018 （1.302）
L. Index	0.346*** （22.390）	—	0.449*** （25.290）	0.335*** （22.172）	0.321*** （23.548）
C	2.260*** （8.000）	−6.851** （−2.483）	1.746*** （10.903）	2.429*** （3.512）	1.605*** （3.064）
时间效应	是	是	—	是	是
地区效应	—	是	—	是	—
Hausman 检验	—	18.94	—	74.16	—
F 统计量	—	591.07	1700.68	3396.81	—
AR（1）检验	0.001	—	—	—	0.001
AR（2）检验	0.149	—	—	—	0.158
Sargan 统计量	0.999	—	—	—	0.971
N	217	248	217	217	186

注：*、**和***分别表示在10%、5%和1%的统计水平上显著；括号内数值为 t 值；估计时同时控制了地区固定效应和时间固定效应。本章下同。

从回归（1）中控制变量的结果来看，经济发展水平的系数显著为正，表明经济发展水平是数字普惠金融发展的促进因素；数字普惠金融的滞后一期系数显著为正，表明数字普惠金融发展存在积累效应；城乡收入差距系数显著为负，表明城乡居民收入差距加大不利于数字普惠金融发展，这与葛和平和朱卉雯（2018）的结果一致。

（二）内生性分析

需要说明的是，前文的估计结果可能因内生性问题的存在而不可靠。导致内生性的原因有：一是可能有遗漏变量，因为很难穷尽所有影响数字普惠金融发展的因素，这会导致解释变量及各控制变量可能与随机误差项相关；二是可能存在反向因果关系，即数字普惠金融发展也会影响人口老龄化。Guinnane 和 Timothy（2011）指出，随着金融市场的发展，父母金融服务的可得性增强，容易获得更多的资金支持，这时就不需要接受子女更多的经济帮助，这可能造成人口出生率下降。因此，数字普惠金融的发展可能通过影响出生率进而影响人口老龄化水平。事实上，在前文的回归中采用系统 GMM 进行估计，将被解释变量数字普惠金融的滞后一期加入到模型中，并且控制了时间效应，从而缓解了一部分的内生性。

为进一步缓解内生性，本章选择应用较广的解决单方程模型内生性的方法：面板工具变量法和动态面板模型（蒋殿春和王晓娆，2015）。一是参考钱学锋和陈勇兵（2009）的做法，引入工具变量后采用面板工具变量法进行估计，即首先对固定效应进行组内离差变换，其次对变换后的模型使用二阶段最小二乘法进行估计，但由于本章的工具变量个数多于内生解释变量个数，因此，采用 GMM 估计会更有效率。二是前文采用的系统 GMM 方法是使用变量的滞后项作为工具变量进行估计，这种工具变量被称为"GMM 式"工具变量，而且，系统 GMM 还允许使用"额外的"工具变量，因此，本章参考陈虹和陈韬（2018）的做法，将"额外的"工具变量加入到模型后仍采用系统 GMM 进行估计。一个有效的工具变量需要满足两个条件：相关性和外生性。本章使用 2011~2018 年各省份的养老机构数量和养老机构的床位数作为人口老龄化的工具变量[①]，其合理性在于：一方面，随着人口老龄化水平提高，老年人口大量增加，同时随着人口高龄化和高龄老年人的增加，必然导致对养老机构数量和养老机构床位数需求的增长，因此，养老机构的数量和床位数与人口老龄化存在相关性；另一方面，一个省份养老机构的数量和床位数与该省份数字普惠金融的发展在逻辑上没有直接的关联，从而满足外生性条件。表 8-3 中回归（1）为采用面板工具变量法的回归结果。首先，从工具变量的检验结果来看，该工具变量是有效的。具体地，对工具变量进行不可识别检验的结果显示，Anderson LM 统计量为21.631，拒绝了"工具变量与内生变量不相关"的原假说；进行弱工具变量检验的结果显示，Cragg-Donald Wald F 统计量为 11.317，不能拒绝"工具变量与内生变量有较强的相关性"的原假说；进行过度识别检验的结果显示，Sargan 统计量为 0.947，强烈接受"所有工具变量均外生"的原假说。其次，回归（1）的估计结果显示人口老龄化的估计系数仍显著为负，与基准回归结果一致。表 8-3 中回归（2）是系统 GMM 估计结果，AR（2）检验结果说明扰动项的差分不存在二阶序列相关，且 Sargan 检验说明不能拒绝原假设，模型通过了过度识别检验，该工具变量是有效的，同时估计结果显示人口老龄化的估计系数仍显著为负，与基准回归结果一致。

---

① 资料来源：中华人民共和国民政部，http：//www.mca.gov.cn/article/sj/tjjb/sjsj/。囿于数据可得性，养老机构的数量和床位数采用为老年人与残疾人提供住宿的服务机构的数量及床位数。

表 8-3　人口老龄化对数字普惠金融发展的影响：内生性分析

变量	回归（1）	回归（2）
	FE+GMM	IV+系统 GMM
Elder	-1.561**	-0.551***
	(-2.563)	(-4.775)
Lnpgdp	0.037	0.155***
	(0.944)	(6.623)
Uig	0.009	-0.037**
	(0.386)	(-2.542)
Gov	-0.116	0.045
	(-0.977)	(0.606)
Edu	-0.008	0.008
	(-0.177)	(0.678)
Tpd	0.010	0.010
	(0.571)	(0.952)
L. Index	0.315***	0.343***
	(16.864)	(29.234)
C	—	1.698***
		(4.789)
时间效应	是	是
AR（1）检验	—	0.001
AR（2）检验	—	0.175
Sargan 统计量	—	0.996
N	217	217

（三）稳健性检验

本章采用两种方法进行稳健性检验。一是参考 Siliverstovs 等（2011）的做法，用 65 岁及以上人口占比替换老年抚养比对前文基准回归的结果重新进行了估计。如表 8-4 所示，回归（1）中人口老龄化的系数仍显著为负，与前文结果一致，表明前文结果是稳健的。二是参考刘方和李正彪（2019）的做法，将所有变量在 1%和 99%分位上做缩尾处理后进行估计，回归（2）中人口老龄化的系数仍显著为负，与前文结果一致，进一步表明前文结果是稳健的。

表 8-4　人口老龄化对数字普惠金融发展的影响：稳健性检验结果

变量	回归（1）	回归（2）
	系统 GMM	系统 GMM
Elder	-0.823*** (-4.786)	-0.527*** (-5.912)
C	1.965*** (7.089)	2.105*** (5.579)
控制变量	控制	控制
时间效应	是	是
AR（1）检验	0.000	0.001
AR（2）检验	0.141	0.133
Sargan 统计量	0.999	0.992
N	217	217

五、进一步的扩展讨论

（一）异质性分析

1. 不同人口老龄化水平的异质性影响

为了验证假说 2a，以人口老龄化水平的均值为界将样本划分为高人口老龄化组和低人口老龄化组后进行回归，同时参考连玉君和廖俊平（2017）提出的分组回归后组间系数差异检验方法，在回归（3）中引入哑变量 Group，人口老龄化水平高于均值时 Group 取值为 1，反之取值为 0，交乘项 Elder×Group 的系数则体现了高人口老龄化组相较于低人口老龄化组的回归系数差异，该系数显著则意味着分组回归后组间系数差异是显著的，组间存在异质性。如表 8-5 所示，高人口老龄化组中核心解释变量的系数显著为负，低人口老龄化组的系数为负，但并不显著，交乘项 Elder×Group 的系数显著为负，这意味着，随着人口老龄化水平的上升，人口老龄化对数字普惠金融发展的不利影响越来越严重，支持了假说 2a，也在一定程度证实了前文结论的稳健性。

表 8-5　人口老龄化对数字普惠金融发展的影响：按人口老龄化水平分组

变量	回归（1）系统 GMM 低老龄化组	回归（2）系统 GMM 高老龄化组	回归（3）系统 GMM 含交乘项
Elder	−0.375 (−0.714)	−0.398* (−1.747)	0.044 (0.065)
Lnpdp	0.094*** (3.096)	0.130*** (4.106)	0.176*** (6.736)
Uig	−0.084*** (−4.004)	−0.017 (−0.766)	0.013 (0.804)
Gov	−0.106 (−0.823)	−0.067 (−0.429)	0.114 (1.449)
Edu	−0.016 (−0.756)	0.054** (2.086)	0.052** (2.200)
Tpd	0.013 (0.747)	0.016 (0.990)	0.016 (1.184)
L. Index	0.328*** (18.635)	0.226*** (4.318)	0.348*** (16.154)
Group	—	—	0.254* (1.880)
Elder×Group	—	—	−1.782* (−1.794)
C	3.212*** (7.030)	1.733*** (2.719)	0.654* (1.934)
时间效应	是	是	是
AR（1）检验	0.001	0.068	0.001
AR（2）检验	0.237	0.763	0.171
Sargan 统计量	1.000	1.000	1.000
N	106	111	217

2. 不同地区的异质性影响

为了验证假说 2b，按照地理位置将样本划分为东部地区、中西部地区两个子样本进行回归，同时在回归（3）中引入哑变量 Group，东部地区取值为 0，中西部地区取值为 1，交乘项 Elder×Group 的系数则体现了中部、西部地区相较于东部地区的回归系数的差异。表 8-6 的回归结果表明，在中西部地区，人口老龄化显著抑制数字普惠金融的发展，而在东部地区人口老龄化对数字普惠金融发展的抑制作用不显著，交乘项 Elder×Group 的系数显著为负，从而验证了假说 2b。这可能是因为，东部地区相较于中西部地区的经济金融发展水平更高，老年群体的金融素养相应更高，由此导致在东部地区人口老龄化的抑制作用不显著，而在中西部地区却十分显著。

表 8-6　人口老龄化对数字普惠金融发展的影响：按地理位置分组

变量	回归（1）系统 GMM 东部地区	回归（2）系统 GMM 中西部地区	回归（3）系统 GMM 含交乘项
Elder	-0.677 (-0.402)	-0.515** (-2.219)	0.080 (0.529)
Lnpgdp	0.521*** (3.148)	0.158** (2.144)	0.037 (1.243)
Uig	0.111 (1.466)	0.001 (0.048)	-0.025* (-1.926)
Gov	-4.754** (-2.009)	0.283* (1.686)	-0.013 (-0.283)
Edu	1.254* (1.777)	0.106*** (3.874)	0.004 (0.487)
Tpd	0.415* (1.952)	0.0049 (0.4474)	0.004 (0.556)
L. Index	0.476*** (17.143)	0.239*** (7.380)	0.520*** (5.614)
Group	—	—	0.090 (1.334)
Elder×Group	—	—	-0.834** (-2.051)
C	-20.790* (-1.828)	1.271 (1.177)	2.184*** (5.037)
时间效应	是	是	是
AR（1）检验	0.000	0.017	0.002
AR（2）检验	0.093	0.166	0.082
Sargan 统计量	1.000	0.996	1.000
N	77	140	186

注：回归（3）中 N 的不同是由于被解释变量滞后了两期。

3. 不同城乡收入差距的异质性影响

为验证假说 2c，按照城乡收入差距的均值将样本划分为高城乡收入差距组和低城乡收入差距组进行回归，同时在回归（3）中引入哑变量 Group，高城乡收入差距组取值为 1，低城乡收入差距组取值为 0，交乘项 Elder×Group 的系数则体现了高城乡收入差距组相较于低城乡收入差距组的回归系数的差异。如表 8-7 所示，高城乡收入差距组中核心解释变量的估计系数显著为负，低城乡收入差距组的系数为负但不显著，交乘项 Elder×Group 的系数也显著为负，这表明，城乡收入差距越大，人口老龄化对数字普惠金融发展的不利影响越严重，从而支持了假说 2c。

表 8-7　人口老龄化对数字普惠金融发展的影响：按城乡收入差距分组

变量	回归（1）	回归（2）	回归（3）
	系统 GMM	系统 GMM	系统 GMM
	低城乡收入差距组	高城乡收入差距组	含交乘项
Elder	−0.234 （−0.681）	−0.527* （−1.849）	−0.231* （−1.787）
Lnpgdp	0.085*** （3.639）	0.142* （1.804）	0.125*** （5.004）
Gov	−0.139 （−1.473）	−0.095 （−1.077）	−0.136* （−1.791）
Edu	−0.051** （−2.282）	0.053** （2.008）	0.015 （1.193）
Tpd	−0.001 （−0.048）	0.013 （0.715）	0.020* （1.732）
L. Index	0.403*** （24.319）	0.243*** （10.166）	0.347*** （43.822）
Group	—	—	0.103** （2.236）
Elder×Group	—	—	−0.717** （−1.969）
C	2.915*** （5.935）	2.167** （2.499）	1.685*** （5.333）
时间效应	是	是	是
AR（1）检验	0.014	0.020	0.001
AR（2）检验	0.632	0.110	0.241
Sargan 统计量	0.826	0.921	0.970
N	127	90	217

（二）影响机制分析

根据前文的理论分析，人口老龄化对数字普惠金融的影响可能通过地区的互联网普及和风险厌恶发挥作用。为此，本章采用中介效应模型，分别以互联网普

及和风险厌恶作为中介变量，采用系统 GMM 进行回归，进一步检验人口老龄化对
数字普惠金融发展产生影响的机制。估计结果如表 8-8 和表 8-9 所示，其中
回归（1）、回归（2）、回归（3）分别对应前文的中介效应模型（8-2）、模型
（8-3）、模型（8-4）。

表 8-8　人口老龄化影响数字普惠金融发展的机制：互联网普及的中介效应

变量	回归（1）系统 GMM	回归（2）系统 GMM	回归（3）系统 GMM
Elder	-0.450*** (-4.129)	-38.003*** (-3.439)	-0.386*** (-2.619)
Lnpgdp	0.105*** (4.105)	8.463*** (8.929)	0.010 (0.366)
Uig	-0.025* (-1.810)	-0.175 (-0.408)	-0.039*** (-4.099)
Gov	-0.095 (-1.109)	33.713*** (7.748)	-0.112 (-1.431)
Edu	0.002 (0.302)	4.468*** (11.922)	0.006 (0.533)
Tpd	0.012 (0.947)	1.919*** (3.551)	-0.009 (-0.652)
L. Index	0.346*** (22.390)	—	0.294*** (20.573)
L. Did	—	0.911*** (41.739)	—
Did	—	—	0.004*** (5.431)
C	2.260*** (8.000)	-154.227*** (-11.709)	3.695*** (8.024)
时间效应	是	是	是
AR（1）检验	0.001	0.040	0.001
AR（2）检验	0.149	0.148	0.555
Sargan 统计量	0.999	0.625	0.694
N	217	155	155

注：因为中介变量互联网普及率的数据统计截至 2016 年，因此观测值 N 有较大变化。

表8-9　人口老龄化影响数字普惠金融发展的机制：风险厌恶的中介效应

变量	回归（1）	回归（2）	回归（3）
	系统 GMM	系统 GMM	系统 GMM
Elder	-0.450***	9.175***	-0.391***
	（-4.129）	（7.840）	（-3.249）
Lnpgdp	0.105***	-1.298***	0.132***
	（4.105）	（-5.500）	（5.242）
Uig	-0.025*	-1.250***	-0.061***
	（-1.810）	（-6.841）	（-4.230）
Gov	-0.095	-0.232	-0.011
	（-1.109）	（-1.563）	（-0.098）
Edu	0.002	-0.129*	-0.017
	（0.302）	（-1.658）	（-1.635）
Tpd	0.012	-0.103	0.006
	（0.947）	（-1.472）	（0.446）
L. Index	0.346***	—	0.280***
	（22.390）		（21.688）
L. Rav	—	0.596***	—
		（69.222）	
Rav	—	—	-0.026***
			（-9.407）
C	2.260***	18.818***	2.607***
	（8.000）	（7.082）	（6.734）
时间效应	是	是	是
AR（1）检验	0.001	0.086	0.003
AR（2）检验	0.149	0.694	0.100
Sargan 统计量	0.999	0.267	0.994
N	217	217	217

表8-8 报告了以互联网普及为中介变量的估计结果。在回归（1）中，人口老龄化的系数显著为负，说明可以继续进行中介效应检验；在回归（2）中，人口老龄化系数显著为负，意味着人口老龄化水平的提高降低了互联网普及率；在回归（3）中，人口老龄化的系数显著为负，互联网普及率的系数显著为正，表明互联网普及在人口老龄化对数字普惠金融发展的影响中存在部分中介效应，即人口老龄化通过降低互联网普及率抑制数字普惠金融的发展，假说3得到支持。具体地，由估计的系数可得，$\beta_1 \times \gamma_2 = （-38.003）\times 0.004 = -0.152$，在总效应中互联网普及率作为中介变量的贡献为 $（-0.152）/（-0.450）= 33.78\%$。

表8-9 报告了以风险厌恶程度为中介变量的估计结果。在回归（1）中，人口

老龄化的系数显著为负，说明可以继续进行中介效应检验；在回归（2）中，人口老龄化的系数为正，说明人口老龄化水平提高会显著增加风险厌恶程度；在回归（3）中，人口老龄化的系数显著为负，风险厌恶的系数显著为负，表明风险厌恶程度在人口老龄化对数字普惠金融发展的影响中发挥了部分中介作用，因此，假说4得到了验证。具体地，由估计的系数可得，$\beta_1 \times \gamma_2 = 9.175 \times (-0.026) = -0.239$，在总效应中风险厌恶程度作为中介变量的贡献为 $(-0.239) / (-0.450) = 53.11\%$。

六、研究结论及政策启示

本章基于2011~2018年中国31个省份的面板数据，实证检验了人口老龄化对数字普惠金融发展的影响及其机制。研究发现：第一，总体来看，人口老龄化显著抑制了数字普惠金融的发展；第二，在人口老龄化水平较高、中西部地区和城乡收入差距较大的地区，人口老龄化对数字普惠金融发展的抑制作用更强；第三，人口老龄化通过降低互联网普及率、增强风险厌恶程度，进而抑制了数字普惠金融的发展。

在当前大力推行普惠金融战略、积极应对人口老龄化的现实背景下，上述实证结论对我国数字普惠金融的健康持续发展具有重要的启示：

第一，努力延缓人口老龄化进程。一方面，应继续发挥人口政策对老龄化的缓解作用，例如，大力宣传和落实全面"两孩"等人口政策，进一步完善如父母产假、育儿津贴、托育服务等家庭政策体系，全面激发和释放人们的生育意愿，当然，鼓励生育的同时也要控制人口总量，不断完善人口结构。另一方面，应清醒地认识到人口老龄化将是一个较长一段时期内不可逆转的基本国情，必须尽快形成"积极的老龄观"，例如，重视低龄老年人力资源开发，完善劳动就业法律法规，为低龄老年人提供工作就业、教育培训等服务，鼓励部分老年人积极参与社会经济活动。

第二，因地制宜推进数字普惠金融发展。在发展数字普惠金融的过程中，应对不同地区采取差异化的策略来应对人口老龄化带来的挑战：一方面，应着重加强对中部地区、西部地区、人口老龄化水平较高地区进行数字金融知识宣传、教育和培训的力度，并适当对中部、西部地区数字金融的发展给予政策扶持。另一方面，应积极支持农村地区、贫困区县数字普惠金融的发展，例如，可针对农村老年群体开展专项数字普惠金融培训，增加"一对一"的专项金融服务，提高农村人口对数字金融的认知和应用水平。

第三，大力提升地区互联网普及率。一方面，应努力提升互联网的供给能力和服务水平，提高老年人接触互联网的机会，例如，应继续加大网络基础设施建设投入、提升网络覆盖水平，尤其要大力完善针对老年群体的互联网服务，如设计更加便捷的老人智能手机、开发更加简洁易懂的用户界面等。另一方面，应改善老年人的互联网体验，提高老年人运用互联网的能力，例如，应该扩大教育培训覆盖面，通过面向养老院、老年大学、社区开展互联网知识宣讲、志愿培训和家人辅导等活动，使更多的老年人掌握互联网的使用方法。

第四，积极改善公众对数字普惠金融的风险态度。一方面，应大力加强数字普惠金融风险控制，减少数字普惠金融风险事件发生。例如，应尽快完善数字金融的监管规则，减少监管真空；加快制定数字金融行业的准入标准，营造良好的行业生态环境；建立完善的数字金融风险披露机制，减少风险事件发生；等等。另一方面，应着力降低老年群体的风险厌恶程度，增强老年群体对数字金融的了解。例如，相关部门可利用广播、报纸、网络、微信公众号等渠道宣传数字金融相关知识，普及金融风险防范知识，尤其可面向老年群体组织专项宣传教育活动，提高老年群体的金融素养。

第九章　互联网使用对居民
金融素养的影响[①]

一、引　言

据报道，美国已将提升居民金融素养作为增加社会福祉的一项重要公共政策，英国、日本、澳大利亚和印度等国家也以不同的形式将居民金融素养的提升上升为国家战略。在中国，伴随互联网的迅速普及，提升居民金融素养日益成为影响金融业高质量发展的重要问题。根据《第 44 次中国互联网发展状况统计报告》的数据，2019 年中国使用互联网人数达 8.54 亿，相较于 2018 年增加了 2589 万；互联网普及率达 61.2%，较前一年增加了 1.6%。事实上，随着金融市场的发展，居民金融市场参与度呈现出越来越高的趋势（Beck 等，2007）。但是，由于居民本身金融素养偏低，容易出现非理性的金融行为，由此导致居民不断提升的金融市场参与度与其偏低的金融素养之间的矛盾。例如，吴卫星等（2018）发现，我国居民金融素养的总体水平较低，尤其是居民的贷款、资产配置和保险知识较为匮乏；中国人民银行发布的《2019 年消费者金融素养调查简要报告》显示，全国消费者金融素养指数平均分为 64.77，与 2017 年相比稍有提升，但总体水平仍有待提高。由此引发的问题是，在我国互联网日益普及的背景下，互联网使用是否会对居民金融素养产生影响？互联网的使用会通过什么路径影响居民的金融素养？这正是本章要研究的问题。

具体而言，相关文献主要围绕以下两个方面展开研究：

一是金融素养水平的测量。金融素养在文献中有不同的定义，被广泛接受的一种定义是由 OECD 提出来的：金融素养是指人们做出合理金融决策并最终实现

[①] 本章发表于《北京工商大学学报（人文社会科学版）》2021 年第 6 期，作者为张正平，录入本书时略有修改。

· 107 ·

个人金融福利的意识、知识、技术、态度和行为的有机结合。已有文献对金融素养水平的测量可以分为三类：第一类是主观金融素养的测度，从受访者主观方面的金融知识和技能角度进行测度，代表性研究如 Lusardi 和 Mitchell（2011），这类是对居民金融素养的自我评价的测量；第二类是客观金融素养的测度，大部分金融素养的测量研究集中在金融素养概念的认知维度，即通过判断消费者"知道或理解什么金融概念"了解其金融素养水平，这类测量是对客观或实际金融素养的测量，如廖理等（2019）的研究；第三类是主客观金融素养相结合，该方法是将主观和客观金融素养测度指标结合起来，很好地结合了前两种测度方法的优点，代表性研究如吴卫星等（2018）。

二是金融素养的影响因素。包括个人因素和社会因素。个人因素涉及人口统计特征、态度、一般能力，具体包括性别、年龄、收入、婚姻状况、风险态度、受教育程度等方面。例如，廖理等发现，无论是客观金融素养或是主观金融素养，女性的金融素养都显著低于男性。社会因素涉及家庭、邻里、金融教育等，具体包括父母的金融知识水平、父母的受教育程度、金融教育水平等。例如，OECD（2016）证实，父母对孩子的直接教育与孩子对父母行为的模仿都会对消费者的金融素养有重要影响，且短期培训无法轻易改变这种影响。值得注意的是，有部分文献注意到了互联网使用的影响，如 Karaa 和 Kugu（2016）发现，消费者通过社交媒体与网络获取金融信息的行为有助于培养其高级金融素养。

由上述文献梳理可知，对金融素养的研究主要集中于金融素养水平的测量及其影响因素，其中仅有少量文献关注了互联网使用对居民金融素养的影响，但这些文献的研究对象多为国外居民，且未对可能的作用机制或异质性影响进行讨论。上述不足为本章的创新提供了机会，我们基于CFPS2014的截面数据实证检验了互联网使用对居民金融素养的影响、在不同学历和收入居民间的异质性影响以及可能的影响机制。具体地，本章的边际贡献为：第一，以我国居民为对象，从理论上分析并实证检验了互联网使用对居民金融素养的影响，拓展了金融素养影响因素的研究范围；第二，考察了互联网使用对不同学历、不同收入居民金融素养的异质性影响，丰富了对金融素养影响的认知；第三，揭示了互联网使用通过线上、线下社会互动两条路径影响居民金融素养的机制，深化了对互联网使用影响金融素养的理解。

二、理论分析与假说提出

（一）互联网使用对居民金融素养的影响

随着信息技术的不断发展，与信息有关的因素在金融素养的研究中开始受到重视。一方面，互联网使用有利于拓宽信息渠道、提高信息获取水平。例如，Rooij 等（2011）发现，具备基本金融素养的大部分消费者主要依赖家庭、朋友和熟人等非正式渠道获取经济信息，而具备高级金融素养的消费者主要通过阅读各种专业资料、网络信息或咨询专业的金融顾问来获取金融信息。周广肃和樊纲（2018）发现，互联网信息对于创业的作用最为重要，报纸杂志信息的重要性对于创业的作用相对更小。另一方面，互联网使用有利于降低信息的搜寻和交易成本。例如，Bogan（2008）提出，计算机和互联网的使用，除了降低交易成本外，还使居民更易获得股市信息，从而降低信息成本，促进股市参与。董晓林和石晓磊（2018）指出，互联网的出现能使家庭更容易获取信息，从而降低信息成本，增加家庭对互联网金融产品的接受意愿。综上可知，互联网的使用可以帮助居民拓宽信息渠道、提升经营效率、降低交易成本，有助于增加居民的金融知识、改善其金融决策，最终提升居民的金融素养。据此，提出本章的第一个假说：

假说 1：互联网的使用可以促进居民金融素养的提升。

（二）互联网使用对居民金融素养影响的异质性

人力资本理论认为，教育水平的提高能增加家庭劳动力的收入水平，而收入的增加使家庭拥有更多的投资资金（罗靳雯和彭湃，2016），因此，互联网使用者的教育水平和收入水平不同可能导致对金融素养有不同的影响。一方面，教育水平的不同可能带来异质性的影响。在使用互联网的过程中，面对纷繁复杂的信息，人们难以有效判别信息的信度与效度，也容易做出错误的判断与预期，教育水平较高的个体能够更好地理解和应用所接收到的信息，其风险认知和学习能力也更强。Karaa 和 Kugu（2016）发现，如果用户的财务知识很差，他们对信息的解释就不够充分，这可能会导致其做出错误的决定，从而减少其财富；王伟同和周佳音（2019）证实，高教育水平群体拥有更高的信息识别能力，高收入群体拥有更强的风险承担能力。因此，在使用互联网的过程中，在"干中学"的带动下，高教育水平群体的基本金融素养水平可能也提升得更快。另一方面，收入水平的不同也可能带来异质性的影响。Lusardi 和 Mitchell（2011）指出，个体收入水平越高，其金融素养也越高。事实上，居民经济上的优势为其应对社会交往中的决策风险提供了物质保障（黄健和邓燕华，2012）。Press（2004）证实，相较于贫穷家庭，富有家庭更愿意承担金融交易所需的信息成本和交易成本，其风险厌恶水平也相对较低，其投资风险资产的概率更高，有助于改善家庭的金融决策。综上所述，互联网使用对不同收入、不同学历居民金融素养的影响可能是不同的，因为高学历和高收入者的认知能力和学习能力以及应对风险的能力更强，经济优势增加了接触理财产品的机会，金融知识和金融素养水平也会随之提高。据此，提出本章的第二个假说：

假说 2：高学历、高收入的互联网使用者，其金融素养水平的提升幅度更大。

（三）互联网使用影响居民金融素养的机制

从发展经济理论的角度来看，Durlauf 和 Ioannides（2010）将社会互动的内涵从社会学范畴拓展到了经济学范畴，认为社会互动是指个体之间的相互依赖性，在这些相互依赖性作用之下，一个兼具社会和经济行为特性的人，其偏好、信念以及其所面临的预算约束都受到其他人的特征与选择的直接影响。事实上，本章所关注的社会互动也是一种经济型的社会互动，这种社会互动也是家庭金融行为的重要影响因素，对居民金融素养有较大的影响。

随着互联网的快速发展，微信、QQ 等社交软件得到了迅速普及和应用，互联网上的互动已经成为了一种重要的社会互动方式，对居民的金融信息的获取、金融知识的学习以及金融素养水平均会产生影响。通常，互联网使用者通过两种方式从互联网上获取金融信息：一是直接查找和接收公开发布的金融信息；二是通过线上社会互动获取相关信息①。事实上，居民在面对丰富的网络信息时也存在信息过载的困扰，线上社会互动不仅能获得信息，还可以帮助金融决策者有效地筛选高质的网络金融信息（刘宏和马文瀚，2017）。郭士祺和梁平汉（2014）发现，线下社会互动与网络信息化作为不同的信息来源渠道在促进家庭股市参与上存在相互替代的关系。Liang 和 Guo（2015）证实，互联网与线下面对面的社会互动在信息获取方面有相似的作用，可部分替代线下社会互动的信息渠道功能，促进居民参与股市。

值得注意的是，互联网使用者可能也会因上网而加强线下社会互动，从而进一步促进其金融素养的提升。首先，经常上网且有较多线上互动的居民更有机会获得较多线下社会互动的机会（郭士祺和梁平汉，2014）。互联网作为一种特定的媒体，其自身就具备社会濡染和同群效应的互动功能（陈云松和范晓光，2010）。因此，使用互联网能够帮助居民更好地构建社会网络，促进其线下社会互动。其次，互联网的使用拓展了居民线下社会互动的范围，从而获取更多的信息。周广肃和梁琪（2018）认为，基于互联网媒介的社会互动在互动频率、范围等方面都有了较大的提高。最后，互联网使用引致的线下社会互动可以提升居民的金融素养。郭士祺和梁平汉（2014）发现，线下社会互动能显著地促进家庭资本的参与。

研究显示，决策者通过"内生互动"提升其金融素养。内生互动强调个体的行为会和所在群体相互影响，主要表现为社会性学习和交流获得愉悦（Bikhchan-

---

① 为建立更严谨的分析逻辑，选取线上、线下社会互动指标时侧重与经济金融活动相关的指标。

dani 等，1992）。社会性学习是指个体通过与群体的口头交流来获取和传递信息，如从同侪处了解新产品信息（包括掌握技术）或获悉准确的回报率，这些都可以降低决策者的交易成本，提高信息筛选的效率和准确度，进而有利于金融素养的提升；交流获得愉悦则主要是指决策者之间交流相似的经验体会或共同话题，能够获得愉悦，提高效用（李涛，2006）。

综上可知，居民可以通过线上和线下社会互动两个渠道获取金融信息、学习金融知识，进而影响其金融行为、提升其金融素养。据此，提出本章的第三个假说：

假说 3：互联网使用通过线上社会互动和线下社会互动促进居民金融素养的提升。

三、研 究 设 计

（一）数据来源

本章所使用的微观数据来自中国家庭追踪调查（China Family Panel Studies，CFPS）2014 年的全国调查数据。CFPS 是由北京大学中国社会科学调查中心负责实施的两年一次的追踪调查。CFPS 通过对全国样本的抽样，分别从村居、家庭、个人三个维度展开调查，详细记录了受访者的个体情况、家庭结构、经济情况以及社会交往状况等，并特别调查了受访者金融素养水平与互联网使用情况。本章选择金融知识的回答人作为研究对象，通过对 CFPS 中社区、家庭、成人和儿童问卷调查数据的合并和整理，在剔除有相关变量缺失值的样本后，最终得到 3910 个样本。

（二）变量选取

1. 金融素养水平

本章的被解释变量是金融素养水平。单德朋（2019）等的文献将金融素养区分为基本金融素养和高级金融素养进行测度和研究，本章沿袭这种做法，以便更深入地揭示互联网使用对金融素养的影响。具体地，本章将 CFPS2014 问卷中与金融素养有关的问题划分为两类：第一类刻画的是基本金融素养，涉及的问题有定期利率、计算一年本息和、复利、通货膨胀、时间价值、投资风险，这些知识是日常金融交易、金融决策的基本知识，具体由"您估计现在银行 1 年期定期存款的利率是多少?"等 6 个问项构成;第二类识别的是高级金融素养,涵盖的内容有股票投资风险、是否有养老规划、央行职能、金融产品风险、基金、股票、理财产品的含义和股票市场功能,这些知识与投资和资产配置有关,具体由"一般情况下,投资单一股票比投资股票型基金的风险小?"等 8 个问项构成。

具体地,采用与 Rooij 等(2011)类似的方法,本章先判断受访者是否正确地回答了问题,如果回答正确赋值为 1,回答错误或者回答不知道则赋值为 0,然后再采用迭代主因子法进行分析。如表 9-1 所示,KMO 值都大于 0.6,表明适合采用因子分析法;基于特征值大于 1 的原则,保留第 1 个因子,其基本金融素养的累计方差贡献率达 83.3%,高级金融素养的累计方差贡献率达 74.8%。按照旋转后因子 1 的载荷,采用回归法即可计算出居民的金融素养水平。

表 9-1　基于因子分析法的居民金融素养水平

	因子	特征值	方差贡献率	累计方差贡献率	KMO 检验结果	旋转后因子载荷
基本金融素养(BFL)	Factor1	1.760	0.833	0.833	0.787	0.234
	Factor2	0.223	0.105	0.938	0.805	0.244
	Factor3	0.075	0.036	0.974	0.819	0.353
	Factor4	0.035	0.016	0.991	0.778	0.549
	Factor5	0.020	0.010	1.000	0.777	0.632
	Factor6	0.000	0.000	1.000	0.831	0.366
	全样本	—	—	—	0.795	—
高级金融素养(AFL)	Factor1	1.721	0.748	0.748	0.813	0.239
	Factor2	0.213	0.092	0.840	0.644	0.017
	Factor3	0.124	0.054	0.894	0.833	0.233
	Factor4	0.110	0.048	0.942	0.801	0.235
	Factor5	0.057	0.025	0.966	0.826	0.182
	Factor6	0.053	0.023	0.989	0.803	0.300
	Factor7	0.025	0.011	1.000	0.795	0.536
	Factor8	0.000	0.000	1.000	0.804	0.482
	全样本	—	—	—	0.807	—

2. 互联网使用

本章的核心解释变量是互联网使用。参考周广肃和梁琪(2018)的做法,我们以家庭中金融知识的回答人对"您是否上网?"这个问题的回答作为互联网使用的代理变量,当回答为"是"时取值为 1,"否"则取值为 0。

3. 社会互动

参考刘宏和马文瀚(2017)的做法,选取"使用互联网商业活动的频率"作为线上社会互动的代理变量，数据来源于 CFPS 问卷中的问题："一般情况下，您使用互联网进行商业活动（如使用网银、网上购物）的频率有多高？"其回答包括"几乎每天、一周 3~4 次、一周 1~2 次、一个月 2~3 次、一个月一次、几个月一次、从不"7 个选项。对这 7 个选项分别赋值 0~6，数值越大代表使用互联网进行商业活动的频率越高，线上社会互动水平越高。

在经济学中，社会互动指的是决策主体在互动过程中其偏好、预期和预算约束都会受其他决策主体行为的影响。据此，本章借鉴 Du Zaichao 等（2014）的方法，选取与经济金融行为相关的"外出就餐支出、娱乐支出、交通支出、邻里关系、亲戚交往程度"5 个变量进行合成线下社会互动的代理变量。为了避免采用绝对值与家庭收入、财产以及其他一些不可观测的变量产生共线问题，我们将上述 5 个变量中的外出就餐支出、娱乐支出、交通支出这 3 个变量都转换成占收入的比重进行计算，参照李丁（2019）的做法，采用因子分析法构建了一个综合的线下社会互动指标。

4. 控制变量

参考 Rooij 等（2011）、吴卫星等（2018）的做法，从个体特征、家庭特征和地区特征三个方面选取控制变量。其中，个体特征包括年龄、性别、是否为党员、教育水平、收入水平、婚姻状况、风险态度、父母金融知识水平；家庭特征包括家庭是否有银行借贷、家庭净房产、是否参与金融市场、家庭规模；地区特征包括地区和城镇户口（见表 9-2）。

表 9-2　变量定义

变量类型	变量名称（符号）	变量定义及计算方法
被解释变量	基本金融素养（BFL）	包含 6 个题目，采用迭代主因子法构建
	高级金融素养（AFL）	包含 8 个题目，采用迭代主因子法构建
解释变量	互联网使用（Net）	是否使用互联网，使用赋值为 1，否则为 0
社会互动	线上社会互动（onSI）	使用互联网进行商业活动的频率，按照分类从 0~6 进行赋值
	线下社会互动（offSI）	包含 5 个变量，采用因子分析法构建
个人特征	年龄（Age）	受访者实际年龄（周岁）
	性别（Sex）	男性赋值为 1，否则为 0
	是否为党员（Par）	党员赋值为 1，否则为 0
	教育水平（EL）	实际受教育年限
	收入水平（IL）	过去 12 个月总收入的对数

变量类型	变量名称（符号）	变量定义及计算方法
个人特征	婚姻状况（MS）	已婚赋值为1，否则为0
	风险态度（RA）	不愿意承担任何投资风险赋值为1，低风险、低收益赋值为2，适中风险、稳健收益赋值为3，高风险、高收益赋值为4
	父母金融知识水平（PFL）	不知道赋值为0，远低于同龄人水平赋值为1，低于同龄人水平赋值为2，处于同龄人水平赋值为3，高于同龄人赋值为4，远高于同龄人赋值为5
家庭特征	家庭是否有银行借贷（BB）	有银行借贷赋值为1，否则为0
	家庭净房产（Hou）	家庭净房产取对数
	是否参与金融市场（FM）	如果家庭参与股票等金融投资赋值为1，否则为0
	家庭规模（FS）	家庭人口数量
地区特征	地区（Dis）	东部赋值为1，中部赋值为2，西部赋值为3
	城镇户口（Urb）	城镇户口赋值为1，否则为0

（三）模型选择

本章的基准回归采用 OLS 模型进行估计，拟构建的模型如下：

$$BFL_i = a_0 + a_1 Net_i + a_2 X_i + \varepsilon_{1i} \tag{9-1}$$

$$AFL_i = \beta_0 + \beta_1 Net_i + \beta_2 X_i + \varepsilon_{2i} \tag{9-2}$$

其中，Net_i 表示居民是否使用互联网；BFL_i 表示居民 i 的基本金融素养水平；AFL_i 表示居民 i 的高级金融素养水平；X_i 是控制变量，表示居民特征（年龄、性别、婚姻状况、风险态度等）、家庭特征（家庭收入水平、是否有银行借贷等）、社会网络变量（亲戚交往联络、父母金融知识水平等）和地区变量等；a_1 和 β_1 表示使用互联网的边际效应；ε_i 表示随机误差项。

为了验证影响机制，建立如下的中介效应模型：

$$FL_i = a_0 + a_1 Net_i + a_2 X_i + \varepsilon_{1i} \tag{9-3}$$

$$Z_i = \beta_0 + \beta_1 Net_i + \beta_2 X_i + \varepsilon_{2i} \tag{9-4}$$

$$FL_i = \gamma_0 + \gamma_1 Net_i + \gamma_2 Z_i + \gamma_3 X_i + \varepsilon_{1i} \tag{9-5}$$

其中，Net_i 表示居民是否使用互联网，FL_i 表示居民的金融素养水平；X_i 表示控制变量，Z_i 表示中介变量（线上社会互动和线下社会互动）。在模型（9-3）、模型（9-4）和模型（9-5）中，a_1、β_1 和 γ_1 分别衡量了互联网使用对居民金融素养水平的影响、互联网使用对中介变量的影响、互联网使用对居民金融素养水平的直接效应，$\beta_1 \times \gamma_1$ 则衡量了中介效应的大小。

四、实证结果及其分析

（一）描述性统计分析

表9-3报告了样本中各变量的描述性统计结果。具体来看，被解释变量基本金融素养的均值为0.000，最小值为-1.520，最大值为0.841，表明基本金融素养呈现出总体水平偏低和差别较大的现状，高级金融素养的情况与之类似。解释变量互联网使用的均值为0.435，标准差为0.496，说明观测值中仅有43.5%的受访者使用互联网。就中介变量来看，线上社会互动的均值为0.792，标准差为1.588；线下社会互动的均值为0.000，标准差为0.764。就控制变量来看，受访者年龄均值为49.377岁，标准差为15.267，说明受访者的平均年龄为50岁左右；性别的均值是0.444，说明44.4%的受访者为男性；家庭规模平均值为3.204，标准差为1.510；79.2%的受访者已婚，标准差为0.406；风险态度的均值为1.935，标准差为0.967；平均受教育年限为10.066年，标准差为4.305；收入水平的平均值14911.400元，最大值为380000.000元，说明平均收入水平较低，收入差距较大；父母金融知识水平均值为1.801，标准差为1.245，表明父母的金融知识水平处于较低水平；有银行借贷行为的样本占比很小，不足5%；家庭净房产均值为598735.500元，本数据库的家庭净资产均值为724167.500，家庭净房产占家庭净资产的比重为82.68%，说明房产是家庭最主要的资产；15.6%的受访者为党员；14.6%的受访者参与了股票等金融市场，79.3%的样本为城镇户口居民。上述描述性统计结果表明，各变量均有较大的变动幅度，适合进行回归分析。

表9-3　变量的描述性统计结果

变量名称（符号）	观测量	均值	标准差	最小值	最大值
基本金融素养（BFL）	3910	0.000	0.730	-1.520	0.841
高级金融素养（AFL）	3910	0.000	0.637	-0.575	1.473
互联网使用（Net）	3910	0.435	0.496	0.000	1.000
线上社会互动（onSI）	3815	0.792	1.588	0.000	6.000
线下社会互动（offSI）	3716	0.000	0.764	-1.285	1.677
年龄（Age）	3826	49.377	15.267	16.000	92.000
性别（Sex）	3910	0.444	0.500	0.000	1.000

续表

变量名称（符号）	观测量	均值	标准差	最小值	最大值
是否为党员（Par）	3910	0.156	0.363	0.000	1.000
教育水平（年）（EL）	3826	10.066	4.305	0.000	19.000
收入水平（IL）	3823	14911.400	27535.230	0.000	380000.000
婚姻状况（MS）	3910	0.792	0.406	0.000	1.000
风险态度（RA）	3907	1.935	0.967	0.000	4.000
父母金融知识水平（PFL）	3910	1.801	1.245	0.000	5.000
是否有银行借贷（BB）	3910	0.045	0.207	0.000	1.000
家庭净房产（Hou）	3899	598735.500	1068246.000	-550000.000	17000000.000
是否参与金融市场（FM）	3910	0.146	0.353	0.000	3.000
家庭规模（FS）	3910	3.204	1.510	1.000	17.000
地区（Dis）	3910	1.631	0.725	1.000	3.000
城镇户口（Urb）	3910	0.793	0.405	0.000	1.000

（二）基于 OLS 模型的基准回归结果

参考周广肃和梁琪（2018）的思路，基准回归均采用逐步回归法进行估计；与此同时，为了处理异方差问题，还按照社区代码对标准差进行了聚类。回归结果如表 9-4 所示，列（1）至列（3）的解释变量为基本金融素养，其中列（1）加入了个人特征变量，列（2）继续加入家庭特征变量，列（3）则进一步加入了地区特征变量。逐步回归的结果显示，互联网使用对居民基本金融素养的影响系数均为显著的正值，说明无论何种形式，互联网使用均显著增加了居民的基本金融素养。列（5）至列（7）的回归结果则表明，互联网使用对居民高级金融素养的影响系数均显著为正，意味着无论何种形式的互联网使用都显著提升了居民的高级金融素养。简而言之，互联网使用有效地提高了居民的金融素养水平，这与 Karaa 和 Kugu（2016）的结论一致。由此，假说 1 得到了证实。

表 9-4 互联网使用影响居民金融素养的回归结果

变量	基本金融素养（BFL）				高级金融素养（AFL）			
	（1）	（2）	（3）	（4）	（5）	（6）	（7）	（8）
	OLS	OLS	OLS	2SLS	OLS	OLS	OLS	2SLS
Net	0.148***	0.131***	0.130***	0.578***	0.212***	0.190***	0.187***	0.573***
	(0.031)	(0.032)	(0.032)	(0.154)	(0.025)	(0.026)	(0.026)	(0.149)

续表

变量	基本金融素养（BFL）				高级金融素养（AFL）			
	（1）	（2）	（3）	（4）	（5）	（6）	（7）	（8）
	OLS	OLS	OLS	2SLS	OLS	OLS	OLS	2SLS
Age	-0.003*** (0.001)	-0.004*** (0.001)	-0.004*** (0.001)	0.003 (0.002)	-0.006*** (0.001)	-0.007*** (0.001)	-0.007*** (0.001)	-0.000 (0.002)
Sex	0.098*** (0.025)	0.097*** (0.025)	0.097*** (0.025)	0.084*** (0.022)	0.076*** (0.021)	0.083*** (0.020)	0.084*** (0.020)	0.086*** (0.019)
Par	0.031 (0.035)	0.019 (0.035)	0.018 (0.035)	0.001 (0.032)	0.051* (0.028)	0.030 (0.029)	0.028 (0.028)	-0.014 (0.030)
EL	0.038*** (0.004)	0.037*** (0.004)	0.037*** (0.004)	0.031*** (0.005)	0.023*** (0.003)	0.021*** (0.003)	0.020*** (0.003)	0.015*** (0.004)
IL	0.004 (0.003)	0.003 (0.003)	0.003 (0.003)	0.002 (0.003)	0.007*** (0.002)	0.007*** (0.002)	0.006** (0.002)	0.004 (0.002)
MS	0.129*** (0.031)	0.104*** (0.033)	0.105*** (0.033)	0.131*** (0.030)	0.018 (0.025)	0.023 (0.027)	0.024 (0.027)	0.039 (0.025)
RA	0.100*** (0.014)	0.091*** (0.015)	0.091*** (0.015)	0.066*** (0.016)	0.110*** (0.012)	0.093*** (0.012)	0.094*** (0.012)	0.071*** (0.015)
PFL	0.058*** (0.010)	0.058*** (0.010)	0.057*** (0.010)	0.062*** (0.010)	0.035*** (0.008)	0.036*** (0.008)	0.035*** (0.008)	0.037*** (0.008)
BB	—	-0.088 (0.065)	-0.087 (0.065)	-0.020 (0.053)	0.063*** (0.016)	0.091* (0.053)	0.092* (0.053)	0.029 (0.052)
Hou	—	0.018*** (0.005)	0.019*** (0.005)	0.013*** (0.005)	—	0.002 (0.004)	0.002 (0.004)	0.001 (0.004)
FM	—	0.113*** (0.036)	0.111*** (0.036)	0.052 (0.038)	—	0.206*** (0.030)	0.201*** (0.030)	0.170*** (0.038)
FS	—	0.014 (0.009)	0.014 (0.009)	0.005 (0.008)	—	-0.010 (0.007)	-0.009 (0.007)	-0.008 (0.007)
Dis	—	—	-0.562 (0.634)	0.015 (0.015)	—	—	-0.656 (0.519)	-0.041*** (0.013)
Urb	—	—	0.023 (0.041)	0.037 (0.031)	—	—	0.087*** (0.033)	0.110*** (0.026)
常数项	-0.719*** (0.162)	-0.946*** (0.176)	0.185 (1.310)	-1.360*** (0.131)	-0.433*** (0.132)	-0.331** (0.144)	1.001 (1.072)	-0.715*** (0.116)
观测值	3787	3661	3661	3683	3787	3661	3661	3683
F 统计量	2.690	2.760	2.750	—	3.590	3.690	3.700	—
R^2	0.437	0.447	0.447	—	0.510	0.519	0.520	—

续表

变量	基本金融素养（BFL）				高级金融素养（AFL）			
	（1）	（2）	（3）	（4）	（5）	（6）	（7）	（8）
	OLS	OLS	OLS	2SLS	OLS	OLS	OLS	2SLS
一阶段 F 值	—	—	—	421.970	—	—	—	421.970
工具变量 t 值	—	—	—	7.090	—	—	—	7.090
DWH 检验 χ^2	—	—	—	8.242	—	—	—	6.549
P-value				（0.004）				（0.011）

注：*、** 和 *** 分别表示在 10%、5% 和 1% 的统计水平上显著；括号内数字为聚类到社区层面的标准差。本章下同。

在控制变量中，就个人特征来看，男性金融素养高于女性且其系数显著为正，这意味着互联网使用对男性金融素养的影响更大，这与廖理等（2019）的结论一致；教育水平与两类金融素养均显著正相关，表明较高的教育水平有利于提高其金融素养，且收入水平越高对金融素养的促进作用越大；风险偏好与两类金融素养均显著正相关，表明越是偏好风险的居民其金融素养水平越高；父母金融知识水平与居民的两类金融素养均显著正相关，说明父母的金融素养正向影响子女的金融素养；参与金融市场对两类金融素养的影响均显著为正，表明参与金融市场的居民在使用互联网后金融素养的提升幅度更大；家庭净房产对基本金融素养有显著的正向影响，但对高级金融素养却没有显著的影响；互联网使用对城镇居民高级金融素养的促进作用高于对农村居民的作用。

（三）内生性问题

工具变量法。为缓解内生性问题引起的估计偏误，参考周广肃和梁琪（2018）的做法，本章选择各区县居民平均上网比例作为互联网使用的工具变量（Ⅳ）。一方面，一个地区居民平均上网比例较高通常代表该个地区和互联网相关的基础设施较为完善，这往往与该地区家庭使用互联网的概率正相关，满足Ⅳ的相关性条件；另一方面，区县居民平均上网比例对居民个人的金融素养而言是外生的，不会直接影响居民的金融素养，满足Ⅳ的外生性条件；另外，区县居民平均上网比例可通过影响内生解释变量进而影响居民的金融素养。因此，选取区县居民平均上网比例作为互联网使用的Ⅳ是比较合适的。

表 9-4 中列（4）和列（8）是使用Ⅳ后的估计结果。列（4）的被解释变量是家庭基本金融素养，列（8）的被解释变量是高级金融素养。DWH 检验结果表明，拒绝了模型不存在内生性的问题。一阶段回归结果显示，不存在弱工具变量的问题。引入Ⅳ的估计结果显示，互联网使用对基本金融素养和高级金融素养影

响的估计系数均显著为正，分别为 0.578 和 0.573；而列（3）和列（7）中基准回归的系数分别为 0.130 和 0.187。比较可知，使用Ⅳ估计后互联网使用的边际效应仍显著为正且变得更大了。这表明，采用 OLS 估计可能因内生性问题低估了互联网使用的影响，在缓解内生性后估计结果变大了，也更准确了。

倾向得分匹配。为处理模型因自选择性所引致的估计偏误，进一步采用 PSM 估计互联网使用对居民金融素养的"处理效应"，其步骤为：①选择合适的协变量以便进行匹配。②运用 Logit 模型估计倾向得分。③用第一步中选择的协变量进行匹配。④根据匹配后的样本计算参与者的平均处理效应（ATT）、未参与者的平均处理效应（ATU）和平均处理效应（ATE）。

$$ATT = E\left[\, Y_{1i} - Y_{0i} \mid Z = 1,\ Treat = 1\,\right] \tag{9-6}$$

$$ATU = E\left[\, Y_{1i} - Y_{0i} \mid Z = 1,\ Treat = 0\,\right] \tag{9-7}$$

$$ATE = ATT \times \frac{N_1}{N_1 + N_0} + ATU \times \frac{N_0}{N_1 + N_0} \tag{9-8}$$

在式（9-6）至式（9-8）中，$Treat = 1$ 表示处理组，即参与互联网使用；$Treat = 0$ 表示控制组，即没有参与互联网使用；Z 表示所有可观测的匹配变量；N_1 表示处理组的样本数；N_0 表示控制组的样本数。ATT 代表处理组的平均处理效应，即使用互联网的居民如果不使用互联网对其金融素养产生影响的均值，ATU 代表控制组的平均处理效应，即未使用互联网的居民如果使用互联网对其金融素养产生影响的均值，ATE 代表平均处理效应，即任意抽取某些居民如果使用互联网对其金融素养产生影响的均值。

1. Logit 模型回归结果

本章针对 3910 个样本进行分组，最终有 3696 个样本进入 PSM，其中，处理组（使用互联网者）1701 个，控制组（未使用互联网者）2209 个。在进行匹配后，处理组中有 1533 个样本在共同取值范围内，控制组中有 2013 个样本在共同取值范围内，这表明大多数观测值均在共同取值范围内，因此，匹配时仅损失了少量样本，结果不会产生较大的偏误。

应用 PSM 的第一步是选择匹配变量，按照要求，选择的变量必须同时影响居民使用互联网的行为及其金融素养水平，且不会因居民选择使用互联网而受到影响。在表 9-5 报告的 Logit 模型回归结果中，模型估计的 LR 统计量为 2137.0000，对应的 P 值为 0.000，表明模型整体拟合效果较好；并且，受访者年龄、是否为党员、家庭规模、教育水平、风险态度、父母金融知识水平、是否有银行借贷、家庭净房产、是否参与金融市场、城镇户口均对受访者使用互联网产生了显著的影响。这表明，本章选择的匹配变量是符合要求的。

表 9-5 Logit 模型回归结果

自变量	系数	标准差	边际影响
Age	0.908***	0.004	−0.012
Sex	1.074	0.104	0.009
Par	1.633***	0.234	0.063
EL	1.280***	0.022	0.032
IL	1.018*	0.011	0.002
MS	0.786*	0.113	−0.031
RA	1.371***	0.071	0.040
PFL	1.088**	0.043	0.011
BB	1.773**	0.439	0.073
Hou	1.084***	0.023	0.010
FM	3.080***	0.423	0.144
FS	0.934*	0.033	−0.009
Dis	0.938	0.061	−0.008
Urb	1.419***	0.181	0.045
Cons	0.5896	0.364	
LR chi^2	2137.000		
Prob>chi^2	0.000		
Pseudo R^2	0.420		
Log likelihood	−1473.387		

2. 倾向得分匹配的处理效应

为了检验匹配结果的稳健性,本章对样本分别进行了 K 近邻匹配、局部线性回归匹配和核匹配,并计算受访者基本金融素养和高级金融素养的 ATT、ATU、ATE。如表 9-6 所示,在三种匹配方法下,互联网使用对基本金融素养的处理效应均有 ATU>ATE>ATT,这意味着,与使用互联网的居民相比,实际上未使用互联网的居民如果使用互联网则会导致更高的基本金融素养水平。而互联网使用对居民高级金融素养的处理效应均有 ATT>ATE>ATU,这意味着,与使用互联网的居民相比,实际上未使用互联网的居民如果使用互联网也不会使其高级金融素养水平有很大的提升。这是一个有趣的结论,可能的解释是,原先未使用互联网的居民由于收入水平、教育水平较低而没有使用互联网,其认知能力较低,因此即使他们使用了互联网也不会对其高级金融素养产生很大的作用。需要说明的是,在三种匹配方法下高级金融素养的 ATT 估计值均高于基本金融素养的 ATT 估计值,表明互联网使用对居民高级金融素养的促进作用更大,这与前文 OLS 的结果一致。

表9-6 使用倾向得分匹配法后的回归结果

匹配方法	因变量	ATT	ATU	ATE
K近邻匹配	BFL	0.120*** （0.044）	0.219*** （0.066）	0.177*** （0.044）
	AFL	0.188*** （0.053）	0.135*** （0.033）	0.158*** （0.033）
局部线性回归匹配	BFL	0.110*** （0.040）	0.207*** （0.057）	0.166*** （0.041）
	AFL	0.179*** （0.048）	0.158*** （0.038）	0.167*** （0.033）
核匹配	BFL	0.129*** （0.039）	0.258*** （0.052）	0.203*** （0.035）
	AFL	0.190*** （0.048）	0.164*** （0.036）	0.175*** （0.032）
平均值	BFL	ATT	0.120	
	AFL		0.186	

注：K近邻匹配的元数为4。

有必要进一步比较不同匹配方法下的处理效应。在基本金融素养方面，使用K近邻匹配法得到的处理组平均处理效应（ATT）为显著的正值（0.120）；使用局部线性回归匹配法和核匹配法得到ATT也都是显著的正值，分别为0.110和0.129。可见，无论是平均处理效应的估计值还是显著性，三种匹配方法下的估计结果都是比较接近的，这反映了估计结果的稳定性。总体来看，相比于OLS的估计结果，基本金融素养的边际效应减少了1%，说明OLS模型高估了使用互联网的影响。在高级金融素养方面，使用K近邻匹配、卡尺匹配与核匹配估计的处理组平均处理效应均为显著的正值（0.188、0.179和0.190）。三种匹配方法的平均处理效应值和显著性水平都类似，说明估计结果具有稳定性。总体上看，相比于OLS的估计结果，高级金融素养的边际效应减少了0.1%，说明OLS模型高估了互联网使用的影响，在使用PSM修正了选择性偏差后，估计结果更加精确了。

3. 匹配的平衡性检验

平衡性假设检验结果表明（为节省篇幅未列示表格，下同），在匹配前处理组和控制组11项指标的差值在1%的水平上显著。经最近邻匹配后，pseudo-R^2的值下降幅度较大，且均值偏差和中位数偏差均有大幅度降低，匹配后模型的标准化均值差异B值降至19.8%；所有变量的标准化偏差均大幅缩小，标准化偏差全部小于10%；在匹配完成后，14个变量的t检验结果中有12个不拒绝处理组与控制组无系统差异的原假设。可见，经 PSM 后基本消除了处理组与控制组间可观测变量的显性偏差，通过了平衡性检验，PSM 的结果是可靠的。

（四）稳健性检验

1. 替换解释变量

参考周广肃和梁琪（2018）的做法，以"每周业余上网时间（Time）"替换原有的变量以衡量居民互联网使用情况，进而考察前文实证结果的稳健性。估计结果显示，在依次加入了个人特征变量、家庭特征变量和地区特征变量后，业余上网时间对基本金融素养的影响系数均显著为正，这说明互联网使用确实能够促进居民基本金融素养的提升；在考虑了内生性问题后采用 2SLS 的估计结果，可见前后的估计结果基本一致。同理，进一步观察每周业余上网时间对高级金融素养的影响发现，在依次加入个人特征、家庭特征和地区特征后，所有的系数均显著为正。总之，在两种金融素养的估计结果中，每周业余上网时间的回归系数均显著为正，与基准回归的估计结果一致。

2. 改变被解释变量的测量方法

参考单德朋（2019）的做法，对基本金融素养和高级金融素养进行简单加总得到一个综合金融素养作为被解释变量后进行稳健性检验。估计结果显示，互联网使用对两类金融素养依然有显著的正向影响。具体地，在加入全部控制变量后，互联网使用对居民直接加总的基本金融素养和高级金融素养的估计系数均为显著的正值，分别为 0.409、0.441，并且采用 2SLS 的估计结果仍与基准回归的结果保持一致。

3. 基于 CFPS2018 数据进行基准回归

基于 CFPS2018 数据重新进行回归的结果显示，采用逐步回归法依次加入居民的个体特征、经济特征和社会特征后，互联网使用对基本金融素养和高级金融素养依然有显著的正向影响。需要说明的是，尽管 CFPS2018 数据中缺少了风险态度、父母金融知识水平两个控制变量的数据，但在新的回归中我们已经尽可能地控制了其他变量，得到的结果与前文的结果一致，表明基准回归的结果是稳健的。

五、异质性分析

（一）不同教育水平的异质性影响

表 9-7 报告了采用 OLS 和 2SLS（考虑内生性）时不同教育水平对基本金融素

养影响的估计结果。互联网使用对文盲/半文盲、小学学历和初中学历的居民基本金融素养的影响不显著，而对高中及大专以上学历的居民基本金融素养的影响均为显著的正值，计算可得互联网使用提高这两类学历居民基本金融素养的概率分别为 0.172 和 0.414，这意味着随着学历的提升，互联网使用对居民基本金融素养的促进作用逐渐变大。

表 9-7　不同教育水平对基本金融素养的异质性影响

变量	BFL				
	文盲/半文盲	小学	初中	高中及大专	大学本科及以上
	OLS	OLS	OLS	OLS	OLS
Net	0.186 (0.317)	0.079 (0.148)	0.100 (0.064)	0.172*** (0.047)	0.414*** (0.170)
其他变量	是	是	是	是	是
观测值	374	450	1105	1380	352
F 统计量	1.780	1.540	1.230	1.500	1.110
R^2	0.652	0.624	0.399	0.450	0.740
P-value	0.002				
变量	BFL				
	2SLS	2SLS	2SLS	2SLS	2SLS
Net	1.618 (2.535)	0.828 (0.661)	0.441** (0.216)	0.700*** (0.262)	1.242 (0.855)
其他变量	是	是	是	是	是
一阶段 F 值	1.260	10.470	54.720	66.450	10.250
工具变量 t 值	0.146	0.382	0.633	0.383	0.131
DWH 检验 χ^2	0.526	0.797	1.976	3.970	1.398
P-value	0.468	0.372	0.160	0.046	0.237

注：在 OLS 回归中的 P-value 是对组间系数差异检验结果的 P 值。本章下同。

同理，表 9-8 报告了采用 OLS 和 2SLS（考虑内生性）时不同教育水平对高级金融素养影响的估计结果。由表 9-8 可知，互联网使用对文盲/半文盲、小学学历的居民高级金融素养的影响不显著，而对初中、高中及大专学历的居民基本金融素养的影响显著为正，计算可得互联网使用提高这两类学历居民基本金融素养的概率分别为 0.110 和 0.258，这意味着随着学历的提升，互联网使用对高级金融素养的作用逐渐变大。但是，互联网使用对大学本科及以上的居民高级金融素养的影响却不显著，可能的原因是，这类居民有较高的知识文化水平和较高的认知能力，拥有的金融知识相对较多，因此互联网使用对其高级金融素养的提升没有显著影响。总之，教育水平越高，互联网使用对居民金融素养的提升作用也越大[①]。

表9-8　不同教育水平对高级金融素养的异质性影响

变量	AFL				
	文盲/半文盲	小学	初中	高中及大专	大学本科及以上
	OLS	OLS	OLS	OLS	OLS
Net	−0.099 (0.135)	0.080 (0.073)	0.110** (0.048)	0.258*** (0.047)	0.184 (0.230)
其他变量	是	是	是	是	是
观测值	374	450	1105	1380	352
F统计量	1.790	1.710	1.750	2.130	1.280
R^2	0.652	0.649	0.485	0.537	0.768
P-value	0.002				
变量	AFL				
	2SLS	2SLS	2SLS	2SLS	2SLS
Net	0.710 (1.198)	0.226 (0.321)	0.338* (0.194)	0.886*** (0.282)	0.841 (1.312)
其他变量	是	是	是	是	是
一阶段F值	1.260	10.470	54.720	66.450	10.250
工具变量t值	0.146	0.382	0.633	0.383	0.131
DWH检验χ^2	0.488	0.075	1.075	5.507	0.319
P-value	0.485	0.784	0.300	0.019	0.572

综上所述，表9-7与表9-8中进一步的估计表明，按照不同教育水平分组回归后的组间系数差异均是显著的，这表明存在不同教育水平下的异质性影响。由此，假说2得到了验证。

（二）不同收入水平的异质性影响

参考有关文献的做法，将个人收入位于样本中位数以下的定义为低收入居民，位于中位数以上的定义为高收入居民。表9-9报告的结果表明，无论是低收入群体还是高收入群体，互联网使用对居民金融素养均有显著的正向影响，然而，无论是对基本金融素养还是对高级金融素养，分组回归的组间系数差异均不显著，这意味着互联网使用对居民金融素养的影响并不存在收入的异质性，假说2中关

---

① 我们采用CFPS2014问卷中有关受访者字词能力、数学能力和记忆能力的得分（将三项得分标准正态化处理后取均值）替换教育水平后进行回归，发现基本结果保持不变。

于收入的异质性不能成立。可能的原因是，一方面，互联网具有包容性，虽然有一些付款服务，但绝大多数的互联网服务都是免费提供的，而且在互联网上有许多信息和资源也是免费的，因此互联网在对居民的金融素养产生作用时并不会表现出收入差异性。另一方面，在政府的推动下即使欠发达地区居民上网也很容易。2019年《政府工作报告》提出，持续推动网络提速降费，推动移动网络扩容升级，让用户切实感受到网速更快更稳定，这个目标得到了很好的实现。此外，《电信条例》第十七条提出，要建立电信网之间的经济合理、公平公正的互联互通，且在城市建设和村镇、集镇建设中也强制要求配套设置电信设施，这样的要求极大地保障了我国大多数公民的互联网平等接入权。

表9-9　不同收入水平的异质性影响

变量	BFL				AFL			
	低收入群体		高收入群体		低收入群体		高收入群体	
	OLS	2SLS	OSL	2SLS	OLS	2SLS	OLS	2SLS
Net	0.096* (0.049)	0.539** (0.244)	0.116*** (0.045)	0.616*** (0.194)	0.168*** (0.036)	0.760*** (0.224)	0.215*** (0.041)	0.459*** (0.202)
其他变量	是	是	是	是	是	是	是	是
观测值	1811	1811	1853	1853	1811	1811	1853	1853
F统计量	2.760	—	1.750	—	3.360	—	2.390	—
R^2	0.474	—	0.481	—	0.524	—	0.559	—
一阶段F值	—	150.940	—	166.63	—	150.940	—	166.63
工具变量t值	—	0.418	—	0.428	—	0.418	—	0.428
DWH检验χ^2	—	2.868	—	5.988	—	7.105	—	1.706
P-value	—	0.090	—	0.014	—	0.008	—	0.192
SUEST	0.737				0.389			

六、进一步分析：影响机制的检验

中介效应模型（9-3）的回归结果已在表9-4中给出，表明互联网使用对居民金融素养有显著的正向影响，这意味着中介效应可能存在。进一步地，表9-10报告了以中介变量"线上社会互动""线下社会互动"为因变量的模型（9-4）的回归结果。其中，列（1）、列（2）的结果表明，互联网使用对居民线上社会互动有显著的正向影响，尤其是采用2SLS考虑了内生性问题后的系数仍显著为正，而且，一阶段F值和DWH检验分别为419.680和26.466，拒绝模型不存在内生性的原假设。列（3）、列（4）的结果表明，互联网使用对居民线下社会互动的影响显著为正；尤其是采用2SLS考虑了内生性问题后的系数仍显著为正，而且，DWH检验的结果显示存在内生性。综上可知，互联网使用对两个中介变量均存在显著的正向影响，中介效应存在的逻辑得到了部分验证。

表9-10　互联网使用对线上互动和线下互动的影响

变量	onSI		offSI	
	（1）	（2）	（3）	（4）
	OLS	2SLS	OLS	2SLS
Net	0.933***	3.032***	0.280***	1.445***
	（0.059）	（0.421）	（0.029）	（0.185）
其他变量	是	是	是	是
观测值	3651	3673	3561	3583
F统计量	4.990	—	4.710	—
R^2	0.595	—	0.584	—
一阶段F值	—	419.680	—	407.640
工具变量t值	—	0.420***	—	0.418***
DWH检验 χ^2	—	26.466	—	45.996
P-value	—	0.004	—	0.000

基于表9-10，继续对中介效应模型（9-5）进行回归。考虑到内生性问题，采用区县居民平均互联网上网率作为IV、以线上社会互动为中介变量进行回归（2SLS）。表9-11的结果显示，列（2）中互联网使用对基本金融素养有显著的正向影响，线上社会互动对基本金融素养有显著的负向影响。可见，线上社会互动在互联网使用对居民基本金融素养的影响中存在遮掩效应。导致该结果的可能原因是：一方面，成人学习或接收信息时倾向于更加实用和现实的内容。成人出于现实的目的进行学习，通常希望在短时间内收到好的结果，具有很强的实用性特点（吕志革，2019）。事实上，互联网使用者容易对利率、通胀等基本概念产生轻视，从而在线上社会互动中忽视对这类知识和信息的关注，甚至产生抵触情绪，而对投资、理财、资产配置等操作性更强、有一定难度的知识和信息有更多的关注，由此导致互联网使用者的线上社会互动对基本金融素养有抑制作用，而对高级金融素养有促进作用。另一方面，大数据时代网上信息的个性化推送加剧了信息获取的路径依赖。在大数据技术的作用下，上网过程中网络平台或商家会根据

个人偏好或浏览记录推送上网者过去看过、关心或感兴趣的知识和信息（实践性较强的金融知识和信息），进一步减少了上网居民获取基本金融知识或信息的机会，从而不利于基本金融素养的提升。

表 9-11　互联网使用影响居民金融素养的机制：以线上社会互动为中介变量

变量	BFL		AFL	
	（1）	（2）	（3）	（4）
	OLS	2SLS	OLS	2SLS
onSI	-0.036*** (0.010)	-0.077*** (0.020)	0.019** (0.008)	-0.005 (0.019)
Net	0.164** (0.033)	0.807** (0.215)	0.166*** (0.027)	0.584** (0.201)
其他变量	是	是	是	是
观测值	3651	3673	3651	3673
F 统计量	2.750	—	3.690	—
R^2	0.448	—	0.521	—
一阶段 F 值	—	532.910	—	532.910
工具变量 t 值	—	0.318	—	0.318
DWH 检验 χ^2	—	9.868	—	4.549
P-value	—	0.002	—	0.033

　　进一步地，列（4）中互联网使用对高级金融素养有显著的正向影响，但线上社会互动对高级金融素养的影响不显著，应采用 Bootstrap 法检验线上社会互动的中介效应，检验结果显示，回归系数 a_1 与 β_1 的乘积在 95% 置信度下的置信区间为 [0.283，0.392]，置信区间不包括零，且在 1% 的统计水平上显著，表明间接效应是显著的。结合模型（9-3）和模型（9-4）的结果可知，互联网使用通过促进线上社会互动提高居民的金融素养，假说 3 得到了部分验证。

　　同理，表 9-12 报告了以线下社会互动为中介变量的回归结果。采用 2SLS 的回归结果显示，互联网使用对基本金融素养的影响显著为正，线上社会互动对基本金融素养的影响不显著，应采用 Bootstrap 法检验线上社会互动的中介效应，检验结果显示，回归系数 a_1 与 β_1 的乘积在 95% 置信度下的置信区间为 [0.319，0.420]，置信区间不包括零，且在 1% 的统计水平上显著，表明间接效应是显著的。结合模型（9-3）和模型（9-4）的结果可知，互联网使用通过促进线下社会互动提高了居民的基本金融素养。同样地，线下社会互动对高级金融素养的影响不显著，应采用 Bootstrap 法检验线上社会互动的中介效应，检验结果显示，回归

系数 a_1 与 β_1 的乘积在95%置信度下的置信区间为［0.297，0.402］，置信区间不包括零，且在1%的统计水平上显著，表明间接效应是显著的。结合模型（9-3）和模型（9-4）的结果可知，互联网使用通过促进线下社会互动提高了居民的高级金融素养。由此，假说3得到了验证。

表9-12　互联网使用影响居民金融素养的机制：以线下社会互动为中介变量

变量	BFL		AFL	
	（1）	（2）	（3）	（4）
	OLS	2SLS	OLS	2SLS
offSI	0.081*** （0.021）	0.043 （0.031）	0.036** （0.017）	0.000 （0.030）
Net	0.112*** （0.032）	0.451** （0.188）	0.176*** （0.028）	0.541*** （0.187）
其他变量	是	是	是	是
观测值	3561	3583	3561	3583
F 统计量	2.750	—	3.670	—
R^2	0.451	—	0.523	—
一阶段 F 值	—	438.340	—	438.340
工具变量 t 值	—	0.344	—	0.344
DWH 检验 χ^2	—	3.276	—	3.829
P–value	—	0.070	—	0.050

七、主要结论及政策启示

本章利用CFPS2014数据实证研究了互联网使用对居民金融素养的影响，实证结果表明：①互联网使用显著提升了居民的金融素养水平，上述结论在使用工具变量、PSM缓解内生性偏误、替换核心解释变量、重新测度金融素养，以及使用CFPS2018数据检验后依然成立。②互联网使用对具有初中、高中及大专学历居民的金融素养产生了显著的正向影响，且对不同收入群体的金融素养水平也产生了显著的正向影响，但这种影响在不同学历群体之间存在显著差异，在不同收入群体之间不存在显著差异。③互联网使用促进了居民的线上社会互动和线下社会互动，进而提升了其金融素养水平。

显然，上述结论对我国进一步提升居民的金融素养水平具有重要的启示：

第一，大力提高居民互联网的使用率。实证结论表明，互联网使用显著提高了居民的金融素养。因此，应大力提高居民互联网的使用率。一方面，要继续提高互联网的覆盖面和普及率。政府应不断加强互联网基础设施建设，尤其是加大5G等新型基础设施的建设，持续提高农村地区、山区互联网的覆盖面。另一方面，要出台各项政策促进互联网的使用。例如，政府可通过适当的产业政策、税收政策等方式引导电信企业、计算机和手机等利益相关主体不断降低互联网接入和使用的费用，提高上网速度，让更多的人用得起互联网，以提高互联网的普及率。此外，还可以加大对贫困山区、农村地区使用互联网的补贴，以促进互联网的使用。

第二，积极开展金融知识专项教育培训。一方面，应对不同学历、不同地区的居民应开展有差别的、有针对性的金融教育培训，例如，对低学历的居民和农村地区的居民应设计适合其认知能力的培训内容，采取互动性、趣味性更强的方式改善培训效果。另一方面，对不同收入的居民的金融知识教育培训应有所差别，毕竟其金融需求是有差别的，例如，对低收入居民的教育培训不能忽视，应重点进行基础知识的培训，提高其风险防范意识；对高收入居民应侧重开展投资理财方面的培训，引导其积极参与到金融投资中去，促进金融市场的发展。

第三，着力拓展线上社会互动和线下社会互动渠道。一方面，应积极开展线上活动，如利用微博、微信、官方网站等多种方式推送金融知识，主动引导公众了解相关金融知识，推动金融知识普及活动有效覆盖到各类金融消费者。另一方面，也应大力开展线下活动，如定期进行金融知识公益培训，宣讲金融知识，普及金融常识；金融机构可利用其营业网点开展金融知识普及活动，如在网点摆放金融知识普及材料，通过电子显示屏、自助设备、液晶电视等形式普及金融知识，提升风险防范意识，改善公众金融素养。

第十章　信息技术发展对我国农户贷款规模的影响[①]

一、引　言

信息技术的发展在降低信息成本、提高经济效率、创造就业等方面均有积极的作用，世界各国均高度重视信息基础建设。世界银行为提高全球互联网普及率先后投资了 126 亿美元[②]；为改善偏远地区信息落后的状况，扩大偏远地区互联网的覆盖，谷歌为实现偏远地区 Wi-Fi 无缝覆盖而推出 Project Loon 项目[③]（Tom Simonite，2015）。金融业是高度依赖信息技术的产业，信息技术的进步和发展已经成为现代金融的技术基础（赵昱光和张雪梅，2009），而且，信息技术与金融的结合进一步拓展了交易边界（刘海二，2014），信息技术的发展已然成为金融发展和创新的重要因素。

然而，2016 年世界银行发布的一份名为《数字红利》的研究报告却指出，虽然信息技术给许多人的生活带来了便利，但信息技术的发展可能因为不同地区基础建设水平的差异、教育水平的不同、男女地位不同等原因而导致新的不公平，他们因自身或外界原因而不能享受到信息技术带来的红利（世界银行和中国人民银行，2016）。由此带来的问题是，我国城乡二元结构的存在以及不同地区间经济发展水平、交通状况等方面的巨大差异，信息技术的快速发展是否给农村金融发展带来了数字红利？作用途径呢？这正是本章研究的缘起。

---

① 本章发表于《河北大学学报（社会科学版）》2018 年第 2 期，作者为张正平和杨舒菡，录入本书时略有修改。

② 资料来源：商务部网站，http://www.mofcom.gov.cn/article/i/jyjl/j/201601/20160101236315.shtml。

③ Project Loon 是 Google X 实验室的计划之一，主要内容是通过多个热气球为指定地区的人提供快速及稳定的 Wi-Fi 网接网络。

　　长期以来，我国政府高度重视农村金融问题，几乎历年发布的中央一号文件均会有专门阐述农村金融改革与发展问题，但"三农"尤其是农户的融资难题仍广泛存在。我国金融体系明显地存在城乡二元特征，区域特征的不同造成了金融发展失衡（Mayo，1997）。据中国人民银行发布的《中国农村金融服务报告（2014）》，与2007年相比，2014年农村金融机构和农户贷款规模增长分别达到285.9%、299.0%。尽管如此，我国农村金融排斥现象仍然存在（董晓琳和徐虹，2012）。2009年每万人拥有的农村金融机构数较2005年仅上升了0.1个，2009年以来农村金融机构占比呈下降趋势（杨德勇等，2014）。的确，农村地区的金融发展因为诸多原因受到限制，需要合理的途径才能克服农村社会经济特征的脆弱性（何广文，2001）。林毅夫（2006）认为，在解决"三农"问题上，金融创新能够降低信息不对称和金融机构的风险。信息技术则被视为是促进金融创新、降低信息不对称和金融风险的有效工具（刘以研和王胜今，2013）。然而，基于世界银行和中国人民银行（2016）的结论，在城乡二元结构和区域差异的前提下，信息技术的发展能否促进我国农村金融的发展显然是一个值得讨论的问题。

　　本章基于2006~2012年全国31个省份的面板数据，从农户贷款规模的角度研究农村地区信息技术发展对于农村金融发展的影响，并从供给、需求、供求三个层面分别检验可能的影响途径。

二、文献综述与假说的提出

　　关于信息技术对金融发展的影响，文献给出了较为一致的肯定答案。例如，Claessens等（2002）认为，金融电子化是金融发展的新方向，信息技术能够为金融服务提供电子化的技术支持，有助于提高金融服务效率；卢珍菊（2005）指出，我国应充分利用信息技术促进金融信息化；俞立平（2012）基于省际面板数据的实证研究发现，信息技术与金融发展实质上互为因果关系，且信息技术对金融发展的影响相对持久。同样地，信息技术也被认为是促进我国农村金融发展的有效手段。例如，马九杰和薛丹琦（2012）指出，信息技术的发展和应用能够促进金融改革、降低交易成本、减少信息不对称，进而有助于提供更贴近贫困人群的金融服务；马九杰和吴本健（2014）则强调，信息技术能够缓解由于地理因素产生的金融排斥，促进普惠金融的发展。

　　而有关信息技术对金融发展影响途径的研究则集中在供给和需求两个方面。

一类文献是从金融机构的角度进行研究。例如，张海苗和秦国楼（2003）认为，金融机构数量的增加可以降低金融中介机构的信息成本、扩大其服务范围和服务群体；Beck等（2007）的实证分析发现，信息技术带来的网络扩张能够促进银行网点数量的增加，证实信息技术能够激发金融机构扩张的冲动；田霖（2011）利用城乡排斥二元指数研究了信息技术对农村地区金融发展的影响，发现信息技术可以通过提高金融主体的使用技能以及技术普及来减少农村金融排斥和数字鸿沟。另一类文献是从金融需求者的角度进行研究。例如，甄峰等（2009）发现，居民对信息技术的接受程度能够很大程度上改变其固有的思维方式和生活方式；丁疆辉和刘卫东（2012）指出，信息技术的发展能够扩大农村居民的信息渠道和人际关系，从而获得更多知识和信息；张号栋和尹志超（2016）则进一步证实，金融知识的增加能够有效缓解家庭金融排斥，增加农户对金融活动的需求。

以上文献表明，信息技术对金融发展有促进作用，并且可以通过金融机构和金融需求者两个途径发挥影响。但需要指出的是，有关信息技术与农村金融发展关系的文献还不多，尤其是实证类研究有限，也未能清晰地阐明可能的影响途径；考虑到世界银行和中国人民银行（2016）研究报告的结论，已有文献对农村地区差异的关注显然是不够的。本章基于省级面板数据的实证研究恰好可以弥补上述不足，这也是本章的贡献所在。

毫无疑问，在农村金融活动中，贷款是很重要的。兰庆高等（2014）发现，农村居民的生产经营性贷款需求很旺盛；卢亚娟等（2014）、李凌和任维哲（2014）的实证研究表明，贷款、保险、证券投资等金融活动能够对农村经济产生影响，且贷款发挥的作用更大。据此，本章重点关注信息技术对农户贷款规模的影响。基于已有文献的研究结论，我们推测，信息技术对农户贷款规模的影响可以从供给、需求两端发挥作用：一方面，信息技术的发展可以促进农村金融机构降低交易成本、提高风险控制能力，从而有能力增加金融机构网点或扩大对农户的服务覆盖面，最终增加农户贷款规模；另一方面，信息技术的发展可以降低农户获取信息的成本、改善知识结构、提高种养殖水平，从而提高农户的收入水平，这有助于其获得更多的贷款。据此，提出本章的两个研究假说：

假说1：信息技术的发展有助于扩大农户贷款规模。

假说2：信息技术的发展可通过农村金融机构和农户两个途径促进农户贷款规模的扩大。

三、实证设计

（一）数据来源

本章使用的数据源于相应年份的《中国农村金融服务报告》、《中国统计年鉴》、《区域金融运行报告》、《农村统计年鉴》以及银保监会发布的"中国银行业农村金融服务分布图集"，最终形成 2006~2012 年全国 31 个省份的面板数据①。

（二）变量选择

1. 被解释变量

在本章中，农户贷款规模（Loan）是被解释变量。在中国人民银行和银监会发布的《涉农贷款专项统计制度》中，涉农贷款按照接受贷款主体的不同可分为农户贷款、农村企业和各类组织涉农贷款、城市企业和城市各类组织涉农贷款三类。正如前文所论述的，考虑到农户贷款的重要性，本章重点关注农户贷款规模。

2. 核心解释变量

信息技术（Tec）是本章的核心解释变量，是衡量农村地区信息技术发展水平的变量。已有文献往往利用手机、电脑以及电视机作为信息技术的代理变量（李向阳，2015），但在互联网快速发展的今天，互联网也是推动农村金融发展的重要动力。因此，本章用各省互联网端口接入数衡量信息技术的发展水平。此外，农户信息接收水平（Inf）与金融机构密度（Fin）是另外两个反映信息技术影响途径的核心解释变量。其中，Inf 描述的是农户利用"三网"接收信息的情况，用农户拥有的手机、电脑以及彩色电视机的数量衡量；Inf 反映了农村金融机构的分布密度，用每平方千米拥有的金融机构数量衡量。

3. 控制变量

参考相关文献，本章选择反映农村地区差异的变量作为控制变量，具体包括农村人口数量、农村人口素质、农村经济发展水平、农村通货膨胀、农村交通状况以及城乡收入差距六个变量。

根据上述分析，变量定义情况如表 10-1 所示：

---

① 因统计口径的变化，无法获取 2012 年以来各省农户贷款规模。

表 10-1　变量定义

	变量（符号）	定义
被解释变量	农户贷款（Loan）	省内农户贷款总额
核心解释变量	信息技术发展水平（Tec）	省内农村互联网端口接入数
	农户信息接收水平（Inf）	省内每百户农户所拥有的移动电话、电脑、彩电数量
	金融机构密度（Fin）	省内农村金融机构数量/省内农村地域面积
控制变量	农村人口数量（Pop）	省内农村人口数量
	农村人口素质（Qua）	省内农村每百个劳动力拥有高中及高中以上文凭人数
	农村经济发展水平（Eco）	省内农村生产总额占生产总额的比例
	农村通货膨胀（Ina）	各省的物价指数
	农村交通状况（Tra）	省内农村地区交通、运输的投资额/全国总投资额
	城乡收入差距（Gap）	城镇人均可支配收入/农村人均可支配收入

注：由于 2011 年的农户贷款缺失，本章采取如下方式进行补充：利用 2011 年之前的数据进行回归得到回归方程，代入 2011 年的自变量数据后得出 2011 年的农户贷款额，误差较大的数据利用平均值进行替换。

　　需要说明的是，由于农户信息接收水平由三个指标共同构成，所以需要确定各项指标权重从而获得最后的指标值。从已有文献来看，多数文献采用变异系数法（程大友，2008），该方法可以对实际观测值进行客观的权重赋值，本章也采用该方法[①]，最终计算得到：移动电话权重为 0.14，彩色电视机权重为 0.11，计算机权重为 0.75。

（三）模型设定

　　根据已有文献和本章的研究假说，我们认为，在信息技术与农户贷款规模之间存在着通过供给、需求两个途径发挥作用的过程：第一，"信息技术→农户信息接收水平→农户贷款规模"；第二，"信息技术→农村金融机构密度→农户贷款规模"。在一定程度上，当地的信息技术发展水平决定了当地农户的信息接收水平和农村金融机构密度，而农户信息接收水平和农村金融机构密度则决定了农户贷款规模。因此，信息技术可通过农户信息技术接收水平与农村金融机构两个中介变量促进农户贷款规模的增加。

　　为此，本章拟采用中介效应模型进行实证分析。借鉴温忠麟等（2014）的研

---

① 运用变异系数法计算权重的过程为：第一，确定变异系数，$V_i = \dfrac{\sigma_i}{\overline{X}}$（i = 1，2，…，n），分子、分母分别为标准差与均值。第二，确定权重，在变异系数法中权重的确定是指某指标的系数除以所有变异系数的总和，$W_i = \dfrac{V_i}{\sum_{i=1}^{n} V_i}$（i = 1，2，…，n）。

究思路，本章建立如下计量模型检验农村地区信息技术发展对农户贷款规模的影响机制：

$$Y = c_1 X_1 + c_2 X_2 + \varepsilon_1 \tag{10-1}$$

$$Y = a_{11} X_1 + a_{12} X_2 + \varepsilon_2 \tag{10-2}$$

$$M_2 = a_{21} X_1 + a_{22} X_2 + \varepsilon_3 \tag{10-3}$$

$$Y = c_1 X_1 + c_2 X_2 + b_1 M_1 + b_2 M_2 + \varepsilon_4 \tag{10-4}$$

在模型（10-1）至模型（10-4）中，X_1、X_2 表示两个自变量，M_1、M_2 表示两个中介变量，Y 表示因变量，β_i 表示待估参数，ε_i 表示随机扰动项。按照中介效应模型，要检验 X_1 经过 M_1 的中介效应是否显著，需要观测 c_1、a_{11}、b_1、c_1 的显著性；要检验 X_1 经过 M_2 的中介效应是否显著，需要观测 c_1、a_{21}、b_2、c_1 的显著性。

四、实证结果及其分析

（一）描述性统计分析

变量的描述性统计分析结果如表 10-2 所示。由表 10-2 可知，农户贷款（Loan）、信息技术发展水平（Tec）、农村交通状况（Tra）、农村人口数量（Pop）呈现出相同的特点：最大值与最小值相差很大，说明不同省份的样本差距较大。农村人口数量（Pop）具有规模大、分布不均的特点。金融机构密度（Fin）、农村经济发展水平（Eco）、农村通货膨胀（Ina）的标准差不足 0.3，说明样本在这三项指标间的差异较小。而农村人口素质（Qua）、城乡收入差距（Gap）的统计分析结果说明其分布不均，但差距不大。

表 10-2　变量的描述性统计分析结果

变量	均值	标准差	最小值	最大值
Loan	779.37	794.08	8.780	4879.70
Tec	522.99	530.00	4.800	3158.10
Inf	43.80	18.79	8.420	98.87
Fin	0.07	0.23	0.000	2.27
Pop	2144.31	1488.27	227.000	6146.00
Qua	15.94	7.37	0.700	43.90

变量	均值	标准差	最小值	最大值
Eco	0.11	0.003	0.006	0.29
Ina	0.03	0.03	-0.025	0.00
Tra	37.33	41.25	0.000	228.80
Gap	5.15	1.50	2.580	9.42

（二）基于面板数据的回归

一方面，为确定应该采用哪种面板模型进行回归，我们对面板数据进行 Hausman 检验，根据其结果可知，本章宜采用固定效应模型[①]。另一方面，由于本章面板数据年限较短，具有短而宽的特点，因此不需要对其进行协整检验与单位根检验。此外，考虑到数据具有截面个数大于时序个数的特征，因此采用截面加权法（Cross-section Weights）进行回归。

1. 需求视角的回归

从需求的角度检验信息技术对农户贷款规模的影响，本章建立如下计量模型：

$$Loan_{it} = \beta_0 + \beta_{11}Tec_{it} + \beta_{12}X_{it} + \varepsilon_1 \tag{10-5}$$

$$Inf = \beta_0 + \beta_{12}Tec_{it} + \beta_{22}X_{it} + \varepsilon_2 \tag{10-6}$$

$$Loan_{it} = \beta_0 + \beta_1Tec_{it} + \beta_2Inf + \beta_3X_{it} + \varepsilon_4 \tag{10-7}$$

从表10-3中回归（1）、回归（2）、回归（3）的结果可以看出，自变量和中介变量的估计系数均为正，符合中介效应检验条件，说明信息技术通过扩大农户信息技术水平的方式增加了农户贷款规模。农户信息接收水平能促进农户贷款规模的增加，进而缓解金融排斥（张号栋和尹志超，2016）。上述结果表明，信息技术的发展可以扩大农户贷款规模，并且，在农户信息接收水平提高的条件下，这种促进作用得以加强。由此，假说1得到了验证。

从表10-3中控制变量的估计结果可知：农村人口数量的系数为显著的负值，这表明农村人口数量越多的省份，农户贷款规模反而越低，可能的原因是，目前农村人口大多由老人、妇女、留守儿童构成，青壮年大多外出打工，这些留守人群难以参与到金融活动中去。农民教育水平的系数为正值，表明农民教育水平越高，越容易获得贷款，这与兰庆高等（2014）的研究结果是一致的。农村经济水平的系数为显著的正值，表明农村经济发展有利于提高农户贷款规模。通胀水平的系数均为显著的负值，表明较高的通货膨胀对农户贷款规模的增加有不利的影

① Hausman检验的概率为0.0323，表示在5%的显著水平上拒绝"随机效应模型有效"的原假设，接受"固定效应模型有效"的备择假设。

响，显然，在城乡二元结构下，CPI变动对于农村居民和低收入群体的冲击是较大的（李文溥和龚敏，2011）。值得注意的是，城乡收入差距的系数为显著的正值、农村交通状况的系数为显著的负值，这与一些文献的研究结论不一致（周君和周林，2014），一个可能的解释是，糟糕的交通状况不利于降低金融排斥水平（粟芳和方蕾，2016），因为农村交通状况越差的地区，其农村越贫穷落后，国家给予的政策扶持（如各种补贴）和干预（如金融扶贫）也越多，因此其农户贷款规模也越大，城乡收入差距也是如此。

表10-3　信息技术对贷款规模的影响：基于需求视角的回归

变量	（1）	（2）	（3）
	Loan	Inf	Loan
Tec	0.15***	0.02***	0.29***
	（2.71）	（2.77）	（3.03）
Fin	—	—	20.86***
			（5.78）
Pop	-1.56***	-1.50***	-0.26***
	（-6.98）	（-3.12）	（-7.54）
Qua	3.78	1.09	3.94***
	（0.22）	（0.98）	（5.37）
Eco	1233.40*	1370.80*	526.78
	（1.66）	（1.88）	（0.64）
Ina	-1559.05**	-1524.25*	-1285.74**
	（-2.02）	（-1.72）	（-2.39）
Tra	-1.68*	-1.05***	-0.74*
	（-1.67）	（-3.62）	（-0.62）
Gap	114.00***	90.47***	13.24
	（4.31）	（20.09）	（0.51）
C	2137.00***	1128.00	2504.43***
	（5.71）	（0.31）	（4.69）
观测值	217	217	217
R-squared	0.90	0.95	0.86
DW	1.95	1.68	1.22

注：*、**和***分别表示在10%、5%和1%的统计水平上显著。本章下同。

2. 供给视角的回归

从供给的角度检验信息技术对农户贷款规模的影响，本章建立如下计量模型：

$$Loan_{it} = \beta_0 + \beta_{11}Tec_{it} + \beta_{12}X_{it} + \varepsilon_1 \tag{10-8}$$

$$Fin = \beta_0 + \beta_{13}Tec_{it} + \beta_{23}X_{it} + \varepsilon_3 \qquad (10-9)$$

$$Loan_{it} = \beta_0 + \beta_1 Tec_{it} + \beta_2 Inf + \beta_3 Fin + \beta_4 X_{it} + \varepsilon_4 \qquad (10-10)$$

表10-4中列（4）、列（5）、列（6）报告了从供给视角进行的回归。列（4）中自变量的估计系数为0.15且显著，列（5）中自变量的估计系数为0.05且显著，列（6）中中介变量的系数为5.90且显著。这些结果表明，农村金融机构密度是驱动力之一，信息技术的发展可以扩大农户贷款规模，并且，在农村金融机构密度增加的条件下，这种促进作用得以加强。由此，假说2得到了验证。并且，相比于对农户信息接收水平的影响，信息技术通过金融机构渠道发挥的影响能够更大程度地提高农户贷款规模。尽管表10-4中列（4）金融机构密度系数显著性较表10-3中列（3）有所下降，但系数值增加了。从其他控制变量来看，其系数值稍有不同，符号不变，显著性几乎没有变化，这里不再赘述。

表10-4　信息技术对贷款规模的影响：基于供给视角的回归

变量	（4） Loan	（5） Fin	（6） Loan
Tec	0.15 *** (2.71)	0.05 * (1.82)	0.15 *** (2.71)
Fin	—	—	5.90 ** (1.69)
Pop	-1.56 *** (-6.98)	-1.52 *** (-8.18)	-1.55 *** (-6.95)
Qua	3.78 (0.22)	3.42 * (1.73)	4.42 * (1.70)
Eco	1233.40 * (1.66)	1211.17 (0.90)	1211.00 (0.90)
Ina	-1559.05 ** (-2.02)	-1020.57 * (-1.69)	-1460.57 * (0.04)
Tra	-1.68 * (-1.67)	-1.58 ** (-1.68)	-1.70 ** (-2.43)
Gap	114.00 *** (4.31)	113.77 *** (6.83)	102.76 *** (4.26)
C	3377.00 *** (5.71)	2070.25 *** (9.20)	3377.00 *** (5.41)
观测值	217	217	217
R-squared	0.90	0.89	0.92
DW	1.95	3.07	1.91

3. 同时考虑供需双方的回归

显然，在现实中信息技术很可能是同时通过金融机构和需求在两个渠道对农户贷款规模产生影响的，为此，有必要同时考虑供需进行回归，采用前文提及的模型进行回归。表 10-5 报告了同时考虑供需途径时的估计结果。结果显示，在列（10）中同时考虑农户信息接收水平、金融机构密度，变量系数的显著性是符合中介效应模型的。

表 10-5　信息技术对农户贷款规模的影响：供需同时作用

变量	（7） Loan	（8） Inf	（9） Fin	（10） Loan
Tec	0.15*** (2.71)	0.02*** (2.77)	0.05* (1.82)	0.12* (1.94)
Inf	—	—	—	6.28*** (2.72)
Fin	—	—	—	11.31** (1.69)
Pop	-1.56*** (-6.98)	-1.50*** (-3.12)	-1.56*** (-8.18)	-1.60*** (-7.23)
Qua	3.78 (0.22)	1.09 (0.98)	3.42* (1.73)	3.86* (1.70)
Eco	1233.4* (1.66)	1370.80* (1.88)	1211.17 (0.90)	1408 (0.90)
Ina	-1559.05** (-2.02)	-1524.25* (-1.72)	-1020.57* (-1.69)	-1616.08 (0.04)
Tra	-1.68* (-1.67)	-1.05*** (-3.62)	-1.58** (-1.68)	-1.20* (-1.69)
Gap	114*** (4.31)	90.47*** (20.09)	113.77*** (6.83)	60.06** (1.67)
C	3377*** (5.71)	-11.28 (0.31)	2070.25*** (9.20)	3504.43*** (5.69)
观测值	217	217	217	217
R-squared	0.90	0.95	0.89	0.90
DW	1.95	1.68	3.07	1.91

五、研究结论及其政策启示

基于世界银行和中国人民银行（2016）报告的启发，本章利用不同省级面板数据实证研究了信息技术的发展与农户贷款规模之间的关系，并从供给、需求的角度检验了信息技术对农户贷款规模的影响途径，主要结论为：①信息技术的发展有助于扩大农户贷款规模。②信息技术的发展通过金融机构和农户两个途径影响农户贷款规模的增长。③通货膨胀、城乡收入差距、农村人口数量及其教育水平、地区经济发展水平等因素均对农户贷款规模产生一定影响。显然，上述实证结论表明，在地区存在差异的情况下，信息技术发展对农户贷款规模的正向影响仍显著，世界银行和中国人民银行（2016）的结论在我国并不成立。

上述实证结论的政策启示在于：

第一，大力发展信息技术，破解农村金融难题。本章的实证结果表明，信息技术发展具有扩大农户贷款规模的正向效用，因此，大力发展信息技术应成为政府破解农村金融难题的合理选择，在"互联网+"的号召下，不断加强农村信息技术设施建设，尤其是要扩大农村网络的覆盖面，提高农民电脑、手机的使用率，推进电信网、广播电视网、互联网三网融合进程。

第二，从供需两方同时着力，增强信息技术正面效应。一方面，金融机构尤其是农村金融机构应积极应用信息技术成果，不断提高电子化水平，提升管理效率，强化风控能力，增强服务农户的能力；另一方面，由于农户金融知识和互联网知识均较为单薄，相关部门应继续加大金融知识和互联网知识宣传、培训力度，提升农户金融素养，培养互联网意识，获取数字技术红利。

第三，当地经济发展水平、人口素质、信用环境等外部因素也会影响农户贷款的影响因素，因此，大力发展地方经济、提高人口素质、改善信用环境也是发展农村金融所必需的。

第十一章　省联社在农信机构数字化转型中的作用[1]

近年来，以大数据、区块链、人工智能等为代表的金融科技迅猛发展，已经成为银行数字化转型的重要驱动力和关键支撑力，而数字化转型已然成为银行业未来发展的方向。在这种背景下，国有大行、股份制银行甚至一些城商行纷纷实施重大战略或重要举措，推进数字化转型以抢占市场先机。反观我国农信机构（农村商业银行、农村合作银行、农村信用社），大多对如火如荼的数字化转型"反应迟缓"，这可能导致错失发展的机遇，并进一步恶化其落后的地位。对此，何广文指出，农村商业银行、农信社面临转型，包括业务转型、经营机制转型及数字化转型[2]。值得注意的是，推进农信机构的数字化转型不仅仅需要激发机构的内生动力，在当前我国农村金融的格局下，省联社的作用十分重要、不容忽视。因此，从省联社的角度研究农信机构数字化转型问题就很有必要了。这正是本章研究的缘起。

一、数字化转型中农信机构面临的挑战

（一）面临多方竞争，生存空间被挤压

在商业银行和金融科技公司的双重冲击之下，农信机构的生存空间正逐渐被侵蚀。首先，近年来，国有银行、股份制银行以及城商行纷纷下沉业务重心，与农信机构抢占市场。例如，中国农业银行利用其广泛的网点布局，将业务和经营范围拓展到五六线城市和农村地区，发挥其运营成本的优势，凭借强大的科技支

---

[1]　本章发表于《农村金融研究》2020年第4期，作者为张正平和王子源，录入本书时略有修改。
[2]　资料来源：http：//www. financialnews. com. cn/ncjr/focus/202001/t20200102_174569. html。

撑，分走农商行的部分客户，与深耕当地的农信机构产生竞争。其次，众多商业银行积极布局金融科技，推动自身的数字化转型。据安永统计，在41家上市银行中有35家在2017年年报中提到了大数据、人工智能、区块链等技术[①]。另一个直接的表现是，已有十多家银行成立了金融科技公司或部门，助推数字化转型（见表11-1）。最后，蚂蚁金服等金融科技公司也利用其技术优势进军农村市场。例如，早在2016年12月，蚂蚁金服就提出了"谷雨计划"：在未来三年，将联合100家龙头企业，为大型种养殖户提供金融服务；与合作伙伴一起，为1000个县提供综合金融服务，包括养殖、信贷、保险；面向全国"三农"用户，拉动合作伙伴及社会力量提供累计1万亿元信贷。

表 11-1　我国银行成立金融科技公司（或部门）的情况

银行	名称	成立时间	服务对象
中国建设银行	建信金科	2018年4月12日	金融机构、政府及公共事业、企业等
中国工商银行	工银科技	2019年3月25日	工商银行、雄安新区等
中国银行	中银金科	2019年6月11日	中国银行、政府、交通、学校等行业
平安银行	平安科技	2008年5月30日	医疗健康、汽车服务等
	平安壹账通	2017年9月15日	银行、保险等金融机构
兴业银行	兴业数金	2015年11月10日	中小银行、非银金融机构等
光大银行	光大科技	2016年12月20日	光大集团、银行同业
民生银行	民生科技	2018年4月26日	民生银行、中小银行等
招商银行	招银云创	2016年2月23日	中小银行、保险公司、外资企业等
华夏银行	龙盈智达	2018年5月23日	华夏银行、银行同业
北京银行	北银科技	2019年5月16日	北京银行、金融同业、企业等
交通银行	交银金科	拟成立	交通银行、中小银行、其他企业等
邮储银行	金融科技创新部	2019年上半年	邮储银行
浙商银行	金融科技部	不详	浙商银行、小微企业等
渤海银行	金融科技事业部	2017年	渤海银行
恒丰银行	金融科技部	不详	恒丰银行
温州银行	金融科技部	不详	温州银行、中小企业等

资料来源：https：//wxn.qq.com/cmsid/20200207A09IFI00以及笔者整理。

（二）风险控制能力弱，加剧数字化风险

数字化转型在创造价值的同时，也带来了潜在的风险。一方面，由于自身实

---

① 资料来源：https：//www.ey.com/cn/zh/newsroom/news - releases/news - 2019 - ey - listed - banks - in - china - 2018 - review - and - outlook。

力不足、缺乏风险管理人才和技术等原因，农信机构的风控能力仍然比较弱。中国人民银行发布的《中国金融稳定报告（2019）》显示，在金融机构评级中，8～10级及D级的高风险机构共587家，占比13.5%，主要集中在农村中小金融机构；从资产质量来看，截至2019年6月，全国农商行（不含农合行、农信社）不良贷款率为3.95%，为商业银行平均不良贷款率（1.81%）的2.18倍。而部分农信机构的较高的不良率则进一步凸显了其屡弱的风控能力，例如，2018年9月末，铜陵农村商业银行的不良贷款率为15.17%，较年初上升12.7个百分点；自2018年7月开始，贵阳农商行、山东寿光农商行、山东广饶农商行、河南修武农商行等不良贷款率大幅增长，部分银行增至10%以上，河南修武农商行甚至超过20%①。另外，由于自身风控能力弱，农信机构在转型中面临更加严峻的数字化风险。世界经济论坛（WEF）在其发布的《全球风险报告（2019）》中指出，网络攻击、技术进步的负面影响、数据欺诈或窃取、关键信息基础设施故障等都属于数字风险，已经成为全球风险的重要组成部分。具体来看，数字化转型带给银行的风险包括网络安全风险、欺诈风险、法律合规风险、声誉风险等（刘伟等，2018）。对此，杜晓山强调，农信社系统需要进一步苦练内功，防控风险，推进数字金融创新②。

（三）数据治理能力不足，IT人才匮乏

面对银行业数字化转型的变革，2018年中国银保监会发布的《银行业金融机构数据治理指引》提出，银行业金融机构应当将数据治理纳入公司治理范畴，建立自上而下、协调一致的数据治理体系；应当将监管数据纳入数据治理，建立工作机制和流程。然而，农信机构普遍面临数据治理的困境。王炯指出，农信机构数据治理落后，分析能力较弱，不仅缺乏数据资产意识，在如何分析数据上缺少方法论，同时缺乏专业型数据分析人才。据统计，仅9%的中小银行实现了有效数据治理，数据管理体系完善，全面实现大数据应用③。部分农信机构的案例也印证了这种困境。例如，2020年1月9日，安徽凤阳农商行因未能根据要求有效开展数据治理工作，数据治理存在严重缺陷被罚25万元。最后，农信机构还面临着严峻的数据人才缺失问题。潘光伟认为，银行业数字转型发展需要人才保障，需要布局适应金融科技发展趋势的人才队伍，通过多渠道进行外部引入和内部培养复合型人才④。然而，农信机构特别是偏远地区的机构，受其发展条件制约，数据治

① 资料来源：https://baijiahao.baidu.com/s?id=1617701240277486709&wfr=spider&for=pc。
② 资料来源：http://mini.eastday.com/a/180713065011027-2.html。
③ 资料来源：https://baijiahao.baidu.com/s?id=1655649358918357421&wfr=spider&for=pc。
④ 资料来源：https://www.iyiou.com/p/116117.html。

理的人才储备不足，科技人才总量少、占比低，特别是科技的领军人才、尖子人才严重不足，多数银行科技人员占比不足 5%[1]。

（四）核心系统未升级，无法满足业务需求

事实上，很多省联社的核心系统依然处于 1.0 时代，既不适应科技发展的速度，也无法支撑辖内农信机构数字化转型的需要，制约了其数字化转型的进程。一方面，大部分省联社建设的核心系统功能相对简单，有待完善，无法适时满足农信机构的发展需求（徐尚朝，2019）。江苏睢宁农商行监事长冯加益指出，有些省联社还处于对原有系统进行修补的阶段，原有的系统架构体系难以适应未来转型发展需要，不能支撑其应用，需要重构系统。另一方面，由于资金、人才、品牌等方面实力的限制，大多数农信机构不具备自主研发核心系统的能力。例如，四川资中农村信用社，配备的科技人员主要业务集中在处理网点设备故障、系统故障上，缺乏自主研发核心系统的能力[2]。有趣的是，浙江农商行想开发适用于自身发展模式的系统、形成差异化发展，却遭到了省联社的拒绝[3]。

二、省联社的职能定位改革及其在数字化转型中的"新"职能

（一）省联社"职能定位"的改革方向

2012 年召开的全国金融工作会议提出，省联社要淡出行政管理，强化服务职能；2016 年中央一号文件明确提出，开展省联社改革试点，逐步淡出行政管理，强化服务职能；2019 年 1 月 29 日，中国人民银行、银保监会、证监会、财政部、农业农村部联合印发的《关于金融服务乡村振兴的指导意见》再次强调，淡化省联社在人事、财务、业务等方面的行政管理职能，突出专业化服务功能。毫无疑问，上述文件已经为省联社职能定位的改革确定了方向。

1. 管理职能：逐步淡化

从改革的发展趋势来看，省联社应淡化行政管理职能，尤其是要逐步消除不

---

① 资料来源：http：//finance. china. com. cn/news/special/2019wtjrfh/20191028/5107576. shtml。

② 资料来源：http：//www. zgncjr. com. cn/content/200000234/B9F4132146084DC7A3EC3111834CA91F/1. html？from＝singlemessage。

③ 资料来源：https：//baijiahao. baidu. com/s？id＝1625900736287658474。

当的人事干预，同时取消对高管人员的考核机制（张正平和夏海，2019）。对此，王曙光（2019）也指出，省联社制度必须有新的定位，应该强调其服务功能，而不是强调其干预功能，对具体的经营和人事安排都有干涉，这不利于信用社的经营管理的有效性[①]。

2. 指导职能：更具针对性

在未来的省联社职能定位改革中，指导职能必须加强针对性，以充分考虑农信机构的差异性。对此，曲小刚和罗剑朝（2013）提出，省联社应当对不同区域的农信机构的需求区别对待，而不是用一套拳法对付所有不同发展阶段的、处于不同经济带的农信机构。

3. 协调职能：有待加强

在淡化行政管理职能的前提下，省联社应积极加强其协调职能，为农信机构的发展获得更多的政策和资源，创造更加优良的发展环境。需要说明的是，在改革发展的过程中，省联社不仅要加强与中国人民银行、银保监省级主管部门以及政府部门（如财政厅、农业厅等）的积极沟通协调，还要在处理具体事宜时与辖内农信机构和地市政府部门积极协调。

4. 服务职能：不断强化

如前文所述，五部委的文件明确提出，省联社应突出专业化服务功能，专业化服务无疑是省联社未来工作的主要内容。结合辖内农信机构业务发展的需要，提供专业化的服务，这不仅意味着省联社职能定位的转向，也表明了省联社工作重心的变化。需要强调的是，只有不断加强自我学习才能更加专业化，省联社才可能提供更加专业化的服务。

（二）数字化转型中省联社的"新"职能

1. 强化人才服务职能

省联社管理体制已经不符合时代发展的需要了，其并不能有效地为"三农"提供金融服务（吴立雪，2015）。在数字化转型过程中，农信机构的机遇与挑战并存：一方面，农信机构的数字化转型发展空间大，可塑性强，急需大量专业科技人才来推进；另一方面，由于大部分农信机构在实力方面的限制，难以吸引到高素质科技人才。在这种情形下，省联社应当积极发挥人才服务优势，协助辖内农信机构进行人才建设。

省联社可发挥其平台优势，为省联社的软硬件系统优化升级招聘高水平人才，及时优化系统，为农信机构提供更为专业化的数字化服务。省联社可在充分调研

[①] 资料来源：http://www.hfwanda.com.cn/10815.html。

需求、考虑差异化需求的前提下，发挥平台规模经济优势，集中招聘农信机构需要的科技人才。一方面，省联社可以帮助农信机构在专业化招聘平台上发布招聘信息，吸引各高校毕业生报名，协助农信机构引进具有 IT 和金融双背景的复合型人才。一些省联社在人才招聘方面已经有了积极的尝试，例如，陕西省联社引领全省农信机构始终坚持"人才兴社"的基本战略，将有计划地招录金融等专业的大学生，截至 2018 年 5 月，全省 3 万多名在岗员工中，大专及以上文化程度人员占比达 80% 以上[①]。另一方面，省联社可以组织辖内农信机构开展人才需求讨论会，开展有针对性的高水平科技人才招聘面试。最后，省联社针对差异化需求对农信机构的员工开展培训，增强其服务能力和水平（张正平和夏海，2019），提升其人才竞争力。

2. 协助农信机构加强数字风险管理

尽管省联社的管理职能在特定阶段起到了积极的作用，但也与农信机构法人治理之间产生了矛盾（王勇州，2017），因此，有必要及时推进省联社体制改革。在数字化转型的背景下，要充分利用大数据、人工智能等金融科技推进其转型进程，农信机构必须提升其数字化风险管理能力，而事实上大部分机构并不具备这种能力。在这种情形下，省联社可以发挥积极的作用，协助辖内农信机构加强数字风险的管理，为农信机构提供必要的风险管理服务。

一方面，省联社可联系国内外一流的专家，协助农信机构进行风险管理系统的建设，在硬件和软件两个层面强化数字化风险的管理。另一方面，省联社可邀请国内外专家举办数字化风险管理专题培训，组织到国内外领先的金融机构进行考察学习，定期组织辖内机构进行数字风险经验交流，大力提升辖内农信机构数字风险管理水平。例如，2018 年 9 月 10~14 日，贵州省联社举办全省农信风险管理培训会，旨在提高农信风险管理条线人员专业素质，掌握不断完善全面风险管理体系的方法，增强风险管理能力[②]。需要强调的是，省联社在协助农信机构进行风险管理时要有针对性，重点加强对实力不强、内控薄弱的中小县域基层行社的风险管控服务、业务指导和科技支持（黄金木，2017a）。

3. 强化数字化平台建设

对于多数农信机构而言，其科技水平及资金储备不足以支撑其自建系统平台，农信机构这样的小法人，需要省联社依靠其资源搭建大平台（李一昕，2016），在数字化转型的背景下，省联社有必要积极推进数字化平台建设，有效对接农信机构的数字化转型需求。

---

① 资料来源：https：//m. sohu. com/a/232895904_481890? spm = smbd. content. 0. 0. 158254616750375rxQUJ。

② 资料来源：https：//www. sohu. com/a/254241051_797212。

一方面，省联社应着力完善自身的系统建设。在数字转型过程中，省联社需要加快推进大数据、云平台、互联网金融、融合支付等方面的硬件系统建设，条件成熟时有必要重构基于人工智能和区块链的新系统，但不能忽视搭建统一的数据仓库和风险控制系统，实现农信机构之间的客户信息共享，并积极推进系统平台化，提升各系统间的关联性和协同性。另一方面，省联社可对辖内农信机构提供平台建设服务。省联社在积极引入金融云、人工智能和区块链技术融入整个平台建设的同时，应在尊重农信机构特色发展的前提下，为其在搭建基于数字化技术的大数据平台、风控平台、中间业务平台、报表平台、互联网平台等方面提供技术指导和政策咨询。事实上，黄金木（2017b）认为，随着移动互联网技术的发展，由省联社搭建的业务平台已不再具有优势。但是，省联社可以发挥平台优势，借助科技公司的力量为农信机构的数字化平台建设提供必要的支持。例如，安徽省联社的新一代核心系统基本上就是通过外包的方式、在与77家公司合作的基础上完成的。此外，省联社也可以通过拓宽合作伙伴的方式，增强自身的数字化能力[1]。

4. 推进数字化转型政策的落实

推进数字化转型的进程中，农信机构若想发展新型数字化业务，不仅要增强自身实力，也需要省联社的协助，尤其在政策层面与相关监管部门的沟通。毕竟由金融科技驱动的数字化转型面临很多的不确定性，尽管已经发布了不少支持性的政策，但监管部门对农信机构开展这类新业务可能有不少的顾虑和限制，此时，省联社应积极发挥其协调沟通作用，推进数字化转型政策在农信机构层面的落实。王曙光（2019）指出，省联社可帮助解决农信机构数字化转型中的痛点，在政策推进中从资金实力、技术开发能力、资源跨区配置等方面为农信机构发声。

一方面，省联社应当积极推进惠及农信机构政策的落实，切实解决农信机构在数字化转型中的痛点。事实上，一些有助于推进数字化转型、提升农信机构竞争力的政策尚未惠及农信机构。例如，线上消费金融业务是商业银行数字化转型中的一个重要战场，但由于监管政策的要求，农村商业银行必须专注服务本地"三农"和小微企业，尚不能通过线上方式拓宽业务范围[2]，线上消费金融业务自然难以开展了。另一方面，省联社还应协调辖内农信机构在数字化业务发展、数字化平台建设、数字化人才培养方面的合作，帮助辖内农信机构向相关政府部门争取必要的数字化政策或资源扶持，促进数字化转型政策的有效落实。例如，2019年12月末，浙江省联社召开了为期三天的"数字化转型工作培训会议"，辖

---

① 资料来源：https://www.sohu.com/a/274310015_618595。

② 资料来源：https://finance.jrj.com.cn/2019/10/31074628331016.shtml。

内多家行社轮流登台展示各自的数字化转型成果①。

三、省联社推进农信机构数字化转型的优势与劣势

（一）省联社的优势

1. 拥有丰富的服务经验

省联社长期承担着为农村信用社提供公共金融服务，并形成了自身显著的比较优势和丰富的实践经验（蓝虹和穆争社，2016）。一方面，改革初期省联社积极建设农信机构公共金融服务基础设施（如系统建设、人员培训等），成效显著（肖四如，2008），积累了丰富的服务经验。例如，安徽省联社自成立以来主导建立了信息科技、产品研发、资金清算、风险管控、教育培训五大基础服务平台，为农信机构的发展做后勤保障②。另一方面，在服务"三农"的过程中，省联社积极调动辖内农信机构服务地方特色农业，积累了丰富的业务经验。例如，近年来，江苏省联社带领辖内农信机构全力支持地方特色农业产业体系、生产体系、经营体系建设，有效推动了乡村产业兴旺③。

2. 具备整合多方资源的潜力

王曙光（2018）认为，省联社的作用不可替代，只有它能够整合资源④。在数字化转型的背景下，省联社具备的资源整合能力无疑是其巨大的优势。首先，多年来省联社在与各级政府部门和监管机构对接的过程中，积累了多方面的信息和资源（不仅包括政策、资金等有形资源，也包括人脉等无形资源），是其推动辖内农信机构数字化转型的重要依托。其次，在建设辖内农信机构业务系统、网络平台的过程中，省联社与各类技术公司尤其是金融科技公司接触较多，积累了丰富的技术信息和资源，具备整合资源为辖内农信机构提供服务的潜力。例如，2017年7月20日，广东省联社与京东金融签署战略合作协议，拉开了省级联社与科技公司合作的序幕，双方将在资产管理、农村金融及电商物流等领域展开全面合作，助力辖内农信机构提升经营效率、增强服务水平⑤。最后，省联社还可以协

---

① 资料来源：https://new.qq.com/omn/20191229/20191229A0F77U00.html。
② 资料来源：http://www.ah.xinhuanet.com/2019-12/22/c_1125374657.htm。
③ 资料来源：http://news.sina.com.cn/o/2018-07-26/doc-ihfvkitw7327967.shtml。
④ 资料来源：https://www.sohu.com/a/272064823_488777。
⑤ 资料来源：http://www.hbxh.com.cn/nxy/489420/489510/nongxy915196147/index.html。

调整合辖内外农信机构的资源，组织农信机构之间的交流与合作，助推数字化转型。

3. 搭建了相对完善的服务平台

自省联社成立以来，集中全省农信机构的人力和资金优势，通过其强大的平台优势，指导辖内农信机构搭建平台、引进技术、开发产品，取得了积极的成效（黄金木，2017a）。经过多年的发展，省联社已经被打造成相对完善的区域性公共服务平台，是其履行数字化转型过程中服务职能的重要基础。一方面，省联社已经搭建了电子银行等数字平台，可为辖内农信机构提供搭建服务平台服务。例如，江苏省联社对原有电子银行平台进行了大力改造和优化，如皋农商行以此为契机，进一步建立健全自己的电子银行服务体系平台，提升服务能力[①]。另一方面，省联社已经建立了人才、技能培训的服务平台，可在人力资源管理、培训、科技支撑业务等方面为农信机构提供服务平台（马九杰和吴本健，2013）。例如，2018年5月15日，江苏省联社与辽宁省联社签署对口合作战略框架协议，通过人才培养、业务合作、对口共建等有效渠道，搭建交流合作平台，为辖内农信机构提供服务[②]。

（二）省联社的劣势

1. 难以准确把握农信机构数字化转型痛点

首先，省联社毕竟不是在一线运营的农信机构，而且还存在强烈的行政属性，在信息不对称的情况下，无法准确把握农信机构数字化转型的痛点。其次，省联社的决策本质上仍属于行政决策，受制于行政管理体制，其决策效率往往不高，难以及时有效地对农信机构的需求做出响应。最后，省联社倾向于采取统一的管理措施，容易忽视农信机构的差异化需求和痛点，难以有效地提供针对性的服务。蓝虹和穆争社（2016）指出，省联社服务能力较弱、远离市场，并不能推行真正的分类管理。因此，黄金木（2017b）认为，省联社在管理目标的设定上，既要统一管理农信机构，也要给基层行社更多的自主权，提升其自主经营能力，使农信机构可以灵活地应对转型中的困难，并自主采取措施进行化解。

2. 难以有效地约束农信机构的行为

首先，随着农信社管理职能的逐渐弱化，农信机构的自主经营权将大幅增强，省联社对辖内农信机构的人事、财务、业务等具体工作将逐渐失去影响力。一个侧面的证据是，江苏省的多家农信机构已经上市，通过公开上市筹集资金后具备更强的发展潜力，省联社的定位相应受到影响（谢宏和李鹏，2019）。其次，经过

---

① 资料来源：http://jsjjb.xhby.net/mp2/pc/c/201808/16/c520625.html。
② 资料来源：http://jsgzw.jiangsu.gov.cn/art/2018/5/23/art_11789_7646375.html。

十多年的改革深化，特别是近年来农村信用社改制为农村商业银行，股权结构优化、法人治理完善、内部管理加强，农村信用社自主管理能力显著增强（蓝虹和穆争社，2016）。最后，省联社与农信机构对数字化转型的条件和风险在认知上可能存在差异，进而导致省联社难以真正服务农信机构并约束其行为。

3. 难以有效推动差异化发展

一方面，无论从人员配备还是资金实力看，省联社往往缺少有力推动农信机构进行数字化转型的必要资源。例如，贵州省联社成立于 2003 年 12 月 30 日，截至 2020 年 2 月末，其注册资本仅为 2610 万元①。另一方面，农信机构在数字化转型中面临的问题各不相同，省联社难以精确识别并提供差异化的指导。例如，基层农信机构每年向省联社提出科技和产品创新需求，由于省联社难以精确识别致使基层需求往往难以得到及时满足（王勇州，2017）。因此，省联社应当对不同区域的农信机构的需求区别对待，而不是用一套拳法对付所有不同发展阶段的、处于不同经济带的农信机构②。

四、省联社推进农信机构数字化转型的对策

（一）强化服务，构建差异化服务体系

首先，省联社应着力增强差异化服务意识，减少"一刀切"的"懒政"。例如，在出台数字化相关政策文件前，省联社应积极开展调研或征求意见，准确把握农信机构的痛点及其差异性，努力提供"差异化""专业性"的服务。其次，省联社应积极推动设立农信机构数字化转型工作组，由分管副省长担任组长，省联社理事长担任副组长，省内相关政府部门负责领导以及农信机构主要负责人担任组员，统筹推进与数字化转型相关的工作。最后，省联社可在农信机构数字化转型工作组下，分别组建数字化基础设施小组、数字化信息服务小组、数字化风险治理小组等部门，构建差异化的服务体系，满足辖内农信机构数字化转型中的差异化需求。

（二）搭建平台，消除数字化转型痛点

省联社应积极搭建数字化转型服务平台，弥补农信机构资源少、科技实力不

---

① 资料来源：http://www.hainan.gov.cn/hn/zwgk/czgk/yjs/201703/t20170322_2263478.htm。
② 资料来源：https://www.sohu.com/a/300568885_655552。

足的劣势。首先，省联社可以搭建数字化人才服务平台。发挥省联社的集成优势，整合农信机构的人才需求信息后集中对外发布，协助招聘高素质的人才；同时可定期举办各层次的人才招聘会，为农信机构招募人才提供服务。其次，省联社可以搭建统一的信息平台。省联社拥有多种优势，通过建立统一的数据仓库、风险控制系统搭建统一的信息平台，整合辖内农信机构在数字产品研发、数据治理等方面的工作经验，实现农信机构之间的客户信息共享，帮助农信机构提升管理水平和服务能力。最后，省联社可以搭建业务培训平台。围绕数字化转型中的业务痛点，省联社可利用业务培训平台组织专家讲座、农信机构业务经验交流等活动，接受农信机构人员挂职锻炼，助推农信机构的数字化转型。

（三）注重协调，治理数字化转型风险

首先，省联社应与上级管理部门如中国人民银行、银保监会积极沟通协调。与上级部门的沟通协调，不仅有助于省联社准确把握数字化转型的政策动向和文件精神（尤其是有关风险治理方面的），进而及时准确地传达给辖内农信机构，还有助于省联社出台更加适宜的省级政策，强化数字风险的治理，推进数字化转型。其次，省联社应与相关的省级政府部门积极沟通协调。与省级政府部门的沟通协调同样重要，不仅有助于争取必要的政策和资源，创造良好的外部环境，还可能获得额外的政策"福利"，例如，与省内中国人民银行和银保监部门的积极沟通协调，可能获得数字金融方面先行先试的机会。最后，省联社应与辖内农信机构和各省同业机构保持密切的沟通协调，尤其在数字化转型过程中，围绕数字风险治理进行及时的沟通协调是十分必要的。

第四篇

农村数字普惠金融发展的经济影响

第十二章　数字普惠金融发展对农村商业银行涉农贷款投放的影响①

一、引言

2003 年 6 月 27 日，国务院颁布《深化农村信用社改革试点方案》，提出了农村信用社要更好地服务"三农"，并实现商业可持续的双重目标（周月书和彭媛媛，2017）。农村商业银行是农村信用社股份制改革的产物，尽管改革后的农商行具备商业化性质，但其服务"三农"的使命并没有改变（肖斌卿等，2017）。作为服务"三农"的主力军，农商行一直深耕农村市场，致力于打通"农村金融服务最后一公里"。涉农贷款的增加不仅有利于"三农"问题的解决，还有利于乡村振兴战略的实施（周梅和赵德泉，2019）。然而，现实中农商行正面临着日益严峻的竞争压力：一方面，随着利率市场化的推进，农商行之间的价格竞争日趋激烈，加剧了其信贷风险（田雅群等，2019）；另一方面，随着数字经济的发展，以蚂蚁金服为代表的数字普惠金融在农村市场迅速扩张，与农商行抢夺存款或客户，进而恶化其财务绩效和社会绩效（张正平和江千舟，2018；张正平和黄帆帆，2021）。由此可见，有必要研究数字普惠金融对农商行信贷行为的影响，从而为农商行的应对提供实证依据。

2016 年 9 月，G20 杭州峰会首次提出了"数字普惠金融"概念②，指出数字普惠金融是将一系列新兴技术应用到金融领域的行动，强调运用数字技术切实解

---

① 本章发表于《金融教育研究》2022 年第 1 期，作者为张正平和李冉，录入本书时略有修改。

② 需要说明的是，本章交叉使用互联网金融、数字普惠金融、金融科技等概念，不做严格区分；本章中的数字普惠金融侧重的是以蚂蚁金服等为代表的新兴数字金融机构及其业务，从而考察来自农信机构外部的数字普惠金融发展带来的影响。

决普惠金融"最后一公里"问题（蒋庆正等，2019）。互联网和大数据技术能够为商业银行收集更多维度的客户信息，人工智能、云计算和区块链等技术则能够集中化处理海量的数据，描绘出完整的客户画像，从而有效缓解最关键的信息不对称问题（Lapavitsas 和 Dos Santos，2008）。面对金融科技发展所带来的挑战，传统商业银行开始主动运用数字技术开启转型之路，在这个过程中，金融科技主要起到了提升获取客户能力、降低运营成本、强化风险控制以及优化客户服务的作用（张德茂和蒋亮，2018）。

在互联网背景下，数字技术的不断发展打破了商业银行在贷款市场上的垄断地位（董玉峰等，2016），对商业银行的贷款业务来说，这是一种商业模式的变革与转型（杨明婉和张乐柱，2019）。靳玉红（2018）发现，互联网金融的出现激发了互联网金融机构与传统金融机构、传统互联网企业之间的激烈竞争。互联网金融机构依托其优势，将成为农村金融机构强有力的竞争对手，而两者之间的竞争也将蚕食农村金融机构的市场份额，使农村金融机构的财务绩效下降（刘荣茂和刘永，2011）。一方面，互联网金融的服务范围逐渐渗透到商业银行的业务领域，这对银行的贷款业务等造成了强烈冲击；另一方面，商业银行也在积极运用金融科技，将银行的营销、信贷等传统业务与物联网、大数据等技术相结合，不断提升自身的综合竞争力（唐也然，2021）。那么，面对数字普惠金融发展带来的竞争，农商行会降低涉农贷款投放力度吗？这种影响是否存在异质性？这正是本章所要研究的问题。

为此，本章利用 2014~2019 年 278 家农商行的非平衡面板数据，实证考察了数字普惠金融对农商行涉农贷款投放的影响及其异质性。本章的边际贡献为：第一，以农商行为研究对象，实证检验了数字普惠金融对农商行涉农贷款投放的影响，进一步丰富了相关文献，从数字普惠金融的角度拓宽了银行贷款投向问题的研究范围；第二，从异质性影响入手，揭示了不同的流动性水平、盈利性水平以及不同区域、不同市场化水平下数字普惠金融发展对农商行涉农贷款投放的差异化影响，深化了对两者关系的理解，为农商行的应对提供了实证依据。

二、理论分析与假说提出

（一）数字普惠金融发展与农商行涉农贷款投放

首先，相对于传统金融，数字金融具有低成本、宽覆盖等优势，能够将其业务扩展到偏远农村地区，有效缓解了融资难问题（吕雁琴和赵斌，2020）。孙旭然等（2020）发现，数字技术的发展虽然为银行获取、处理及应用信用数据提供了技术支持，但应运而生的互联网金融平台也进一步强化了贷款市场的竞争水平。正如 Beck（2001）所指出的，随着数字金融的快速发展，互联网金融平台进入市场，威胁着传统银行的发展，对银行经营方面产生的负向影响大于正向影响。其次，由于数字普惠金融的提出时间较晚、发展时间相对较短，现阶段农商行借助数字技术完善内部管理及操作流程的效果尚未达到最优，特别是对于中小银行来说，虽然有其固有的经营市场，但相比于互联网金融平台较为明显的竞争优势，部分客户的流失问题已毋庸置疑，从而不利于其涉农贷款的发放。最后，面对数字普惠金融快速发展所带来的冲击，农商行出于对经营业绩的担心会产生"恐惧心理"，更易于向富裕客户提供服务，以提升经营绩效（张正平和江千舟，2018），由此出现了明显的"目标偏移"现象。纪淼和李宏瑾（2019）认为，部分中小银行过分追求做大做强，在跨区经营的同时更倾向于为大型优质客户服务，偏离了服务本地、小微和"三农"的业务本源，造成支农性不足。据此，提出本章的第一个假说：

假说1：数字普惠金融发展降低了农商行涉农贷款的投放水平。

根据北京大学发布的"数字普惠金融指数"评价体系，该指数由覆盖广度、使用深度、数字化程度三个二级指标构成，为剖析数字普惠金融的结构效应提供了依据（汪亚楠等，2020）。其中，覆盖广度降低了客户的准入门槛，在一定程度上满足了低收入群体的需求（冯永琦和蔡嘉慧，2021），覆盖广度的增加体现为电子账户覆盖率的提升，直接展现了互联网金融平台对传统农商行的竞争作用；使用深度涵盖支付业务、货币基金业务和信贷业务等，内涵是数字金融服务的有效需求（钱海章等，2020），使用深度的发展实现了商业模式的创新与融合，降低了低收入群体的准入门槛及服务成本（翟华云和刘易斯，2021），同时进一步提高了金融服务的触达性，通过场景带入提供有针对性的金融服务，满足了低收入群体的金融需求（李牧辰等，2020）；数字化程度是互联网技术的集中体现，强调的是金融服务的便利性和低成本，这些优势使数字普惠金融能够以便利的方式和较低的成本惠及原本得不到正规金融服务的人（黄凯南和郝祥如，2021）。总之，数字普惠金融覆盖广度、使用深度和数字化程度的提升均不利于农商行涉农贷款的投放。据此，提出本章的第二个假说：

假说2：数字普惠金融的覆盖广度、使用深度和数字化程度均降低了农商行涉农贷款的投放水平。

（二）数字普惠金融发展对农商行涉农贷款投放的异质性影响

随着中国经济步入新常态，银行业呈现出多元化的发展趋势，银行间的经营差异也日趋明显，盈利能力、流动性和资本状况等方面的差异可能使其在面临环境变化时采取不同的信贷行为（孙焱林等，2017）。因此，有必要关注数字普惠金融的发展对农商行涉农贷款投放可能存在的异质性影响。

1. 微观特征的异质性影响

盈利性是商业银行经营活动的最终目标，这要求商业银行经营管理者合理配置资源，尽可能追求利润最大化，实现效率最优化（周月书和彭媛媛，2017）。一方面，银行盈利的大小会直接影响到银行的信誉和实力，盈利能力较强的银行也更易于发放贷款（彭俞超和彭丹丹，2018）。另一方面，银行是经营风险的特殊企业，其实力越强，抵御风险的能力越强，管理体系、风险控制也更为成熟化（陈红和葛恒楠，2017）。因此，相较于盈利性较弱的银行，盈利性较强的银行更不易受到数字普惠金融发展的冲击，使得其涉农贷款投放的较低幅度较小。据此，提出本章的第三个假说：

假说3：数字普惠金融发展对盈利水平较低的农商行涉农贷款投放的抑制作用更强。

从银行的流动性来看，农商行的流动性紧张状况会对涉农贷款业务产生较大影响（彭江波等，2011）。首先，农商行主要服务于"三农"，发放的涉农贷款一般具有期限较短、流动性高、借款人集中的特点，同时存贷比远低于其他商业银行，而独立核算的法人机构必须有充足的"头寸"来满足资金流动性的需求，所以当农商行面临资金流动性短缺的情况时只能压缩贷款规模（龚欣阳等，2018），从而使得涉农贷款的投放水平减少。其次，较高的流动性有助于银行化解破产风险，尤其在市场约束机制下，流动性充裕的银行能够更迅速、更便捷地获得融资，顺利进行信贷调整（陈红和葛恒楠，2017）。最后，通过提升流动性水平，有助于优化金融机构的资产负债表，提升其放贷意愿和能力，促进更多金融资源流向经济发展的重点领域、薄弱环节及重大项目（张智富，2020）。据此，提出本章的第四个假说：

假说4：数字普惠金融发展对流动性水平较低的农商行涉农贷款投放的抑制作用更强。

2. 宏观因素的异质性影响

区域差异对数字普惠金融与农商行涉农贷款投放之间的影响不容忽视。谢朝华等（2020）证实了我国银行的贷款业务存在区域性差异，在未来的几年应实施差异化和结构化的政策来改善各地区银行贷款资源的配置。1935年胡焕庸教授提出了著名的"胡焕庸线"，是指以黑龙江瑷珲和云南腾冲为两点确定的一条直线，该直线将中国领土划分为东南地区和西北地区，东南地区是人口密集区，西北地区的人口则相对稀少（贾康，2015）。"胡焕庸线"不仅是人口分布和中国经济地理的分界线，还是社会发展水平的分界线（程广帅和胡锦锈，2021），这也意味着人口和资源的不均衡分布塑造了农商行涉农贷款的投放水平具有区域差异性的基本事实，"胡焕庸线"东侧区域获得传统金融资源明显远远多于西侧区域，也更易于抵御数字普惠金融所带来的冲击。正如刘春志和范尧熔（2015）所指出的，东部地区经济发达，银行实力较强，抵御风险的能力也普遍强于中部、西部地区。值得注意的是，北京大学数字金融研究中心课题组（2019）以"胡焕庸线"为东部、西部地区的划分标准，发现数字普惠金融指数第一、第二梯队基本处于"胡焕庸线"以东，而西部区域仍然有较大的发展空间。尤其在一些贫困地区，互联网的覆盖率比较低，农业基础数据资源体系建设还不完善，数据获取能力也较弱，使互联网金融平台的冲击体现得更为明显。据此，提出本章的第五个假说：

假说5：在"胡焕庸线"西侧地区，数字普惠金融发展对农商行涉农贷款投放的抑制作用更强。

与中部、西部地区相比，东部地区市场化程度较高，监督机制较为完善（何婧和何广文，2015），较高的市场化程度表明政府对市场的干预较少，同时还意味着良好的信用和法治环境（乔海曙和黄荐轩，2019），这都有利于银行发展和应用金融科技，从而有利于涉农贷款的投放。而当市场化程度较低时，政府干预程度较强，政府官员出于晋升的目的（何杨和王蔚，2015），会干预银行的信贷资金配置，从而扭曲银行信贷行为导致信贷资金低效率（郭敏和段艺璇，2019）。马树才等（2020）发现，政府干预行为会挤出企业信贷融资，特别是市场化程度较低的西部地区，从而不利于涉农贷款的投放。同时，东部地区的银行具有更强的综合竞争力，更有实力抵御数字普惠金融的冲击。据此，提出本章的第六个假说：

假说6：在市场化程度较低的地区，数字普惠金融发展对农商行涉农贷款投放的抑制作用更强。

三、研究设计

（一）数据来源

本章选取2014~2019年我国278家农商行作为研究样本，其财务数据来源于各农商行官网以及中国债券信息网披露的相关年份年报等，覆盖了全国除港澳台、云南、甘肃、广西、西藏以外的27个省份。数字普惠金融发展的数据来自北京大学数字金融研究中心发布的"数字普惠金融指数（2011—2020）"。最终，本章实现了县域层面数字普惠金融指数与农商行微观数据的匹配。此外，人均 GDP 和第一产业产值占比数据来自 EPS 全球统计数据/分析平台。

（二）变量选取

1. 被解释变量

本章中被解释变量为涉农贷款投放水平。参考王凌飞等（2021）的做法，使用涉农贷款占比即年末涉农贷款余额与贷款总额之比作为代理变量。通常，涉农贷款占比越大，说明农商行对涉农贷款的投放越多，支农力度越大。

2. 解释变量

数字普惠金融发展水平是本章的核心解释变量。北京大学数字金融研究中心发布的"数字普惠金融指数"遵循了综合性、均衡性、可比性、连续性和可行性等编制原则，可用于衡量中国的数字普惠金融发展水平（李牧辰等，2020）。参考周利等（2020）的做法，本章将数字普惠金融指数作为代理变量，并考察不同维度的数字普惠金融发展的影响。

3. 控制变量

参考相关文献，本章从宏观层面和微观层面控制了其他影响农商行贷款投向的因素。微观控制变量包括农商行的规模、盈利能力、运营效率、银行年龄、负债水平、公司治理等（蒋海和占林生，2020；许坤和苏扬，2016）。宏观控制变量包括农商行所在地区经济发展水平、产业结构等（孙旭然等，2020；张正平等，2020）。

综上所述，本章变量定义如表 12-1 所示：

表 12-1 变量定义

变量类型	变量名称	代理变量（符号）	变量的计算方法
被解释变量	涉农贷款投放水平	涉农贷款占比（AL）	涉农贷款余额/贷款总额
解释变量	数字普惠金融发展水平	数字普惠金融发展总指数（DIFI）	农商行所在地的数字普惠金融指数
		数字普惠金融覆盖广度（CS）	农信机构所在地的数字普惠金融二级维度子指数
		数字普惠金融使用深度（UD）	农信机构所在地的数字普惠金融二级维度子指数
		数字普惠金融数字化程度（DD）	农信机构所在地的数字普惠金融二级维度子指数

变量类型	变量名称	代理变量（符号）	变量的计算方法
控制变量	盈利能力	资产利润率（ROA）	净利润/资产总额
	运营效率	总资产周转率（TOTC）	营业收入/总资产
	银行规模	资产规模（CAP）	资产总额的自然对数
	安全水平	资本充足率（CAR）	年末资本充足率水平
	负债水平	资产负债率（CS）	负债总额/资产总额
	信贷风险	不良贷款率（NNPL）	不良贷款/贷款总额
	流动性	流动比率（CR）	流动资产/流动负债
	银行年龄	成立年限（AGE）	信息披露年份-成立时间+1
	公司治理	独立董事比例（IB）	农商行独立董事人数/董事会人数
	地区经济发展水平	人均GDP（GDP）	农商行所在地的人均GDP
	产业结构	第一产业产值占比（PIR）	农商行所在地第一产业产值/农商行所在地GDP总额
其他变量	地区变量	地区虚拟变量（HHY）	将"胡焕庸线"西部地区赋值为0，东部地区赋值为1
	市场化水平	市场化程度（MAR）	《中国分省份市场化指数报告（2018）》中"政府与市场间关系"指数

（三）模型构建

为验证数字普惠金融发展水平与农商行涉农贷款投放之间的影响关系，参考邱晗等（2018）的做法，本章构建如下多元回归模型：

$$AL_{i,t} = \beta_0 + \beta_1 DIFI_{i,t} + \beta_2 X_{i,t} + \varepsilon_{i,t} \tag{12-1}$$

其中，$AL_{i,t}$ 表示涉农贷款投放水平；$DIFI_{i,t}$ 表示数字普惠金融发展水平；$X_{i,t}$ 表示其他微观控制变量和宏观控制变量；$\varepsilon_{i,t}$ 表示残差项。

四、实证结果及其分析

（一）描述性统计分析

表12-2报告了样本各个变量的描述性统计结果。由表12-2可知，核心解释变量数字普惠金融发展总指数的最小值为12.2600，最大值为321.6457，标准差为58.9576，说明各样本农商行所在地区的数字普惠金融发展水平存在较大差异；被解

释变量涉农贷款占比的最大值为 100%，最小值为 0.88%，标准差为 29.35%，可见农商行间的差异涉农贷款投放水平差异不容忽视；流动比率、独立董事比率、资产利润率、总资产利润率、资本充足率、资产负债率、不良贷款率、人均 GDP、第一产业产值占比等宏微观控制变量均有较大变动，符合计量回归的需要。

表 12-2　变量的描述性统计结果

变量	观测值	均值	标准差	最小值	最大值	中值
涉农贷款占比（%）	795	65.9169	29.3501	0.8777	100.0000	75.2563
数字普惠金融发展总指数	1550	121.1534	58.9576	12.2600	321.6457	104.1916
数字普惠金融覆盖广度	1550	113.8267	56.4651	7.2700	310.4158	93.2721
数字普惠金融使用深度	1550	132.5605	59.0951	4.5400	331.9577	122.7630
数字普惠金融数字化程度	1550	124.6230	79.2605	1.0400	402.4998	107.0409
资产利润率（%）	1032	1.0392	0.5019	0.0100	3.5700	0.9814
总资产周转率（%）	926	4.3246	2.9125	0.2835	58.5190	4.1003
资产规模	1249	5.2176	1.3067	2.1211	9.2396	5.0488
资本充足率（%）	1150	13.9039	2.8518	0.0550	25.8410	13.6250
资产负债率（%）	1164	91.9113	3.5401	47.0597	123.1598	92.2117
不良贷款率（%）	1162	2.9084	2.5091	0.2900	27.7060	2.2900
流动比率（%）	1094	54.7845	25.8815	0.0000	252.1200	51.0300
成立年限	1642	6.4720	4.8938	0.0000	31.0000	6.0000
独立董事比例（%）	843	17.4105	8.7440	6.6667	60.0000	15.3846
人均 GDP	1021	5.6728	3.9583	0.5922	32.9029	4.4714
第一产业产值占比（%）	1474	13.0690	8.1634	0.3003	51.9967	12.8153
地区虚拟变量	1668	0.9640	0.1863	0.0000	1.0000	1.0000
市场化程度	1668	6.0735	1.2242	2.1514	8.7423	6.3100

（二）基准回归结果及分析

由于本章样本数据的年份数量小于个体数量，属于非平衡的短面板，因此单位根检验可省略。经过相关性检验，大部分变量之间的相关系数小于 0.5，因此不存在严重的多重共线性问题。在估计方法的选择方面，GMM 估计方法包括差分 GMM 和系统 GMM 两种形式，但差分 GMM 无法估计不随时间推移而变化的变量系数，而且还容易出现弱工具变量问题，而系统 GMM 可以克服这一局限，提高估计的效率（贺健和张红梅，2020）。因此，本章采用系统 GMM 方法进行估计。

1. 数字普惠金融发展对农商行涉农贷款投放的影响

表 12-3 报告了数字普惠金融发展影响农商行涉农贷款投放的回归结果。在回归

（1）中，数字普惠金融发展总指数对涉农贷款投放水平的边际影响为−0.0327，在5%的统计水平上显著为负，说明数字普惠金融的发展降低了农商行对涉农贷款的投放，具体来说，数字普惠金融发展总指数每上升一个单位，涉农贷款投放水平下降3.27%。可能的原因是，随着数字普惠金融的快速发展，应运而生的互联网金融平台凭借低成本、方便快捷等优势必将会抢夺农商行的部分客户，从而不利于农商行涉农贷款的发放。上述结论与张正平和黄帆帆（2020）的发现一致。由此，假说1得到了支持。

表 12-3　不同维度的数字普惠金融发展对农商行贷款投放的影响

变量	回归（1）	回归（2）	回归（3）	回归（4）
数字普惠金融发展总指数（DIFI）	−0.0327** (0.0160)	—	—	—
数字普惠金融覆盖广度（CS）	—	−0.0458*** (0.0144)	—	—
数字普惠金融使用深度（UD）	—	—	−0.0262** (0.0110)	—
数字普惠金融数字化程度（DD）	—	—	—	−0.0115 (0.0160)
资产利润率（ROA）	−7.7468*** (2.5143)	−7.0031*** (2.6923)	−6.2686*** (2.0424)	−6.6747** (2.9450)
总资产周转率（TOTC）	2.7735*** (0.4466)	2.1321*** (0.5571)	1.8565*** (0.5557)	1.9684*** (0.6472)
资产规模（CAP）	−3.7950** (1.8102)	−4.3950** (1.8552)	−4.3428** (2.0770)	−8.8312*** (1.5959)
资本充足率（CAR）	0.7314*** (0.2634)	0.9737*** (0.2693)	0.5436*** (0.1955)	0.9765*** (0.2775)
资产负债率（CS）	0.0401 (0.2013)	0.0435 (0.2122)	−0.1022 (0.2154)	−0.1747 (0.1798)
不良贷款率（NNPL）	−2.7564*** (0.4845)	−2.3846*** (0.4579)	−2.4959*** (0.4084)	−3.6171*** (0.4885)
流动比率（CR）	−0.0829*** (0.0225)	−0.0547*** (0.0203)	−0.0742*** (0.0187)	−0.0933*** (0.0193)
成立年限（AGE）	−0.4971* (0.2874)	−0.5830* (0.3264)	−0.2648 (0.2435)	−0.1618 (0.3697)
独立董事比例（IB）	0.0631 (0.0741)	0.1404** (0.0551)	0.0970 (0.0592)	0.1589** (0.0699)
人均GDP（GDP）	0.9581** (0.3824)	1.0814*** (0.3926)	1.0827*** (0.3300)	0.4634 (0.4299)

变量	回归（1）	回归（2）	回归（3）	回归（4）
第一产业产值占比（PIR）	0.2524 * (0.1479)	0.2097 (0.1453)	0.1850 (0.1387)	0.0836 (0.1846)
常数项（C）	28.2497 (22.5016)	29.3396 (23.2157)	41.4490 (25.8795)	81.2316 *** (18.5804)
观测值	188	188	188	188
AR（2）检验	0.9396	0.8443	0.9452	0.8827
Sargan 检验	0.4246	0.5049	0.4301	0.3808

注：*、**和***分别表示在10%、5%和1%的统计水平上显著；括号内数值为标准差。本章下同。

其中，大部分控制变量的符号都符合预期，但值得注意的是，资产利润率对农商行涉农贷款的投放有着显著的负向影响，可能的原因是，为了实现更大的利润，农商行更易于向富裕客户提供服务，可能存在明显的"目标偏移"现象，导致涉农贷款的投放减少（周月书和彭媛媛，2017）。另外，当银行面临较严重的流动性风险时，可能会陷入财务危机，从而对贷款增长产生抑制作用（杨柳等，2020）。虽然常数项在统计上不显著，但按照伍德里奇（Wooldridge）的观点，仍将其保留在模型中（孙建等，2009）。

具体来看，不同维度的数字普惠金融对农商行涉农贷款投放存在明显的差异，数字普惠金融的覆盖广度和使用深度对农商行涉农贷款投放具有显著的抑制作用，但是数字化程度的抑制作用不显著。可能的原因是：第一，覆盖广度的拓展，体现为互联网支付账号及其绑定的银行账户数的增加，表明基于互联网的新金融模式打破了原有的限制，为更多的人提供了良好的金融环境，有利于贫困人群获得网络贷款，从而挤占了农商行的市场份额；第二，使用深度涵盖了信贷、保险、征信等服务，使用深度的增加对农商行的各类业务都产生了强大的竞争压力，从而不利于其涉农贷款的投放；第三，我国金融正处于向数字金融转型的过渡期，总体来看，当前的数字化程度仍有待提高，因此数字化程度的抑制作用尚不显著（汪亚楠等，2020）。由此，假说2得到了部分支持。

2. 数字普惠金融发展对农商行涉农贷款投放的异质性影响

参考沈悦和马续涛（2017）的思路，我们引入数字普惠金融发展水平与相关因素的交乘项进行回归，以考察数字普惠金融发展对农商行涉农贷款投放的异质性影响。

（1）农商行微观特征的异质性影响。

由交互项系数结果可知，数字普惠金融发展水平×资产利润率和数字普惠金融发展水平×流动比率的估计系数显著为正，这说明，数字普惠金融的发展对盈利水平高、流动性好的农商行的涉农贷款投放的负面影响要弱一些。可能的原因是：一方面，虽然互联网金融企业的金融科技发展会在一定程度上加大信贷业务的竞争性，迫使银行提升自身的风险承担水平，但因实力较强的银行自身的金融科技发展带来的风控水平提高吸纳了这部分影响，因此受到来自互联网金融企业的冲击较小（唐也然，2021）。另一方面，流动性强的银行"无损失变现"的能力更突出，可以迅速地将流动性资产变现以支持业务发展（索彦峰和陈继明，2008），提升其放贷意愿和能力，同时较高的流动性有助于银行化解破产风险，更易于应对互联网金融平台的竞争压力，使得涉农贷款投放的降低幅度减小。由此，假说3和假说4得到了支持。

（2）农商行宏观因素的异质性影响。

由交互项系数结果可知，数字普惠金融发展总指数×地区虚拟变量和数字普惠金融发展水平×市场化程度的估计系数显著为正（见表12-4），这说明，数字普惠金融发展对"胡焕庸线"东侧区域、市场化程度较高地区的农商行涉农贷款投放的负面影响要弱一些。可能的原因是：这类银行大多实力较强，拥有较为完备的基础设施和风控系统，更易于抵御互联网金融平台的冲击。由此，假说5和假说6得到了支持。

表12-4 数字普惠金融发展对农商行涉农贷款投放的异质性影响

变量	回归（5）	回归（6）	回归（7）	回归（8）
数字普惠金融发展总指数（DIFI）	-0.1290*** (0.0418)	-0.0695*** (0.0212)	-0.1715** (0.0715)	-0.1222*** (0.0420)
数字普惠金融发展总指数×资产利润率 （DIFI×ROA）	0.1033*** (0.0383)	—	—	—
数字普惠金融发展总指数×流动比率 （DIFI×CR）	—	0.0006** (0.0003)	—	—
数字普惠金融发展总指数×地区虚拟变量 （DIFI×HHY）	—	—	0.1499** (0.0693)	—
数字普惠金融发展水平×市场化程度 （DIFI×MAR）	—	—	—	0.0155** (0.0071)
资产利润率（ROA）	-24.1572*** (6.5862)	-8.0513*** (2.2285)	-2.6279 (2.0694)	-8.5431*** (1.8711)
总资产周转率（TOTC）	2.7008*** (0.4361)	2.9218*** (0.4361)	2.6108*** (0.4171)	3.1775*** (0.3771)
资产规模（CAP）	-2.4395 (2.2022)	-4.7556*** (1.8100)	-3.4254 (2.4156)	-3.6553** (1.5883)
资本充足率（CAR）	0.4272 (0.2620)	0.7576*** (0.2000)	0.4131* (0.2184)	0.9117*** (0.1778)
资产负债率（CS）	0.0379 (0.2102)	-0.0465 (0.1927)	-0.0344 (0.1476)	0.1140 (0.1844)

续表

变量	回归（5）	回归（6）	回归（7）	回归（8）
不良贷款率（NNPL）	-3.3468*** (0.5727)	-2.7994*** (0.3612)	-3.5223*** (0.4831)	-3.3628*** (0.4007)
流动比率（CR）	-0.0694** (0.0272)	-0.1816*** (0.0359)	-0.1035*** (0.0224)	-0.0716*** (0.0260)
成立年限（AGE）	-0.5237 (0.3718)	-0.5677** (0.2239)	0.1325 (0.1959)	-0.9253*** (0.3483)
独立董事比例（IB）	0.1111 (0.0821)	0.0633 (0.0658)	0.2026** (0.1026)	0.1585** (0.0803)
人均GDP（GDP）	0.5293 (0.4292)	0.8938*** (0.3117)	-0.0681 (0.4494)	0.1482 (0.3890)
第一产业产值占比（PIR）	0.0776 (0.1631)	0.2115* (0.1244)	0.2640 (0.1776)	0.2108 (0.1480)
地区虚拟变量（HHY）	—	—	-80.7494*** (22.0964)	—
市场化程度（MAR）	—	—	—	-5.9580*** (1.2983)
常数项（C）	42.0886* (24.6636)	50.6336** (21.5773)	120.6858*** (29.2526)	66.1771*** (18.0743)
观测值	188	188	188	188
AR（2）检验	0.9777	0.9035	0.5607	0.5729
Sargan检验	0.7946	0.6778	0.1292	0.6896

五、内生性及稳健性检验

（一）内生性检验

参考肖远飞和张柯扬（2020）的做法，本章在回归模型中引入数字普惠金融发展水平（DIFI）的一阶滞后项作为工具变量，并运用广义矩估计方法进行估计，以缓解可能存在的内生性问题。如表12-5所示，AR（2）检验的P值大于0.1，表明本章设定的回归模型中扰动项的差分不存在二阶序列相关，同时Sargan检验的P值大于0.1，这表明本章将滞后一阶的数字普惠金融发展水平作为工具变量是有效的。

表 12-5　内生性检验

变量	回归（9）
数字普惠金融发展总指数一阶滞后项（L. DIFI）	−0.0454***
	（0.0160）
资产利润率（ROA）	−6.5309**
	（3.1537）
总资产周转率（TOTC）	1.3348**
	（0.5319）
资产规模（CAP）	−11.6950***
	（2.4099）
资本充足率（CAR）	0.8624***
	（0.3026）
资产负债率（CS）	0.0139
	（0.1899）
不良贷款率（NNPL）	−3.2034***
	（0.5210）
流动比率（CR）	−0.1027***
	（0.0233）
成立年限（AGE）	0.4758
	（0.3499）
独立董事比例（IB）	0.0788
	（0.0558）
人均 GDP（GDP）	0.6205
	（0.4843）
第一产业产值占比（PIR）	0.1775
	（0.1914）
常数项（C）	83.4422***
	（24.4624）
观测值	187
AR（2）检验	0.6912
Sargan 检验	0.3276

（二）稳健性检验

1. 替换被解释变量

为了检验数字普惠金融的发展对农商行涉农贷款投放影响的稳健性，参考张正平等（2020）的做法，我们使用涉农贷款增速和涉农贷款对数值作为涉农贷款占比的代理变量，表 12-6 中回归（10）和回归（11）的估计结果显示，数字普惠金融发展总指数的系数均在 1% 的水平上显著为负，与基准回归的结果一致，即数字普惠金融的发展显著降低了农商行对涉农贷款的投放。

表 12-6　稳健性检验：替换被解释变量和改变样本量

变量	回归（10）	回归（11）	回归（12）
数字普惠金融发展总指数（DIFI）	-0.1209 *** (0.0089)	-0.0874 *** (0.0170)	-0.0288 * (0.0168)
资产利润率（ROA）	-5.9850 ** (2.8200)	-5.5597 * (3.0193)	-7.3305 *** (2.5787)
总资产周转率（TOTC）	3.1200 *** (0.9439)	3.0356 *** (0.6957)	2.6101 *** (0.4577)
资产规模（CAP）	12.6001 *** (2.5530)	5.8238 (3.7577)	-5.3165 *** (1.8770)
资本充足率（CAR）	2.2620 *** (0.4395)	0.4581 (0.3027)	0.7741 *** (0.2708)
资产负债率（CS）	0.0325 (0.0486)	0.0567 (0.0933)	0.0484 (0.1945)
不良贷款率（NNPL）	-2.3126 *** (0.7467)	0.1171 (0.6375)	-3.0082 *** (0.4899)
流动比率（CR）	-0.2313 *** (0.0398)	-0.0421 (0.0367)	-0.0874 *** (0.0233)
成立年限（AGE）	-0.3755 (0.3910)	-0.0117 (0.4184)	-0.4534 (0.3000)
独立董事比例（IB）	0.2825 *** (0.0808)	0.7841 *** (0.1559)	0.0812 (0.0708)
人均GDP（GDP）	0.2897 (0.2801)	4.7634 *** (0.4147)	0.8460 ** (0.3993)
第一产业产值占比（PIR）	0.0639 (0.2819)	0.9422 *** (0.3212)	0.2009 (0.1564)
常数项（C）	-66.4084 *** (21.2407)	-84.8036 *** (23.8133)	38.1264 * (22.3738)
观测值	118	189	186
AR（2）检验	0.4365	0.2890	0.9122
Sargan 检验	0.5039	0.4344	0.3908

2. 改变样本量

为了保证结果的稳健性，参考杨竹清和张超林（2021）的做法，剔除北京、天津、上海和重庆四大直辖市的银行样本重新进行回归，如表 12-6 中回归（12）所示，数字普惠金融发展水平显著为负，前文的结论一致，说明基准回归结果具有稳健性。

六、主要结论及其政策启示

基于 2014~2019 年我国 278 家农商行的非平衡面板数据，本章实证检验了数字普惠金融发展对农商行涉农贷款投放的影响，并从农商行的微观特征（盈利水平及流动性水平）和宏观因素（不同市场化水平和"胡焕庸线"下的不同区域）两个层面进行了异质性影响分析，主要的研究结论有：①数字普惠金融发展显著降低了农商行涉农贷款的投放水平，具体地，数字普惠金融发展水平每上升 1 个单位，农商行涉农贷款投放水平下降 3.27%。②数字普惠金融覆盖广度和使用深度对农商行涉农贷款投放具有显著的抑制作用，具体地，数字普惠金融覆盖广度发展水平每上升 1 个单位，农商行涉农贷款投放水平下降 4.56%，而服务深度发展水平每上升 1 个单位，农商行涉农贷款投放水平下降 2.62%，但数字化程度的抑制作用并不显著。③数字普惠金融发展对盈利水平较低、流动性水平较低、"胡焕庸线"西侧区域以及市场化程度较低地区的农商行涉农贷款投放的抑制作用更强，具体地，数字普惠金融发展水平与农商行资产利润率、流动比率交互项系数分别为显著的正值 0.1033 和 0.0006，数字普惠金融发展水平与地区虚拟变量、市场化程度交互项系数分别为显著的正值 0.1499 和 0.0155。

上述结论对我国农村数字普惠金融的发展和农商行进一步的改革创新具有重要的启示：

首先，强化"三农"定位，加大数字金融的发展力度。一方面，农商行应从强化服务"三农"意识入手，加强培训和学习，全面深入贯彻落实党的十九大精神和习近平同志关于服务支持"三农"发展的系列讲话精神，真正从思想上提升对"三农"服务的重视程度。另一方面，农商行应深刻理解数字技术的特点优势，加大数字金融发展力度，利用数字技术促进经营结构优化和业务流程简化，加快推进业务线上化、产品数字化，有效降低运营成本，提高经营效率。此外，农商行应加强与金融科技公司的合作，引入先进的管理理念和数字技术，推动场景建设，打造线上线下整合的全渠道发展模式，促进农村数字普惠金融的发展。

其次，加强盈利性和流动性管理，增强抗风险能力。第一，农商行应稳步推进多元化经营，在实现服务"三农"目标的同时，密切关注风险的来源结构，积极探索风险控制下的盈利性和流动性管理能力，提升风险控制力。第二，农商行应加强产品创新，加强对客户的挖掘和拓展，推出更有针对性的产品，深度挖掘产品的盈利增长点，以客户体验为基础进行经营，积极巩固现有客户。第三，农商行应强化资产负债综合管理，实现盈利性和流动性的平衡，完善相关内控制度，切实提升农商行的风控水平。

最后，因地制宜实施差异化发展战略，提升机构综合竞争力。一方面，农商行应合理利用当地数字金融资源，尤其是对"胡焕庸线"西侧地区的农商行来说，要结合自身实际情况和地域特点实施差异化发展战略，满足不同类型客户的金融需求，提高自身的综合竞争力。另一方面，农商行应立足地方经济发展情况尤其是市场化程度的不同推出有针对性的金融服务和信贷产品，坚决落实差异化发展战略，借助数字技术推进业务、流程、产品的转型与重塑，积极应对来自外部的市场竞争。

第十三章　数字金融发展对农村商业银行运营效率的影响[①]

一、引言

2020 年 3 月，《中共中央　国务院关于构建更加完善的要素市场化配置体制机制的意见》（以下简称《意见》）正式印发，明确指出要加快培育数据要素市场，提升数据资源价值，推动经济发展质量、效率、动力变革。作为金融要素与数据要素紧密结合的产物，我国数字金融的发展随着《意见》的出台将进一步加速，推进金融科技的应用创新和金融机构的数字化转型。我国数字金融的发展最早可以追溯到 2004 年底支付宝的上线，但学术界普遍将余额宝的上线时间 2013 年称为其发展元年（黄益平和黄卓，2018）。2016 年召开的 G20 峰会发布了《G20 数字普惠金融高级原则》，明确提出了数字普惠金融的发展方向，强调要发挥数字技术的潜力为农村等缺乏金融服务的地区提供数字金融服务。黄益平和陶坤玉（2019）明确指出，数字金融在支持创新、推动普惠金融发展、促进社会平等以及提高金融效率等方面发挥着不可替代的作用。然而，数字金融的快速发展，不仅给商业银行带来了严峻的挑战，也倒逼商业银行突破发展瓶颈，重构发展战略（赵洪瑞等，2019），对尚处于数字化初级阶段、正积极提升电子化水平的农村商业银行，数字金融的影响更值得关注。

根据黄益平和黄卓（2018）的界定，数字金融泛指传统金融机构与互联网公司利用数字技术实现融资、支付、投资和其他新型金融业务的模式。需要说明的是，为了考察数字金融发展对农商行的影响，在本章的讨论中，数字金融不包括

[①]　本章发表于《农业技术经济》2022 年第 4 期，作者为张正平和刘云华，录入本书时略有修改。

传统金融机构的数字化转型及其提供的数字金融服务，而仅指互联网企业、金融科技公司利用数字技术提供的数字金融业务和形成的金融新业态，包含了金融科技和互联网金融等范畴。因此，在不严格区分的情形下，文中会交叉使用"数字金融""金融科技""互联网金融"这三个词语。

研究显示，数字金融为传统银行提供了技术转型升级、改善服务模式和提升效率的动力和机遇，不仅重塑了银行的技术、竞争、客户等外部环境（Ryu，2018），还影响了银行的营销能力、创新能力、风险控制等组织内部核心能力（谢治春等，2018），促使商业银行在服务模式、经营效率等方面发生改变（Scott 等，2017）；数字金融降低了金融服务成本，拓展了金融服务边界，覆盖了部分传统金融机构难以服务到的弱势群体，提高了金融服务效率（郑美华，2019）；数字金融能够有效校正传统金融中存在的"属性错配""领域错配""阶段错配"等问题，并在金融发展禀赋较差的地区展现出更强的企业技术创新驱动效果，具备较好的普惠特征（唐松等，2020）。简而言之，互联网金融通过行业竞争、合作示范效应以及技术溢出、人才流动等途径对银行的效率产生了深远的影响（牛蕊，2019）；数字金融发展通过促进银行竞争改善了银行的成本效率，但降低了银行的利润效率，且这种影响会因银行异质性而有所不同（封思贤和郭仁静，2019），而市场竞争水平的上升会弱化互联网金融对农村金融机构财务绩效的不利影响（张正平和江千舟，2018）。对以存贷利差为主要利润来源的农商行而言，其金融产品和服务往往难以满足数字化时代客户的多样化需求，金融科技对其经营模式产生的影响可能较大（张德茂和蒋亮，2018）。那么，数字金融的发展对农商行的运营效率产生了怎样的影响？其影响机制是怎样的呢？这正是本章要研究的问题。

关于数字金融与银行运营效率之间的关系，学术界大致有以下两种不同的观点：

一种观点认为，数字金融的发展提高了银行运营效率。例如，于波等（2020）提出，金融科技的发展为银行业带来了大数据、区块链、人工智能等新动能，改变了银行的经营模式，使其运营效率提升。牛蕊（2019）认为，互联网金融通过促进银行金融创新、提升市场竞争力和发挥技术溢出效应等途径可提高银行运营效率。刘澜飚等（2013）指出，信息技术与银行组织架构、金融业务的结合可促使银行组织变革、效率提升。一些实证研究发现，互联网金融可以有效地改善银行效率（刘忠璐，2016）。具体地，金融科技对银行的技术效率、规模效率有正向影响（牛蕊，2019）；互联网金融对银行利润效率（冯璐和吴梦，2018）、综合效率（管仁荣等，2014）存在正向影响。

另一种观点认为，数字金融的发展降低了银行的运营效率。例如，Aiello 和 Bonanno（2016）认为，来自数字金融的竞争打破了金融行业壁垒，冲击着银行的垄断租金，新竞争者的进入对银行的业务经营可能造成负面影响。仓明等（2016）

的研究证实，互联网金融对股份制商业银行的规模效率产生了不利的影响。

梳理上述文献可知，有关数字金融与银行运营效率的研究还存在三个方面的不足：第一，既有文献大多是定性地分析数字金融的发展对银行运营效率的影响，且观点不一，定量研究较少；第二，其研究对象多为大型商业银行或股份制银行，较少涉及地方性商业银行，尤其是农商行；第三，缺乏对数字金融影响银行运营效率的机制研究。上述不足为我们的研究创造了机会：本章以我国165家农商行为样本，基于理论分析提出研究假说后，建立计量模型实证分析了数字金融对农商行运营效率的影响以及可能的影响机制。

本章的边际贡献在于：第一，从理论上分析了数字金融对农商行运营效率的影响机制，深化了数字金融发展影响银行运营效率的研究内容；第二，以农商行为研究对象的实证研究，拓展了数字金融发展影响银行运营效率的研究范围；第三，立足农村金融市场考察来自农商行外部的数字金融发展的影响，拓展了农村金融和数字金融两个细分领域的研究范围。

二、理论分析与假说提出

（一）数字金融发展对农商行运营效率的影响

一方面，数字金融的发展影响了农商行的外部运营环境。庄雷和周函（2020）发现，在考虑风险因素并引入监督惩罚机制后，科技企业与传统银行在长期博弈过程中，最终会实现互利共赢。即在金融科技的驱动下，银行业的成本大幅降低，运营效率也得到了提升（谢金静和王银枝，2020）。互联网金融改变了传统金融的交易方式及运作模式，可激励商业银行提升金融服务品质和效率（褚蓬瑜和郭田勇，2014）。而且，金融科技改变了银行相对封闭的发展模式，使不同类型的银行向开放的发展模式快速转变，充分发挥各自的比较优势，进而提高其金融服务效率（Winnefeld 和 Permantier，2017）。同样地，数字金融能充分利用有效信息产生新的信息源（何婧，2020），不仅会重构农村金融市场，促进金融资源的定价与配置，降低信息不对称的程度，改变金融机构获客成本高的现状（黄益平等，2018），还有利于解决传统农村金融市场所具有的交易成本高、信息不透明、抵押约束等问题（郑美华，2019），可有效降低金融机构开展"三农"业务的服务成本（温涛和陈一明，2020）。因此，数字金融的发展可能提升农商行的效率。

另一方面，数字金融的发展也会对农商行内部运营环境产生影响。陈泽鹏等

（2018）指出，金融科技能推动商业银行的业务创新和经营变革，银行借助金融科技的技术优势与组织模式提升自身的服务能力、服务产品的多样性与服务效率。互联网金融通过示范效应、联系效应、人员流动效应以及竞争效应，可直接改善银行效率（刘忠璐，2016）。对于农商行来说，由于农信社改制遗留的公司治理结构问题难以解决，加之省联社对其业务经营、人事任命等多方面的干预，导致其经营效率低下（黄益平等，2018）。然而，金融科技的发展可在较大程度上带动商业银行效率的提升，甚至颠覆传统银行的运营模式（张德茂和蒋亮，2018），在一定程度上弥补农商行公司治理结构的缺陷，提高其运营效率。而且，银行可以结合物理网点等基础设施的优势以及客户的特征，借鉴数字金融的发展模式拓展服务范围，提高运营效率（Vasiljeva 和 Lukanova，2016）。此外，刘忠璐（2016）证实，互联网金融对银行的负面冲击多集中在市场份额、盈利空间、风险承担等方面，而对其经营效率的提升恰好弥补了这些不利的冲击。据此，提出本章的第一个假说：

假说1：总体上，数字金融的发展提高了农商行的运营效率。

（二）数字金融发展影响农商行运营效率的机制

数字金融的发展使金融与科技融合得更深，加速了商业银行的转型。互联网金融的发展对商业银行有示范、联系的作用，且与大型商业银行相比，技术溢出效应对中小商业银行作用更明显（沈悦和郭品，2015）；银行应用数字技术，可降低交易成本、提高服务质量，提高了银行的经营效率（Beck 等，2016）。

一方面，互联网金融的发展有助于银行提高其电子化水平和平台化程度（彭迪云和李阳，2015）。首先，金融科技的发展使金融基础设施、服务平台、渠道以及场景都发生了改变，有利于解决在渠道普及、客户筛选和服务、风险评估和控制、差异化定价系统等方面困扰传统商业银行的难题（谢治春等，2018）。其次，数字金融的发展可推动金融服务、产品与数字科技的深度融合，有助于银行更好地发展电子业务（Drasch 等，2018）。最后，数字金融的发展能增进银行与互联网、金融科技公司和企业三方的合作（Gomber 等，2017），进一步提升农商行的电子化水平。

另一方面，银行电子化水平的提升会进一步提高其运营效率。信息技术在银行服务和管理中的运用，大幅降低了其运营成本，使其经营效率得到提升（Berger，2003）。相比较而言，通过增设物理网点获客的传统模式显然不利于银行降低运营成本（莫媛等，2019）。而且，先进技术的应用有利于银行开展金融创新、改善运营模式，从而提升利润效率（冯璐和吴梦，2018）。Simpson（2002）发现，电子银行业务相对于传统金融业务，运营成本更低、收入更高，提升了银行的运营效率。互联网金融的发展也带动了银行业和 IT 行业之间的人才流动，提高了银行员工的整体技术素养，进而提升了银行的管理效率（牛蕊，2019）。对于治理体系不完善的农商行来说，信息技术在商业银行各运营领域的应用，有助于改善其治理效率、提高管理决策效率以及资金交易效率（张同建和吕宝林，2010）。综上所述，数字金融的发展可能通过提升农商行的电子化水平进一步提高其运营效率。据此，提出本章的第二个假说：

假说 2：数字金融的发展提升了农商行的电子化水平，进而促进其运营效率的提高。

金融科技的发展改变了商业银行所处的市场环境，大量新兴的金融科技公司和互联网企业的进入，使市场主体更加多元化，给传统金融业务模式带来了巨大挑战（谢治春等，2018）。金融科技加剧了市场竞争，而市场竞争的加剧会使农信社的风险承担增加（郑六江，2020）；但风险承担的增加不利于银行提高运营效率（Tan 和 Floros，2018）。

一方面，数字金融的发展增加了银行的风险承担。金融科技通过加速利率市场化进程、减少银行利润（汪可，2018）、改变银行信用及期限结构（孙旭然等，2020）、增加银行负债成本（邱晗等，2018）等途径提高了银行的风险承担。面对互联网金融的冲击，各类银行的风险承担受影响程度不同，中小商业银行受影响的程度相对较大（郭品和沈悦，2015b），且大银行加速发展金融科技的行为会进一步加剧中小银行风险承担的上升（金洪飞等，2020）。就农商行来说，第一，其风控水平本来就相对较低，存在风险识别信息不充分、识别范围不全面、识别方法不恰当、管理人员素质不足等问题（韦群生，2019），且大多属于事后监管，缺乏对风险发生过程的跟踪监控，很难应对大数据时代的风险变化（孙杰和贺晨，2015）；第二，在竞争压力下，部分农商行可能会进行跨区激进发展，偏离了服务本地、小微和"三农"的业务本源（纪森和李宏瑾，2019），这进一步增加了农商行的风险承担。

另一方面，银行风险承担的增加可能会降低其运营效率。Tan 和 Floros（2018）实证检验发现，流动性风险和资本风险与银行效率显著负相关。张健华和王鹏（2011）发现，银行的信用风险越高其效率越低。具体地，Drake 和 Hall（2003）证实，风险控制后的银行效率水平会上升，且规模较小的区域性银行表现更显著。Banker 等（2010）对韩国的研究发现，不良贷款率越高的银行，其技术效率越低。就农商行而言，由于其产权改革不彻底、省联社对其业务经营存在较多干预等问题，发展较为缓慢，不良率一直较高（黄益平等，2018），风险承担可能对其效率影响更大。田雅群等（2018）从市场势力角度的研究发现，农商行的风险承担与其成本效率呈反向关系。综上所述，数字金融的发展可能通过提高农商行的风险承担，进而降低其运营效率。据此，提出本章的第三个假说：

假说3：数字金融的发展增加了农商行的风险承担，进而抑制其运营效率的提高。

我们认为，总体上数字金融对农商行运营效率的影响是正向的，其可能的影响机制为：第一，数字金融通过提升农商行的电子化水平，进而促进了其运营效率的提高；第二，数字金融通过增加农商行的风险承担，进而抑制其运营效率的提高（见图13-1）。

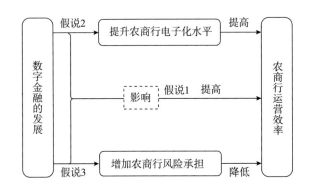

图 13-1 数字金融的发展对农商行运营效率的影响及其机制

三、研究设计

（一）数据来源

本章选取了165家农商行作为样本，手工收集整理了样本农商行2014～2018年的相关数据，并将它与北京大学发布的数字普惠金融指数进行匹配形成得到一个非平衡的面板数据。具体地，数字金融发展的数据来源于《北京大学数字普惠金融指数（2011-2018）》（第二期），农商行的数据来源于各家银行官网以及中国债券信息网和中国货币网披露的年报、中报等，宏观变量数据来源于相应年份的《中国统计年鉴》。

（二）变量定义

1. 被解释变量

农商行运营效率是本章的被解释变量，参考张正平和刘云华（2020）的研究，我们用农商行总资产周转率①作为其运营效率的代理变量，囿于数据可得性，本章用利息收入与非利息收入之和代替农商行营业收入，进而计算农商行的总资产周转率。

2. 核心解释变量

本章采用《北京大学数字普惠金融指数（2011-2018）》中的农商行所在地（市）县的数字普惠金融总指数②作为当地数字金融发展水平的代理变量（郭峰等，2020），并用农商行所在地（市）县的普惠金融数字化程度指数进行稳健性检验。

3. 中介变量

（1）农商行的风险承担。

由于资产收益率波动性指标、β系数一般度量的是上市公司的风险情况，而我国商业银行几乎都处在政府的隐性担保之下，几乎不存在破产风险，因此Z值也不适用（余晶晶等，2019），不良贷款率又属于事后风险度量，而加权风险资产比例衡量银行的事前风险，是一种更加全面的风险度量。综合考虑，我们以加权风险资产比例作为农商行风险承担的代理变量。

（2）农商行的电子化水平。

本章采用农商行电子设备净值与固定资产净值之比作为农商行基础设施电子化水平的代理变量，以电子交易替代率的对数值作为农商行渠道电子化水平的代理变量，并运用变异系数法将基础设施电子化水平指标和渠道电子化水平指标加权得到农商行的电子化水平指标（张正平和刘云华，2020）。

4. 控制变量

根据已有文献，引入包括农商行的资产规模、利率水平和存贷比（张健华和王鹏，2011）、资本充足率（仓明，2016）、资产利润率（余晶晶等，2019）、法人持股比例（张兵等，2014）等微观层面的控制变量，以及农商行所在地区的经济发展水平（田雅群等，2018）、金融发展水平和产业结构（宋波和华桂宏，2019）等宏观层面的控制变量（见表13-1）。

---

① 白钦先和张坤（2016）指出，总资产周转率建立了利润表和资产负债表之间的联系，衡量了金融机构的经营效率，低周转率表明商业性金融机构营运能力差。汉桂民等（2018）研究了外资银行进入对中国银行业系统风险影响，认为银行总资产周转率越高，效率越高，产生的利润越高。

② 郭峰等（2020）指出，数字普惠金融总指数是基于蚂蚁金服的数据从数字金融服务的覆盖广度、使用深度和数字化程度三个维度构建的，共包含33个具体指标，其中覆盖广度包含每万人拥有的支付宝账号数量、支付宝绑卡比例、平均每个支付宝账号绑定银行卡数三个指标；使用深度包括支付宝的支付、货币基金、信贷、保险、投资、信用化六个维度的分指数；数字化程度包括移动化、实惠化、信用化、便利化四个维度的分指数。

表 13-1 变量定义

变量类别	变量名称（符号）	变量的定义
被解释变量 运营效率	总资产周转率（Totc）	农商行的营业收入/期初期末资产总额的均值
核心解释变量 数字金融发展	数字普惠金融总指数（DFT）	《北京大学数字普惠金融指数（2011—2018）》中农商行所在地（市）县的数字普惠金融总指数
	普惠金融数字化程度指数（DFD）	《北京大学数字普惠金融指数（2011—2018）》中农商行所在地（市）县的普惠金融数字化程度指数
中介变量 风险承担	加权风险资产比例（Risk）	农商行的加权风险资产/总资产
电子化水平	农商行电子化水平（Ebank）	农商行基础设施电子化水平与渠道电子化水平指标的合成值
控制变量 宏观因素	经济发展水平（AGDP）	农商行所在地市（县）GDP 总额/农商行所在地市（县）人口总数
	金融发展水平（FL）	农商行所在地市（县）金融机构贷款余额/农商行所在地市（县）GDP 总额
	产业结构（PIR）	农商行所在地市（县）第一产业产值/农商行所在地市（县）GDP 总额
微观因素	资产规模（Asset）	农商行资产总额的对数值
	资本充足率（CAR）	农商行的资本充足率
	利率水平（IIR）	农商行的利息收入/贷款总额
	资产利润率（ROA）	农商行的净利润/期初期末资产总额的均值
	存贷比（DLR）	农商行贷款总额/存款总额
	法人持股比例（CSR）	农商行法人股/（法人股+自然人股）

（三）模型设定

为了验证假说1，参考沈悦和郭品（2015）、余晶晶等（2019）的方法，建立如下计量模型验证数字金融发展对农商行运营效率的影响：

$$Totc_{it} = \theta_0 + \theta_1 DFT_{it} + \theta_{2j} X_{ijt} + t_i + \varepsilon_{it} \tag{13-1}$$

其中，被解释变量 $Totc_{it}$ 表示第 i 家农商行 t 年的运营效率指标；核心解释变量 DFT_{it} 表示农商行所在地（市）县的数字普惠金融总指数；控制变量 X_{ijt} 表示农商行特征变量、农商行所在地（市）县的地区特征变量，j 表示第 j 个控制变量，t_i 表示控制年份的虚拟变量，ε_{it} 表示扰动项。若 θ_1 为正，则说明数字金融对农商行运营效率的影响是正向的。

为了验证假说 2 和假说 3，借鉴温忠鳞和叶宝娟（2014）、张正平和刘云华（2020）的方法，构建如下的中介效应模型：

$$\text{Totc}_{it} = \alpha_0 + \alpha_1 \text{DFT}_{it} + \alpha_{2j} X_{ijt} + t_{1i} + \varepsilon_{1it} \qquad (13-2)$$

$$Z_{it} = \beta_0 + \beta_1 \text{DFT}_{it} + \beta_{2j} X_{ijt} + t_{2i} + \varepsilon_{2it} \qquad (13-3)$$

$$\text{Totc}_{it} = \gamma_0 + \gamma_1 \text{DFT}_{it} + \gamma_2 Z_{it} + \gamma_{3j} X_{ijt} + t_{3i} + \varepsilon_{3it} \qquad (13-4)$$

其中，变量 Totc_{it}、DFT_{it}、X_{ijt} 的定义与模型（13-1）相同，Z_{it} 表示中介变量。模型（13-2）中 α_1 衡量了数字金融对农商行运营效率的影响，模型（13-3）中 β_1 衡量了数字金融对中介变量的影响，模型（13-4）中 γ_1 衡量了数字金融对农商行运营效率的直接效应，$\beta_1 \times \gamma_2$ 为中介效应的影响。在中介效应模型中，若 α_1、β_1、γ_2 均显著且 $\beta_1 \times \gamma_2$ 与 α_1 同号，则为存在中介效应，若异号则是遮掩效应（温忠鳞和叶宝娟，2014）。

四、实证结果及其分析

（一）变量描述性统计

表 13-2 报告了样本各个变量的描述性统计结果。从核心变量来看，总资产周转率的最大值为 11.3146%，最小值为 0.3488%，均值为 4.5664%，表明不同农商行的运营效率之间存在一定差距；数字普惠金融总指数和普惠金融数字化程度指数的标准差分别为 37.7355、61.1975，不同农商行所在地的数字金融发展水平差距也较大，说明本章的研究主题具有重要的现实意义。农商行加权风险资产比例的标准差为 13.8993%，渠道电子化水平的标准差为 11.8847%，差异明显；基础设施电子化水平均值为 0.1474，标准差为 0.1285，差异较小；渠道电子化水平的均值达 78.4220%，可见大部分样本农商行也都在积极发展渠道电子化建设。资产利润率标准差为 0.6815%，说明各农商行盈利能力差别较小；存贷比和法人持股比例标准差较大，资产规模和利率水平的标准差相对小一些，说明不同农商行的发展水平存在一定差别、发展不均衡。

表 13-2　变量描述性统计结果

变量名称（单位）	最大值	最小值	均值	标准差
总资产周转率（%）	11.3146	0.3488	4.5664	1.3822
数字普惠金融总指数	296.2277	19.7800	105.6397	37.7355

续表

变量名称（单位）	最大值	最小值	均值	标准差
普惠金融数字化程度指数	440.1800	-5.8100	100.5181	61.1975
加权风险资产比例（%）	93.7679	0.5431	62.5118	13.8993
基础设施电子化水平（对数值）	0.6774	0.0019	0.1474	0.1285
渠道电子化水平（%）	96.9400	28.4300	78.4220	11.8847
农商行电子化水平	0.2767	-4.6800	-1.6326	0.9063
资产规模（对数值）	9.1597	2.0631	4.9294	1.2319
资本充足率（%）	24.8180	8.0300	13.9307	2.2431
资产利润率（%）	8.1500	0.0100	1.1159	0.6815
利率水平（%）	24.1392	0.3256	8.4390	2.7855
存贷比（%）	149.3950	7.0127	65.7445	19.6233
法人持股比例（%）	97.7000	17.4700	52.8235	16.1770
经济发展水平（万元/人）	32.9029	0.6861	6.4712	4.3203
金融发展水平（%）	11.0222	0.0121	1.0039	0.7693
产业结构（%）	58.6230	0.0362	11.1169	8.4075

（二）样本估计结果及分析

本章的面板数据时间较短，趋势性影响较小，属于短而宽的非平衡面板，因此不必进行单位根检验。经计算，变量之间的相关性系数均小于0.5，因此不存在多重共线性问题。对模型（13-1）进行 LM 检验后，结果拒绝采用混合效应模型；进一步进行 Hausman 检验，其 P 值均小于5%，结果拒绝随机效应模型。因此，后文均采用年份固定效应模型进行估计。为了消除内生性，我们进一步采用系统广义矩估计方法（SYS-GMM）对模型进行回归，AR（2）检验与 Sargan 检验结果表明，扰动项的差分不存在二阶序列相关且工具变量是有效的。

1. 数字金融发展对农商行运营效率的影响

为了验证假说1，对模型（13-1）采用固定效应模型和 SYS-GMM 方法分别进行回归，回归结果如表13-3所示。

表13-3 数字金融发展对农商行运营效率的影响

变量	回归（1）	回归（2）
	FE	SYS-GMM
数字普惠金融总指数	0.0023 (0.9461)	0.0088*** (3.1649)

变量	回归（1） FE	回归（2） SYS-GMM
资产规模	-2.0426 ** （-2.3298）	-0.2140 *** （-5.5579）
资本充足率	0.0168 （0.3648）	-0.0099 （-0.3428）
利率水平	0.3404 *** （5.3067）	0.5152 *** （17.8274）
存贷比	-0.0206 （-0.7179）	0.0540 *** （11.0714）
资产利润率	0.4077 * （1.8372）	0.1645 ** （2.0212）
法人持股比例	-0.0006 （-0.0320）	-0.0047 （-1.3751）
金融发展水平	0.6242 （0.7782）	-0.0752 * （-1.7319）
经济发展水平	-0.2331 （-1.0848）	0.0216 * （1.8275）
产业结构	0.1460 * （2.0204）	0.0189 ** （2.5028）
年份固定效应	是	是
常数	11.9585 * （1.8526）	-2.9897 *** （-4.3497）
R^2	0.7005	0.9062
Hausman 检验	59.2500	—
Durbin 检验	—	7.7605
Wu-Hausman F 检验	—	6.4480
AR（2）检验	—	0.4530
Sargan 检验	—	0.4825

注：* 、** 和 *** 分别表示在10%、5%和1%的统计水平上显著；括号内数值为Z值。本章下同。

从表13-3中回归（1）和回归（2）可知，数字普惠金融总指数的系数都为正，且在回归（2）中显著，说明农商行的运营效率随着当地数字金融发展水平的提升而提高，即数字金融对农商行运营效率的影响是正向的，因而验证了假说1，这与刘忠璐（2016）、牛蕊（2019）的结果一致。

根据回归（1）、回归（2）中控制变量的估计结果，资产规模对其运营效率有显著的负向影响，说明农商行资产规模越大，其运营效率越低，导致这种结果的可能原因是：一方面，由于农信社改制为农商行后在经营管理、治理机制等方面没有发生根本改变（黄益平等，2018），依然存在农信社的诸多固有弊病，改制并没有带来效率的改进（王伟，2015）；另一方面，农商行为了追求利润而盲目扩张规模并不能带来效率的提升（陈佳音和付琼，2019），相反，当农商银行资产规模过大时，经济效率反而会下降（侯翔和曾力，2020）；利率水平、资产利润率对其运营效率有显著的正向影响，表明利率水平越高、盈利能力越强的农商行，其运营效率越高。在回归（2）中，存贷比的系数显著为正，说明农商行的运营效率随着贷款占比的增加而提高；经济发展水平、产业结构对农商行的运营效率均有显著的正向影响，表明经济发展水平越高、第一产业占比越大，当地农商行的运营效率越高，这与宋波和华桂宏（2019）的结果一致。

2. 数字金融发展对农商行运营效率的影响机制

为了检验数字金融对农商行运营效率的影响机制，本章以农商行的电子化水平、风险承担为中介变量，对前述中介效应模型采用 SYS-GMM 方法进行回归。回归结果如表13-4、表13-5所示，其中回归（3）、回归（4）、回归（5）和回归（6）、回归（7）、回归（8）分别对应模型（13-2）、模型（13-3）、模型（13-4）。

表 13-4　数字金融发展影响农商行运营效率的机制：以电子化水平为中介变量

变量	回归（3）	回归（4）	回归（5）
	SYS-GMM	SYS-GMM	SYS-GMM
电子化水平	—	—	0.2492** (2.5748)
数字普惠金融总指数	0.0088*** (3.1649)	0.0142** (2.0877)	0.0063** (1.9744)
控制变量	是	是	是
年份固定效应	是	是	是
常数	−2.9897*** (−4.3497)	−4.0405*** (−3.1992)	−5.3127*** (−5.2308)
R^2	0.9062	0.2904	0.9620
Durbin 检验	7.7605	7.5687	5.8411
Wu-Hausman F 检验	6.4480	6.3306	5.4980
AR（2）检验	0.4530	0.3423	0.3268
Sargan 检验	0.4825	0.3117	0.5519

表 13-5　数字金融发展影响农商行运营效率的机制：以风险承担为中介变量

变量	回归（6）	回归（7）	回归（8）
	SYS-GMM	SYS-GMM	SYS-GMM
风险承担	—	—	−0.0091** (−2.1285)

续表

变量	回归（6）SYS-GMM	回归（7）SYS-GMM	回归（8）SYS-GMM
数字普惠金融总指数	0.0088*** (3.1649)	0.0964* (1.8079)	0.0056** (2.4742)
控制变量	是	是	是
年份固定效应	是	是	是
常数	-2.9897*** (-4.3497)	52.3116*** (2.7286)	-2.4528*** (-3.5666)
R^2	0.9062	0.1219	0.9293
Durbin 检验	7.7605	5.7693	6.5912
Wu-Hausman F 检验	6.4480	5.0183	6.2416
AR（2）检验	0.4530	0.3925	0.6167
Sargan 检验	0.4825	0.2111	0.1702

表 13-4 报告了以农商行电子化水平为中介变量的估计结果。在回归（3）中，数字金融总指数的系数显著为正，说明可继续进行中介效应的检验。在回归（4）中，数字金融普惠总指数的系数显著为正，说明农商行电子化水平随着数字金融发展水平的提高而提升。在回归（5）中，数字普惠金融总指数的系数显著为正，同时电子化水平的系数也显著为正，表明数字金融发展水平通过农商行电子化水平影响了其运营效率，即农商行电子化水平在两者关系中发挥了部分中介效应。由此可见，数字金融的发展提升了农商行的电子化水平，进而促进了其运营效率的提高，假说 2 得到了证实。具体地，$\beta_1 \times \gamma_2 = 0.0142 \times 0.2492 = 0.0035$，即在总效应中农商行电子化水平作为中介变量的贡献为 $0.0035/0.0088 = 39.77\%$。

表 13-5 报告了以农商行风险承担为中介变量的估计结果。在回归（6）中，数字普惠金融总指数的系数显著为正，说明可继续进行中介效应的检验。在回归（7）中，数字普惠金融总指数的系数显著为正，说明数字金融发展水平越高，农商行承担的风险越大。在回归（8）中，数字普惠金融总指数的系数显著为正，但风险承担的系数却在 5% 的统计水平上显著为负，因此数字普惠金融总指数的系数与风险承担的系数乘积也为负，即 $\beta_1 \times \gamma_2$ 与 α_1 异号，说明农商行风险承担在数字金融对农商行运营效率的影响中发挥了遮掩效应，即数字金融提高了农商行的风险承担，进而抑制了其运营效率的提升，这恰好验证了假说 3。

五、稳健性检验

为了验证上述回归结果的稳健性，本章采用替换解释变量的方法做进一步的检验。在《北京大学数字普惠金融指数（2011-2018）》中，普惠金融数字化程度指数（DFD）代表了当地数字技术支持金融服务的程度，也反映了当地数字金融的发展水平（郭峰等，2020）。因此，本章用普惠金融数字化程度指数替换前文中的数字普惠金融总指数，采用固定效应模型和SYS-GMM方法进行回归，结果如表13-6至表13-8所示。由表13-6可知，在回归（9）、回归（10）中DFD的系数均为正，与前文表13-3的回归结果一致。

表13-6　普惠金融数字化程度对农商行运营效率的影响

变量	回归（9）	回归（10）
	FE	SYS-GMM
普惠金融数字化程度指数	0.0006 （0.3753）	0.0027* （1.7898）
控制变量	是	是
常数	12.0962* （1.8784）	-1.7108** （-2.4364）
R^2	0.6981	0.9205
Hausman 检验	53.8100	—
Durbin 检验	—	6.7862
Wu-Hausman F 检验	—	6.0864
AR（2）检验	—	0.7532
Sargan 检验	—	0.8536

表13-7的回归结果显示，普惠金融数字化程度指数通过农商行电子化水平影响了其运营效率，即农商行电子化水平在两者关系中发挥了部分中介效应，与前文表13-4的回归结果一致。

表 13-7　普惠金融数字化程度影响农商行运营效率的机制：以电子化水平为中介变量

变量	回归（11）	回归（12）	回归（13）
	SYS-GMM	SYS-GMM	SYS-GMM
电子化水平	—	—	0.3282*** （4.2141）
普惠金融数字化程度指数	0.0027* （1.7898）	0.0053** （2.1045）	0.0022* （1.7775）
控制变量	是	是	是
常数	-1.7108** （-2.4364）	-1.0075 （-0.2815）	-3.4852*** （-4.0555）
R^2	0.9205	0.2517	0.9676
Durbin 检验	6.7862	6.3458	7.1430
Wu-Hausman F 检验	6.0864	6.1036	6.7052
AR（2）检验	0.7532	0.6162	0.5449
Sargan 检验	0.8536	1.0000	0.5151

表 13-8 的回归结果显示，普惠金融数字化程度指数通过农商行风险承担影响了其运营效率，即农商行风险承担在两者关系中发挥了部分中介效应，与前文表 13-5 的回归结果一致，说明前文的实证结果具有一定的稳健性。

表 13-8　普惠金融数字化程度影响农商行运营效率的机制：以风险承担为中介变量

变量	回归（14）	回归（15）	回归（16）
	SYS-GMM	SYS-GMM	SYS-GMM
风险承担	—	—	-0.0083** （-2.0790）
普惠金融数字化程度指数	0.0027* （1.7898）	0.1668* （1.8525）	0.0024* （1.7553）
控制变量	是	是	是
常数	-1.7108** （-2.4364）	15.1749 （0.6757）	-1.7002*** （-2.7605）
R^2	0.9205	0.2168	0.9321
Durbin 检验	6.7862	7.3042	6.6803
Wu-Hausman F 检验	6.0864	6.0483	6.4095
AR（2）检验	0.7532	0.2302	0.5032
Sargan 检验	0.8536	0.1383	0.1500

六、研究结论及政策启示

本章采用2014~2018年165家农商行的非平衡面板数据，从理论和实证两个方面研究了数字金融的发展对农商行运营效率的影响及其影响机制，并进行了必要的稳健性检验。主要的结论有：①总体上，数字金融的发展对农商行的运营效率存在正向影响，即数字金融的发展有助于提高农商行的运营效率。②具体地，数字金融发展水平的提升提高了农商行的电子化水平，进而促进其运营效率的提高；数字金融发展水平的提升增加了农商行的风险承担，进而抑制了其运营效率的提高。

上述研究结论对我国农商行加快数字化转型、提升运营效率具有重要的政策启示：

第一，农商行应主动拥抱数字金融，借力数字金融提升其运营效率。首先，农商行应学习数字金融的发展模式，加快物理网点的转型升级，革新传统的网点经营方式，积极打造高效综合的智能化社区金融服务站；其次，应积极寻求与金融科技公司的合作，实现互利共赢，例如，通过整合双方的资源，搭建信息共享的业务合作平台，促进农商行运营效率的提升；最后，应着力加强与互联网公司、数字技术企业互动，通过人才培训、参观学习、委托研发等途径提升农商行的数字化运营水平。

第二，农商行应加快数字化转型进程，提升电子化水平，促进运营效率的提高。首先，农商行应努力完善自身的数字基础设施，运用数字技术优化组织架构，拓展数字化渠道和应用场景，引进或者开发集管理、运营、交易等功能于一体的综合数字化系统；其次，应加大对数字金融研发、应用的投入，注重对自身海量数据的挖掘分析，创新业务流程和营销方式，加速运营效率的提升；最后，农商行应加强对数字金融人才的引进和培养，积极开展有关数字科技的培训，提升员工的整体素质，促进运营效率的提高。

第三，农商行应沉着应对数字金融的冲击，合理承担风险，减少对运营效率的不利影响。一方面，农商行应时刻警惕潜在风险，从业务源头处杜绝风险的侵袭，不断完善其风控制度和管理架构，引入先进的数字技术和模型实现对业务流程的实时监控、评估；另一方面，农商行应审慎评估合规风险，切忌盲目开发不负责任、高风险的数字金融产品，应以目标客户需求痛点为导向，实现精准研发、营销及差异化管理，稳步提升运营效率。

第十四章　数字普惠金融发展对农信
机构绩效的影响[①]

一、引言

截至 2019 年 6 月，我国共有 2235 家农信机构，法人数量占银行业金融机构的
48.6%。农信机构作为专门服务于"三农"建设的金融力量，是当前我国农村金
融事业发展的主力军，在支持乡村振兴、推动地方经济发展的过程中发挥了非常
重要的作用（燕翔和冯兴元，2020）。2003 年 6 月 27 日，国务院颁布了《深化农
村信用社改革试点方案》，形成了合作制、股份合作制、股份制三种农村信用社改
革模式，并提出使农村信用社更好地服务"三农"和实现农村信用社商业可持续
的双重目标（冯庆水和孙丽娟，2010）。

按照 2016 年 G20 峰会通过的《G20 数字普惠金融高级原则》，数字普惠金融
是指运用数字技术为无法获得金融服务和缺乏金融服务的群体提供一系列正规金
融服务。迅猛发展的数字普惠金融冲击着银行业现有竞争格局，并在业务竞争、
价格竞争、客户竞争、地区竞争等方面对银行绩效形成巨大挑战（封思贤和郭仁
静，2019）。数字普惠金融的冲击会降低农信机构的绩效吗？探讨这一问题具有十
分重要的现实意义，因为农信机构绩效的好坏直接关系到其自身的稳健经营和可
持续发展，影响到其服务"三农"和小微企业的能力。从已有文献来看，数字普
惠金融与农信机构绩效关系的研究主要集中于两个方面：

[①] 本章分别以《数字普惠金融发展对农信机构财务绩效的影响研究》为题发表于《东方论坛》2022
年第 6 期、以《数字普惠金融发展影响农信机构的社会绩效吗?》为题发表于《江南大学学报（人文社会科
学版）》2021 年第 3 期，作者均为张正平和黄帆帆，录入本书时略有修改。

（一）农信机构绩效的影响因素

农信机构的绩效可以分为财务绩效和社会绩效（刘丹和张兵，2018）。影响农信机构财务绩效的内部因素主要包括资产规模（王俊芹等，2010；李婧等，2015）、管理水平（薛旭静，2013）、人力资本结构（李敬和陈澍，2012）、多元化经营（李志辉和李梦雨，2014；詹欢，2017；姚凤阁等，2017）、资产安全性（童元保，2014）、资本流动性（朱承亮，2015）和内部治理结构（何婧和何广文，2015）。影响农信机构财务绩效的外部因素主要包括地区经济发展水平（李婧等，2015）、金融发展水平（Hermes 等，2011）和农业发展状况（王俊芹等，2010）。影响农信机构社会绩效的因素主要包括资产规模（郭妍和韩庆潇，2019）、股权结构（刘丹和张兵，2018）、商业可持续目标（张兵和曹阳，2010）、资产流动性（朱华明，2004）和外部环境（Watson，2003；谢平和徐忠，2004）等。此外，学术界还关注省联社干预对农信机构绩效的影响，但观点不一。董玄等（2018）认为自 2003 年深化农信社体制改革以来，地方政府通过省联社控制对农信社的影响出现反转，农信社的盈利和支农绩效出现大幅改善。张正平和夏海（2020）认为省联社模式缓解了农信社内部人控制问题，提升了农信机构服务"三农"的能力。而王文莉和罗新刚（2013）认为随着农村信用社股份制改革进程的加快，省联社行业管理与县级机构法人治理之间的矛盾越来越突出，使县级机构对省联社的管理进行有选择的执行，从而增加了省联社的管理成本，降低了农信社的管理绩效。"政治论"认为，政府在商业银行中持股会通过行政干预等手段谋求符合自身的利益，从而降低银行绩效（Berger 等，2005；Micco 等，2007）。

（二）数字普惠金融与农信机构财务绩效之间的关系

Safeena 等（2014）研究后提出互联网金融提高了整个金融业的经营效率，有助于促进商业银行加速产品升级，降低经营成本，优化产业结构；靳永辉（2017）通过实证分析发现互联网金融虽然在一定程度上对商业银行的经营利润产生消极影响，但是这种影响是有限的；申创和赵胜民（2017）利用理论与实证相结合的方法分析了互联网金融对商业银行收益性的影响，发现由于互联网金融带来的技术外溢效应造成的积极影响小于竞争效应造成的消极影响，因此互联网金融的发展使商业银行收益水平显著降低；张晨和董晓君（2018）通过对 10 家商业银行2011~2016 年的经营数据进行实证分析，发现互联网金融分流了商业银行的贷款，使商业银行在发展绿色信贷的过程中更早地出现了绩效下滑趋势；顾海峰和闫君（2019）从盈利能力及盈利结构的双重视角分析，发现互联网金融对商业银行的盈利能力有一定的冲击效应，但是该效应的大小与银行的性质有关；封思贤和郭仁静（2019）以我国 65 家商业银行为样本研究发现，数字普惠金融会通过竞争降低银行的利润效率，且对银行效率的影响存在异质性。

上述文献为深入认识数字普惠金融对农信机构绩效的影响奠定了坚实的基础，但仍存在一些不足之处：首先，国内外学者对于数字普惠金融与银行绩效的评价一直侧重于财务绩效的评价，且研究的对象主要围绕国有商业银行、城市商业银行和股份制商业银行，针对农信机构相关问题的研究鲜见，特别是理论界缺乏对农信机构社会绩效的系统研究；其次，现有文献主要关注互联网金融对农信机构财务绩效的影响，而较少从业务竞争的视角考虑在农信机构多元化经营下数字普惠金融对农信机构二元绩效的影响；最后，现有研究较少考虑省联社干预在数字普惠金融发展与农信机构绩效之间关系中的作用，且缺乏相应的实证检验。

已有文献的不足为本章的创新提供了机会，具体地，本章的边际贡献为：①以农信机构为研究对象，实证检验了数字普惠金融对农信机构财务绩效和社会绩效的影响，进一步丰富了有关农信机构改革发展的相关文献，拓宽了农信机构绩效问题的研究范围。②从业务竞争的视角出发，定量识别了在农信机构业务多元化的调节作用下数字普惠金融对农信机构绩效的影响。③考虑了省联社干预的影响，比较了不同干预程度下数字普惠金融对农信机构绩效影响的差异性。

二、理论分析与假说提出

近年来，随着互联网、大数据、人工智能、云计算、区块链等数字科技与传统金融服务业态的深度融合创新加快，数字普惠金融应运而生。凭借其在信息传输、接收、分析、处理等方面的技术优势，数字普惠金融不仅能掌握商品流、资金流、信息流等各类数据，而且能通过这些数据更准确地刻画各种参与主体的交易习惯、投融资需求、风险偏好等各种行为特征，进而大大节约交易成本，降低信息不对称，拓宽交易的可能性边界。

就农信机构来说，数字普惠金融的发展可能会在一定程度上抑制农信机构的财务绩效：首先，农信机构的电子化发展及风控模式相对滞后，存在风险识别信息不充分、识别范围不全面、识别方法不恰当、管理人员素质不足等问题（韦群生，2019），对数字普惠金融带来的新型风险缺乏处理应对的能力。其次，迅猛发展的数字普惠金融冲击着农信机构现有竞争格局，并对农信机构传统经营模式形成巨大挑战。在业务竞争方面，互联网理财、网络借贷、网络众筹、移动支付等产品的快速普及不仅蚕食着农信机构传统的存贷和结算业务，而且打破了农信机构的交易数据垄断，削弱了农信机构在信用中介和支付中介等方面的功能和优势。在价格竞争方面，数字普惠金融推进了利率市场化进程，抬高了农信机构的获客成本，缩窄了存贷利差空间，加剧了银行竞争。在客户竞争方面，数字普惠金融较强的普惠性质（Ozili，2018）以及特有的"长尾效应"打破了传统银行业"二八定律"，提高了金融服务对中小微企业和普通消费者的触达能力并创造了新的客户需求，夺走了农信机构的长尾客户。在地域竞争方面，数字技术的运用突破了时间和空间限制，农信机构依靠众多物理网点积累的传统区域优势受到了数字普惠金融的不断挑战。商业银行甚至也加速利用数字技术争抢跨区域的金融资源，导致区域竞争更加白热化。最后，数字普惠金融的快速发展和普及，将倒逼农信机构突破发展限制、重构发展战略（赵洪瑞等，2019），加快进行数字化转型，而这一过程有一定的风险及成本。据此，提出本章的第一个假说：

假说 1：数字普惠金融的发展会降低农信机构的财务绩效。

数字普惠金融的发展在影响农信机构财务绩效的同时，也不可避免地对农信机构社会绩效产生冲击：首先，对于同样瞄准农村市场的数字金融平台，其具有与农信机构相同的客户群，这些数字金融平台依托于其服务优势将直接抢占农信机构部分"三农"客户，使农信机构服务客户数量下降，从而发放的涉农贷款降低，导致其社会绩效恶化；其次，在数字普惠金融的竞争压力下，部分农信机构可能通过电子渠道进行跨区激进发展，偏离了服务本地、小微和"三农"的业务本源，这进一步降低了农信机构的社会绩效（纪淼和李宏瑾，2019）；再次，农信机构面对数字普惠金融的冲击，其对经营业绩的担心将使得机构产生"恐惧心理"，迫使其向富裕客户提供服务，以提升经营绩效（张正平和江千舟，2018），这会导致农信机构出现"目标偏移"现象；最后，竞争水平的上升在使农信机构财务绩效下降的同时也将降低农信机构服务"三农"和小微企业的能力，在一定程度上扩大数字金融平台对"三农"客户的侵蚀，使得农信机构的社会绩效下降。据此，提出本章的第二个假说：

假说 2：数字普惠金融的发展会降低农信机构的社会绩效。

与农信机构主要是以单个客户为个体进行服务不同，数字普惠金融的经营模式是依托先进的互联网技术以更低的成本、更便捷的方式、更高效率地为众多客户提供金融服务。此外，数字金融机构还主动与电商平台、电信运营商等其他生活服务平台寻求合作，从中获取用户大量的、全面的信息，通过大数据技术对这些数据进行深入挖掘后，不仅可以实现对用户全面的征信，还可以为用户定制个性化服务，提高用户的体验水平。而农信机构的收入来源在很大程度上依赖于传统存贷款业务，主要提供常规的存贷款产品，个性化的金融产品不多，尤其是互联网金融产品少之又少，在数字普惠金融的竞争作用下，存贷款的利差收窄，势必使农信机构面临盈利下滑的严峻挑战。

农信机构进行多元化经营则有利于改善这一不利局面：首先，农信机构基于非利息业务的收入多元化，在占用资本较少的情况下即可开展业务，提高了资本的利用率，改善了资金结构而且能降低资金错配风险（张羽和李黎，2010）；其次，农信机构通过创新金融产品、提供"一条龙"金融服务可以实现范围经济和规模效应，同时根据资产组合理论，涉足多元化的金融产品和金融领域有助于分散风险（李志辉和李梦雨，2014）；再次，多元化经营有助于扩大农信机构的盈利范围，提升农信机构的盈利能力和经营绩效（冉光和和肖渝，2014；武志勇等，2018），且通过多元化经营所增加的收益多于投入的成本（Meslier等，2016）；最后，农信机构可以借助本单位的推广平台及掌握的用户信息，不断研发出新的符合用户需求的多样化金融理财产品，并通过互联网平台向用户进行销售，使用户足不出户便可以进行投资、理财等多方面的金融活动，从而打破"互联网+"形势下无产品推广和无有效渠道推广的局面，从数字金融平台手中重新抢占曾经流失的部分客户。据此，提出本章的第三个假说：

假说3：业务多元化水平的提高会正向调节数字普惠金融与农信机构双重绩效的关系。

省联社作为一种过渡性的制度安排，毋庸置疑对农村信用社改革与发展起到了积极的推动作用（王文莉和罗新刚，2013）。从短期来看，在省联社模式下，虽然省联社并未直接持有农信机构的股份，但在农信机构的人事任命、财务管理、经营策略、支农政策等方面具有极大话语权，因而能在很大程度上影响农信机构的财务绩效和社会绩效。首先，省联社对农信社经营管理上的"干预"有助于农信机构改进经营水平、增强其服务"三农"的能力（张正平和夏海，2019）。省联社可以扮演倡导者和顾问的角色，能够为农信机构在管理与发展等方面给予指导。一些农商行不可避免地出"离农、脱农"的现象，而省联社对农商行信贷投放方向的"干预"则在一定程度上抑制了农商行"离农、脱农"。其次，省联社的干预有助于提升农信系统的整体风险控制能力。农信社的小法人定位决定了其在规模方面的劣势，其抗风险能力与工农中建等大型商业银行相比仍然比较薄弱。省联社对农信社信贷决策的"干预"改善了农信社的资产负债结构，提升了农信社的资产质量、资本充足率和风险控制能力。再次，省联社的干预有利于农信机构获取技术知识，帮助农信机构获得在监管方面有别于传统商业银行的差异化对待以及比其他商业银行更优惠的税收支持。最后，省联社的干预能帮助农信机构有效应对数字普惠金融冲击，加快数字化转型（张正平和王子源，2020）。省联社拥有丰富的服务经验、具备整合多方资源的潜力、搭建了相对完善的服务平台，可帮助解决农信机构数字化转型中的痛点，在政策推进中从资金实力、技术开发能力、资源跨区配置等方面为农信机构发声（王曙光，2019）。据此，提出本章的第四个假说：

假说4：省联社干预能正向调节数字普惠金融与农信机构双重绩效的关系。

由此，本章建立了一个在农信机构多元化经营及省联社干预背景下数字普惠金融发展对农信机构二元绩效影响的分析框架，如图14-1所示：

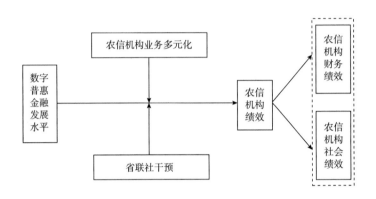

图14-1　数字普惠金融发展与农信机构绩效

三、研究设计

（一）数据来源

本章手工搜集整理了2014~2018年中国213家农信机构的相关财务数据，数据来源于农信机构披露的年度报告、省联社和各农信机构官网、各省市历年统计年鉴及统计公报，样本覆盖了全国除港澳台、云南、甘肃、广西、西藏、宁夏以外的26个省份，共包含199家农商行及14家农信社。为了保证数据的可靠性和结果的可信性，本章对样本进行了如下筛选：①去除当年高管存在变更的数据。②剔除统计期间改制重组的农信机构。③剔除相关样本数据异常或数据不全的农信机构。此外，为减少异常值的影响，在稳健性检验时对变量进行了上下1%的缩尾处理。《北京大学数字普惠金融指数（2011-2018）》由北京大学数字普惠金融研究中心和蚂蚁金服集团编制，从数字普惠金融服务的覆盖广度、使用深度和数字支持服务三个维度进行构建，共包含24个具体指标（郭峰等，2020）。

（二）变量选取

1. 被解释变量

财务绩效是指农信机构在盈利性目标下维持自身可持续经营的能力。由于本章样本农信机构包括农商行和农信社，大多未上市，并且大部分农商行改组完成时间较短，无法对其市场价值进行准确评判，所以不能把托宾 Q 值作为农信机构财务绩效的替代变量。总资产收益率是农信机构净利润与总资产的比率，更能有效反映高管在运营管理的整个过程中对农信机构的经营和发展所取得的成果及贡献（李维安和曹廷求，2004；孙倩和王文莉，2019），所以本章采用总资产收益率（ROA）来衡量农信机构的财务绩效水平。同时由于净资产收益率能够在一定程度上消除使用 ROA 指标衡量所产生的会计偏差（李广子和曾刚，2013），因此本章在进行稳健性检验时把 ROE 指标作为农信机构财务绩效的替代变量。

社会绩效反映了农信机构服务"三农"和小微企业的能力，用涉农涉小贷款占比来表示，涉农涉小贷款占比越大，说明农信机构服务"三农"和小微企业的能力越强，社会绩效越高（刘西川等，2019）。同时，本章在稳健性检验时把涉农贷款占比作为农信机构社会绩效的替代变量（孙倩和王文莉，2019）。

2. 解释变量

本章的核心解释变量是数字普惠金融的发展水平，用农信机构所在县/市的数字普惠金融指数衡量。为研究不同维度的数字普惠金融对农信机构双重绩效产生的影响，按照数字普惠金融发展指数的构成分类，进一步考虑了数字普惠金融的覆盖广度、使用深度和数字化程度三个指标（郭峰等，2020）。

3. 调节变量

由于银行产业以提供各种金融性商品为主，尤其在我国，由于政策上的限制，商业银行并不直接生产其他产业的产品，银行业的多元化主要是指提供各种不同金融服务相关业务比重的多寡（刘孟飞等，2012）。所以，本章选取非利息收入占比来反映农信机构业务多元化程度，非利息收入主要由手续费及佣金收入、投资收益、汇兑损益、公允价值变动损益、保险业务收入和其他业务收入组成（周月书和彭媛媛，2017）。

由于数字普惠金融对农信机构绩效的冲击更多体现在业务竞争层面，而省联社对农信机构的干预则主要体现在业务指导方面，因此本章借鉴张正平和夏海（2020）的研究方法，构建"省联社业务关注指数"作为"省联社干预水平"的代理变量。具体做法为：先运用 LDA 模型对省联社官网发布的新闻动态进行文本分析，提取四个与省联社及农信机构金融业务相关的主题[①]，然后按照文章主题的概率分布分别构建省联社涉农贷款关注指数、省联社小微贷款关注指数、省联社信贷风险关注指数及省联社扶贫贷款关注指数，最后运用熵权法加权合成得到总的省联社业务关注指数。

4. 控制变量

除了数字普惠金融产生的影响，农信机构绩效还受到其内部治理特征、资本结构以及外部经济发展水平的影响，参考相关文献，本章从宏观和微观两个层面选择了多个控制变量：宏观控制变量包括地区经济发展水平和产业结构（史永东和王龑，2017；田雅群等，2018），微观控制变量包括农信机构的规模、公司治理等（王秀丽等，2014；申创和刘笑天，2017；郭妍和韩庆潇，2019）。

综上所述，本章所选变量如表14-1所示：

表14-1　变量定义

变量类型	变量名称（符号）	变量含义及计算方法
被解释变量	总资产收益率（ROA）	净利润/平均总资产
	涉农涉小贷款占比（AGSR）	涉农贷款+小微贷款/总贷款
解释变量	数字普惠金融发展水平（DIFI）	农信机构所在地（市）县的数字普惠金融总指数
	数字普惠金融覆盖广度（CS）	农信机构所在地（市）县的数字普惠金融二级维度子指数
	数字普惠金融使用深度（UD）	农信机构所在地（市）县的数字普惠金融二级维度子指数
	数字普惠金融数字化程度（DD）	农信机构所在地（市）县的数字普惠金融二级维度子指数
控制变量	资本结构（CS）	期末总负债/期末总资产
	资产规模（SIZE）	期末资产总额的自然对数
	资本充足率（CAR）	年末资本充足率水平
	不良贷款率（NPLR）	年度不良贷款余额/总贷款
	独立董事比率（IB）	农信机构独立董事比例
	股权集中度（HERF）	农信机构前十大股东持股比例
	地区经济发展水平（GDP）	农信机构所在地市（县）的国内生产总值
	产业结构（PIR）	农商行所在地市（县）第一产业产值/农商行所在地市（县）GDP总额
调节变量	业务多元化水平（NII）	非利息业务收入/总资产
	省联社干预水平（PFII）	省联社信贷业务关注指数

---

① 这四个主题词分别是：涉农贷款、小微贷款、信贷风险及金融扶贫。

（三）模型设定

为验证假说1、假说2，本章借鉴刘丹和张兵（2018）的实证模型，构建如下多元线性回归模型：

$$Performance_{i,t} = \beta_0 + \beta_1 DIFI_{i,t} + \beta_2 X_{i,t} + \varepsilon_{i,t} \tag{14-1}$$

其中，$Performance_{i,t}$ 表示反映农信机构财务绩效或社会绩效的指标，分别用 ROA 和 AGSR 作为代理变量；$DIFI_{i,t}$ 表示数字普惠金融发展水平；$X_{i,t}$ 表示宏观、微观层面的控制变量；ε_{it} 是随机干扰项，衡量不可观测的因素。

为了验证假说3，借鉴温忠麟和叶宝娟（2014）的模型设定思路，我们在模型（14-1）的基础上引入农信机构业务多元化水平、数字普惠金融发展水平与农信机构业务多元化水平的交互项得到模型（14-2），以验证在业务多元化的调节作用下数字普惠金融对农信机构双重绩效产生的影响。

$$Performance_{i,t} = \beta_0 + \beta_1 DIFI_{i,t} + \beta_2 NI_{i,t} + \beta_3 NI_{i,t} \times DIFI_{i,t} + \beta_4 X_{i,t} + \varepsilon_{i,t} \tag{14-2}$$

为了验证假说4，我们在模型（14-1）的基础上引入省联社干预水平、数字普惠金融发展水平与省联社干预水平的交互项得到模型（14-3），以验证在省联社干预的调节作用下数字普惠金融对农信机构双重绩效产生的影响。

$$Performance_{i,t} = \beta_0 + \beta_1 DIFI_{i,t} + \beta_2 PDII_{i,t} + \beta_3 PDII_{i,t} \times DIFI_{i,t} + \beta_4 X_{i,t} + \varepsilon_{i,t} \tag{14-3}$$

四、实证检验及结果分析

（一）描述性统计分析

表14-2报告了样本各个变量的描述性统计结果。由表14-2可知，ROA的最大值为3.2900%，最小值为0.0100%，标准差为0.5577%，表明各农信机构的财务绩效差异较大；AGSR的最大值为1.0000%，最小值为0.0417%，标准差为0.3256%，说明各农信机构的社会绩效差异也很大；核心解释变量数字普惠金融水平的均值为104.6314，标准差为36.3706，说明各地区数字普惠金融的发展水平不一。此外，各控制变量及其他变量的变化均较大。

表14-2 变量的描述性统计

变量	观测值	均值	标准差	最小值	最大值
ROA（%）	776	1.1673	0.5577	0.0100	3.2900

变量	观测值	均值	标准差	最小值	最大值
AGSR（%）	220	0.6724	0.3256	0.0417	1.0000
DIFI	776	104.6314	36.3706	19.7800	296.2280
CB	776	101.7698	36.8132	9.4500	266.4630
UD	776	113.3955	35.9487	14.0000	305.9180
DL	776	98.1569	58.4964	−5.8100	394.0000
SIZE	741	4.9445	1.2386	2.0631	9.1597
CS	663	0.9218	0.0468	0.3807	1.4486
CAR（%）	684	12.0201	5.3254	−0.7500	25.8410
NPLR（%）	659	3.1619	3.4863	0.2900	55.0300
IB	637	0.1685	0.0816	0.0000	0.4545
HERF（%）	732	41.858	14.3340	13.9300	99.0500
GDP（万亿元）	760	0.1739	0.2921	0.0022	2.2859
PIR（%）	722	12.7282	8.5469	0.0362	58.6230
NII（%）	425	0.1501	0.3402	0.0000	6.2231
PFII	680	50.3126	18.0083	0.0000	100.0000

（二）基准回归结果及其分析

1. 数字普惠金融对农信机构财务绩效和社会绩效的总影响

由于本章的非平衡面板数据的时间长度小于面板个体数，趋势性的影响较小，属于短而宽的面板数据，因此不需要进行单位根检验。对变量的相关性检验结果表明，变量之间的相关系数均不大于0.5，因此不存在影响估计结果的多重共线性问题。在回归中，可能存在由于反向因果关系或测量误差导致的内生性问题，从而影响估计结果的可靠性。一方面，绩效的提升有助于农信机构的可持续发展，增强农信机构在金融市场的竞争力，从而影响数字普惠金融的发展，即农信机构绩效也可能对数字普惠金融发展水平产生影响（反向因果关系）；另一方面，数字普惠金融指数的测量本身也可能存在一定的误差。为消除内生性，本章在回归（1）和回归（2）中引入数字普惠金融发展水平（DIFI）的滞后项作为解释变量，采用广义矩估计方法（GMM）对模型（14-1）进行估计。GMM方法从矩条件出发，构建包含参数的方差，不需要对变量的分布进行假定，也不需要知道随机干扰项的分布信息，可以有效地解决内生性问题（白俊红和刘宇英，2018）。如表14-3所示，AR（2）检验与Sargan检验结果说明扰动项的差分不存在二阶序列相关且工具变量是有效的。

表14-3 数字普惠金融影响农信机构财务绩效和社会绩效的回归结果

变量	回归（1） ROA	回归（2） AGSR
DIFI	-0.0024** (-1.99)	-0.0032*** (-2.75)
SIZE	-0.0378 (-1.04)	-0.0918*** (-2.87)
CS	-1.1900*** (-3.21)	-0.0279 (-0.04)
CAR	0.0350** (2.54)	0.0039 (0.30)
NPLR	-0.0728*** (-3.70)	-0.0093 (-0.93)
IB	-0.1430 (-0.51)	-0.1670 (-0.57)
HERF	-0.0034** (-2.49)	-0.0018 (-1.12)
GDP	-0.0102** (-2.14)	0.0348 (0.27)
PIR	0.0423 (0.09)	0.0112** (2.54)
常数项	2.5260*** (5.24)	1.4310* (1.76)
N	334	163
R^2	0.2780	0.2691
AR（2）检验	0.6236	0.4242
Sargan 检验	0.1077	0.4215

注：*、**和***分别表示在10%、5%和1%的统计水平上显著；括号内数值为标准差。AR（2）检验与Sargan检验分别提供检验的P值。本章下同。

在表14-3中，我们进行了二次回归，分别考察了数字普惠金融对农信机构财务绩效和社会绩效的影响。在回归（1）中，数字普惠金融的估计系数为显著的负值，表明数字普惠金融发展对农信机构财务绩效有显著的负向影响，可能的原因是，数字普惠金融的发展将直接分割农信机构在信贷市场或者中间业务的市场份额，使农信机构收入减少，从而降低了农信机构的财务绩效。由此，假说1得到了验证。

在回归（2）中，数字普惠金融的估计系数也为显著的负值，这表明数字普惠金融的发展水平越高，农信机构的社会绩效越差。可能的原因是，数字普惠金融平台直接抢占农村金融机构部分"三农"客户，使农信机构所发放的涉农贷款降低，社会绩效下降。同时，农信机构面对数字普惠金融的冲击，其对经营业绩的担心将使得机构产生"恐惧心理"，迫使其向富裕客户提供服务。由此，假说2得到了验证。

2. 数字普惠金融各维度对农信机构财务绩效和社会绩效的影响

数字普惠金融的发展是多维度的，比如数字普惠金融的发展既可以体现为交易账户数的增加，或是互联网金融服务的深化，也可以体现为金融服务的便利化和成本的降低（郭峰等，2020）。为考察不同维度的数字普惠金融对农信机构财务绩效和社会绩效的影响，我们依次将数字普惠金融指数下的覆盖广度、使用深度和数字化程度等二级指标作为解释变量加入到模型中。表14-4的回归（1）、回归（2）、回归（3）分别报告了数字普惠金融的覆盖广度、使用深度和数字化程度对农信机构财务绩效的影响，回归（4）、回归（5）、回归（6）则分别报告了数字普惠金融的覆盖广度、使用深度和数字化程度对农信机构社会绩效的影响。结果表明，数字普惠金融的使用深度和数字化程度对农信机构财务绩效有显著的负向影响，覆盖广度对农信机构财务绩效有负向影响但在统计上不显著；数字普惠金融的数字化程度对农信机构社会绩效有显著的负向影响，覆盖广度和使用深度对农信机构社会绩效有负向影响但在统计水平上不显著。其原因在于，覆盖广度主要是用一个地区使用支付宝等电子账户的人群数来衡量的，拥有在农信机构以外的电子账号不一定意味着对农信机构业务的挤压；而使用深度指数是通过实际使用的数字金融服务衡量的，数字金融服务种类的增加，便利了支付、融资、保险和商业交易，对农信机构各类业务形成了强大的竞争压力，从而降低了农信机构的财务绩效；数字化程度主要是用成本和便利化程度来衡量的，数字化程度越高，代表数字金融服务越便利、成本越低，数字普惠金融的低成本和低门槛优势抢占了农信机构的市场份额，直接降低了农信机构的财务绩效和社会绩效。

表14-4　不同维度的数字普惠金融与农信机构财务绩效和社会绩效

变量	回归（1）	回归（2）	回归（3）	回归（4）	回归（5）	回归（6）
	ROA			AGSR		
CB	−0.0009 （−0.93）	—	—	−0.0025 （−2.87）	—	—
UD	—	−0.0041 *** （−2.86）	—	—	−0.0017 （−1.14）	—

续表

变量	回归（1）	回归（2）	回归（3）	回归（4）	回归（5）	回归（6）
	ROA			AGSR		
DL	—	—	−0.0019**	—	—	−0.0025***
			（−2.45）			（−3.04）
SIZE	−0.0384	−0.0295	−0.0418	−0.0979***	−0.0897***	−0.0913***
	（−1.07）	（−0.77）	（−1.17）	（−3.12）	（−2.77）	（−2.91）
CS	−1.1840***	−1.1030***	−1.1890***	−0.0066	0.0582	−0.0171
	（−3.19）	（−2.96）	（−3.30）	（−0.01）	（0.08）	（−0.03）
CAR	0.0370***	0.0337**	0.0342**	0.0059	0.0087	0.0038
	（2.64）	（2.46）	（2.53）	（0.49）	（0.68）	（0.30）
NPLR	−0.0718***	−0.0762***	−0.0698***	−0.0076	−0.0053	−0.0054
	（−3.62）	（−3.70）	（−3.64）	（−0.80）	（−0.51）	（−0.60）
IB	−0.1250	−0.0760	−0.0901	−0.1850	−0.1490	−0.0968
	（−0.45）	（−0.27）	（−0.33）	（−0.65）	（−0.51）	（−0.34）
HERF	−0.0033**	−0.0045***	−0.0029**	−0.0015	−0.0023	−0.0013
	（−2.49）	（−2.96）	（−2.20）	（−1.02）	（−1.38）	（−0.83）
GDP	−0.1790*	−0.2520**	−0.1660*	0.0773	−0.0408	0.0278
	（−2.26）	（−2.68）	（−2.13）	（0.60）	（−0.30）	（0.22）
PIR	0.0021	−0.0018	0.0025	0.0103**	0.0124***	0.0146***
	（0.45）	（−0.37）	（0.56）	（2.37）	（2.93）	（3.25）
常数项	2.3080**	2.7290**	2.4260**	1.3270*	1.1480	1.2540*
	（4.75）	（5.63）	（5.41）	（1.70）	（1.35）	（1.70）
N	334	334	334	163	163	163
R²	0.2830	0.2470	0.2910	0.2930	0.2780	0.2960
AR（2）	0.8688	0.7474	0.7859	0.4179	0.4083	0.4028
Sargan 检验	0.1695	0.1920	0.1984	0.4311	0.7157	0.7362

五、进一步分析

（一）农信机构业务多元化的调节作用

表 14-5 中的回归（1）、回归（2）分别报告了在农信机构业务多元化水平的调节作用下数字普惠金融影响农信机构财务绩效和社会绩效的回归结果。结果表明，数字普惠金融对农信机构财务绩效和社会绩效的提升均有显著的负向作用，

这与未加入业务多元化与数字普惠金融发展水平的交互项所得到的回归结果一致。从回归（1）可以看出，数字普惠金融与农信机构业务多元化水平的交互项系数在1%的显著性水平上为正，与数字普惠金融的系数相反，表明农信机构业务多元化水平对数字普惠金融与农信机构财务绩效之间的关系有负向的调节作用，即农信机构业务多元化水平越高，数字普惠金融降低农信机构财务绩效的作用越弱。可能的原因是，农信机构借助现有的金融平台和客户基础，进而实现对外在资源的共享及利用，且在生产、营销及财务等层面发挥协同作用，大大地减少了银行的运营成本，提高了多元化非利息收入，增强了市场竞争优势，从而对农信机构财务绩效产生正向影响（王曼舒和刘晓芳，2013）。从回归（2）可以看出，数字普惠金融与农信机构业务多元化水平的交互项系数为正，但并不显著，可能的原因是，农信机构多元化经营增加的更多是非利息收入，在省联社干预、目标约束等因素影响下没有改变涉农涉小贷款的投向和规模，因此业务多元化对数字普惠金融与农信机构社会绩效之间关系的作用并不明显。由此，假说3得到了验证。

表 14-5　农信机构业务多元化的调节作用

变量	回归（1）	回归（2）
	ROA	AGSR
DIFI	-0.0061**	-0.0070*
	(-2.57)	(-1.68)
CX	-3.8010***	-424.0100*
	(-3.34)	(-1.73)
DIFI×CX	0.0319***	3.7530
	(3.32)	(1.68)
SIZE	-0.0429	-0.1260***
	(-1.06)	(-3.51)
CS	-1.9290***	1.0270
	(-2.96)	(0.96)
CAR	0.0288*	0.0068
	(1.81)	(0.40)
NPLR	-0.0570***	-0.0111
	(-3.31)	(-0.83)
IB	-0.0568	-0.4570
	(-0.19)	(-1.41)
HERF	-0.0004	0.0023
	(-0.23)	(1.09)
GDP	-0.2060**	0.2730*
	(-2.08)	(1.75)

续表

变量	回归（1）	回归（2）
	ROA	AGSR
PIR	−0.0031	0.0144***
	(−0.63)	(2.84)
常数项	3.6001***	0.8310
	(4.52)	(0.61)
N	228	123
R²	0.2530	0.2110
AR（2）检验	0.5968	0.6102
Sargan 检验	0.3219	0.4218

（二）省联社干预的调节作用

表 14-6 中的回归（1）、回归（2）分别报告了在省联社干预的调节作用下数字普惠金融影响农信机构财务绩效和社会绩效的回归结果。结果表明，数字普惠金融对农信机构财务绩效和社会绩效的提升均有显著的负向作用，这与未加入业务多元化与数字普惠金融发展水平的交互项所得到的回归结果一致。同时，数字普惠金融发展水平与省联社干预水平的交互项系数在至少5%的显著性水平上为正，与数字普惠金融的系数相反，表明省联社干预水平对数字普惠金融与农信机构财务绩效和社会绩效之间的关系有负向的调节作用，即省联社干预水平越高，数字普惠金融降低农信机构财务绩效和社会绩效的作用越弱。可能的原因是，省联社已经建立了人才、技能培训的服务平台，可在人力资源管理、培训、科技支撑业务等方面为农信机构提供服务（马九杰和吴本健，2013），能帮助农信机构更好地应对数字普惠金融发展带来的冲击，提升农信机构的财务绩效。此外，省联社对农信机构信贷投放方向和信贷规模的"干预"在一定程度上抑制了农信机构"离农、脱微"（张正平和夏海，2020），使农信机构保持较高的社会绩效。由此，假说4得到了验证。

表 14-6　省联社干预的调节作用

变量	回归（1）	回归（2）
	ROA	AGSR
DIFI	−0.0279***	−0.0324**
	(−3.10)	(−2.10)
PFII	−0.0459***	−0.0550**
	(−2.75)	(−2.01)

续表

变量	回归（1）	回归（2）
	ROA	AGSR
DIFI×PFII	0.0005***	0.0005**
	（2.92）	（2.10）
SIZE	−0.0058	−0.0614
	（−0.13）	（−1.50）
CS	−1.9020***	−0.1710
	（−4.19）	（−0.19）
CAR	0.0374**	0.0058
	（2.51）	（0.34）
NPLR	−0.0632***	−0.0011
	（−3.34）	（−0.09）
IB	−0.3410	−0.4680
	（−1.14）	（−1.27）
HERF	−0.0032**	0.0005
	（−2.07）	（0.19）
GDP	−0.0106*	0.0256
	（−1.69）	（0.18）
PIR	0.0003	0.0134**
	（0.05）	（2.54）
常数项	5.549***	4.2560**
	（4.72）	（2.17）
N	290	140
R²	0.2420	0.6100
AR（2）检验	0.7005	0.4394
Sargan检验	0.4339	0.4326

六、稳健性检验

（一）调整被解释变量

分别用农信机构的净资产收益率（ROE）和涉农贷款占比（AGR）作为农信机构财务绩效和社会绩效的代理变量，替换原有的衡量财务绩效的总资产收益率（ROA）及衡量社会绩效的涉农和小微贷款占比（AGSR），并应用GMM模型进行回归。由表14-7可知，GMM模型的估计结果与前文一致，即数字普惠金融对农信机构的财务绩效和社会绩效均有显著的负向作用。

表14-7　数字普惠金融对农信机构双重绩效的影响：替换被解释变量

变量	回归（1）	回归（2）
	ROE	AGR
DIFI	-0.0004** (-2.48)	0.0018** (2.10)
SIZE	-0.0050 (-1.03)	-0.0383 (-1.23)
CS	0.2660*** (3.07)	-0.4280 (-0.81)
CAR	-0.0024 (-1.63)	-0.0044 (-0.42)
NPLR	-0.0108*** (-4.92)	0.0014 (0.16)
IB	0.0297 (0.79)	-0.4040* (-1.90)
HERF	-0.0002 (-0.98)	0.0029** (2.37)
GDP	-0.1067 (-1.37)	-0.0869 (-1.18)
PIR	0.0007 (1.13)	-0.0078** (-2.15)
常数项	0.0205 (0.23)	1.0150 (1.59)
N	333	180
R^2	0.1850	0.1350
AR（2）检验	0.1307	0.2606
Sargan 检验	0.4512	0.5415

（二）调整样本量

考虑到各地区数字普惠金融发展水平和农信机构发展水平差异较大，这种差异可能对回归结果产生一定影响，所以将机构层面的变量进行了上下1%的缩尾处理，表14-8的回归结果显示：数字普惠金融的系数仍为显著的负值，该结果与前文的实证研究结论一致，说明前文的回归结果具有一定的稳定性。

表 14-8　数字普惠金融对农信机构双重绩效的影响：调整样本量

变量	回归（1）	回归（2）
	ROA	AGR
DIFI	−0.0027 **	−0.0035 ***
	(−2.06)	(−2.90)
SIZE	−0.0324	−0.0876 ***
	(−0.88)	(−2.68)
CS	−1.2420 ***	−0.0743
	(−3.28)	(−0.10)
CAR	0.0348 **	0.0029
	(2.52)	(0.22)
NPLR	−0.0715 ***	−0.0104
	(−3.65)	(−1.04)
IB	−0.180	−0.1660
	(−0.64)	(−0.56)
HERF	−0.0035 **	−0.0019
	(−2.56)	(−1.16)
GDP	−0.0102 **	0.0290
	(−2.20)	(0.22)
PIR	0.0009	0.0118 ***
	(0.20)	(2.67)
常数项	2.5780 ***	1.5030 *
	(5.24)	(0.24)
N	329	160
R^2	0.2801	0.2770
AR（2）检验	0.9441	0.4152
Sargan 检验	0.2923	0.4183

七、研究结论及政策启示

　　本章基于 2014~2018 年北京大学数字普惠金融指数和农信机构数据，实证检验了数字普惠金融对农信机构双重绩效的影响，主要结论有：①数字普惠金融的发展降低了农信机构的财务绩效和社会绩效。②数字普惠金融的覆盖广度对农信机构财务绩效和社会绩效有负向影响但在统计上均不显著。③数字普惠金融的使用深度对农信机构财务绩效有显著的负向影响，对农信机构社会绩效有负向影响但在统计上不显著。④数字普惠金融的数字化程度对农信机构财务绩效和社会绩效均有显著的负向影响。⑤业务多元化水平能正向调节数字普惠金融与农信机构绩效的关系。⑥省联社干预水平能正向调节数字普惠金融与农信机构绩效的关系。

上述结论对我国农信机构的数字化转型、多元化经营及绩效提升有重要的启示：

第一，建立农信社双重绩效评价与协调机制。首先，要妥善处理好农信机构经营逻辑与支农逻辑的关系，既追求利润目标最大化又坚定服务"三农"和小微企业，在两者之间寻找平衡点。其次，坚持农信社支农支小市场定位，保持县域法人稳定，通过发起成立村镇银行等方式，批量培育向乡镇延伸服务的微型金融机构，实现跨区域经营。最后，吸引民营企业等社会资本投资入股，完善法人治理，将乡村振兴总目标和总要求转化为农信社支持乡村振兴战略的功能性目标和考核目标。

第二，提高应对数字普惠金融冲击的能力。具体地，要结合自身资产规模和资金实力制定差异化的经营战略，从优化组织结构、调整技术架构等层面提高运营效率，降低运营成本。要改善经营模式，在维持线下经营的同时，大力发展线上业务。要将大数据、人工智能、AR技术等应用于银行物理网点，实现线下网点的智能，同时优化线上服务流程，实现线上和线下渠道的无缝衔接。

第三，加强创新，提升业务多元化水平。首先，应主动运用大数据技术，分析客户的资产结构及风险偏好，根据乡镇居民的收入特点和理财需求，设计面向农民的互联网金融产品。其次，应优化非利息业务结构，开拓线上和线下业务，将理财服务向财富管理业务转化，推动托管业务、资产增值业务等利润贡献度较高的非利息业务加速发展。最后，要注意多元化带来的成本，通过引进信息科技和提高工作效率，有效降低相关成本。

第四，合理发挥省联社的作用。首先，搭建信息共享服务平台，实现省内农信机构间产品、信息和资金等资源的共享，积极引导农信机构的信贷资源向"三农"领域和贫困客户倾斜，助力乡村振兴战略和精准扶贫战略。其次，搭建创新产品研发服务平台，集中全省农信机构的力量，大力研发数字普惠金融产品，积极应用金融科技推动数字普惠金融的发展和乡村振兴战略的实施。最后，搭建培训服务平台，定期对农信机构员工开展业务培训，增加培训业务的种类，并对培训效果进行考核，提升基层人员的业务素养。

第十五章　数字普惠金融发展对农业生产有资本替代的影响[①]

一、引言

2018 年国务院印发了《关于加快推进农业机械化与农机装备产业转型升级的指导意见》，2021 年中央一号文件《中共中央　国务院关于全面推进乡村振兴加快农业农村现代化的意见》再次强调"加快推进农业机械化进程"。可见，加快推进农业机械化进程已经成为新时代实现我国农业高质量发展和乡村振兴战略的重要议题。然而，农户作为我国农业机械投资的主要力量，其购机贷款难、贷款成本高等问题并没有很好地解决（张瑞宏等，2014）。而且，农机贷款期限与农机成本回收期不匹配，农机信贷产品创新力度不足等使得传统金融机构在推动农业机械化进程中面临较大困难（程芳，2018）。此外，考虑到"三农"群体的金融需求呈现小额、短融、季节性等特点，传统普惠金融无法精准识别农户需求，给农户在农业生产中加大机械投入、利用资本替代劳动带来了困难（刘永好，2017）。近年来数字普惠金融的发展，为解决农户贷款难、借贷期限不灵活、金融产品服务单一等问题提供了新途径。Kapoor（2014）提出，数字金融具有包容性增长特征，可有效提高低收入群体的金融可得性。Ozili（2018）认为，数字金融发展有助于提高整个金融体系的包容性，对于金融机构、政府和消费者都具有重大意义。崔洛源和赵鲁南（2019）认为，数字金融利用大数据、人工智能等技术，精准识别农户需求，创新金融产品和服务，使农户有机会获得并享受更多的金融产品与服务。那么，数字普惠金融发展会影响农业生产中资本对劳动的替代吗？影响随

[①]　本章以《数字普惠金融发展对农业生产有资本替代效应吗?》为题发表于《金融评论》2021 年第 6 期，作者为张正平和王琼，录入本书时略有修改。

时间推移而变化吗？是否存在异质性影响？这些都是本章试图回答的问题。

从相关文献来看，对资本替代劳动的研究主要集中在两个方面：一是资本替代劳动的影响因素。这些因素主要包括家庭人均收入和经营耕地块数（宁泽逵，2012）、土地经营规模、劳动力转移（杨宇和李容，2015）、农作物品种（闵师等，2018）、劳动力价格和地形（王善高等，2020）等。二是金融与资本替代劳动的关系。从金融支持体系的构建来看，仇克（2002）认为，必须要构建完善的金融支持体系推动农业机械化进程；徐峰等（2021）认为，应从农机购置抵押贷款、农机普惠金融等方面完善金融政策支持体系。从金融对农业机械化进程的作用来看，钟真等（2018）证实，农机购置补贴对农机化率具有正向影响，而借贷利率和农机化率呈现一个先正后负的倒"U"型关系；杨皓月等（2020）提出，农业信贷和农业保险有利于促进农业机械化进程；行伟波和张思敏（2021）发现，涉农贷款的发放有助于提高农业机械化水平。

上述文献为本章的研究奠定了良好的基础，具体来说，本章的创新体现在两个方面：第一，研究视角创新。正如前文所述，已有文献多关注农业劳动力转移、土地经营面积和财政支农等因素对资本替代劳动的影响，而本章则尝试从数字普惠金融的角度开展研究，试图揭示数字普惠金融对资本替代劳动的影响，为资本替代效应的研究提供了新的视角。第二，研究内容创新。鲜有文献关注数字普惠金融对农业生产中资本替代劳动的影响，本章不仅研究了是否存在影响，还分析了动态效应和异质性，丰富并拓展了资本替代劳动问题的研究内容。

二、理论分析与假说提出

（一）数字普惠金融对农业生产中资本替代劳动的总体影响

根据诱导性技术变迁理论，要素禀赋的改变会诱使农户选择价格低廉的要素替代价格昂贵的要素（郑旭媛和徐志刚，2017）。随着大量青壮年劳动力不断向非农部门转移，农村劳动力供给量可能出现了不足。在这种情形下，农户会调整生产要素投入结构，利用低廉且相对丰富的要素替代劳动。其中，农业机械是替代劳动最直接和主要的替代方式（杨宇和李容，2015）。然而，农户在进行生产性消费时，常常面临着资金约束（高延雷等，2020）。一方面，传统金融在支持农业机械化发展方面存在较大的困难。樊文翔（2021）指出，农户从传统金融机构中获取借贷资金面临着居住偏远、地形复杂、交通落后等挑战，具有较高的交易成本。

杨皓月等（2020）认为，由于农业产业的特殊性质，农作物受自然因素影响较大，农户常缺少抵押物和担保，其信用水平不易测量，银行出于安全性考虑往往不审批贷款。而且，农机贷款期限与农机成本回收期不匹配，农机信贷产品创新力度不足等因素制约了农业机械化的发展（程芳，2018）。另一方面，数字金融利用大数据、人工智能等技术，大大拓宽了金融服务的范围，可精准识别农户需求，有效地缓解了农户的资金约束（曾小艳和祁华清，2020），有利于农户利用农机替代劳动。此外，数字普惠金融的发展带来了更多的非农就业机会（何宗樾和宋旭光，2020）。高延雷等（2020）指出，出于经济利益的考量，农户会将更多的劳动时间投入到收益较高的非农产业中，尽可能减少农业生产中的劳动力投入，积极地利用农机替代劳动。

值得注意的是，数字普惠金融促进农业生产中资本对劳动的替代可能随着时间的推移而减弱（动态效应）。有不少文献证实了金融作用存在动态效应。例如，杨建春和施若（2014）证实，金融支持旅游业发展存在动态效应；黄锐等（2020）发现，金融科技对企业融资约束存在动态效应；陈烨丹和范云芳（2021）构建的 TVP-VAR 模型证实了农村金融发展减贫的动态效应。因此，有理由推测数字普惠金融发展对农业生产中的资本替代劳动也存在类似的动态效应。一方面，从边际效应递减规律来看，金融科技对企业融资约束的缓解效果随时间推移而逐渐减弱（黄锐等，2020）。显然，数字普惠金融与农户融资约束的关系同样也受到边际效应递减规律的影响。另一方面，随着农业机械化水平的提高，资本替代劳动的提升空间是有限的（潘彪和田志宏，2018）。杨宇和李容（2015）提出，要素市场发育滞后、农户分散的生产组织形式等现实条件阻碍了劳动节约技术的应用和扩散，这意味着资本对于劳动的替代并非无上限，其受现实中若干种条件的制约。宋海凤和刘应宗（2019）发现，随着农机化水平的提高，资本对劳动的替代弹性降低，替代难度加大。据此，提出本章的第一个假说：

假说 1：数字普惠金融的发展促进了农业生产中资本对劳动的替代，且这种促进作用随时间推移而逐渐减弱。

（二）数字普惠金融对农业生产中资本替代劳动的分维度影响

数字普惠金融覆盖广度的增加拓宽了金融服务的范围，使农户能够低成本、便捷地获取金融服务（谢丽霜和董玉峰，2018）；而数字普惠金融使用深度的增加使得金融机构在大数据搜集过程中寻找到更多维信息，使深入挖掘和分析农户需求成为可能，从而提供更符合其需求的金融产品或服务（杨波等，2020）。简言之，数字普惠金融覆盖广度和使用深度的增加有利于提高农户的金融可得性，促进农业生产中资本对劳动的替代。然而，覆盖广度和使用深度可能产生不同的影响。数字普惠金融使用深度的增加意味着为更加贫困的人群提供了金融服务。马斯洛需求层次理论表明，人的需求是从低到高依次满足的，生理需求应最先得到满足。显然，贫困人群更有可能将获得的贷款用于生存型消费，从而降低农业生产中资本对劳动的替代。江红莉和蒋鹏程（2020）发现，居民可支配收入的增加首先要满足的是居民温饱和生存问题，并对发展型消费和享受型消费产生了挤出作用。因此，数字普惠金融使用深度的增加缓解农户融资约束后带来的资本替代效应会更小。据此，提出本章的第二个假说：

假说2：相比使用深度，覆盖广度的增加对农业生产中资本对劳动的替代作用更大。

（三）数字普惠金融对农业生产中资本替代劳动的异质性影响

一方面，从传统金融的发展情况来看，相比南方，北方农户获取金融服务的难度更大。郭妍和张立光（2018）以山东省和江苏省为例研究了南北分化的原因，认为与江苏省相比，山东省传统金融竞争力不足，城商行和农村金融机构规模偏小、机构分散。张存刚和王传智（2019）发现，我国的南北区域金融实力显著不平衡，南方整体金融实力强于北方，融资渠道多样化。北方传统金融供给能力的不足，使得数字普惠金融在服务农户时有更强烈的作用。另一方面，从种植结构来看，以种植小麦为主的北方农户比以种植水稻为主的南方农户更容易用资本替代劳动。就机械技术应用的可行性和技术供应而言，水稻的机播难度较大，机械化水平较低，而小麦生产配套设施比较完善，机械化程度较高（郑旭媛和徐志刚，2017），这使资本对劳动的替代相对更容易。因此，相比南方，数字普惠金融缓解北方农户融资约束的边际效应更高，资本替代劳动可能性更大。据此，提出本章的第三个假说：

假说3：相比南方，北方数字普惠金融发展对资本替代劳动的促进作用更大。

从经济因素来看，在山地丘陵地带，居民经济来源单一，往往难以承担购置中小型农机的费用（周敏敏，2016）。而且，现有的农机补贴政策往往针对大型农机，对中小型农机的政策支持力度不大（赵利，2020），考虑到山区的地形特征也增加了农户从传统金融机构获取资金的难度。这就使山区农户在利用资本替代劳动时，往往面临较高的融资约束。从机械化水平来看，相比丘陵山地，平原地区地势坦荡，机械化水平较高，多数农户都会利用资本替代劳动（王罗方，2015），这就使平原地区资本对劳动的替代提升空间有限。从技术供应来看，丘陵地形并不能明显地阻碍农业生产中资本对劳动的替代（周晶等，2013）。随着山区基础设施的改善以及针对山区农机研发力度的加大，农机操作难度在山区的农业生产中是可以克服的（湛小梅等，2019）。综上可知，相比平原地区，山区农户往往面临着更大的信贷约束，因此，数字普惠金融缓解其信贷约束以及由此带来的资本替代劳动的边际效应也更高。据此，提出本章的第四个假说：

假说 4：相比平原地区，山区数字普惠金融发展对资本替代劳动的促进作用更大。

从借贷需求来看，在发生可预见性的借贷时，小农户更愿意通过节省当期消费、压缩支出解决自有资金不足的问题，借贷需求相对较弱（蔡海龙和关佳晨，2018）。与之相对应的是，大农户需要将更多的生产性资金投入到农业生产中，其借贷需求更强烈（张应良和欧阳鑫，2020）。而且，相比小农户，大农户面临的"借贷难"更加突出，包括贷款获取难、资金满足程度低、借贷期限不灵活、金融产品服务单一等诸多问题（王萍和郭晓鸣，2018）。因此，数字普惠金融发展对大农户的影响可能更大，更有可能促进其在农业生产中加大资本投入。从农业机械使用的可能性来看，与小农户相比，大农户的土地经营规模较大，更有可能在农业生产中使用农业机械替代劳动。顾天竹等（2017）指出，扩大土地规模会降低农机作业成本、提高农户使用机械的概率，同时也会降低亩均劳动投入量。周晓时（2017）发现，土地经营规模对农业机械化进程具有正向的促进作用。据此，提出本章的第五个假说：

假说 5：相比小农户，数字普惠金融发展对大农户利用资本替代劳动的促进作用更大。

三、研究设计

（一）数据来源

解释变量的数据来源于《北京大学数字普惠金融指数（2011—2018）》。该指数由北京大学数字金融研究中心和蚂蚁金服集团组成的联合课题组负责编制，涵盖中国 31 个省、337 个地级以上城市以及近 2800 个县域（郭峰等，2020）。

被解释变量的数据来自北京大学中国家庭追踪调查数据库（CFPS），控制变量的数据来自 CFPS 和各城市的统计年鉴。基于研究需要，本章对数据做如下处理：一是以家庭经济问卷为基准，并结合村居问卷对村庄地形信息进行了统计。由于问卷里并没有农户耕地地形方面的信息，考虑到村级层面的地形基本反映了一个地区农户的耕地地形，借鉴钟甫宁等（2016）和杨进等（2021）的做法，本章在地形异质性分析时以村庄地形代表农户的耕地地形。二是由于 2014 年、2016

年、2018 年没有统计农户的土地数量，因此以 2012 年的土地数量作为农户的家庭经营土地规模，并以农户各年租入、租出土地情况反映农户对土地经营规模的调整。剔除无效和缺失样本后，最终得到有效样本 11093 户。

（二）变量的选择与描述性统计

1. 被解释变量

本章的被解释变量为资本替代劳动的比率（以下简称资本替代率）。杨宇和李容（2015）使用农户在农业生产中资本投入与劳动投入的比值衡量资本替代率，钟甫宁等（2016）在使用机械投工比（亩均机械投入费用与劳动力投工量的比值）衡量资本替代率。参考上述文献，并结合 CFPS 数据特征，本章使用农户当年的农机租赁费[①]、灌溉费、农户持有的农业机械折旧价值之和作为农户在农业生产中的资本总投入，进而采用该农户的农业资本总投入与农业劳动力人数之比计算其资本替代率。其中，对农户拥有的农业机械做如下处理：对于农户在受访年份之前购买的农业机械，将两个相近受访年份间的平均价值差额看作农业机械的折旧费用[②]；对于农户当年新购买的农用机械，按照 10 年直线折旧法获得各年份的折旧费用。

2. 解释变量

解释变量为数字普惠金融发展水平，以北京大学发布的数字普惠金融指数作为代理变量。需要说明的是，由于 CFPS 在调查年份获取的信息反映的是受访农户在过去 12 个月的情况，为了尽量与受访农户家庭的微观数据匹配，本章使用提前一年（2013 年、2015 年和 2017 年）的地级市数字普惠金融指数作为解释变量。

3. 控制变量

借鉴杜鑫（2013）、苏卫良等（2016）和杨芳等（2019）的做法，本章控制了家庭层面的农户禀赋特征变量，包括家庭农业劳动力占比、家庭农业劳动力平均受教育年限、家庭农业劳动力平均年龄、家庭人均耕地面积、土地租入、土地租出、村庄地形、农业补贴、社会网络、家庭金融性资产和家庭金融性负债等（见表 15-1）；借鉴黄玛兰等（2018）、杨皓月等（2020）和王善高等（2020）的做法，本章控制了地区层面的经济社会特征变量，包括地区农业机械化水平、地区经济发展水平和地区传统金融发展水平。

---

① 农机租赁费是指因租借用于农业生产的机器所支付的租借费，不仅包含常规的零星租赁费，也包括对大规模跨区作业机械的租赁费。

② 例如，农户在 2012 年购买的某农业机械，2014 年该农业机械的折旧费用＝0.5×（2012 年该农业机械的价值－2014 年该农业机械的价值）。

表 15-1　主要变量的定义与描述性统计

变量名称（符号）		变量定义	均值	标准差
被解释变量	资本替代率（Clap）	农业生产中的资本总投入/从事农业的劳动力人数	5.004	2.681
解释变量	数字普惠金融发展水平（Inde）	2013 年、2015 年、2017 年的数字普惠金融指数	5.071	0.256
控制变量	土地租入（Zlru）	农户租入土地（是＝1；否＝0）	0.173	0.379
	土地租出（Zchu）	农户租出土地（是＝1；否＝0）	0.101	0.302
	村庄地形（Dlas）	平原＝1；否则＝0	0.351	0.477
	家庭人均耕地面积（Ladp）	家庭总耕地面积/家庭人口数	3.354	11.219
	家庭农业劳动力占比（Agrp）	从事农业的人数/家庭总人数	0.536	0.269
	家庭农业劳动力平均受教育年限（Jedu）	家庭农业劳动力总受教育年限/家庭农业劳动力人数	4.893	3.618
	家庭农业劳动力平均年龄（Jage）	家庭农业劳动力总年龄/家庭农业劳动力人数	51.467	10.880
	农业补贴（Agrs）	是＝1；否＝0	0.736	0.441
	社会网络（Lpjz）	家庭 12 个月人情礼支出总额	6.856	2.592
	家庭金融性资产（Cash）	家庭现金和银行存款总额	5.421	4.867
	家庭金融性负债（Debt）	家庭非房贷性金融负债总额	2.221	4.258
	地区农业机械化水平（Agtp）	地区农业机械总动力	4.590	2.504
	地区经济发展水平（Pgdp）	地区人均生产总值	5.206	3.295
	地区传统金融发展水平（Ttjr）	年末金融机构贷款余额/GDP	2.433	1.743

注：为了平衡指数差异，在表 15-1 以及下文的实证分析中对资本替代率、数字普惠金融发展水平、社会网络、家庭金融性资产、家庭金融性负债、农业机械化水平、地区经济发展水平均采用对数形式进行处理。

（三）模型构建

为了检验数字普惠金融发展对农户农业生产中资本替代率的影响，参考钟甫宁等（2016）的做法，本章构建了如下双向固定效应模型：

$$Clap_{it} = \alpha_0 + \beta_1 Inde_{it} + \beta_2 X_{it} + \delta_i + \mu_i + \theta_{it} \tag{15-1}$$

其中，被解释变量 $Clap_{it}$ 表示农户 i 在第 t 年的资本替代率；核心解释变量 $Inde_{it}$ 表示农户 i 在第 t 年的数字普惠金融发展水平；X_{it} 表示其他控制变量；δ_i 表示个体固定效应；μ_i 表示时间固定效应；θ_{it} 表示随机扰动项。

四、实证检验与结果分析

（一）数字普惠金融对农业生产中资本替代劳动的总体影响

首先，本章的非平衡面板数据的时间长度小于面板个体数，趋势性的影响较小，属于短而宽的面板数据，因此可不必进行单位根检验。其次，采用方差膨胀因子（VIF）对面板数据的所有解释变量进行多重共线性检验，结果表明变量之间不存在多重共线性。最后，Hausman 检验表明，应选用固定效应模型进行回归。

表 15-2 列（1）报告了数字普惠金融发展对资本替代率的影响。实证结果显示，数字普惠金融的估计系数在 10% 的统计水平上显著为正，表明数字普惠金融发展促进了农业生产中资本对劳动的替代。这可能与数字普惠金融提高了农户金融可得性有关，张应良和欧阳鑫（2020）指出，受农业弱质性和个体收入来源单一的影响，农户在农业生产中加大资本投入时往往面临资金不足困境，金融可得性的提高增大了农户利用资本替代劳动的概率。

表 15-2　数字普惠金融发展对资本替代率的总体影响

变量名称	（1）	（2）	（3）	（4）
数字普惠金融发展水平（Inde）	1.719*	1.638***	0.899**	-0.263
	(1.037)	(0.626)	(0.403)	(0.562)
家庭农业劳动力占比（Agrp）	-1.025***	-1.035***	-1.032***	-0.791**
	(0.199)	(0.199)	(0.199)	(0.343)
村庄地形（Dlas）	0.424	0.438	0.458	0.051
	(0.290)	(0.289)	(0.291)	(0.484)
家庭人均耕地面积（Ladp）	0.072***	0.071***	0.071***	0.091*
	(0.021)	(0.020)	(0.020)	(0.051)
土地租出（Zchu）	-0.252*	-0.255*	-0.258*	-0.237
	(0.149)	(0.148)	(0.149)	(0.261)
土地租入（Zlru）	0.818***	0.815***	0.821***	0.722***
	(0.085)	(0.085)	(0.085)	(0.148)
家庭农业劳动力平均年龄（Jage）	0.001	0.001	0.001	0.003
	(0.008)	(0.008)	(0.008)	(0.013)
家庭农业劳动力平均受教育年限（Jedu）	-0.012	-0.013	-0.013	0.053
	(0.026)	(0.026)	(0.026)	(0.050)

续表

变量名称	（1）	（2）	（3）	（4）
农业补贴（Args）	0.616*** (0.104)	0.626*** (0.104)	0.619*** (0.103)	0.403*** (0.153)
地区农业机械化水平（Agtp）	−0.017 (0.048)	−0.027 (0.048)	−0.024 (0.048)	−0.039 (0.073)
家庭金融性资产（Cash）	−0.040 (0.024)	−0.038 (0.024)	−0.024 (0.048)	−0.026 (0.038)
家庭金融性负债（Debt）	−0.003 (0.011)	−0.002 (0.011)	−0.039 (0.024)	−0.021 (0.018)
社会网络（Lpjz）	0.003 (0.019)	0.003 (0.019)	0.003 (0.019)	−0.008 (0.027)
地区经济发展水平（Pgdp）	−0.154*** (0.042)	−0.154*** (0.042)	−0.150*** (0.042)	−0.089 (0.065)
地区传统金融发展水平（Ttjr）	0.145*** (0.043)	0.135*** (0.043)	0.110** (0.048)	0.040 (0.120)
常数项	−3.117 (5.026)	−2.068 (2.887)	1.820 (1.655)	6.048** (2.770)
F 检验统计量	19.07***	19.25***	19.83***	7.25***
个体效应	控制	控制	控制	控制
时间效应	控制	控制	控制	控制
R^2	0.109	0.110	0.109	0.096
样本量	11093	11093	11093	6948

注：*、**和***分别表示在10%、5%和1%的统计水平上显著；括号内为稳健标准差。本章下同。

从加快推进农业机械化、实施乡村振兴战略的角度看，提高农业生产中的资本替代率是一项紧迫而艰巨的任务，因此，有必要考察数字普惠金融对资本替代劳动的动态效应。为此，本章参考黄锐等（2020）的做法，分别将数字普惠金融指数先后滞后1~3期进行回归，估计结果如表15-2列（2）、列（3）、列（4）所示。由表15-2可知，滞后1~2期时 Inde 的估计系数均显著为正，且随着滞后期数的增加，估计系数逐渐减小；滞后3期时 Inde 的估计系数为负，但不显著。上述结果表明，数字普惠金融对资本替代率的促进作用随时间推移而逐渐减弱了，假说1得到了支持。上述实证结果可能与农业生产实践中资本对劳动的替代受到了多种因素的制约有关，张静宇和周宏（2019）认为，资本对劳动的替代会受到如生产水平和生产技术等因素的限制，因此，资本对劳动替代的提升空间是有限的。

就控制变量而言，大多数控制变量的符号都符合预期。例如，家庭农业劳动力占比对资本替代率产生了显著的负向影响，这与王欧等（2016）的发现一致；农户租入土地对资本替代率的影响显著为正，农户租出土地对资本替代率的影响显著为负，这与林万龙和孙翠清（2007）的结果一致。然而，地区经济发展水平对资本替代率产生了显著的负向影响，这可能是由于经济发展水平高的地区，投资机会较多（吴雨等，2021），从经济利益最大化的角度考虑，农户可能会优先选择回报率更高的非农产业进行投资，从而减少了农业生产中的资本投入；钱龙和钱文荣（2018）发现，经济较发达地区的农户会减少农业生产性投资，选择将非农收入投入到回报率更高的非农产业，如用于开办家庭小型企业等。

（二）数字普惠金融对农业生产中资本替代劳动的分维度影响

表 15-3 报告了数字普惠金融覆盖广度和使用深度[①]对资本替代率的回归结果。比较表 15-3 列（1）和列（2）Covb 和 Usad 的回归系数及显著性可知，覆盖广度和使用深度均对农户在农业生产中利用资本替代劳动产生了显著的正向影响，但与使用深度相比，覆盖广度的影响更大，假说 2 得到了支持。这也意味着，在数字普惠金融发展的早期，提高数字普惠金融的覆盖广度具有更大的意义（陈池波和龚政，2021），更有利于促进农业生产中资本对劳动的替代。

表 15-3　数字普惠金融对资本替代率的分维度影响

变量名称	（1）	（2）
覆盖广度（Covb）	1.875 *** (0.610)	—
使用深度（Usad）	—	1.798 ** (0.839)
家庭农业劳动力占比（Agrp）	-1.030 *** (0.199)	-1.025 *** (0.199)
村庄地形（Dlas）	0.400 (0.284)	0.438 (0.290)
家庭人均耕地面积（Ladp）	0.074 *** (0.020)	0.070 *** (0.021)
土地租出（Zchu）	-0.247 * (0.149)	-0.253 * (0.149)
土地租入（Zlru）	0.809 *** (0.085)	0.819 *** (0.085)
家庭农业劳动力平均年龄（Jage）	0.001 (0.008)	0.001 (0.008)

---

① 根据郭峰等（2020），数字普惠金融指数中覆盖广度主要通过电子账户数（如每万人拥有支付宝账号数量、支付宝绑卡用户比例、平均每个支付宝账号绑定银行卡数）等指标衡量；使用深度主要通过实际使用互联网金融服务的情况（如实际使用人数、人均交易笔数、人均交易额）等指标衡量。

续表

变量名称	（1）	（2）
家庭农业劳动力平均受教育年限（Jedu）	-0.011 (0.026)	-0.013 (0.026)
农业补贴（Args）	0.623*** (0.103)	0.617*** (0.103)
地区农业机械化水平（Agtp）	-0.015 (0.048)	-0.020 (0.047)
家庭金融性资产（Cash）	-0.039 (0.024)	-0.039 (0.024)
家庭金融性负债（Debt）	-0.002 (0.011)	-0.003 (0.011)
社会网络（Lpjz）	0.004 (0.019)	0.003 (0.019)
地区经济发展水平（Pgdp）	-0.171*** (0.043)	-0.160*** (0.042)
地区传统金融发展水平（Ttjr）	0.109** (0.045)	0.130*** (0.044)
常数项	-3.740 (2.950)	-3.144 (3.982)
F 检验统计量	19.50***	19.79***
个体效应	控制	控制
时间效应	控制	控制
R^2	0.111	0.109
样本量	11093	11093

（三）数字普惠金融对农业生产中资本替代劳动的异质性影响

1. 地区异质性

为了检验数字普惠金融发展对农户资本替代率的影响是否存在地区异质性，本章在回归中引入数字普惠金融指数与地区的交互项，交互项的系数则反映了数字普惠金融对南方和北方[①]农户资本替代率的不同影响。本章将北方设为 1，南方设为 2，由表 15-4 的回归结果可知，交互项的系数显著为负，表明相比南方，数字普惠金融的发展对北方农户资本替代率的影响更大，假说 3 得到了支持。

---

① 本章以秦岭—淮河为南北分界线，北方包括新疆、青海、甘肃、宁夏、内蒙古、陕西、山西、河南、山东、河北、天津、北京、辽宁、吉林、黑龙江；南方包括西藏、四川、云南、重庆、贵州、广西、湖南、湖北、广东、江西、安徽、江苏、上海、浙江、福建。

表 15-4　地区异质性回归结果

变量名称	（1）
数字普惠金融发展水平（Inde）	1.968 * （1.082）
交互项（Inde×Regi）	−0.762 ** （0.321）
地区（Regi）	5.361 *** （1.837）
家庭农业劳动力占比（Agrp）	−1.020 *** （0.198）
地形（Dlas）	0.518 * （0.299）
家庭人均耕地面积（Ladp）	0.070 *** （0.020）
土地租出（Zchu）	−0.258 * （0.149）
土地租入（Zlru）	0.811 *** （0.085）
家庭农业劳动力平均年龄（Jage）	0.001 （0.008）
家庭农业劳动力平均受教育年限（Jedu）	−0.011 （0.026）
农业补贴（Args）	0.620 *** （0.104）
地区农业机械化水平（Agtp）	−0.009 （0.048）
家庭金融性资产（Cash）	−0.037 （0.024）
家庭金融性负债（Debt）	−0.002 （0.011）
社会网络（Lpjz）	0.006 （0.019）
地区经济发展水平（Pgdp）	−0.131 *** （0.043）
地区传统金融发展水平（Ttjr）	0.130 *** （0.043）
常数项	−6.770 （4.883）
F 检验统计量	19.04 ***
个体效应	控制

续表

变量名称	（1）
时间效应	控制
R^2	0.111
样本量	11093

2. 地形异质性

参考周晶等（2013）的做法，结合 CFPS 数据特征，本章将地形分为平原、山区和其他[①]三大类，平原地区设为 1，山区设为 0。本章在回归中引入数字普惠金融指数与地形的交互项，由表 15-5 可知，交互项的系数显著为负，表明相较于平原地区，数字普惠金融发展对山区农户资本替代率的作用更大，假说 4 得到了支持。

表 15-5　地形异质性回归结果

变量名称	（1）
数字普惠金融发展水平（Inde）	2.613**
	（1.053）
交互项（Dlas×Inde）	-1.109***
	（0.259）
地形（Dlas）	6.040***
	（1.374）
家庭农业劳动力占比（Agrp）	-1.032***
	（0.198）
家庭人均耕地面积（Ladp）	0.072***
	（0.020）
土地租出（Zchu）	-0.248*
	（0.149）
土地租入（Zlru）	0.830***
	（0.084）
家庭农业劳动力平均年龄（Jage）	0.002
	（0.008）

① 将地形分为平原、山区和其他三大类，但本章考虑到"其他"中包含的草原、渔村等类型与农业生产中资本替代劳动的关系不大，且样本量非常小（占总样本量的1.4%），所以回归时将该类样本剔除。需要说明的是，本章是遵照地理学对地形的划分标准将丘陵、山地、高原合并后统称为山区的。一方面，丘陵、山地和高原虽然存在地势上的差异，但随着我国田间基础设施的完善以及道路的修建，三者间的地形差异显著降低。另一方面，与平原地区相比，丘陵、山地和高原地区均存在田块细碎化严重、高度落差大等共性问题，这些问题的存在，都会给农业生产中农业机械的使用带来困难。因此，将丘陵、山地和高原合并统称为山区具有一定的合理性。

续表

变量名称	（1）
家庭农业劳动力平均受教育年限（Jedu）	−0.009 （0.026）
农业补贴（Args）	0.598*** （0.103）
地区农业机械化水平（Agtp）	−0.017 （0.048）
家庭金融性资产（Cash）	−0.003 （0.011）
家庭金融性负债（Debt）	−0.042* （0.024）
社会网络（Lpjz）	0.003 （0.019）
地区经济发展水平（Pgdp）	−0.170*** （0.042）
地区传统金融发展水平（Ttjr）	0.116*** （0.044）
常数项	−7.429 （5.117）
F 检验统计量	18.48***
个体效应	控制
时间效应	控制
R^2	0.114
样本量	10937

3. 土地种植规模异质性

参考侯麟科等（2014）对大小农户的划分标准（人均劳动力经营 3 亩以下土地的定义为小农户，否则为大农户），结合本章中人均耕地平均亩数为 3.35 亩的实情，本章将人均耕地面积在 3 亩以上的定义为大农户，记为 1，否则为小农户，记为 0。同样地，在回归中引入数字普惠金融指数与家庭人均耕地面积的交互项，由表 15-6 的估计结果可知，交互项的系数显著为正，表明相较于小农户，数字普惠金融发展对大农户资本替代率的作用更大，假说 5 得到了支持。

表 15-6　土地种植规模异质性回归结果

变量名称	（1）
数字普惠金融发展水平（Inde）	1.729* （1.038）

变量名称	（1）
交互项（Inde×Ladp）	0.599* （0.340）
家庭人均耕地面积（Ladp）	0.070*** （0.020）
家庭农业劳动力占比（Agrp）	−1.028*** （0.198）
地形（Dlas）	0.437 （0.292）
土地租出（Zchu）	−0.255* （0.149）
土地租入（Zlru）	0.819*** （0.085）
家庭农业劳动力平均年龄（Jage）	0.002 （0.008）
家庭农业劳动力平均受教育年限（Jedu）	−0.012 （0.026）
农业补贴（Args）	0.609*** （0.104）
地区农业机械化水平（Agtp）	−0.023 （0.048）
家庭金融性资产（Cash）	−0.038 （0.024）
家庭金融性负债（Debt）	−0.004 （0.011）
社会网络（Lpjz）	0.003 （0.019）
地区经济发展水平（Pgdp）	−0.146*** （0.043）
地区传统金融发展水平（Ttjr）	0.131*** （0.043）
常数项	−3.154 （5.030）
F检验统计量	18.27***
个体效应	控制
时间效应	控制
R^2	0.110
样本量	11093

（四）内生性讨论

一般来说，内生性问题主要来源于遗漏变量、测量误差以及反向因果关系等方面。为了缓解前文模型中存在的内生性问题，参考邹新月和王旺（2020）、张正平和黄帆帆（2021）的做法，本章分别选取移动电话普及率、受访农户所在市到杭州市之间的距离作为数字普惠金融发展水平的工具变量。

回归结果如表15-7所示，列（1）为工具变量法下的结果：DWH检验在1%的统计水平上拒绝了模型不存在内生性的问题；Kleibergen-Paap rk LM统计量的P值为0.000，强烈拒绝不可识别的原假设；第一阶段回归的F统计量为42.630，大于临界值10，故不存在弱工具变量的问题；Hansen J统计量的P值为0.192，表明不能在10%的水平上拒绝工具变量过度识别的原假设，因此工具变量是外生的。而且，数字普惠金融水平的估计系数在5%的统计水平上显著为正，表明在考虑内生性问题后数字普惠金融发展仍显著地促进了农业生产中资本对劳动的替代。

表 15-7　内生性检验

变量名称	（1）
数字普惠金融发展水平（Inde）	1.048**
	(0.527)
家庭人均耕地面积（Ladp）	0.066***
	(0.016)
家庭农业劳动力占比（Agrp）	-1.066***
	(0.142)
村庄地形（Dlas）	0.472**
	(0.217)
土地租出（Zchu）	-0.464***
	(0.120)
土地租入（Zlru）	0.746***
	(0.064)
家庭农业劳动力平均年龄（Jage）	-0.001
	(0.006)
家庭农业劳动力平均受教育年限（Jedu）	-0.015
	(0.018)
农业补贴（Args）	0.663***
	(0.075)
地区农业机械化水平（Agtp）	-0.037
	(0.029)
家庭金融性资产（Cash）	-0.009
	(0.006)

续表

变量名称	（1）
家庭金融性负债（Debt）	-0.029 (0.024)
社会网络（Lpjz）	0.053 (0.037)
地区经济发展水平（Pgdp）	-0.114*** (0.040)
地区传统金融发展水平（Ttjr）	0.170*** (0.046)
常数项	-8.379 (6.393)
个体效应	控制
时间效应	控制
R^2	0.106
DWH 检验 χ^2 P-value	21.245 (0.000)
第一阶段 F 统计量	42.630***
Kleibergen-Paap rk LM 统计量	1659.165 (0.000)
Hansen J 统计量	1.704 (0.192)
样本量	11093

（五）稳健性检验

1. 改变回归模型

为检验基准回归结果的稳健性，本章采用 Logit 模型重新进行回归。Hausman 检验结果表明，应选用固定效应模型。由表 15-8 的估计结果可知，在采用 Logit 模型后，数字普惠金融发展水平的系数在 1% 的统计水平上显著为正，与基准回归结果一致。

表 15-8 稳健性检验：改变回归模型

变量名称	（1）
数字普惠金融发展水平（Inde）	1.117*** (0.386)
家庭农业劳动力占比（Agrp）	-0.288 (0.231)

续表

变量名称	（1）
村庄地形（Dlas）	1.122***
	(0.418)
家庭人均耕地面积（Ladp）	0.037*
	(0.022)
土地租出（Zchu）	−0.604***
	(0.160)
土地租入（Zlru）	0.564***
	(0.139)
家庭农业劳动力平均年龄（Jage）	−0.005
	(0.009)
家庭农业劳动力平均受教育年限（Jedu）	−0.006
	(0.029)
农业补贴（Args）	0.484***
	(0.108)
地区农业机械化水平（Agtp）	−0.035
	(0.051)
家庭金融性资产（Cash）	0.003
	(0.0101)
家庭金融性负债（Debt）	0.015
	(0.012)
社会网络（Lpjz）	0.056***
	(0.020)
地区经济发展水平（Pgdp）	−0.081**
	(0.038)
地区传统金融发展水平（Ttjr）	0.027
	(0.051)
个体效应	控制
时间效应	控制
样本量	2749

2. 改变样本量

与其他地区相比，北京、上海、天津、重庆的农村劳动力非农化程度较高。参考郑旭媛和徐志刚（2017）的做法，将这四个直辖市从样本中剔除后重新进行回归。估计结果如表15-9所示，在剔除四个直辖市后，数字普惠金融发展水平的系数在10%的水平上显著为正，与前文基准回归结果一致。

表 15-9　稳健性检验：改变样本量

变量名称	（1）
数字普惠金融发展水平（Inde）	2.064*
	（1.076）
家庭农业劳动力占比（Agrp）	0.407
	（0.295）
村庄地形（Dlas）	-1.197***
	（0.205）
家庭人均耕地面积（Ladp）	0.080***
	（0.020）
土地租出（Zchu）	-0.267*
	（0.149）
土地租入（Zlru）	0.082
	（0.111）
家庭农业劳动力平均年龄（Jage）	0.002
	（0.008）
家庭农业劳动力平均受教育年限（Jedu）	-0.008
	（0.026）
农业补贴（Args）	0.699***
	（0.106）
农业机械化水平（Agtp）	-0.013
	（0.048）
家庭金融性资产（Cash）	0.001
	（0.011）
家庭金融性负债（Debt）	-0.045*
	（0.025）
社会网络（Lpjz）	0.004
	（0.020）
地区经济发展水平（Pgdp）	-0.166***
	（0.044）
地区传统金融发展水平（Ttjr）	0.145***
	（0.044）
常数项	-4.515
	（5.215）
F检验统计量	13.93***
个体效应	控制
时间效应	控制
R^2	0.084
样本量	10704

3. 改变数据维度

进一步地，我们使用县级数据来检验基准回归结果的稳健性。由表 15-10 报告的估计结果可知，在改变数据维度后，数字普惠金融发展水平的系数在 5% 的统计水平上显著为正，与前文的结果一致。因此，前文的估计结果是稳健的。

表 15-10　稳健性检验：改变数据维度

变量名称	（1）
数字普惠金融发展水平（Inde）	0.540 **
	（0.275）
家庭农业劳动力占比（Agrp）	−1.336 ***
	（0.204）
村庄地形（Dlas）	−0.060
	（0.321）
家庭人均耕地面积（Ladp）	0.054 ***
	（0.019）
土地租出（Zchu）	−0.457 ***
	（0.153）
土地租入（Zlru）	0.7001 ***
	（0.076）
家庭农业劳动力平均年龄（Jage）	−0.008
	（0.008）
家庭农业劳动力平均受教育年限（Jedu）	−0.001
	（0.024）
农业补贴（Args）	0.768 ***
	（0.103）
地区农业机械化水平（Agtp）	0.088 *
	（0.047）
金融性资产（Cash）	−0.004
	（0.008）
金融性负债（Debt）	−0.006
	（0.009）
社会网络（Lpjz）	0.026
	（0.021）
地区经济发展水平（Pgdp）	−0.043
	（0.047）
地区传统金融发展水平（Ttjr）	−0.025
	（0.032）
常数项	3.109 **
	（1.333）
F 检验统计量	15.74 ***

续表

变量名称	（1）
个体效应	控制
时间效应	控制
R^2	0.083
样本量	6948

五、主要结论及其政策启示

（一）主要结论

本章利用 2014~2018 年的 CFPS 数据，实证分析了数字普惠金融发展对农户在农业生产中利用资本替代劳动的影响，并从地区、地形和土地种植规模三个方面检验了影响的异质性。实证结果表明：①数字普惠金融发展促进了农业生产中资本对劳动的替代，且这种促进作用随时间推移而逐渐减弱。②相比使用深度，数字普惠金融覆盖广度的增加对资本替代率的作用更大。③从异质性影响来看，数字普惠金融对农户资本替代率的促进作用在北方、山区和大农户中更强烈。

（二）政策启示

首先，持续推进数字普惠金融的发展，尤其要注意增加对农户的覆盖广度。具体来说，一方面，政府应将金融资源向农村地区倾斜，完善其硬件软件配套设施，加快农村地区尤其是山区的互联网基础设施建设；另一方面，金融机构应继续运用大数据、区块链、云计算等信息技术手段，降低服务成本，简化业务流程，降低使用门槛，为进一步扩大数字普惠金融的覆盖广度提供有力支撑。

其次，积极探索数字普惠金融服务新模式，有效发挥数字金融对农业机械化的促进作用。一是将数字普惠金融嵌入农业产业链中，充分发挥数据要素的倍增作用，减缓数字普惠金融促进资本替代劳动随时间推移而减弱的速度。二是将数字普惠金融发展与新型农村经营主体的培育结合起来，服务其规模经营、快速发展中的金融需求，降低细碎化土地等因素对农业生产中资本替代劳动的制约。三是鼓励更多的社会资本参与农业社会化服务体系建设，推进资本下乡，为数字普惠金融促进农户利用资本替代劳动提供良好的外部环境。

最后，针对不同地区、土地类型、种植规模的农户提供差异化的数字普惠金融服务。要充分利用数字普惠金融服务不同类型农户的"特点"，例如，对于处在山区、北方地区的大农户应着力对接数字普惠金融资源，缓解其资金约束，提高其在农业生产中的资本替代率，加快农业机械化进程；而对于处在平原地区、南方地区的小农户来说，数字普惠金融对其的边际效应较低，因此应结合实际情况，转变思路，积极探索数字普惠金融服务此类型农户的新模式，使农户享受数字普惠金融的红利，持续推进农业机械化进程。

第十六章 互联网金融发展对农信机构绩效的影响[①]

一、引 言

长期以来，农村金融供给不足被认为是制约我国"三农"发展的重要因素（洪正等，2010）。为此，我国持续推进农村金融市场改革。2005 年，中国人民银行正式开始小额贷款公司试点，2006 年，中国银监会正式准入村镇银行、贷款公司和农村资金互助社三类新型农村金融机构，这些机构因此成为我国农村金融服务的重要力量。但在随后的发展过程中，偏离"三农"目标、经营风险大、政策不完善等问题引起学者注意（葛永波等，2011；曲小刚和罗剑朝，2013）。2013年，互联网金融在中国兴起，为农村金融发展提供新思路，不少学者认为互联网金融创新将极大地促进农村金融普惠，改善农村金融市场格局（马九杰和吴本健，2014；王曙光，2014）。2013 年后，互联网金融高速发展，互联网金融在农村的应用引起国家的重视。2016 年中央一号文件提出引导互联网金融、移动金融在农村规范发展。2017 年中央一号文件提出鼓励金融机构积极利用互联网技术，为农村经营主体提供小额存贷款、支付结算和保险等金融服务。良好的扶持政策意味着农村市场将成为互联网金融发展的下一片蓝海。那么，在互联网金融进入农村的背景下，农村金融市场格局将发生何种变化？其对深耕于农村金融市场的传统农村金融机构有何影响？对这些问题的回答不仅关乎政府对农村金融市场格局的把控，也直接影响未来农村金融机构的发展思路。

通过梳理文献可知，关于互联网金融对农村金融机构的影响，学者主要存在

[①] 本章以《互联网金融发展、市场竞争与农村金融机构绩效》为题发表于《农业经济问题》2018 年第 2 期，作者为张正平和江千舟，录入本书时略有修改。

两种不同的观点。一种观点从广义的互联网金融角度出发，认为通过互联网信息技术或者是发展互联网金融业务，能够降低机构的运营成本，提高经营效率。例如，张海苗和秦国楼（2003）指出，信息技术可以降低金融机构的信息成本并扩大其服务范围和服务群体；丁杰（2015）通过指出互联网金融借助于低成本运作和有效的风险控制方式，有利于提升资源配置效率，传统微型金融机构的盈利目标和社会目标的融合发展成为可能。另一种观点从狭义的互联网角度出发，认为互联网金融将分割农村金融机构的市场份额，成为传统金融机构在农村市场强有力的竞争对手。例如，谢平等（2014）指出互联网金融拓展了交易可能性边界，服务了大量不被传统金融覆盖的人群，而这部分"三农"客户、小微企业也正应是传统农村金融机构的重点服务对象；贾立和汤敏（2016）指出互联网企业涉足农村地区的金融业务，并利用其在交易成本、支付方式、信息处理、资源配置等方面的优势服务"三农"，将成为传统金融机构在农村市场强有力的竞争对手，两者既竞争又合作，但更多地表现为重新分割农村金融市场的格局。另外，市场竞争作为影响农村金融机构的重要因素，不少学者均从市场结构角度探讨其对农村金融机构绩效的影响，例如，黄惠春等（2010）对江苏20家农信社的研究发现，苏北地区农信社垄断地位的提升能够提升农信社的经营绩效；杨虎锋和何广文（2014）指出中国农村金融市场竞争水平总体上仍较低，农村金融机构间的适度竞争可以打破垄断，提升农村金融服务绩效（温涛等，2015）；谭燕芝和杨芸（2016）基于2006~2010年全国农村商业银行省际面板发现农村机构间竞争水平与机构支农水平之间存在非线性关系。但值得注意的是，互联网金融与农村金融机构之间的竞争将对农村金融机构有何影响仍缺乏坚实的实证依据。

综上可知，已有不少文献关注的是互联网金融或竞争对农村金融机构绩效的影响，但上述研究仍存在可改进之处：一方面，鲜有文献从竞争的角度将互联网金融与农村金融机构的发展联系起来进行分析；另一方面，鲜有文献同时关注农村金融机构的财务绩效和社会绩效，并纳入统一框架进行实证分析。据此，本章将在已有研究的基础上，利用文本挖掘法衡量农村互联网金融的发展水平，基于2013~2015年108家农村金融机构的面板数据，实证检验农村互联网金融的发展及其引发的竞争效应及其对农村金融机构财务绩效及社会绩效的影响，探索"互联网+"背景下我国农村金融健康发展的思路。

二、理论分析与假说提出

从狭义的概念来讲，互联网金融主要是指互联网企业依托信息与技术优势发展金融业务；但从广义的角度来讲，互联网金融则包括狭义互联网金融与金融企业的互联网化。由于数据的限制，本章主要研究狭义的互联网金融。而根据中国社会科学院财经战略研究院 2016 年 8 月发布的《中国"三农"互联网金融报告》，涉入农村的互联网金融则主要是网络借贷。

（一）互联网金融对农村金融机构财务绩效的影响

互联网金融深刻地改变传统金融业务的信息处理模式、客户筛选模式、风险控制机制和信息甄别模式（王曙光，2014），使相当多的新兴客户群体游离于传统金融体系之外，以一种更人性化和个性化的方式参与到金融业务中，导致脱媒现象。随着互联网金融深入农村，农村金融市场主体日益多元化，部分选择传统农村金融机构的客户将转向新兴的互联网金融企业，直接影响机构的利润来源，从而影响机构的财务绩效。具体地，从资产端来看，由于提供服务交易成本较高，风险较大导致农户及小微企业面临金融排斥（马九杰和吴本健，2014）。而网络借贷却能通过依托大数据风控技术为长尾市场中的小微企业及个人客户提供了标准化的信贷服务（赵旭升，2014）。同时依托其无门槛、线上签约等优势将分流农村金融机构的优质客户，这将直接分割传统农村金融机构在信贷市场上的份额，导致农村金融机构利息收入降低，财务绩效下降；从负债端来看，互联网金融激活了农民追求更高财富收益率的投资意愿，开始摆脱对商业银行储蓄产品的依赖（董玉峰等，2016），吸引了农商行、农信社、村镇银行等农村金融机构活期存款的转移，同时传统农商行的投资者转向互联网金融产品，将在一定程度上侵占传统农商行、农信社等的中间业务收入，使机构的财务绩效下降。

另外，市场竞争也是影响机构绩效的重要因素。首先，竞争压力会削弱机构的贷款定价能力，而在垄断市场上，机构具有更强的市场操纵力，可以获取更高的垄断利润（黄惠春等，2010）。其次，市场竞争水平会影响农村信用社对贷款对象的选择。市场竞争限制了农村信用社的贷款对象选择权，企业贷款市场竞争加剧促使农村金融机构增加对农户的贷款投放（黄惠春，2011），而通常"三农"客户违约风险更大，在一定程度上降低了农村金融机构的财务绩效。最后，互联网金融机构以依托其优势，将成为农村金融机构强有力的竞争对手，而两者之间的竞争也将蚕食农村金融机构的市场份额，使得农村金融机构的财务绩效下降（刘荣茂和刘永，2011）。

与此同时，农村金融机构在面对互联网金融冲击时也受到机构自身管理效率、业务流程、机构规模等多方面影响，管理效率效率越高、规模越大的机构通常能够保证机构正常经营的能力越强。而农村金融市场结构变化、竞争水平的提高能够促进金融机构信贷技术的创新行为（董晓林等，2015），因此互联网金融对农村金融机构的影响必然会受到两者间竞争水平的影响。互联网金融机构与农村金融机构之间的竞争水平的上升将引起农村金融机构对自身业务种类、业务流程、内部管理等方面的重新审视，机构的管理效率得以提升，从而能在一定程度上缓解互联网金融机构对农村金融机构市场份额的侵蚀，从而保证机构的财务绩效。事实上，面对互联网金融的冲击，不少农村金融机构已提出其互联网金融发展战略。据此，提出本章的第一个假说：

假说1：互联网金融的发展降低了农村金融机构的财务绩效，而市场竞争水平的上升将弱化互联网金融发展水平对机构财务绩效的影响。

（二）互联网金融对农村金融机构社会绩效的影响

首先，对于同样瞄准农村市场的互联网金融平台，其具有与农村金融机构相同的客户群，这些互联网金融平台依托于其服务优势将直接抢占农村金融机构部分"三农"客户，使农村金融机构服务客户数量下降，从而发放的涉农贷款降低，导致其社会绩效恶化。其次，农村金融机构面对互联网金融的冲击，其对经营业绩的担心将使得机构产生"恐惧心理"，迫使其向富裕客户提供服务，以提升经营绩效。

从竞争的角度来看，一方面，市场竞争使原有农村金融机构能够更重视农村金融服务效率，提高服务农村的功能（丁志国等，2012）；另一方面，农信社、农商行、小贷公司在我国农村金融市场上处于垄断地位。如果农村金融市场竞争充分，农村金融机构的客户选择权相对较小，这时，农村金融机构可能会增加对中小企业的信贷供给；相反，在垄断市场上，非农贷款的高利润会使得农村金融机构将贷款大量投向非农领域，在逐利动机下偏好于向大企业放贷（董晓林等，2011a），同时，更强的市场操纵力会使其提高单笔贷款额度和抵押品条件，从而使更多的农村中小企业难以获得信贷，导致其社会绩效的下降。目前，中国农村金融市场竞争水平总体上仍较低（杨虎锋和何广文，2014），农村金融机构间的适度竞争可以打破垄断，提升农村金融服务绩效（温涛等，2015），随着互联网金融的进入，其与农村金融机构之间竞争水平的上升将在一定程度上促进农村金融机构的社会绩效的提高。

然而，在互联网金融机构与农村金融机构竞争水平上升的情况下，农村金融机构竞争力下降，农村金融机构所感受到来自互联网金融机构的冲击进一步加强，扩大互联网金融所导致的"恐惧心理"，使农村金融机构进一步偏向富裕客户，使社会绩效进一步降低。同时，竞争水平的上升在使农村金融机构财务绩效下降的同时也将降低农村金融机构服务"三农"的能力，在一定程度上扩大互联网金融机构对"三农"客户的侵蚀，使农村金融机构的社会绩效下降。据此，提出本章的第二个假说：

假说 2：互联网金融的发展降低了农村金融机构的社会绩效，而市场竞争水平的上升将强化互联网金融发展水平对机构社会绩效的影响。

三、研究设计

（一）数据来源

本章所选取的机构数据来源于各家农商行年报以及 2014～2016 年花旗银行微型创业评奖机构，包括 34 家农村商业银行、1 家农信社、1 家农村合作银行、9 家村镇银行、63 家小额贷款公司[①]。其他控制变量的数据来源于各省份统计年鉴、统计公报以及中国社会科学院财经战略研究院发布的《中国"三农"互联网金融发展报告（2016）》。

（二）指标选取与构建

1. 被解释变量

本章采用资产收益率（ROA）衡量农村金融机构的财务绩效，该项指标的值越高，说明其财务绩效越好；采用涉农贷款占比衡量农村金融机构的社会绩效，该指标越大，说明其发放的涉农贷款占比越高，社会绩效越好。

2. 关键解释变量

（1）农村网络借贷指数。

根据《中国"三农"互联网金融发展报告（2016）》，2015 年以前农村互联网金融的主要提供主体为网络借贷（P2P）。本章借鉴沈悦和郭品（2015）、张正平和杨丹丹（2017）的研究方法，通过文本挖掘法构建农村网络借贷指数以反映农村互联网金融的发展水平。具体步骤如下：

第一步，建立初始词库。本章从服务主体、服务对象、服务方式、服务结果四个维度度量农村网络借贷的发展水平，整理后得到 22 个关键词[②]。第二步，计

---

① 根据《关于小额贷款公司试点的指导意见》（银监发〔2008〕23 号），小额贷款公司应在坚持为农民、农业和农村经济发展服务的原则下自主选择贷款对象。据此，本章将其纳入"农村金融机构"的范畴。
② 这 22 个关键词为：网贷平台、P2P 平台、互联网借贷平台、网络借贷平台、"三农"、中低收入群体、小微企业、新型农业经营主体、农业大户、农场主、专业合作社、网上融资、网上投资、网贷、网络借贷、网络理财、融资门槛降低、融资渠道拓宽、信贷可得性提高、理财渠道拓宽、农村金融市场竞争加剧、农村普惠金融发展。

算关键词的年度词频。利用百度新闻数据库，搜索 2013～2015 年各个关键词在当年新闻中的发布次数和新闻发布总数[①]，计算得出关键词的年度频率。这一处理方法的理论依据在于：新闻发布数据与诸多社会经济现象具有很高的相关性（Askitas，2009）。第三步，利用因子分析法合成农村网络借贷指数。利用 SPSS 软件，通过因子分析法降维处理后得到两个重要因子（累计方差贡献率为 100%），以这两个因子的方差贡献率为权重乘以软件给出的相应因子得分后求得当年农村网络借贷指数。第四步，计算各机构所在地级市的农村网络借贷指数。搜索 2013～2015 年包含各市名称的新闻发布总数占当年各地区新闻发布数的均值[②]的比重，再乘以第三步得到的农村网络借贷指数，从而得到 2013～2015 年各市的农村网络借贷指数[③]。

（2）市场竞争。

根据《中国"三农"互联网金融发展报告（2016）》，2015 年以前，翼龙贷[④]在农村互联网金融领域占据绝对的市场份额。2015 年，农村网络借贷总额达 124 亿元，而翼龙贷 2015 年借贷总额达 100 亿元，本章因此采用翼龙贷的借贷数据衡量来自互联网金融对农村金融机构形成的市场竞争。借鉴廖理等（2014）的研究思路，构建式（16-1）衡量市场竞争水平：

$$c = \frac{m_1}{M} - \frac{m_1}{M+m_2} \tag{16-1}$$

其中，c 表示互联网金融与农村金融机构之间的竞争；m_1 表示机构当年的贷款余额；M 表示机构所在金融市场的贷款余额；m_2 表示翼龙贷在机构所在地的贷款规模。其中第一部分为 $\frac{m_1}{M}$，表示机构在当地金融市场的市场份额；第二部分为

$\frac{m_1}{M+m_2}$，表示在互联网金融企业进入之后，机构在新的金融市场的市场份额，将两者相减从而得到由互联网金融企业的进入导致的机构在金融市场份额的变化，市场份额反映了各类金融机构在金融市场上的竞争能力，机构的市场份额上升，说明市场的竞争水平降低（黄惠春等，2010），在互联网金融企业进入农村之后，农村金融机构的市场份额占比将降低。故本章以 c 衡量互联网金融与农村金融机构之间的竞争。

---

① 鉴于百度数据库没有公布年度新闻总数，本章以 2014 年教育部发布的《中国语言生活状态报告》中的十大常用成语的新闻数目作为当年新闻总数的代理变量。

② 具体计算方法为：将当年新闻发布总数除以全国总地区数。根据国家统计局网站信息，2013～2015 年全国地区数分别为 333 个、333 个、334 个，再加上 4 个直辖市，从而得到当年总地区数。

③ 本章所得的指数值在时间趋势和地区差异上与北京大学互联网金融中心发布的数字普惠金融指数中的信贷指数基本一致（www.idf.pku.edu.cn），说明其具有一定的合理性。

④ 翼龙贷成立于 2007 年，是国内 P2P 行业中第一批探索者，旨在为广大"三农"、小微企业提供 P2P 借贷服务，经营网点涉及中国大多数扶贫重点县 1 万余个乡镇，为大众提供低门槛、能触及、低成本、高效率、安全可靠的融投资新渠道，满足借贷用户的资金需求。

竞争水平越高，互联网金融对农村金融机构的市场份额影响越大，c 值越大。

3. 控制变量

参考杨虎锋和何广文（2014）、傅昌銮（2015）的研究，本章引入前五大股东持股比例、机构规模、经济发展水平三个控制变量。具体的变量定义如表 16-1 所示。

表 16-1　变量定义

变量类型	变量名称	变量设计
被解释变量	资产收益率	净利润/平均总资产
	涉农贷款占比	涉农贷款/总贷款
解释变量	互联网金融	农村网络借贷指数
	市场竞争	式（16-1）×100
控制变量	经济发展水平	机构所在地人均 GDP（万元）
	股权结构	前五大股东出资额/注册资本
	机构规模	机构资产总额的对数

（三）模型构建

借鉴宋小宁等（2015）、张正平和杨丹丹（2017）的实证模型，本章建立如下模型检验互联网金融对农村金融机构绩效的影响：

$$y_{it} = \alpha_0 + \alpha_1 wd_{it} + \beta_k x_{kit} + \mu_{it} \tag{16-2}$$

其中，y_{it} 表示农村金融机构的社会绩效与财务绩效；i、t 分别表示不同样本省份和时期；wd_{it} 表示反映互联网金融发展水平的解释变量；x_{kit} 表示控制变量；μ_{it} 表示随机误差项。

此外，考虑到市场竞争对影响过程的作用，有必要在模型（16-2）中增加了两个解释变量，一个是反映互联网金融与农村金融机构之间竞争的变量 jz_{it}，另一个是该竞争变量与互联网金融发展水平的交互项 $wd \times jz_{it}$，反映互联网金融对农村金融机构绩效的影响依赖互联网金融机构与农村金融机构之间竞争水平的情况。

$$y_{it} = \alpha_0 + \alpha_1 wd_{it} + \alpha_2 jz_{it} + \alpha_3 wd \times jz_{it} + \beta_k x_{kit} + \mu_{it} \tag{16-3}$$

四、实证结果及其分析

（一）描述性统计分析

由表 16-2 可以看出，样本机构资产收益率之间的差距较大，但均值为

3.97%，说明样本机构整体的财务绩效较好；涉农贷款占比均值仅为40.29%，说明样本机构近年来在扶持"三农"方面贷款占比不高；前五大股权占比的均值为88.60%，反映出机构的股权集中度较高；市场竞争值较小，其原因可能是目前互联网金融企业在农村仍处于兴起阶段，业务量仍较小；不同地区的网络贷款指数差异仍较大，最大值为5.02，最小值仅为0.0006；不同地区的经济发展水平（人均GDP）与不同机构的资产规模也具有较大差异。

表16-2 变量的描述性统计结果

变量	最大值	最小值	均值	标准差
资产收益率（%）	17.29	-17.12	3.97	3.82
涉农贷款占比（%）	100.00	0.00	40.29	35.85
前五大股东股权占比（%）	100.00	0.00	88.60	2.58
市场竞争	4.78E-03	0.00	1.26E-04	4.71E-04
人均GDP（万元）	1.39	2.11	7.35	3.24
机构规模	27.19	17.23	21.10	2.45
互联网金融	5.02	5.61E-04	0.66	1.24

（二）互联网金融对农村金融机构财务绩效的影响

由于本章的面板数据时间较短，趋势性的影响较小，时间长度小于面板个体数，属于短而宽的面板数据，因此不必进行单位根检验。变量的相关性检验结果表明，变量之间不存在严重的相关关系。对模型进行Hausman检验的结果表明（见表16-3），拒绝随机效应模型，因而采用个体固定效应模型。

表16-3 互联网金融对农村金融机构财务绩效的影响

变量	回归（1）	回归（2）	回归（3）
互联网金融	-0.016*** (-3.931)	-0.011*** (-7.146)	-0.0122*** (-8.412)
市场竞争	—	—	-2.157*** (-2.801)
互联网金融×市场竞争	—	—	42.47** (2.132)
前五大股东股权占比	—	-0.173* (-1.819)	-0.214** (-2.279)
人均GDP	—	-0.006*** (-5.277)	-0.005*** (-4.297)

变量	回归（1）	回归（2）	回归（3）
机构规模	—	0.001 * （1.837）	0.001 * （1.758）
常数项	0.049 *** （17.019）	0.223 *** （2.667）	0.255 *** （3.071）
观测值	324	324	324
调整后的 R^2	0.5758	0.9582	0.9628
Hausman 检验	15.5980	25.2398	27.3027

注：*、**和***分别表示在10%、5%和1%的统计水平上显著；括号内的数值为 t 检验统计值。本章下同。

为了检验模型稳健性，在表16-3中，我们进行了三次回归。在回归（1）中，我们仅用互联网金融对农村金融机构的财务绩效做单变量回归，估计结果显示系数为负，且具有1%的显著性水平。为避免遗漏变量对估计系数造成的估计偏误。在回归（2）中，我们添加了相关的控制变量，估计结果显示，互联网金融的系数依然为显著的负值，这表明农村互联网金融的发展水平越高，农村金融机构的财务绩效越差。可能的原因是，互联网金融的进入将直接分割农村金融机构在信贷市场或者中间业务的市场份额，使得农村金融机构收入减少，从而降低了农村金融机构的财务绩效。在回归（3）中，我们进一步加入市场竞争、互联网金融与市场竞争的交互项两个变量，回归结果显示，市场竞争与资产收益率的系数为显著的正值，说明农村金融机构与互联网金融之间的竞争水平越高，农村金融机构的财务绩效越差；互联网金融×市场竞争交互项与资产收益率的系数为显著的正值，这说明，互联网金融的发展对农村金融机构财务绩效的影响与两者之间的竞争水平有关：农村金融机构与互联网金融之间的竞争水平越高，农村互联网金融的发展对机构财务绩效的负向影响越小，即市场竞争水平的上升将弱化互联网金融发展水平对机构财务绩效的影响。假说1得到了证实。

农村金融机构的资产规模对其财务绩效有显著的正向影响，说明机构的资产规模越大，其财务绩效表现越好。其可能的原因是：规模越大的机构，其抵御市场风险的能力也更强；而样本中的农村金融机构规模普遍较小，多处于规模报酬递增阶段，因此，规模较大的农村金融机构往往更容易获得规模经济优势，其财务绩效也更好。

股权集中度对财务绩效有显著的负向影响。由于农村金融机构规模较小，从而股权集中度越高，股东数量相对较少，可动用的股东关系资源较少，进而对其财务绩效产生不利的影响（杨虎锋和何广文，2014）。

当地的经济发展水平与财务绩效有显著的负向影响，表明经济发展水平越高，当地农村金融机构的财务绩效反而越差。其可能的原因是：在经济发展水平更高的地区，相比于数量较多的大型金融机构，农村金融机构的贷款种类较少，金融服务水平较低，优质客户倾向于从大型金融机构获取服务，而更多的"劣质"客户则集中于农村金融机构，由于这类客户的违约风险更大，从而导致了农村金融机构的财务绩效恶化。

（三）互联网金融对农村金融机构社会绩效的影响

在检验互联网金融对农村金融机构财务绩效影响的基础上，本章进一步研究了互联网金融对农村金融机构社会绩效的影响，回归结果如表 16-4 所示：

表 16-4　互联网金融对农村金融机构社会绩效的影响

变量	回归（4）	回归（5）	回归（6）
互联网金融	-0.075*** (-3.824)	-0.048*** (-6.427)	-0.040*** (-2.928)
市场竞争	—	—	5.774* (1.720)
互联网金融×市场竞争	—	—	-145.009** (-2.114)
前五大股东股权占比	—	9.068*** (9.089)	9.086*** (8.940)
人均 GDP	—	0.009*** (5.256)	0.009*** (3.784)
机构规模	—	-0.013*** (-3.631)	-0.017*** (-3.008)
常数项	0.472*** (13.065)	-7.565*** (-8.299)	-7.537*** (-8.114)
观测值	279	279	279
调整后的 R^2	0.0466	0.9997	0.9991
Hausman 检验	2.9832[a]	63.0730	65.7562

注：a 表示回归（4）中 Hausman 检验结果表明拒绝固定效应，因此采用随机效应进行回归。

在表 16-4 中，我们同样进行了三次回归。在回归（4）中，我们仅用互联网金融对农村金融机构的社会绩效做单变量回归，估计结果显示系数为负，且具有 1% 的显著性水平。在回归（5）中，我们添加了相关的控制变量。估计结果显示，互联网金融的系数依然为显著的负值，这表明农村互联网金融的发展水平越高，农村金融机构的社会绩效越差。可能的原因是，互联网金融平台直接抢占农村金融机构部分"三农"客户，使农村金融机构所发放的涉农贷款降低，社会绩效下降。同时，农村金融机构面对互联网金融的冲击，其对经营业绩的担心将使得机构产生"恐惧心理"，迫使其向富裕客户提供服务。在回归（6）中，我们加入市场竞争、互联网金融与市场竞争的交互项两个变量，结果显示：市场竞争与机构的社会绩效呈显著的正向关系，说明农村金融机构与互联网金融之间的竞争水平越高，机构的社会绩效表现越好；互联网金融×市场竞争交互项与机构的社会绩效呈显著的负相关关系，这说明，互联网金融的发展对农村金融机构社会绩效的影响与两者之间的竞争水平有关：农村金融机构与互联网金融之间的竞争水平越高，农村互联网金融的发展对机构社会绩效的负向影响越大，即市场竞争水平的上升将强化互联网金融发展水平对机构社会绩效的影响。这也验证了假说2。

农村金融机构的规模对社会绩效有显著的负向影响。这可能是资产规模大的机构其对客户的选择权更大，其更有能力及意愿向高收入群体提供服务，以保证机构自身的财务可持续能力（张正平等，2016）。

前五大股东股权占比对社会绩效有显著的正向影响，这说明股权越集中，农村金融机构所发放的涉农贷款越多，社会绩效越好。可能的原因是，农村金融机构的股权集中度越高，股东的责任越明确，为了维护自身的社会声誉，股东可能要求机构履行一定的社会责任。另外，监管部门倾向于引导农村金融机构实现较好的社会绩效，而股东较少的机构受到监管部门的影响更大（杨虎锋和何广文，2014）。

当地经济发展水平对社会绩效有显著的正向影响。其可能的原因是，在经济发展水平更高的地区，富裕客户通常会选择服务能力更好的金融机构，另外，受门槛限制等原因，"三农"客户可能更偏向于向农村金融机构寻求金融服务，从而保证了农村金融机构的社会绩效。

（四）稳健性检验

考虑到不同地区之间农村互联网金融的发展水平差异较大，这种差异可能对回归结果产生一定影响。为验证前文研究结论的可靠性，本章剔除网络借贷指数最高的三个地区的机构数据（北京、上海和广州）后进行稳健性检验，关键变量的回归结果如表16-5所示。结果表明，农村互联网金融的发展与农村金融机构的财务绩效以及社会绩效仍呈显著的负相关关系，互联网金融与市场竞争的交互项与财务绩效及社会绩效分别呈显著的正相关关系与负相关关系，该结果与前文的实证研究结论一致，说明前文的回归结果具有一定的稳定性。

表 16-5　剔除三个地区后的稳健性检验结果

变量	财务绩效	社会绩效
互联网金融	-0.065*** (-13.326)	-0.030* (-1.821)
市场竞争	-2.695*** (-2.953)	8.593** (2.300)
互联网金融×市场竞争	43.022*** (2.830)	-158.256*** (-2.300)
前五大股东股权占比	0.030 (0.696)	2.441*** (3.327)
人均 GDP	-0.001 (-0.421)	0.021*** (6.738)
机构规模	9.43E-05 (0.330)	-0.024*** (-4.810)
常数项	0.026 (0.704)	-1.458** (-2.196)
观测值	282	258
调整后的 R^2	0.9638	0.9987
Hausman 检验	44.6479	19.1932

五、研究结论与政策启示

近年来，互联网金融的快速发展对传统金融业产生了较大的冲击，对农村金融市场也产生了一定的影响。本章以 2013~2015 年 108 家农村金融机构为样本，实证分析了农村互联网金融的发展对农村金融机构财务绩效以及社会绩效的影响及其作用途径，主要结论为：①当地农村互联网金融的发展水平越高，当地农村金融机构的财务绩效越差；而互联网金融与农村金融机构之间的竞争水平越高，农村互联网金融的发展对机构财务绩效的负向影响越小，即市场竞争水平的上升将弱化互联网金融发展水平对机构财务绩效的影响；②当地农村互联网金融的发展水平越高，当地农村金融机构的社会绩效越差；而互联网金融与农村金融机构之间的竞争水平越高，农村互联网金融的发展对机构社会绩效的负向影响越大，即市场竞争水平的上升将强化互联网金融发展水平对机构社会绩效的影响。

上述实证结论对我国农村金融市场的发展具有重要的启示：

（一）加强创新，大力提升农村金融机构的经营水平

一方面，农村金融机构应立足信贷业务，通过发展网上银行、微信银行、直销银行等电子银行业务，降低服务成本，缩减服务流程，提升服务能力，同时充分结合当前农村经济的发展特点开拓业务类型，如向新型农业经营主体、农产品电商等对象提供金融服务，寻求利润增长点，应对互联网金融企业对其利润的侵蚀。另一方面，农村金融机构应加强与互联网金融企业合作，事实上，农村金融机构拥有丰富的客户资源以及大量的物理网点，而互联网金融企业在 IT 技术、平台建设等方面具备一定的优势，两者存在合作的基础，通过合作促进共同发展。

（二）强化管理，有效发挥互联网金融的竞争效应

互联网金融企业作为农村金融市场的新进入者，打破了传统农村金融机构垄断的局面，但同时也对原市场产生了一定的不利影响。自 2016 年 8 月以来，《网络借贷信息中介机构业务活动管理暂行办法》《网络借贷信息中介机构备案管理登记指引》《网络借贷资金存管业务指引》等文件先后发布，明确了网络借贷准入、经营、监管等方面的规范，为其更好地在农村金融市场发挥作用奠定了制度基础。由于"三农"客户具有强烈的信贷需求但其金融知识有限，容易产生金融排斥，互联网金融平台在对自身产品进行合理、有效宣传的同时可加强对客户金融知识的普及，以提高产品的接受度。另外，由于"三农"客户天然存在的弱质性，政府对于进入农村地区的互联网金融平台应设置更高的准入门槛，同时平台本身应高度关注可能存在的各类风险，通过完善风险控制体系，有效把控客户的征信信息以保证平台的正常运营。

第十七章　数字普惠金融发展对农村劳动力自我雇佣的影响[①]

一、引言

就业是民生之本，财富之源。解决好农村劳动力就业问题，是实现劳动力资源优化配置、促进城乡融合发展和实现乡村振兴的必由之路。国家统计局公布的数据显示，2019 年我国乡村个体就业人数为 5999 万人，占全国乡村就业总数的 18.06%。自我雇佣作为一种与工资雇佣相对应的、不受雇于他人、在非农产业部门为自己工作的就业形式（董志勇和高雅，2018），在缓解农村劳动力就业压力、提升农村劳动力就业质量等方面发挥了重要作用（解垩，2012）。同时，自我雇佣活动对减少贫困、培育创新精神、促进创业型经济发展、增加社会财富、促进文化交流等方面也有积极影响（石丹淅和赖德胜，2013）。按照 2016 年 G20 峰会通过的《G20 数字普惠金融高级原则》，数字普惠金融是指运用数字技术为无法获得金融服务和缺乏金融服务的群体提供一系列正规金融服务。数字普惠金融的发展使被限制在传统金融服务之外的弱势群体公平享受到由数字金融发展所带来的福利，从而极大提升金融资源的可利用性（巴曙松，2016）。那么，数字普惠金融的发展是否有利于农村劳动力自我雇佣呢？如果有，其影响机制是怎样的？

从已有文献来看，有关数字普惠金融与自我雇佣关系的研究主要集中于以下两个方面：

第一，自我雇佣的影响因素。有关个体自我雇佣决策影响因素的研究主要集

---

① 本章以《数字普惠金融与农村劳动力自我雇佣》为题发表于《金融论坛》2021 年第 4 期，作者为张正平和黄帆帆，录入本书时略有修改。

中于人口特征状况（刘云平和王翠娥，2013；罗明忠和陈明，2014）、家庭状况（Dunn 和 Holtz‐Eakin，2000；Mohapatra 等，2006）、人力资本与社会资本特征（Yueh，2009；Wang 等，2010；肖作平和张欣哲，2012；苏群等，2016）、社会保险（周广肃和李力行，2016）和宏观环境（Luo 和 Chong，2018；Haapanen 和 Tervo，2019）等方面。此外，学术界还关注资金流动性约束对个体自我雇佣的影响，例如，Evans 和 Jovanovic（1989）利用美国数据研究发现，劳动者选择自我雇佣的概率随家庭资产的增加而增加；Dunn 和 Holtz‐Eakin（2000）基于美国调查数据证实，资金流动性约束对自我雇佣有着重要影响；Schafer 等（2011）基于德国家庭的面板数据发现，意外财富的获得会增加个人自我雇佣的概率。

第二，数字金融与创业之间的关系。例如，谢绚丽等（2018）基于北京大学的中国数字普惠金融指数和企业创业数据研究发现，数字普惠金融的发展对城镇化率较低的省份、注册资本较少的微型企业有更强的鼓励创业的作用；何婧和李庆海（2019）证实，数字金融的使用能有效缓解农户的信贷约束，提高农户的创业概率和创业绩效；张勋等（2019）基于北京大学中国数字普惠金融指数与中国家庭追踪调查（CFPS）数据的研究发现，数字金融有助于促进低物质资本或低社会资本家庭的创业行为，并促使创业机会的均等化。

上述文献为深入认识数字普惠金融对农村劳动力自我雇佣的影响奠定了坚实的基础，但仍存在一些不足之处：首先，现有文献多关注数字普惠金融发展对"创业型自雇"（成为雇主）的影响，而较少关注对"生存型自雇"（成为个体经营者）的影响，且大多没有分析数字普惠金融影响自我雇佣的异质性；其次，现有研究大多只是从理论上分析了数字普惠金融发展对创业的作用渠道，而较少进行相关的实证检验；最后，现有文献研究的创业主体主要是居民和企业，且使用的多为某一地区或省级层面的数据，样本量相对较小，代表性不足。

已有文献的不足为本章的创新提供了机会，具体地，本章的边际贡献是：第一，实证检验并揭示了数字普惠金融对农村劳动力不同类型自我雇佣的影响及其在地区、受教育程度、年龄等方面的异质性，为全面理解两者关系提供了更加坚实的经验证据；第二，从降低融资成本的角度出发，验证了数字普惠金融影响农村劳动力自我雇佣的一种机制，加深了对两者关系的理解；第三，以农村劳动力为对象，将有全国代表性的中山大学中国劳动力动态调查（CLDS）数据库与北京大学数字普惠金融指数匹配后进行实证研究，为数字普惠金融发展影响劳动力市场提供了新的微观证据。

二、理论分析与假说提出

充足的创业启动资金是农村劳动力自我雇佣实现的关键条件（Evans 和 Jovanovic，1989）：首先，一定数量的资金投入是自我雇佣活动开展的基础；其次，资金充裕可以在一定程度上端正创业动机，并提升创业层次；最后，资金充足可以提高企业经营的可持续性及稳健性。Collins 等（2009）研究发现低收入家庭往往对金融的需求更强，但传统金融机构对抵押担保的硬性要求致使大多数低收入家庭无法获得其想要的金融服务。

数字技术的创新为解决传统金融"二八法则"造成的不足带来了新的契机，其较低的获客成本、大数据风控特征能够满足普惠金融商业可持续的原则，使创业融资有了更多可选渠道（黄益平和黄卓，2018）。具体来看，移动互联等数字技术的应用提高了金融服务的可触达性，打破了地理因素的限制；而触达性的提高实现了金融服务的广覆盖，促使金融服务需求向"长尾客户移动"；而风险的有效控制又为拓展长尾客户市场奠定了征信基础，降低了风险控制成本，提高了金融服务的效率。即数字普惠金融在这三个维度的耦合作用下，解决了一直以来的"成本"与"收益"之间的矛盾，使金融服务更加普惠（宋晓玲，2017）。

谢绚丽等（2018）指出，数字金融影响创业的渠道有三种：首先，在线数字金融能够弥补传统金融运行的缺陷，使相对落后地区也能共享便捷的金融服务，从而激发不发达地区及弱势群体的创业活动；其次，以大数据为基础，在线数字金融能用较低成本对小微企业开展风险评估，可降低小微企业融资费用；最后，在线数字金融作为高效便捷的金融基础设施，为企业及个体创业提供了强大支持，有助于增加创业概率。何婧和李庆海（2019）认为，数字金融通过缓解农户的信贷约束，增加农户的信息可得性，以及特有的社会信任强化机制提升了农户的社会信任感，最终促进农户创业。

总之，在获得传统金融机构金融服务存在一定障碍的情况下，数字普惠金融的发展可以通过信息、大数据和云计算等创新技术进一步拓展金融的服务范围和触达能力，丰富农村劳动力的融资渠道，缓解其所面临的资金约束，从而促进其自我雇佣。据此，提出本章的第一个假说：

假说 1：数字普惠金融的发展提高了农村劳动力的自我雇佣水平。

数字普惠金融的发展是多维度的，比如，数字普惠金融的发展既可以体现为交易账户数的增加，或是互联网金融服务的深化，也可以体现为金融服务的便利化和成本的降低（郭峰等，2020）。覆盖广度的增加，即一个地区使用支付宝等电子账户的人群增加，能为创业者提供更好的金融环境。而使用深度指标的改善表明，数字金融的各种服务功能，可以为创业者获得资金、降低创业风险，提高创业者的创业动机（谢绚丽等，2018）：一方面，数字普惠金融缓解了信息不对称带来的信贷约束、排斥效应、门槛效应，使普通社会群体尤其是弱势人群能够受益于数字普惠金融发展提供的信贷服务，保障正常生产生活的融资需求，为自我雇佣提供机会；另一方面，数字普惠金融的发展提供了更加便捷的支付方式，也为更多人享受保险服务提供了机会。据此，提出本章的第二个假说：

假说2：不同维度的数字普惠金融（覆盖广度、使用深度以及支付、保险和信贷）均对农村劳动力的自我雇佣有正向促进作用。

金融约束是影响创业选择和创业活跃度的重要因素（张龙耀和张海宁，2013）。得益于日益发展的数字技术，数字普惠金融可以通过场景、数据和创新弥补传统金融服务的短板，利用其"覆盖广、成本低、速度快"的优势，缓解农村劳动力群体进行自我雇佣活动的资金约束问题（黄益平和黄卓，2018）。劳动力的自我雇佣可以分为"雇主"和"个体经营者"（石丹淅和赖德胜，2013）。从自我雇佣的目的来看，成为"雇主"大多是为了寻求更多的商业机会，而成为个体经营者更可能是为了获得就业机会以解决个人生计。从经营条件来看，"雇主"型创业的规模更大，创业者所经营的企业进行了工商和纳税登记；而个体经营者属于非正规经济，为节省成本往往没有进行工商和税务登记（周广肃等，2015）。因此，相较于成为个体经营者，农村劳动力成为雇主需要更多的初始资金和后续投入，对外部融资有更多的需求。据此，提出本章的第三个假说：

假说3：数字普惠金融对农村劳动力成为"个体经营者"有更加显著的促进作用。

融资成本过高是影响农村劳动力创业决策的重要原因之一（张龙耀等，2013）。传统金融机构的发展必须依托其网点的数量以及分布，经营范围的扩大势必带来成本的提升，尤其是为农村偏远地区提供金融服务时，其成本可能会更高。"数字化+普惠金融"具有降低金融服务门槛、促进价格发现和信息流通以及打通金融服务"最后一公里"的特征，是实现金融高覆盖率、低成本和可持续发展的一种模式（贝多广和李焰，2017）。数字普惠金融利用互联网与数字技术，使金融的获得成本降低，也使农村地区、贫困地区等传统金融不能完全覆盖的地区成为数字普惠金融的受惠区域（龚沁宜和成学真，2018）；数字普惠金融还能够降低存款占用的时间，使企业间的交易更加便利，降低新创企业电子商务化和互联网化的成本（秦士晨，2017）。总之，数字普惠金融的发展加剧了金融市场的竞争，促使传统金融机构转型升级，进而提供更便宜、更便捷的金融服务。据此，提出本章的第四个假说：

假说 4：数字普惠金融的发展通过降低农村劳动力的融资成本促进其自我雇佣。

三、研究设计

（一）数据来源

本章将 2014 年和 2016 年中山大学的中国劳动力动态调查（CLDS）数据[①]和北京大学数字普惠金融发展指数进行匹配作为实证检验的数据集。其中，CLDS2014 年和 CLD2016 年数据覆盖了西藏、海南外 29 个省市，分别有 23594 个和 21086 个劳动力样本数据。为研究"农村劳动力"这一特定群体，本章按照受访者"目前户口类型"在 CLDS 数据库中进行筛选，将户口类型限定在农业户口，同时将年龄限定在 15~65 周岁，在对缺失值、错误值进行处理后，最终得到了 14549 个观测值。《北京大学数字普惠金融指数（2011-2018）》由北京大学数字金融研究中心和蚂蚁金服集团编制，从数字金融服务的覆盖广度、使用深度和数字支持服务三个维度进行构建，共包含 24 个指标（郭峰等，2020）。此外，部分数据来自相关年份《中国城市统计年鉴》和"第一网贷"网站披露的年报。

（二）变量选取

1. 因变量

经济发展与合作组织将劳动人口分为受雇佣者和自我雇佣者；国际劳工组织和联合国则将劳动者的就业状态细分为雇员、家庭帮工、雇主、个体经营者四类，并将后两类归为自我雇佣。在此基础上，本章将自我雇佣定义为一种与工资雇佣相对应的、不受雇于他人、在非农产业部门为自己工作的就业形式（董志勇和高雅，2018）。因此，从就业者身份来看，自我雇佣者包括雇佣雇员的雇主和不雇佣雇员的个体经营者两类。参考 Djankov 等（2006）、Yueh（2009）的研究，如果农村劳动力是自我雇佣则赋值为 1，否则为 0，进一步地，自我雇佣者根据其雇佣人数的数量可以分为雇主和个体经营者。需要说明的是，本章中的自我雇佣活动不包括农村劳动力的农业生产经营活动。

---

① 资料来源：中山大学社会科学调查中心开展的"中国劳动力动态调查"（CLDS）。如需了解有关此数据的更多信息，请登录 http://css.sysu.edu.cn。

2. 自变量

本章的核心解释变量是数字普惠金融的发展水平,用受访农村劳动力现居地级市的数字普惠金融指数衡量。为研究不同维度的数字普惠金融对农村劳动力自我雇佣产生的影响,按照数字普惠金融发展指数的构成分类,进一步考虑了数字普惠金融的覆盖广度、使用深度和支付业务、信贷业务及保险业务等指标(郭峰等,2020)。

3. 控制变量

参考相关文献,本章选择性别、年龄、年龄平方、政治面貌、婚姻状况、受教育程度、健康状况、宗教信仰、医疗保险和养老保险作为个人特征变量(Djankov 等,2006;Yueh,2009;Wang 等,2010;周广肃和李力行,2016);选择父亲政治面貌、父亲受教育程度、母亲政治面貌、母亲受教育程度、家庭收入、兄弟姐妹数量作为家庭特征(Mohapatra 等,2006;Dunn 和 Holtz-Eakin,2010;马光荣和杨恩艳,2011);选择金融发展、人口规模、GDP 增长率和失业状况作为城市特征变量(陈刚,2015)。

4. 其他变量

为了在模型中反映时间因素的影响,并提高模型的精度,参考陆铭等(2012)的做法,引入了年份虚拟变量。借鉴张勋等(2019)的思路,选择受访农村劳动力现居地市级与杭州的球面距离作为数字普惠金融发展水平的工具变量。参考谢绚丽等(2018)的做法,引入城镇化率作为地区发达程度的代理变量。由于网络借贷在本质上属于民间借贷,是民间借贷的"网络版"(陈霄等,2013),因此使用 P2P 网贷年利率作为当地民间借贷利率水平的代理变量,以衡量当地的融资成本(见表 17-1)。

表 17-1 变量定义

变量类型	变量名称(符号)	变量含义及计算方法
因变量	自我雇佣(SE)	自我雇佣时赋值为 1,否则为 0
	雇主(GZ)	雇主赋值为 1,否则为 0
	个体经营者(IO)	个体经营者赋值为 1,否则为 0
自变量	数字普惠金融发展总指数(DIFI)	城市层面的数字普惠金融一级总指数之自然对数
	数字普惠金融覆盖广度(CS)	城市层面的数字普惠金融二级维度子指数之自然对数
	数字普惠金融使用深度(UD)	城市层面的数字普惠金融二级维度子指数之自然对数
	数字普惠金融支付(PI)	城市层面的数字普惠金融使用深度下的三级维度子指数之自然对数
	数字普惠金融保险(II)	城市层面的数字普惠金融使用深度下的三级维度子指数之自然对数

变量类型	变量名称（符号）	变量含义及计算方法
自变量	数字普惠金融信贷（CI）	城市层面的数字普惠金融使用深度下的三级维度子指数之自然对数
个人特征变量	性别（Sex）	男性赋值为1，否则为0
	年龄（Age）	受访者实际年龄（周岁）
	年龄平方（Age1）	年龄的平方/100
	政治面貌（PC）	中共党员赋值为1，否则为0
	婚姻状况（MS）	已婚赋值为1，否则为0
	受教育程度（Edu）	本科及本科以上赋值为1，否则为0
	健康状况（HI）	一般及以上赋值为1，否则为0
	宗教信仰（RB）	有宗教信仰赋值为1，否则为0
	医疗保险（MI）	有新农合医疗保险赋值为1，否则为0
	养老保险（EI）	有农村居民基本养老保险赋值为1，否则为0
家庭特征变量	父亲政治面貌（FPC）	中共党员赋值为1，否则为0
	父亲受教育程度（FEdu）	本科及本科以上赋值为1，否则为0
	母亲政治面貌（MPC）	中共党员赋值为1，否则为0
	母亲受教育程度（MEdu）	本科及本科以上赋值为1，否则为0
	家庭收入（FI）	2014年各类收入（万元）
	兄弟姐妹数量（BS）	家中兄弟姐妹的数量
城市特征变量	金融发展（FD）	当地贷款总额与GDP之比
	人口规模（PS）	当地总人口之自然对数
	GDP增长率（GGDP）	当地GDP增长率
	失业状况（UE）	当地城镇登记失业人员数之自然对数
其他变量	年份（YEAR）	是2016年样本取值为1，否则为0
	受访农村劳动力现居地级市到杭州的距离（D）	根据各个城市的经度和纬度，计算受访农村劳动力现居地级市到杭州的球面距离
	城镇化水平（UR）	全国各省的城镇化率
	民间借贷利率水平（R）	全国各省的P2P网贷年利率

（三）模型设定

本章旨在研究数字普惠金融发展对农村劳动力自我雇佣的影响，由于被解释变量为是否自我雇佣，属于离散的二元变量，故基本模型采用Probit模型。为进一步验证回归结果的可靠性，同时使用Logit模型进行对比分析。借鉴陆铭等（2012）和尹志超等（2019）的研究方法，本章设定的计量模型为：

$$\text{Prob}(SE_i = 1) = \alpha_0 + \alpha_1 X_i + \alpha_2 Y_i + \mu_i \tag{17-1}$$

其中，SE$_i$表示第 i 个农村劳动力的自我雇佣选择，取值为 1 表示自我雇佣，否则为 0。X$_i$表示核心解释变量，Y$_i$表示控制变量，包括年份及可能影响自我雇佣的个人特征变量、家庭特征变量和地区特征变量。α 表示系数估计值，μ$_i$表示独立同分布的随机误差项，服从标准正态分布，包含其他不可观测因素的信息。

四 、实证检验及结果分析

（一）描述性统计分析

表 17-2 报告了样本各个变量的描述性统计结果。总体来看，在 14549 个农村劳动力样本中，自我雇佣的均值为 0.157，这表明在所有农村劳动力中，选择自我雇佣的农村劳动力占比为 15.7%，这一比例略低于 2016 年国家统计局公布的农民工自营就业比重（16.6%）；自我雇佣的标准差为 0.364，表明样本中各地区农村劳动力的自我雇佣比例差异较大；从选择自我雇佣的类型来看，农村劳动力选择成为雇主的概率为 1.5%，选择成为个体经营者的概率为 14.2%。核心解释变量数字普惠金融指数的均值为 5.098，标准差为 0.193，说明各地区数字普惠金融的发展水平存在着较大的差异。此外，个人特征、家庭特征、城市特征变量以及其他控制变量的变化均较大（见表 17-2）。

表 17-2　变量的描述性统计

变量符号	样本量	均值	标准差	最小值	最大值
SE	14549	0.157	0.364	0.000	1.000
GZ	14549	0.015	0.122	0.000	1.000
IO	14549	0.142	0.349	0.000	1.000
DIFI	14549	5.098	0.193	4.660	5.509
CS	14549	5.082	0.200	4.640	5.538
UD	14549	5.003	0.275	4.286	5.527
PI	14549	5.139	0.290	4.557	5.817
II	14549	5.803	0.161	5.247	6.216
CI	14549	4.700	0.387	3.651	5.250
Sex	14549	0.499	0.500	0.000	1.000
Age	14549	45.600	11.736	15.000	65.000
Age1	14549	22.171	10.311	2.250	42.250

变量符号	样本量	均值	标准差	最小值	最大值
PC	14549	0.047	0.212	0.000	1.000
MS	14549	0.909	0.287	0.000	1.000
Edu	14549	0.085	0.278	0.000	1.000
HI	14549	0.859	0.348	0.000	1.000
RB	14549	0.107	0.310	0.000	1.000
MI	14549	0.819	0.385	0.000	1.000
EI	14549	0.274	0.446	0.000	1.000
FPC	14549	0.096	0.294	0.000	1.000
FEdu	14549	0.003	0.056	0.000	1.000
MPC	14549	0.011	0.104	0.000	1.000
MEdu	14549	0.0004	0.020	0.000	1.000
FI（万元）	14549	2.576	8.121	0.000	593.000
BS（人）	14549	3.419	1.960	0.000	14.000
FD	14549	1.016	0.488	0.319	3.712
PS	14549	6.137	0.587	4.702	8.124
GGDP（%）	14549	8.260	2.134	-12.300	14.800
UE	14549	9.956	0.920	7.550	12.525
YEAR	14549	0.382	0.486	0.000	1.000
D（兆米）	13803	0.944	0.462	0.000	3.148
UR（%）	14522	55.693	9.429	40.010	89.600
R（%）	14235	19.907	4.594	9.210	44.020

注：1兆米=1000千米。

（二）基准回归结果及其分析

1. 数字普惠金融对农村劳动力自我雇佣的总影响

在回归前对变量进行相关性分析可知，解释变量数字普惠金融发展总指数（DIFI）、覆盖广度（CS）、使用深度（UD）、支付（PI）、保险（II）、信贷（CI）和被解释变量自我雇佣（SE）均正相关，符合预期。

借鉴易行健和周利（2018）的逐步回归思路，表17-3中的列（1）、列（2）、列（3）分别报告了Probit模型下依次加入个人特征变量、家庭特征变量和地区特征变量后数字普惠金融发展对农村劳动力自我雇佣的影响，表17-3中的列（4）、列（5）、列（6）则分别报告了作为对照的Logit模型回归结果。在两个模型的估计结果中，数字普惠金融发展水平的回归系数均在1%的统计水平上显著为正，表明在数字普惠金融水平越高的地区，农村劳动力自我雇佣的可能性越大，由此，假说1得到了验证。

表17-3　数字普惠金融影响农村劳动力自我雇佣的回归结果

变量	(1)	(2)	(3)	(4)	(5)	(6)
	Probit			Logit		
DIFI	0.246***	0.176***	0.244***	0.242***	0.168***	0.239***
	(11.79)	(7.61)	(7.09)	(11.58)	(7.25)	(6.90)
Sex	0.078***	0.059***	0.061***	0.079***	0.059***	0.062***
	(15.24)	(10.30)	(10.20)	(15.03)	(10.13)	(10.15)
Age	0.018***	0.015***	0.014**	0.019***	0.015***	0.015***
	(10.86)	(7.63)	(6.92)	(10.89)	(7.78)	(7.11)
Age1	-0.024***	-0.020***	-0.019***	-0.025***	-0.021***	-0.021***
	(-12.64)	(-9.21)	(-8.54)	(-12.53)	(-9.25)	(-8.67)
PC	-0.042***	-0.057***	-0.054***	-0.040***	-0.057***	-0.053***
	(-3.37)	(-4.07)	(-3.67)	(-3.08)	(-3.86)	(-3.49)
MS	0.042***	0.037***	0.039***	0.042***	0.037***	0.040***
	(4.39)	(3.29)	(3.30)	(4.31)	(3.20)	(3.26)
Edu	-0.068***	-0.075***	-0.083***	-0.073***	-0.082***	-0.090***
	(-6.19)	(-6.13)	(-6.46)	(-6.04)	(-6.09)	(-6.37)
HI	0.045***	0.042***	0.046***	0.048***	0.046***	0.051***
	(5.27)	(4.51)	(4.71)	(5.29)	(4.56)	(4.82)
RB	0.025***	0.014*	0.029***	0.025***	0.015*	0.029***
	(3.40)	(1.78)	(3.24)	(3.49)	(1.82)	(3.25)
MI	0.007	0.016**	0.021***	0.009	0.018**	0.023***
	(1.07)	(2.17)	(2.77)	(1.42)	(2.48)	(3.01)
EI	-0.026**	-0.024***	-0.027***	-0.026***	-0.023***	-0.026***
	(-3.91)	(-3.46)	(-3.70)	(-3.78)	(-3.22)	(-3.45)
FPC	—	0.013	0.015	—	0.012	0.014
		(1.42)	(1.56)		(1.34)	(1.50)
FEdu	—	0.034	0.031	—	0.035	0.032
		(0.71)	(0.64)		(0.72)	(0.65)
MPC	—	-0.0004	0.004	—	-0.002	0.004
		(-0.01)	(0.16)		(-0.07)	(0.13)
MEdu	—	0.118	0.106	—	0.118	0.108
		(1.12)	(1.00)		(1.16)	(1.05)
FI	—	0.011***	0.012***	—	0.011***	0.012***
		(15.79)	(15.70)		(14.52)	(14.59)
BS	—	0.001	0.002	—	0.001	0.002
		(0.77)	(1.27)		(0.82)	(1.43)

续表

变量	（1）	（2）	（3）	（4）	（5）	（6）
	Probit			Logit		
FD	—	—	−0.005 （−0.68）	—	—	−0.006 （−0.81）
PS	—	—	0.047*** （7.41）	—	—	0.048*** （7.46）
GGDP	—	—	0.010*** （6.42）	—	—	0.012*** （6.74）
UE	—	—	−0.029*** （−5.73）	—	—	−0.030*** （−5.90）
YEAR	−0.089*** （−10.97）	−0.065*** （−7.12）	−0.070*** （−5.95）	−0.087*** （−10.81）	−0.515*** （−6.74）	−0.067*** （−5.63）
观测值	14549	14549	14549	14549	14549	14549
R^2	0.056	0.081	0.093	0.055	0.081	0.094
LR 检验	945.90	1081.77	1178.97	940.62	1079.04	1186.67

注：*、**和***分别表示在10%、5%和1%的统计水平上显著；表中报告的回归系数值分别为各变量对农村劳动力自我雇佣影响的边际效应；括号内为聚类到地级市层面的 Z 值。本章下同。

从控制变量的回归结果来看，农村劳动力自我雇佣和年龄之间存在一种倒"U"型的关系，即达到一定年龄的农村劳动力自我雇佣概率会有所下降；政治面貌和教育对农村劳动力自我雇佣有负向影响，这可能是因为拥有中共党员的身份更容易找到体制内的工作，而人力资本水平越高，农村劳动力选择作为雇员的能力会更强（Yueh，2009；黄志岭，2014）；养老保险对自我雇佣的影响为负，这可能是因为农村劳动力有了养老保险后，降低了对未来不确定性的担忧而不愿努力从事自我雇佣工作；父亲政治面貌、父亲受教育程度、母亲政治面貌以及母亲受教育程度对自我雇佣均没有显著影响，这可能是因为在体制内或受教育程度高的父母更容易帮助其子女找到一份满意的工作（曲兆鹏和郭四维，2017），使其成为雇员，而不是成为自我雇佣者；家庭收入对自我雇佣有显著的影响，家庭自有财富越多，农村劳动力就越能够缓解资金流动性约束，从而加大了从事自我雇佣的概率（Evans 和 Jovanovic，1989）；人口规模对自我雇佣有正向影响，人口规模的扩大可能会造成农村劳动力过剩，降低工资收益，使他们更愿意自我雇佣。

2. 数字普惠金融各维度对农村劳动力自我雇佣的影响

为考察不同维度的数字普惠金融对农村劳动力自我雇佣的影响，我们依次将数字普惠金融指数下的覆盖广度、使用深度等二级指标和数字支付、数字保险、数字信贷等三级指标作为解释变量加入到模型中。表 17-4 的回归结果表明，数字普惠金融的覆盖广度、使用深度以及使用深度中的数字支付、数字保险和数字信贷均对农村劳动力自我雇佣有显著的促进作用。其原因在于，数字普惠金融是依托互联网技术的新型金融服务，它成功地打破了地域等物理条件制约，使农村劳动力通过电子账户即可获得相应的服务，从而扩大了金融服务的覆盖广度，为更多的农村劳动力自我雇佣者提供了金融支持；使用深度指数是通过实际使用的数字金融服务衡量的，数字金融服务种类的增加，便利了支付、融资、保险和商业交易，从而促进了农村劳动力的自我雇佣。由此，假说2得到了验证。

表 17-4　不同维度的数字普惠金融与农村劳动力的自我雇佣

变量	（1）	（2）	（3）	（4）	（5）
CS	0.126 *** （5.11）	—	—	—	—
UD	—	0.247 *** （10.90）	—	—	—
PI	—	—	0.181 *** （9.82）	—	—
II	—	—	—	0.210 *** （9.28）	—
CI	—	—	—	—	0.168 *** （9.13）
控制变量	是	是	是	是	是
观测值	14549	14549	14549	14549	14549
R²	0.091	0.099	0.097	0.096	0.096
LR 检验	1154.67	1250.87	1224.67	1216.14	1213.43

注：表中控制变量包括个体特征变量、家庭特征变量、城市特征变量和年份。本章下同。

3. 数字普惠金融对不同类型自我雇佣的影响

数字普惠金融的发展有助于农村劳动力群体缓解资金约束，但由于成为"雇主"和成为"个体经营者"所面临的资金门槛不同，因此数字普惠金融的发展对农村劳动力不同类型的自我雇佣可能会产生不同的影响。表 17-5 中的列（1）、列（3）的 Probit 估计结果和列（2）、列（4）的 Logit 估计结果均表明，数字普惠金融的发展在1%的统计水平上能显著提高农村劳动力自我雇佣的概率，且对农村劳动力成为"个体经营者"有更加显著的促进作用。其可能的原因是，数字普惠金融（尤其是信贷）的规模虽然较小，但能极大地满足农村劳动力成为"个体经营者"的资金需求，且在一定程度上帮助农村劳动力跨越成为"雇主"的资金门槛。由此，假说3得到了验证。

表 17-5　数字普惠金融与农村劳动力不同类型的自我雇佣

变量	雇主		个体经营者	
	（1）	（2）	（3）	（4）
	Probit	Logit	Probit	Logit
DIFI	0.032*** (2.90)	0.034*** (3.05)	0.276*** (8.20)	0.274*** (6.04)
控制变量	是	是	是	是
观测值	14549	14549	14549	14549
R²	0.180	0.171	0.061	0.061
LR 检验	411.07	389.19	723.51	724.30

（三）内生性问题的处理

在上述回归中，可能存在由于反向因果关系或测量误差导致的内生性问题，从而影响估计结果的可靠性。一方面，自我雇佣者可能因为自我雇佣活动提高了自身金融素养进而提高其在金融市场的竞争力，即自我雇佣选择也可能对数字普惠金融发展水平产生影响（反向因果关系）；另一方面，数字普惠金融指数的测量本身也可能存在一定的误差。为此，本章通过引入工具变量处理内生性问题，以"受访农村劳动力现居地级市到杭州的距离"作为数字普惠金融发展水平的工具变量。郭峰等（2020）指出，数字金融的发展受地理空间因素影响，呈现出与杭州相距越远推广难度越大的特点。这意味着，"受访农村劳动力现居地级市到杭州的距离"既与该城市的数字普惠金融发展水平直接相关，又不会通过数字普惠金融发展而直接影响农村劳动力的自我雇佣，满足了工具变量的相关性和外生性要求。

应用两阶段 IV Probit 方法进行内生性检验，结果如表 17-6 所示。从第一阶段的结果可以看出，"受访农村劳动力现居地级市到杭州的距离"和数字普惠金融发展水平高度负相关，F 统计值为 678.41，远超过 10% 的临界值，说明"受访的农村劳动力现居地级市到杭州的距离"不是数字普惠金融发展水平的弱工具变量。第二阶段的回归结果表明，数字普惠金融指数的回归系数在 1% 的统计水平上显著为正，与前文结果一致；其他变量的回归结果与前文的结果也基本一致，这意味着前文基准回归的结果具有稳健性。

表 17-6　数字普惠金融与农村劳动力的自我雇佣：工具变量法

第一阶段回归		第二阶段回归	
被解释变量：数字普惠金融发展水平		被解释变量：是否自我雇佣	
受访农村劳动力现居地级市 到杭州的距离	-0.126^{***} (-42.05)	数字普惠金融指数	2.273^{***} (8.25)
控制变量	是	控制变量	是
观测值	13803	观测值	13803
F 值	678.41	Wald Test	54.77

五、异质性分析与机制检验

（一）数字普惠金融对农村劳动力影响的异质性

1. 地区发达程度的异质性影响

由于不同地区在经济金融发展水平、产业结构、基础设施等方面存在较大差异，数字普惠金融对农村劳动力自我雇佣的影响很可能存在某种地区异质性。表 17-7 的回归结果显示，无论是在 Probit 模型还是 Logit 模型下，数字普惠金融发展水平与城镇化率的系数均显著为正，说明数字普惠金融发展水平与城镇化水平对农村劳动力自我雇佣均有正向影响；而数字普惠金融发展水平与城镇化率的交互项显著为负，说明城镇化水平越低的地方，数字普惠金融的边际效用越大，即数字普惠金融的发展对不发达地区（城镇化率低）的农村劳动力自我雇佣有更强的促进作用。上述回归结果与谢绚丽等（2018）的发现一致。

表 17-7　数字普惠金融与农村劳动力的自我雇佣：地区的异质性

变量	（1）	（2）
	Probit	Logit
DIFI	0.388^{***} (4.27)	0.387^{***} (4.23)
UR	0.028^{***} (3.47)	0.027^{***} (3.39)
DIFI×UR	-0.005^{***} (-3.24)	-0.005^{***} (-3.17)

续表

变量	（1）	（2）
	Probit	Logit
控制变量	是	是
观测值	14522	14522
R^2	0.096	0.096
LR 检验	1211.70	1215.95

2. 农村劳动力受教育程度的异质性影响

研究表明，人力资本是影响居民进入金融市场的潜在因素之一（肖作平和张欣哲，2012），因此，农村劳动力在受教育程度方面的差异可能导致异质性的影响。为此，我们将样本根据农村劳动力受教育程度进行分组，分为未上过学（文盲）、小学、初中、高中（或职高、技校、中专、大专）和大学本科及以上五个子样本。表17-8的回归结果表明，当户主的受教育程度为未上过学、小学及初中学历时，数字普惠金融能显著地促进农村劳动力的自我雇佣，而对于其他学历组的农村劳动力样本，数字普惠金融对其自我雇佣的影响并不显著。其可能的原因是，低学历的农村劳动力知识储备较少，人力资本水平较低，就业机会相对较少（宁光杰，2012），而自我雇佣的进入门槛较低，数字普惠金融的发展缓解了农村劳动力的流动性约束，因此相比于更高学历者，数字普惠金融的发展更能促进低学历者的自我雇佣。

表17-8　数字普惠金融与农村劳动力的自我雇佣：受教育程度的异质性

变量	（1）	（2）	（3）	（4）	（5）
	未上过学	小学	初中	高中/职高/技校/中专/大专	大学本科及以上
DIFI	0.210*** (3.41)	0.368*** (3.91)	0.218** (3.57)	−0.043 (−0.44)	0.014 (0.00)
控制变量	是	是	是	是	是
观测值	1979	4534	5671	2170	170
R^2	0.124	0.096	0.073	0.091	0.399
LR 检验	108.09	353.77	409.64	189.07	56.58

3. 农村劳动力年龄的异质性影响

已有多项研究证实，随着年龄的增长，劳动者可能拥有更多的财富和收入，从而增加自我雇佣的概率（宁光杰，2012；周广肃等，2015）。由表17-9可知，数字普惠金融对35岁以上的农村劳动力的自我雇佣有显著的促进作用，而对于

15~34岁这一年龄段的农村劳动力自我雇佣没有显著影响。其可能的原因是，年轻的农村劳动力相对于年龄较大的农村劳动力受教育程度更高，对工资薪酬和工作环境要求也更高，他们更愿意成为雇员，从而拥有一份体面、稳定的长期工作（宁光杰，2012），因此数字普惠金融对他们的自我雇佣决策并没有显著的影响；而年龄较大的农村劳动力由于很难在正规部门获得就业，在数字普惠金融缓解了其融资约束后，更愿意从事资金门槛较低、职业技能要求低的自我雇佣活动。

表 17-9 数字普惠金融与农村劳动力的自我雇佣：年龄的异质性

变量	（1）	（2）	（3）	（4）	（5）
	15~24 岁	25~34 岁	35~44 岁	45~54 岁	55~65 岁
DIFI	0.067	0.019	0.311***	0.431***	0.242***
	（0.45）	（0.20）	（3.08）	（6.82）	（4.16）
控制变量	是	是	是	是	是
观测值	690	2218	4799	2659	3614
R^2	0.044	0.085	0.086	0.103	0.094
LR 检验	23.06	192.39	360.38	243.70	197.36

（二）数字普惠金融影响农村劳动力自我雇佣的机制

数字普惠金融的发展加剧了当地金融市场的竞争，有利于金融机构改善服务，提高资金配置效率，降低借贷过程的交易成本（龚沁宜和成学真，2018），这意味着农村劳动力融资成本的降低有助于缓解其资金压力，有利于提高其自我雇佣水平。为了验证这一机制，本章用数字普惠金融发展水平与农村劳动力所在地网贷利率的交互项来刻画数字金融降低地区融资成本进而影响农村劳动力自我雇佣的内在机制。表 17-10 的回归结果表明，在 Probit 和 Logit 模型中，数字普惠金融与网贷利率的交互项对自我雇佣的回归系数均显著为正，地区网贷利率的系数均显著为负，这意味着，在数字普惠金融发展水平越高的地区，民间借贷的市场利率越低，农村劳动力进行自我雇佣活动的融资成本也越低，农村劳动力自我雇佣的概率也越高。由此，假说 4 得到了证实。

表 17-10 数字普惠金融、网贷利率与农村劳动力自我雇佣

变量	（1）	（2）
	Probit	Logit
DIFI	0.138*	0.143*
	（1.80）	（1.86）

变量	（1）	（2）
	Probit	Logit
R	-3.258* (-1.86)	-3.030* (-1.74)
DIFI×R	0.702** (2.06)	0.658* (1.94)
控制变量	是	是
观测值	14235	14235
R^2	0.096	0.097
LR 检验	1191.80	1199.89

六、主要结论及其政策启示

本章基于北京大学数字普惠金融指数和中山大学 CLDS 数据库，实证检验了数字普惠金融对农村劳动力自我雇佣的影响及其机制，主要结论有：①数字普惠金融提高了农村劳动力的自我雇佣水平。②数字普惠金融的覆盖广度、使用深度以及使用深度中的数字支付、数字保险和数字信贷均对农村劳动力自我雇佣产生了显著的正向影响。③相比于成为"雇主"，数字普惠金融对农村劳动力成为"个体经营者"有更加显著的正向作用。④数字普惠金融对不发达地区、受教育程度较低、年龄在 35 岁以上的农村劳动力的自我雇佣活动有更加显著的促进作用。⑤数字普惠金融通过降低当地融资成本的方式促进了农村劳动力的自我雇佣。

上述结论对我国发展数字普惠金融、完善农村劳动力创业政策有重要的启示：

首先，推动数字普惠金融的全面发展。具体地，应加强数字基础设施建设，加快数字技术的升级和创新，完善数字普惠金融在消费支付、创业信贷、商业保险等各个领域的功能，进一步促进数字技术与金融服务的深度融合，拓展数字普惠金融使用的广度和深度。

其次，发挥数字普惠金融支持创业的积极作用。一方面，应适度放宽农村劳动力创业的融资门槛，引导金融机构发放农村劳动力创业贷款，加强数字普惠金融对农村劳动力群体的支持力度；另一方面，金融机构和科技公司应依托互联网、物联网，建立健全农村劳动力大数据分析体系，有效地满足不同类型的自我雇佣者日益多样化的金融需求。

再次，促进数字普惠金融服务特定目标人群。一方面，应加强数字金融基础知识的宣传普及，提升农村劳动力的金融素养，减少农村劳动力对数字普惠金融的自我排斥；另一方面，应完善农村劳动力创业的扶持政策，鼓励金融机构将不发达地区受教育程度较低的中老年自我雇佣者作为重点支持对象，提供更有针对性的数字金融产品和服务。

最后，着力降低融资成本是推动创业的重要方向。例如，应进一步推进农村金融市场发展，在推动传统农村中小金融机构提升数字普惠金融服务能力的同时，要鼓励新兴的金融科技公司进入农村市场，引导国有大型银行、股份制银行以及城商行业务下沉到农村市场，共同推动建立更加多元、竞争性更强的农村金融供给体系，促使农村融资成本下降。

第十八章　数字金融发展对农村地区普通高中入学率的影响[①]

一、引　言

《国家中长期教育改革和发展规划纲要（2010—2020 年）》提出了形成惠及全民的公平教育战略目标，十年来，我国坚定不移地将促进公平作为国家基本教育政策，出台了一系列配套政策措施，使教育公平更好地提高质量基准，更多地覆盖不同地区，更切实地惠及各类群体。教育财政体制和招生制度造成的教育投入和教育质量差距一直存在，城乡之间的教育不公平表现明显。从宏观角度来看，吴晓刚（2009）发现，高中教育入学机会的城乡差距在扩大，农村子女的升学状况比城镇同龄人更为不利。政府偏向城市的教育经费投入政策造成城乡教育水平差距和收入差距不断扩大（陈斌开等，2010）。从微观角度来看，Zhao 和 Paul（2009）基于甘肃的住户调查数据发现，子女的营养状况、家庭收入对子女受教育程度具有重要的影响。罗楚亮和孟昕（2016）认为，城乡教育差距是家庭层面微观决策的结果，农村较低的教育水平源自农村居民的"自愿选择"。家庭出身和家庭资本等因素也会影响教育机会平等，低收入家庭的现实可选择性限制了父母对子女的教育投资，阻碍了优质教育资源获得（郑雅萍，2017）。

值得关注的是，高中阶段是城乡教育差距表现突出的时期。一是因为在我国当前的政策框架下，具有强制性、免费性和普及性的义务教育的时间跨度确定为 9 年，高中阶段的教育决策不再通过类似于普及义务教育的强制措施以及免费提供的方式来实现。二是因为高中阶段的学生通常已经年满 16 岁，无论从

---

① 本章发表于《财经问题研究》2022 年第 6 期，作者为张正平和陈欣，录入本书时略有修改。

法律规定还是生理特征上，这都是可以参与劳动力市场并获取劳动收入的年龄，所以高中阶段教育将具有相对更高的机会成本。吴愈晓（2013）研究发现，1978~1988年农村学生高中入学的概率比城镇学生低54%，1999~2008年这个数字提高到了70%。杨娟等（2014）认为，村级教育资源供给、教育经费投入和地区经济发展水平对学生受教育程度有重要的影响。Brauw和Giles（2017）证实了机会成本对于农村高中入学率低的解释作用，发现家庭人均收入和消费随农村人口外迁而增加，农村劳动人口外出打工机会和收益的增加，提高了高中入学的机会成本。

由此可见，受到教育非强制性、教育费用和机会成本等因素的影响，高中阶段适龄学生入学率会降低，特别表现在农村和偏远地区。因为农村家庭教育负担重和资助力度薄，部分农村普通高中学生主动放弃学业，辍学工作谋取收入（李志辉和王纬虹，2017）。

数字金融是实现资金融通、支付、投资和信息中介服务的一种新兴金融服务模式，近年来，数字金融利用人工智能、区块链、云计算、大数据等技术，打破了传统物理网点的局限，大幅改善了金融服务的可得性和便利性，缓解了"长尾群体"的金融排斥，有效满足了那些通常难以享受到金融服务的低收入和弱势群体的需求，为原来无法接触到金融市场的农村居民提供了金融服务，提升了弱势群体的福利。张勋等（2019）证实，相较于富裕群体，贫困群体从数字金融中获益更多，尤其是提高了低收入群体的收入水平。陈慧卿等（2021）实证研究发现，数字金融在农村具有明显的增收减贫效应。那么，数字金融快速发展是否提升了农村地区普通高中入学率呢？学术界对此鲜有关注。

基于此，本章借助北京大学数字金融研究中心编制的"数字普惠金融指数"，将其与《中国教育统计年鉴》数据进行匹配，实证分析数字金融对农村地区普通高中入学率的影响，并进一步检验了影响的异质性和作用机制。与已有研究相比，本章的创新之处在于：第一，拓展了数字金融影响的研究范围。本章实证研究了数字金融对农村地区普通高中入学率的影响及其异质性，丰富了数字金融影响的研究范围。第二，揭示了数字金融影响农村地区普通高中入学率的作用机制。本章从提升农村居民收入的角度切入，验证了数字金融影响农村地区普通高中入学率的作用机制，为深入理解两者关系提供了实证依据。第三，为理解农村教育问题提供了微观金融证据。区别于既有的教育学文献，本章从数字金融发展的角度去解读农村地区普通高中入学率的变化，从金融视角提供了坚实的实证证据。

二、理论分析与假说提出

（一）数字金融对农村地区普通高中入学率的影响

当前，我国存在明显的教育不公现象。城市地区教育资源多，而且家庭有足够的经济能力支持孩子的教育支出费用，学生一般按照正常途径完成学业。农村地区得到政府扶持的力度较小，而且家庭经济能力相对较差，部分农村学生在完成九年义务教育之后，迫于经济压力和非农就业增长等原因，会辍学进入社会工作，导致农村青年进入高中学习的概率下降（张川川，2015）。同时，传统的金融资源具有排斥性，农村和贫困地区的弱势群体难以享受到金融福利，在信贷、教育和收入等方面与城市居民有显著差距，进一步扩大了高中入学的城乡差距，有违我国实现教育公平的目标。

然而，以数字经济为主要形态的新一轮工业革命的到来带来了一系列崭新的模式，其中数字金融的发展为贫困群体增加了享受金融服务的机会和盈利空间（马述忠和郭继文，2020）。依托数字金融带来的技术优势，金融资源得到合理配置，互联网工具助力金融服务成本降低，让贫困和低收入人群能够公平地享受金融服务。首先，数字金融改善了农村居民的贫困程度，提升居民可支配收入，从而缓解流动性约束，使家庭增加教育资金的投入。黄倩等（2019）的实证分析发现，数字金融发展对贫困减缓的促进作用显著，相比富裕群体，贫困群体从中获益更多，因此数字金融发展有利于提升公平程度，促进教育领域资源增加和公平分配。其次，数字金融使农村居民获取教育的机会增加。事实上，低文化、低收入的劣势群体获得知识时自我效能感更高，在移动互联网时代得到了相比传统媒介系统更自由、平等的知识获取机会，数字技术的进步为其创造了提升教育水平的空间（李雪莲和刘德寰，2018）。唐宇等（2020）研究了数字金融的包容性经济增长效应，证实数字金融促进了教育、医疗、就业和其他社会资源的均等。最后，数字金融交易成本低、方便快捷，可以缓解家庭信贷约束，尤其是满足了农村和贫困地区弱势群体的借贷需求（谢家智和吴静茹，2020）。由此可见，数字金融为居民家庭资源配置及获得贷款提供了更多的机会，从而提升了农村孩子高中阶段的入学率。据此，提出本章的第一个假说：

假说1：数字金融提升了农村地区普通高中入学率。

（二）数字金融影响农村地区普通高中入学率的地区异质性

当前，中国南北板块经济差距成为比东中西差距更为重要的区域问题（郭爱君和范巧，2019）。伴随我国经济体制转轨和区域发展战略调整，区域走势分化逐步由东西差距转向南北差距（杜宇和吴传清，2020）。众多学者开始关注我国南北地区的差异。一方面，数字金融的发展在地区之间存在明显的差异性（葛和平和朱卉雯，2018；易行健和周利，2018）。《北京大学数字普惠金融指数（2011—2020）》显示，南方地区数字金融指数均值大于北方地区。盛来运等（2018）基于全国31个省份的面板数据证实，我国存在南北经济发展不平衡的现象，总体表现为"南快北慢"的特征，北方资本积累速度较慢，劳动力数量逐渐减少，实现快速发展的阻碍较多，不利于数字金融获得。另一方面，教育发展水平也存在地区差异。梁文艳等（2021）对2001~2017年南北地区的生均教育经费比较发现，南方地区的经费总量和增长速度均高于北方地区。由此可见，我国北方地区资源匮乏、经济发展落后、数字金融发展较慢、教育发展缓慢，与南方存在较大差距，不利于数字金融的发展及其对农村普通高中入学率的推动作用。所以，相较于北方，数字金融对农村地区普通高中入学率的促进作用在南方地区可能表现出更好的效果。据此，提出本章的第二个假说：

假说2：在南方地区数字金融提升农村地区普通高中入学率的作用更明显。

（三）数字金融影响农村地区普通高中入学率的性别异质性

高中入学决策可能存在性别差异。在贫困地区，部分家庭重男轻女，女孩可能会由于家中有兄弟，被迫过早地结束学业外出务工，因此女孩的入学率较低。吴愈晓和黄超（2015）通过比较数据得出，女性的平均受教育年限明显少于男性，且农村地区的差异程度高于城镇地区，进一步研究发现城镇地区教育性别差异可以部分归因于家庭特征，而农村居民的差异主要是由于性别歧视。吴强（2020）基于2010年和2014年的数据研究发现，从小学到博士的各个受教育等级中，男性占比都高于女性占比，总体上男生的受教育程度都高于女生。由此可见，农村家庭更偏向于将教育资源优先分配给男性，数字金融提高农村地区普通高中入学率这一作用也可能在男生群体中表现更明显。据此，提出本章的第三个假说：

假说3：数字金融提升农村地区男生高中入学率的作用更显著。

（四）数字金融影响农村地区普通高中入学率在教育水平方面的异质性

研究表明，高等教育水平的发展可以提升人口的平均教育水平，也可以促进高中阶段教育的普及和高质量发展（崔吉芳，2019）。地区高中毕业学生接受高等教育的人口占比多，可以部分反映出该地高中教育投资回报率较好。回报率直接影响到高中教育需求，高回报率吸引家长和孩子增加对高中阶段教育的需求（李建民，2019）。罗楚亮和孟昕（2016）研究发现，每个人上大学预期概率，即同一个县/农村中比此人大 3~5 岁上过高中的人群中接受高等教育的比重，对于个体高中入学决策具有显著的正向效应。由此可见，在教育水平更高的地区，数字金融对农村普通高中入学率有更强的促进作用。据此，提出本章的第四个假说：

假说4：在教育水平更高的地区数字金融提升农村地区普通高中入学率的作用更明显。

（五）数字金融影响农村地区普通高中入学率的机制

数字金融发展影响居民家庭行为，当居民能够更好地使用金融服务时，其可以改善家庭收入结构和收入分配水平，促进家庭收入增加。收入增加使居民加大消费和教育投入，提高人力资本效应。Braniff（2016）认为，数字金融有助于增加人们获得教育的机会，主要通过为弱势群体筹措、负担及管理其子女的教育及培训支出的方式实现。何宜庆等（2020）发现，数字金融能够促进农村居民收入增长，"数字红利"显著。

不少文献证实，收入水平会对教育决策产生影响。例如，Galor 和 Zeria（1993）研究了初始收入分配对教育分布的影响，认为收入均等促进人力资本积累，在借款市场不完全的情况下，促进收入的平等可以帮助那些不能通过借贷的方式筹措教育费用的贫困群体获取受教育的机会，进而影响教育资源的分配。郭丛斌和闵维方（2006）发现，以父母年收入衡量家庭经济资本，父母拥有越多的经济资本，即具备越雄厚的经济支付能力，则能够为子女教育投入越多的资金。Blankenau 和 Youderian（2015）认为，家庭收入对教育支出有积极影响，收入增加促进家庭增加对子女的教育投入。对于一个地区而言，该地区经济越发展，教育公平程度越高，因此通过提升居民富裕程度能够促进教育公平水平的提升（刘凌等，2018）。由此可见，居民能有效使用数字金融服务时，通过金融资源配置、风险防范等功能拓宽家庭收入来源，能够更好地投资于教育，从而有助于提高农村地区普通高中入学率。据此，提出本章的第五个假说：

假说5：数字金融通过增加农村居民收入提升农村地区普通高中入学率。

三、研究设计

（一）数据来源

一方面，本章中农村地区普通高中入学数据来自历年《中国教育统计年鉴》，选取年鉴中农村地区普通高中的样本①。剔除宁夏和西藏的极端数据后，获得覆盖29个省份2011~2019年的样本数据。另一方面，数字金融数据来自《北京大学数字普惠金融指数（2011-2020）》，该指数从数字金融覆盖广度、数字金融使用深度和普惠金融数字化程度三个维度构建数字普惠金融指标体系，涵盖了信贷、支付、保险、投资等多个指标（郭峰等，2020）。该指数测度范围涵盖中国内地省、市、县三个层级，可以较好地刻画我国数字金融的发展情况。此外，其他变量的数据来源于历年《中国统计年鉴》《中国农村统计年鉴》《中国教育经费统计年鉴》。

（二）变量选取

1. 被解释变量

农村普通高中入学率（Ratio）。根据《中国教育统计年鉴》初中和高中阶段学生数量，计算得到所统计地区当年的农村普通高中入学率。参考王香丽（2011）和刘凌等（2018）的做法，普通高中入学率用某地区普通高中招生人数除以该地区初中毕业生人数计算。

2. 核心解释变量

参考钱海章等（2020）的做法，数字金融发展水平（Dfi）用各省的数字普惠金融指数除以100衡量。

3. 控制变量

本章从宏观层面和微观层面控制了其他的影响因素，重点关注数字金融发展对农村地区普通高中入学率的影响。宏观控制变量包括整个地区的传统金融发展水平、农村人口规模、农村平均受教育年限②、农村地区政府教育支出（傅秋子和

---

① 年鉴中普通高中教育阶段的数据区分了城市、镇区和乡村各自的统计数据，普通中专、中等职业学校和职业高中的数据则未对城乡进行区分。考虑到本章研究的是农村地区，因此样本定位于普通高中。

② 参考汪丽娟（2019）的度量方式，以各教育阶段受教育学生比重为权重，计算平均受教育年限（μ）。计算公式为 $\mu=\sum_{i=1}^{n}p_iy_i$，其中，p_i 表示各级受教育人数在总人数中的占比，y_i 表示各级受教育程度的年限，未上过学、小学、初中、高中（中职）、大专及以上的年限分别为0年、6年、9年、12年、16年。

黄益平，2018；杨立军和徐隽，2021）；微观控制变量包括农村总人口抚养比、农村地区初中师资力量、农村普通高中学校数（刘凌等，2018；王浩名和岳希明，2019）。

4. 中介变量

农村家庭收入水平（Inc）。参考杨伟明等（2020）的研究，以农村家庭人均可支配收入衡量家庭收入水平，并以该变量作为中介变量检验数字金融影响农村地区普通高中入学率的机制。

表 18-1 报告了各变量的定义和具体度量方式。

表 18-1　变量定义及具体度量方式

变量符号	变量定义	度量方式
Ratio	农村普通高中入学率	普通高中招生人数/初中毕业生人数
Dfi	数字金融发展水平	数字普惠金融指数/100
Trf	传统金融发展水平	金融机构存贷款余额/地区生产总值
Pop	农村人口规模（百万人）	农村地区人口数量
Edy	农村平均受教育年限（年）	农村地区平均受教育年限
Edr	农村地区政府教育支出	（农村高中教育支出/一般财政预算支出）×1000
Tot	农村总人口抚养比	农村家庭总抚养比 [（0~14岁人口+65岁以上人口）/15~64岁人口]
Tea	农村地区初中师资力量	农村普通初中学生数/教师数
Sch	农村普通高中学校数（个）	农村普通高中学校数量
Inc	农村家庭收入水平（千元）	农村居民人均可支配收入

（三）模型构建

为验证假说 1，借鉴张勋等（2019）、张斌昌等（2020）的实证模型，本章建立如下回归模型：

$$\text{Ratio} = \lambda_0 + \lambda_1 \text{Dfi} + \lambda_2 X_i + \omega_1 \tag{18-1}$$

其中，Ratio 表示农村普通高中入学率；Dfi 表示数字金融发展水平；X_i 表示影响入学率的控制变量；ω_1 表示随机干扰项。

为检验数字金融影响农村地区普通高中入学率的作用机制，参考温忠麟和叶宝娟（2014），建立如下中介效应模型：

$$\text{Ratio} = \alpha_0 + \alpha_1 \text{Dfi} + a_2 X_i + \varepsilon_1 \tag{18-2}$$

$$\text{Inc} = \beta_0 + \beta_1 \text{Dfi} + \beta_2 X_i + \varepsilon_2 \tag{18-3}$$

$$\text{Ratio} = \gamma_0 + \gamma_1 \text{Dfi} + \gamma_2 \text{Inc} + \gamma_3 X_i + \varepsilon_3 \tag{18-4}$$

其中，Ratio 表示农村普通高中入学率；Inc 为中介变量，表示农村居民收入；Dfi 表示数字金融发展水平；X_i 表示影响入学率的控制变量；α_i、β_i、γ_i（$i=0$，1，2）分别表示待估计参数；ε_i（$i=1$，2，3）表示随机误差项。在该模型中，第一步应确保模型（18-2）中 α_1 显著，方能继续进行中介效应检验；第二步对模型（18-3）、模型（18-4）进行检验，若系数 β_1、γ_2 均显著，且 $\beta_1 \times \gamma_2$ 的值与 α_1 同号，则证明存在中介效应；第三步检验模型（18-4）中 γ_1 的显著性，如果 γ_1 显著，则为部分中介效应，此时计算中介效应在总效应中占比为 $\beta_1 \times \gamma_2 / (\beta_1 \times \gamma_2 + \gamma_1)$；如果 γ_1 不显著，则为完全中介效应。

四、实证结果及其分析

（一）变量的描述性统计分析

变量的描述性统计结果如表 18-2 所示。其中，农村普通高中入学率的均值为 0.163，标准差为 0.118，表明不同地区不同年份的高中入学率存在较大差异。核心解释变量数字金融发展水平的最大值为 4.103，最小值仅为 0.183，变动幅度和差异性也较大。传统金融发展水平最小值为 1.518，最大值为 8.131，呈现较大的差异性。农村平均受教育年限的均值为 7.799，约为低于初中学历的水平。农村地区政府教育支出，即政府在农村高中的教育投入占比均值为 0.046，最小值仅为 0.001，最大值为 0.130，样本间差异较大（见表 18-2）。

表 18-2 变量的描述性统计

变量	样本量	均值	标准差	最小值	最大值
农村普通高中入学率	261	0.163	0.118	0.008	0.653
数字金融发展水平	261	2.040	0.918	0.183	4.103
传统金融发展水平	261	3.167	1.159	1.518	8.131
农村地区政府教育支出	261	0.046	0.033	0.001	0.130
农村平均受教育年限（年）	261	7.799	0.606	5.878	9.801
农村人口规模（百万人）	261	20.34	12.81	2.510	55.790
农村总人口抚养比	261	0.424	0.096	0.173	0.722
农村地区初中师资力量	261	10.778	2.573	5.721	18.925
农村普通高中学校数（个）	261	24.08	15.927	3.000	67.000
农村家庭收入水平（千元）	261	12.114	5.212	3.909	33.195

（二）数字金融与农村普通高中入学率

1. 基准回归结果及分析

本章使用的是 2011~2019 年 29 个省份的面板数据，该数据属于短面板。在回归之前，对变量进行了多重共线性检验，各变量的方差膨胀因子（VIF）最大值为2.30，平均值为1.72，数值远小于10，故不存在多重共线性问题。各变量之间的相关性检验表明变量高度相关。Hausman 检验结果表明，本章应选择固定效应模型。

表 18-3 报告了数字普惠金融与农村普通高中入学率的固定效应模型回归结果。为了验证估计结果的稳健性，参考易行健和周利（2018）、张勋等（2019）的逐步回归做法，这里将控制变量依次加入模型中。在列（1）中，加入宏观变量传统金融发展水平、农村地区政府教育支出和农村地区平均受教育年限。列（2）中，加入影响地区教育资源分配和发展水平的变量：农村人口规模和农村总人口抚养比。列（3）中，加入微观变量农村地区初中师资力量和农村普通高中学校数。

表 18-3　数字金融影响农村普通高中入学率的估计结果

变量	（1）	（2）	（3）
数字金融指数（Dfi）	0.0181*** (0.0065)	0.0299*** (0.0078)	0.0348*** (0.0072)
传统金融发展水平（Trf）	0.0387*** (0.0115)	0.0316*** (0.0116)	0.0329*** (0.0107)
农村地区政府教育支出（Edr）	−0.1300 (0.1704)	0.0578 (0.1790)	0.1347 (0.1655)
农村平均受教育年限（Edy）	0.0367* (0.0186)	0.0268 (0.0193)	0.0113 (0.0180)
农村人口规模（Pop）	—	0.0097*** (0.0035)	0.0099*** (0.0032)
农村总人口抚养比（Tot）	—	−0.0180 (0.0819)	−0.0388 (0.0753)
农村地区初中师资力量（Tea）	—	—	0.0010 (0.0013)
农村普通高中学校数（Sch）	—	—	0.0035*** (0.0005)
常数项	−0.2769* (0.1435)	−0.4000** (0.1740)	−0.3882** (0.1630)
样本量	261	261	261

续表

变量	（1）	（2）	（3）
R^2	0.3291	0.3547	0.4612

注：＊、＊＊和＊＊＊分别表示在10%、5%和1%的统计水平上显著；括号内为稳健标准差。本章下同。

回归结果表明，数字金融发展水平对于农村普通高中入学率具有显著的正向影响。表18-3中的列（3）显示，在控制其他变量的情况下，数字金融指数的回归系数值为0.0348，且在1%的统计水平上显著为正，表明数字金融指数每增加1个单位，农村普通高中入学率将提升3.48%。这个结果支持了假说1，积极发展数字金融有利于农村地区学生选择入学，使普通高中入学率得到提升（李雪莲和刘德寰，2018）。

从控制变量的结果来看，传统金融发展水平的系数显著为正，表明传统金融发展对农村普通高中入学率也存在促进作用；农村人口规模对农村普通高中入学率有显著的正向影响，农村人口增加使更多的农民认识到人力资本的重要性，接受教育的意愿增加，很多农村居民都能达到初中以上的教育水平（吴方卫和康姣姣，2019）；农村总人口抚养比对农村普通高中入学率负向影响不显著，这主要是因为人口抚养比大代表家庭承受负担较大，不利于教育投入的增加，但老年人社会保障制度建立和农村居民希望子女通过教育改变命运心态的存在，使家庭不会轻易让孩子放弃入学机会（王欢和黄健元，2015）；农村地区政府教育支出、农村平均受教育年限、农村地区初中师资力量对普通高中入学率的提升作用不显著，这可能是因为农村居民对教育的重视程度更多地受到家庭经济实力的影响，家庭富裕水平影响居民的教育决策，而政府的教育支出、初中师资力量等教育资源的增加，不足以改变农村家庭学生放弃入学的选择（刘凌等，2018）；农村地区普通高中学校数对农村普通高中入学率的影响显著为正，说明保障充足的学校数量，能够保障更多贫困学生入学（张尚和杨燕萍，2018）。

2. 内生性分析

在上述研究中，可能存在由于遗漏变量或反向因果导致的内生性问题，影响估计结果的可靠性。一是反向因果关系。农村地区普通高中入学率增加，可能会提升居民金融素养，推动当地数字金融的发展。二是遗漏变量问题。模型中的控制变量有限，残差项中可能存在既影响数字金融水平，又影响农村普通高中入学率的因素，导致估计结果有偏。另外，本章数据多来自国家统计局公布的年鉴数据，综合考虑多种因素，通过抽样设计和赋予权重等方法确定指标，具有较好的稳健性，减少了可能存在的测量误差。

为了处理内生性问题，我们考虑采用工具变量法来缓解。参考李牧辰等

（2020）的研究方法，选择"各省份到杭州市的距离"作为工具变量进行回归分析。由于数字金融指数主要是基于蚂蚁金服的数据编撰，地区到杭州市的距离与当地数字金融发展水平相关性较高，符合相关性原则；同时地区到杭州市的距离不会影响到当地农村普通高中入学率，符合外生性原则。郭峰等（2020）也指出互联网金融存在地理依赖性，距离杭州市越近，数字金融发展水平越好。引入面板工具变量后的回归结果如表18-4中的列（2）所示。表18-4报告了DWH检验的内生性结果，P值在1%的统计水平上显著，说明模型存在内生性问题；第一阶段回归的F统计值为65.55，大于临界值10，故不存在弱工具变量问题。由表18-4中列（2）的估计结果可知，数字金融对农村地区普通高中入学率的影响显著为正，且回归系数绝对值显著大于基准回归结果，符合工具变量法得到估计结果的惯例（张杰等，2016；孙伟增等，2021）。考虑内生性后的回归结果进一步为假说1提供了支持，表明数字金融对农村普通高中入学率的积极影响是稳定的。

表18-4　数字金融对农村普通高中入学率的影响：内生性分析

变量	（1）基准回归	（2）工具变量法
数字金融指数（Dfi）	0.0348*** (0.0072)	0.4249** (0.2122)
传统金融发展水平（Trf）	0.0329*** (0.0107)	-0.0543 (0.0466)
农村地区政府教育支出（Edr）	0.1347 (0.1655)	-5.9310** (2.9797)
农村平均受教育年限（Edy）	0.0113 (0.0180)	-0.2043 (0.1344)
农村人口规模（Pop）	0.0099*** (0.0032)	-0.0004 (0.0021)
农村总人口抚养比（Tot）	-0.0388 (0.0753)	-1.1303* (0.6579)
农村地区初中师资力量（Tea）	0.0010 (0.0013)	-0.0080 (0.0062)
农村普通高中学校数（Sch）	0.0035*** (0.0005)	0.0050** (0.0021)
常数项	-0.3882** (0.1630)	1.7777 (1.1080)
样本量	261	243
第一阶段F值	—	65.55
工具变量t值	—	-2.15
DWH检验χ²	—	25.643

变量	（1）	（2）
	基准回归	工具变量法
p-value	—	0.000

（三）数字金融对农村普通高中入学率影响的异质性分析

1. 地区异质性

由于我国区域经济发展不平衡，数字金融对农村普通高中入学率的影响可能存在地区异质性。参考张百平（2019），本章将样本划分为南方地区和北方地区①，进一步检验数字金融发展提升农村普通高中入学率的作用在南北地区之间的差异性。南方赋值为 1，北方赋值为 0。参考连玉君等（2010）的做法检验组间系数差异，表 18-5 中的 P 值表明两组样本差异在统计意义上显著。表 18-5 的列（1）、列（2）报告了分样本的回归结果。

表 18-5　地区异质性的回归结果

变量	（1）	（2）
	南方	北方
数字金融指数（Dfi）	0.0407***	0.0213**
	（0.0104）	（0.0093）
传统金融发展水平（Trf）	0.1231***	0.0239**
	（0.0234）	（0.0117）
农村地区政府教育支出（Edr）	-0.4400*	0.4100*
	（0.2500）	（0.2200）
农村平均受教育年限（Edy）	0.0236	-0.0075
	（0.0227）	（0.0260）
农村人口规模（Pop）	0.0146**	0.0051
	（0.0057）	（0.0037）
农村总人口抚养比（Tot）	-0.0248	-0.1169
	（0.0886）	（0.1373）
农村地区初中师资力量（Tea）	0.0001	0.0001
	（0.0018）	（0.0016）
农村普通高中学校数（Sch）	0.0041***	0.0031***
	（0.0008）	（0.0007）
常数项	-0.8830***	-0.0405
	（0.2346）	（0.2127）

① 北方地区包括北京、天津、河北、山东、河南、山西、内蒙古、黑龙江、吉林、辽宁、陕西、甘肃、青海、宁夏、新疆 15 个省份，南方地区包括上海、江苏、浙江、安徽、福建、江西、湖北、湖南、广东、广西、海南、重庆、四川、贵州、云南、西藏 16 个省份。

变量	（1）	（2）
	南方	北方
样本量	135	126
R^2	0.6085	0.4368
P 值	0.080	

表 18-5 的回归结果表明，数字金融促进农村普通高中入学率提升的作用在南北地区均显著为正，但影响程度存在差异，南方地区的系数值明显大于北方地区，这可能由于北方经济发展速度慢，金融可得性较差，且存在数字鸿沟，数字金融发展迟缓，南方经济发展水平相对较高，有助于数字金融发挥对教育水平的优化作用，能够很好地促进普通高中入学率的提升（董雪兵和池若楠，2020）。由此可见，数字金融提升农村普通高中入学率作用存在明显的地区异质性，南方地区作用更明显。这和已有的部分研究结果相符（王喆等，2021；张龙耀和邢朝晖，2021），也支持了假说 2。

2. 性别异质性

教育方面的性别差异一直是整个社会和政策制定者重点关注的部分（孙伟增等，2021）。本章以普通高中在校生中女生所占比例来衡量性别差异，女生占比大于 0.5 赋值为 0，小于 0.5 赋值为 1。表 18-6 中的 P 值结果显示两组样本的差异在统计意义上显著。表 18-6 中的列（1）、列（2）报告了分样本回归结果。结果表明，男性样本的回归结果更显著，且系数绝对值明显大于女性样本，可见数字金融对农村普通高中男性入学率的提升作用更明显，假说 3 得到了支持。

表 18-6　性别异质性的回归结果

变量	（1）	（2）
	女	男
数字金融指数（Dfi）	0.0224 * (0.0123)	0.0373 *** (0.0096)
传统金融发展水平（Trf）	0.0395 * (0.0214)	0.0365 ** (0.0158)
农村地区政府教育支出（Edr）	0.4400 (0.2711)	−0.0400 (0.2200)
农村平均受教育年限（Edy）	0.0816 ** (0.0354)	−0.0126 (0.0231)
农村人口规模（Pop）	0.0119 ** (0.0051)	0.0078 * (0.0043)

续表

变量	(1)	(2)
	女	男
农村总人口抚养比(Tot)	0.0523 (0.1201)	−0.0967 (0.1056)
农村地区初中师资力量(Tea)	0.0019 (0.0022)	0.0008 (0.0016)
农村普通高中学校数(Sch)	0.0050*** (0.0012)	0.0031*** (0.0007)
常数项	−1.0761*** (0.2709)	−0.1286 (0.2276)
样本量	101	160
R^2	0.6136	0.4296
P 值	0.086	

3. 教育水平异质性

参考马威和张人中(2021)的做法,本章以不同省份农村地区大专及其以上学历人口占比水平作为分组依据,构造相应的分组变量,初始占比低于不同省份高等教育水平的中位数,则赋值为 0,反之为 1。表 18-7 中的 P 值结果显示两组样本的差异在统计意义上不显著。表 18-7 中的列(1)、列(2)报告了分样本回归结果。结果表明,高等教育人口占比水平较高的样本系数绝对值较大,且在 1% 的水平上显著,即数字金融促进普通高中入学率提升的作用在高等教育人口占比较高的地区较明显,假说 4 得到支持。

表 18-7 教育水平异质性的回归结果

变量	(1)	(2)
	高水平	低水平
数字金融指数(Dfi)	0.0385*** (0.0110)	0.0335** (0.0134)
传统金融发展水平(Trf)	0.0673*** (0.0183)	0.0163 (0.0209)
农村地区政府教育支出(Edr)	0.0300 (0.3500)	0.3800* (0.2300)
农村平均受教育年限(Edy)	−0.0327 (0.0284)	0.0589* (0.0302)

变量	（1）	（2）
	高水平	低水平
农村人口规模（Pop）	0.0061	0.0131 ***
	（0.0083）	（0.0048）
农村总人口抚养比（Tot）	−0.1905	−0.0172
	（0.1536）	（0.0855）
农村地区初中师资力量（Tea）	0.0015	−0.0003
	（0.0020）	（0.0017）
农村普通高中学校数（Sch）	0.0037 ***	0.0034 ***
	（0.0011）	（0.0008）
常数项	0.0052	−0.8330 ***
	（0.3097）	（0.2609）
样本量	130	131
R^2	0.4528	0.4574
P 值	0.320	

（四）稳健性检验

为了保证实证结果的稳定性，本章考虑进行如下稳健性检验：

1. 剔除部分样本

刘凌等（2018）通过分析省际数据的差异发现，北京、天津、上海的教育公平程度明显较高，这可能会导致数字金融对农村普通高中入学率的促进作用不显著。因此，本章剔除北京、天津、上海的数据，估计结果如表 18-8 的列（2）所示，可见与基准回归结果基本一致，表明前文的估计结果是稳健的。

2. 缩尾处理

为消除极端数值的影响，对所有连续变量进行 1%的缩尾处理后，重新估计数字金融发展促进农村普通高中入学率提升的效果。回归结果如表 18-8 的列（3）所示，结果基本保持不变，表明前文的估计结果是稳健的。

表 18-8　稳健性检验结果

变量	（1）	（2）	（3）
	基准回归	剔除部分样本	缩尾处理
数字金融指数（Dfi）	0.0348 ***	0.0337 ***	0.0362 ***
	（0.0072）	（0.0086）	（0.0071）
传统金融发展水平（Trf）	0.0329 ***	0.0302 ***	0.0315 ***
	（0.0107）	（0.0114）	（0.0107）

续表

变量	（1）	（2）	（3）
	基准回归	剔除部分样本	缩尾处理
农村地区政府教育支出（Edr）	0.1347	0.1200	0.1500
	(0.1655)	(0.1600)	(0.1600)
农村平均受教育年限（Edy）	0.0113	0.0247	0.0090
	(0.0180)	(0.0206)	(0.0181)
农村人口规模（Pop）	0.0099***	0.0093***	0.0103***
	(0.0032)	(0.0033)	(0.0033)
农村总人口抚养比（Tot）	−0.0388	−0.0437	−0.0619
	(0.0753)	(0.0765)	(0.0770)
农村地区初中师资力量（Tea）	0.0010	0.0007	0.0009
	(0.0013)	(0.0012)	(0.0012)
农村普通高中学校数（Sch）	0.0035***	0.0033***	0.0036***
	(0.0005)	(0.0005)	(0.0005)
常数项	−0.3882**	−0.4863***	−0.3670**
	(0.1630)	(0.1775)	(0.1673)
样本量	261	234	261
R^2	0.4612	0.4583	0.4676

五、进一步的分析：作用机制

由前文的理论分析可知，数字金融可能通过提高农村居民收入促进农村地区普通高中入学率的提升，为此，我们采用中介效应模型予以检验。表18-9报告了回归结果。

表18-9 数字金融影响农村地区普通高中入学率的机制：以农村居民收入为中介变量

变量	（1）	（2）	（3）
	因变量：农村普通高中入学率	因变量：农村居民收入	因变量：农村普通高中入学率
数字金融指数（Dfi）	0.0348***	3.6062***	0.0274**
	(0.0072)	(0.1598)	(0.0131)
农村居民人均可支配收入	—	—	0.0021
			(0.0030)

续表

变量	（1）因变量：农村普通高中入学率	（2）因变量：农村居民收入	（3）因变量：农村普通高中入学率
传统金融发展水平（Trf）	0.0329 *** (0.0107)	-0.3753 (0.2352)	0.0337 *** (0.0107)
农村地区政府教育支出（Edr）	0.1347 (0.1655)	-13.2300 *** (3.6500)	0.1600 (0.1700)
农村平均受教育年限（Edy）	0.0113 (0.0180)	0.9050 ** (0.3966)	0.0094 (0.0182)
农村人口规模（Pop）	0.0099 *** (0.0032)	0.0528 (0.0710)	0.0098 *** (0.0032)
农村总人口抚养比（Tot）	-0.0388 (0.0753)	4.0064 ** (1.6609)	-0.0470 (0.0763)
农村地区初中师资力量（Tea）	0.0010 (0.0013)	-0.0161 (0.0279)	0.0010 (0.0013)
农村普通高中学校数（Sch）	0.0035 *** (0.0005)	0.0453 *** (0.0118)	0.0035 *** (0.0006)
常数项	-0.3882 ** (0.1630)	-4.1858 (3.5975)	-0.3796 ** (0.1637)
样本量	261	261	261
R^2	0.4612	0.9210	0.4623

由表18-9可知，在列（1）中，模型（18-2）的数字金融水平的系数 α_1 在1%的统计水平上显著为正，表明总效应显著，可以继续进行中介效应的检验。在列（2）中，模型（18-3）的数字金融发展水平的系数 β_1 在1%的统计水平上显著为正，且系数值较大，表明数字金融明显地促进了农村居民收入增加。在列（3）中，模型（18-4）中数字金融发展水平的系数 γ_1 显著为正，但收入水平的系数 γ_2 不显著，因此需要用Bootstrap法进行检验，Bootstrap检验间接效应在95%的置信区间为 [0.0006864，0.0356437]，置信区间不包括零值，且在5%的统计水平上显著，表明间接效应显著。具体地，由估计系数可得 $\beta_1 \times \gamma_2 = 3.6062 \times 0.0021 = 0.0076$，在总效应中收入水平作为中介变量的贡献为 0.0076/0.0348 = 0.2184，即占比21.84%，表明农村居民收入水平是数字金融影响农村地区普通高中入学率的部分中介变量。这支持了本章提出的假说5。

六、主要结论及其政策启示

本章基于 2011~2019 年的省级面板数据，实证检验了数字金融对农村地区普通高中入学率的影响。结果表明：①数字金融显著促进了农村地区普通高中入学率的提升。②数字金融对农村高中入学率的提升作用在南方地区、男生群体、较高教育水平的样本中更加强烈。③数字金融是通过增加农村居民收入进而促进农村高中入学率提升的。

毫无疑问，上述实证研究结论对于发展数字金融、促进教育公平具有重要的政策启示：

第一，大力支持农村数字金融发展。国家和政府应制定相应政策，推动农村地区数字金融快速发展，通过发展数字金融，促进农村居民增加收入，提高家庭教育投入比例，提升对高中教育的重视程度。具体地，可以根据地区经济条件，建设农村数字网络基础设施，借助大数据、人工智能、区块链和云计算等数字金融工具，扩展金融覆盖范围，让农村地区的贫困群体有机会享受到数字金融的便利性和高效性，充分发挥数字金融推动农村普通高中入学率进步的潜力。

第二，提升北方地区数字金融和教育公平的发展水平。实证结果表明，相比于北方，数字金融对南方地区农村普通高中入学率的促进作用更大，可见目前我国金融体系更多地在为经济发达的地区服务。因此，对于长尾人群和偏远贫困地区这些更需要资金和数字金融的经济主体，政府需要采取不同的措施，统筹全局，缩小差距，促进协调平衡发展。北方地区资源匮乏、教育水平较为低下，需要完善金融制度，并增设互联网设施，通过数字技术拉动经济和教育进步。南方地区各方面发展水平较高，应实行创新性举措，提高效率，尝试将教育和金融发展直接相融，为"十四五"时期国家政策建立提供实践经验。

第三，加强对女性群体的关注。受风俗习惯的影响，农村地区家庭教育资源向男生倾斜的传统依然存在，相比于男生群体，数字金融对农村地区女生普通高中入学率的提升作用也更弱。但随着社会的发展，人们越来越追求平等，政府和家庭都应当加强对女性群体的重视，提高数字金融为女性提供服务的程度，帮助女生群体高中入学，从而促进教育层面的性别平等，维护社会的公平正义。

第五篇

农村数字普惠金融发展的政策建议

第十九章　农信机构数字化转型的误区与选择^①

一、农信机构是我国中小银行中的弱势主体

一方面，农信机构是我国中小银行的主体。根据银保监会发布的《银行业金融机构法人名单》，截至 2021 年末，全国共有 4602 家银行业金融机构，其中，农信机构共有 2196 家（包括 1596 家农村商业银行、23 家农村合作银行、577 家农村信用社），新型农村金融机构 1703 家（包括 1651 家村镇银行、39 家资金互助社、13 家贷款公司）。从数量来看，农信机构在银行业机构中的占比高达 47.7%，可见农信机构在我国中小银行中是绝对的主体。

另一方面，农信机构普遍规模较小、实力较弱。截至 2021 年末，银行业总资产 344.7 万亿元，其中，工行、农行、建行、中行、交行以及邮储银行六家国有大型商业银行的总资产合计高达 145.47 万亿元（工行的总资产达 35.17 万亿元，建行和农行分别为 30.25 万亿元和 29.07 万亿元，邮储和交行分别为 12.59 万亿元和 11.67 万亿元）。与之形成鲜明对比的是，截至 2021 年末，2196 家农信机构总资产虽然高达 43 万亿元，但平均资产规模仅为 195 元；进一步地，农信机构间的规模差异也很大，5000 亿元以上的农商行有 7 家，合计 6.46 万亿元，1000 亿~5000 亿元的农商行有 38 家，合计 7.64 万亿元，其中，广东、江苏与浙江三省份资产规模千亿元以上的 45 家农商行数量占比达 51.11%。

---

① 本章发表于《清华金融评论》2022 年第 9 期，作者为张正平，录入本书时略有修改。

二、农信机构数字化转型是时代的必然要求

作为金融服务"三农"、支持乡村振兴的主力军，农信机构责无旁贷，责任重大。近年来，我国金融业数字化转型步伐加快，2022年1月10日，银保监会正式印发了《关于银行业保险业数字化转型的指导意见》，提出的工作目标是：到2025年，银行业保险业数字化转型取得明显成效。数字化金融产品和服务方式广泛普及，基于数据资产和数字化技术的金融创新有序实践，个性化、差异化、定制化产品和服务开发能力明显增强，金融服务质量和效率显著提升。数字化经营管理体系基本建成，数据治理更加健全，科技能力大幅提升，网络安全、数据安全和风险管理水平全面提升。由此可见，农信机构数字化转型已经箭在弦上，没有退路！更重要的是，要认识到农信机构数字化转型也是新时代的必然要求。

首先，农信机构数字化转型是金融业高质量发展的客观要求。中国经济已经迈入高质量发展阶段，金融业的高质量发展是推动构建现代经济体系的客观要求。显然，作为中国金融体系重要组成部分的农信机构，尽管其资产规模小、风险高、盈利差，但推进高质量发展的要求是共同的，毫无疑问，没有农信机构的数字化转型，就不可能完成中国金融业的全面数字化，也难以实现中国金融业的高质量发展。

其次，农信机构数字化转型是有效服务乡村振兴的必然选择。长期以来，农信机构扎根农村地区，早已成为最熟悉农业农村农民的金融机构，无疑也是新时代服务乡村振兴的主力军。乡村振兴战略的实施，离不开金融业的支持，农信机构如何有效地服务乡村振兴无疑是摆在所有农信机构面前的一项重大课题。实践表明，通过金融科技赋能，加快推动农信机构数字化转型，是提升其服务乡村振兴效能的不二选择。

最后，农信机构数字化转型是促进机构提质增效的内在要求。在数字经济时代，金融业数字化是发展趋势，金融机构数字化转型是提升质效、赢得未来的战略选择，农信机构也不例外。事实上，随着数字乡村战略的实施，农业农村数字化水平大幅提升，农村数字基础设施明显改善，农民数字素养显著提高，农信机构数字化运营的外部条件日趋成熟；同时，国有大型商业银行纷纷下沉业务重心到农村，网商银行等互联网银行利用技术优势涉足农村，进一步加剧了农村金融市场竞争，农信机构数字化转型是其提升竞争力的必然选择。

三、农信机构数字化转型应避免的误区

值得注意的是，在过去几年的实践中，一些农信机构在推动数字化转型过程中或因竞争压力而"急躁冒进"，匆匆上马新产品，结果却不尽人意，或因实力不济而"无动于衷"，在传统模式下拼命死守，错失金融科技赋能契机。无论上述何种情形，反映出的都是农信机构数字化转型的被动与落后。总结起来，农信机构数字化转型尤其应避免如下四大误区：

误区一：盲目上线产品，缺少战略规划。现实中，一些农信机构看到大数据获客和风控的威力，认识到了云计算和人工智能降本增效的潜力，感受到了金融科技赋能的魅力，就按耐不住"创新"的冲动，在没有做好战略规划的前提下投入大量资金上线数字金融产品，单兵突进的结果往往是，由于没有相应的配套措施和业务支撑导致新产品业绩不佳，成长性不足，绩效上不去，数字金融产品的优势没有显现出来，最终银行高管也可能因此对数字化转型失去耐心和信心。由此需要吸取的教训是，农信机构数字化转型必须坚持规划先行的战略思维，这是因为，数字化转型本质上是一项系统工程，牵涉到银行的技术、组织、治理、业务、产品、人力、文化等多个领域，需要统筹设计，明确战略规划，制定实施方案，谋定而后动才是正解。当然，银行也可以尝试在某个产品上先行突破，但是，即使要先行先试地推出某种数字金融产品，也应当有必要的配套措施跟进，否则这种尝试的效果必然会被打折扣，从而影响农信机构数字化转型的推进。

误区二：过分关注技术，忽视制度保障。在金融业数字化的浪潮中，最引人关注的无疑是以大数据、云计算、人工智能、区块链等为代表的新型信息技术在金融业的广泛应用，最让人惊喜的可能是一些银行通过大数据获客、远程开户、线上放贷、智能化风控等方式实现对传统业务模式的"颠覆"，金融科技赋能展现威力的同时也展示了金融业数字化的美好前景。在这种情形下，农信机构也充分认识到了数字化转型中技术的重要性，因此，投入大量资金或采购技术产品、或升级业务系统、或招聘技术人员，期待通过技术革新推动数字化转型、获取数字化"红利"。然而，过分关注技术投入往往伴随着忽视了与技术应用、技术赋能所必需的配套制度建设，其结果可想而知：先进的技术无法带来客户的增长、销量的上升、利润的增加，与之相反的是，巨大的技术投入成本可能成为拖累农信机构盈利能力、竞争能力的"负担"。事实上，数字化的确依赖技术实现降本增效，但数字化转型是一个长期的过程，每一项技术的落地和应用都需要制度保障，对于农信机构这类管理效率相对较低、治理水平相对落后的组织而言，更要坚定不移地执行制度优先的数字化转型逻辑。

误区三：过度迷信线上，漠视线下优势。随着我国互联网覆盖率的提高，网民数量迅速增长，智能手机广泛普及，越来越多的金融业务通过在线的方式得以实现，这种线上交易模式不仅拓展了金融机构的获客渠道，帮助机构积累线上数据推进大数据风控实现降本增效，还能有效地增强客户黏性、改善客户体验，成为不少银行数字金融发展的"先头部队"。不少农信机构因此"照猫画虎"，纷纷搭建线上营业厅、推出在线服务模式，甚至投入大量资金自建引流的"电子商城"，将各种传统业务和产品搬到线上开展，这种过度迷信线上营销或服务的"错觉"最终面对的残酷现实是：线上营业厅门可罗雀，在线服务少得可怜，电子商城难以为继。这里的问题在于，农信机构的主要客群是文化水平相对较低、数字素养相对较差的农民，留守农村的老人妇女儿童短期内是难以适应线上交易新模式的。事实上，数字化不等于线上化，对农信机构来说，数字化转型也不意味着要将所有业务和流程都线上化，农村客户、农村基础设施的特点决定了相当长时间内农信机构的线下优势依然存在，因此，农信机构的数字化转型依然要坚持线上线下相结合的发展路径。

误区四：高度依赖外援，忽略自我建设。由于农信机构普遍规模小、实力弱，在推进数字化转型过程中面临的共性难题往往就是缺资金、缺技术、缺人才；与此同时，由于农信系统的特殊性，农信机构还面临着内部治理相对薄弱、外部管理复杂（不仅要接受银保监会的监管，还要接受省联社的管理）等现实约束，这些客观约束无疑加剧了农信机构数字化转型的难度，也使大部分农信机构不得不高度依赖外部力量推动数字化转型。比较典型的做法有依靠第三平台获取数据、依靠科技公司实现技术升级等。从某种程度来看，在数字化转型过程中，由于资金实力弱、管理体制复杂、三农客群风险高、农业农村数字化滞后等方面的束缚，与国有大型银行或全国性的股份制银行相比，农信机构一开始就处在不利的位置，在这场不对等的较量中似乎已经"输在起跑线上了"，依赖外部力量推进数字化转型就是这种力量对比下的"理性选择"。这种逻辑无疑是有一定道理的，但却忽视了根本！农信机构数字化转型的成效终究还是取决于自身能力的建设，借助外力是一种必要的手段，也是一种智慧，但决不能因此"丢掉根本"。这意味着，在农信机构数字化转型中，要在合理借助外力的同时，积极推进机构能力建设，例如，在获取第三方数据的同时更要加强机构的数据积累和数据治理，在依靠金融科技公司升级业务系统的同时更要强化机构的组织变革和人才培养，坚持固本强基的发展理念。

四、农信机构数字化转型的现实选择

由此可见，农信机构的数字化转型，决不能简单照搬国有大行或股份制银行投入巨资做研发、大规模招聘技术人员、全面快速推进的"打法"，原因在于：一方面，农信机构没有那么多的财力投入在金融科技的研发上且面临着较为复杂的管理体制约束；另一方面，农信机构数量众多且服务对象的数字化水平太低。我们认为，农信机构数字化转型必须充分考虑其特点，结合我国数字乡村建设的进程和乡村振兴战略的需求，立足机构内外的现实条件，因地制宜地推进数字化转型。

（一）基本原则

对于农信机构来说，不仅需要认识到数字化转型的长期性、系统性和复杂性，更要通过数字化转型赢得实实在在的利益，决不能好高骛远，也不能因噎废食。总体来看，农信机构推进数字化转型应坚持如下三条基本原则：

原则一：坚持差异化定位。我国农信机构数量众多且高度分散，营业范围也被局限在某个县或市，其数字化转型不仅要面对差异化的地区农业农村状况，还要面对各家农信机构在资产规模、治理水平、人员构成、风控能力等内在要素方面的差异，由此决定了农信机构这类中小银行的数字化转型必须坚持差异化的定位，不仅不能简单照搬大行模式，很可能也无法复制某个领先的农信机构的成功做法，对大部分农信机构来说，都需要在战略规划、实施方案、推进路径、资金投入等方面充分结合机构自身特点做出因地制宜的差异化安排。

原则二：坚持改善客户体验。从原理来看，在数字经济时代，依托互联网、大数据等信息技术，农信机构可以更快捷地触达客户，更精准地识别客户特征，更有效地控制客户风险，然而，从实践来看，能否实现上述积极效果却存在诸多的不确定性。尤其值得关注的是，数字化转型不仅要从银行的角度进行观察，还要接受客户的最终检验，因为数字经济的发展已经促使银行的经营重心从"以产品为中心"转向了"以客户为中心"。因此，农信机构在按照规划推进数字化转型的过程中，应从需求端出发建立明确的评估机制，尤其要以是否有效改善客户体验作为判定数字化转型举措是否见效或效果如何的重要依据。

原则三：坚持提升管理效率。在数字化转型过程中，各种人力、物力的投入以及新系统新产品的上马，都会对原有的经营管理秩序产生冲击，从而形成转型无效的"错觉",甚至可能异化为转型的阻力,对于农信机构这类管理相对落后的中小银行来说,尤其要关注这种负面效应。为此,农信机构需要更多地关注数字化转型对机构管理效率的影响,例如,大数据、人工智能、区块链等信息技术的应用,手机银行、智能客服等数字化服务方式的使用,首当其冲的是考察这些变革是否带来了管理效率的提升,而不是经营业绩的增长,因为管理效率的改善才能带来持久的盈利能力和竞争力提升,而业绩增长很多时候只是一种短期效应。

(二)发展策略:抱团取暖,合作共赢

考虑到农信机构的现实情况和数字化转型对资金、技术、人才等要素投入的客观要求,对于大部分农信机构来说,其数字化转型的基本策略应当是:抱团取暖,合作共赢。换言之,农信机构宜采取合作共建等方式,借助外力推进其数字化转型。具体地,有四种可能的模式:

模式一:与省联社共建。当前,新一轮省联社改革大幕已经开启,这不仅为进一步理顺农信系统管理体制创造了条件,也为统筹推进省域内农信机构的数字化转型提供了无与伦比的机遇。事实上,无论选择何种省联社改革模式,推进辖区内农信机构的数字化转型,都有必要发挥省联社的平台优势。一方面,多年以来,省联社已经在系统建设、产品研发、人员招聘、技术培训等方面积累了丰富的经验;另一方面,党中央、国务院明确提出的"淡化管理职能、强化服务职能"的功能定位也非常清晰地表明省联社是可以在协助辖内农信机构数字化转型方面有所作为的。

模式二:与大机构合作。一方面,随着国有大行和股份制银行数字化转型的推进,其积累的经验日益丰富,技术输出或战略扩张的意愿强烈;另一方面,互联网巨头或金融科技企业拥有天然的技术优势或数据优势,服务金融机构的能力突出。在这种背景下,农信机构可积极谋求与大银行或金融科技企业合作,在符合相关监管要求和努力提升自身能力的前提下,通过签署战略合作协议,借助大机构在金融科技、技术研发、数据建模等方面的经验和优势,推动自身的数字化转型。

模式三:多家农信机构抱团。单个农信机构体量小、市场规模有限,难以发挥数字技术、数字产品的规模经济优势,因此,可考虑通过多家农信机构抱团的方式来推进数字化转型的进程。近年来,监管部门已经批复了多地农信机构通过股权改革或合并重组等方式组建成为更大规模的农商行,为多家农信机构抱团推进数字化转型提供了非常有利的政策机遇。在这种政策背景下,预期会有更多的农信机构通过上述方式扩大资产规模和经营范围,从而为其数字化转型和未来发展创造更加有利的条件。

模式四：与行业组织结盟。农信机构的数字化转型需要借助外力，诸如中国银行业协会、农信银资金清算中心、农商银行发展联合会等与农信机构关系密切的行业组织是不可忽视的重要力量。一方面，这些行业组织往往具有一定的拥有政府背景或与相关监管部门有较为密切的联系，能够更加准确地把握政策方向；另一方面，在数字化转型背景下，行业协会利用其会员众多的优势，不仅可以实现机构会员间信息、技术的共享，还能够更有效地与一些大银行、金融科技公司进行沟通，为农信机构数字化转型提供便利。

需要注意的是，农信机构也可能同时与上述多个主体进行合作来推进其数字化转型，但无论采取哪种模式，都要在对外合作、借助外力的同时努力提升机构的自身能力。

综上所述，农信机构是我国中小银行中的弱势主体，是服务乡村振兴的主力军，在金融业数字化浪潮之下，农信机构的数字化转型必须充分考虑其客观约束，因地制宜地推进转型进程，避免陷入重技术轻制度、重产品轻战略、重线上轻线下、重外援轻建设等误区，坚持差异化定位、坚持关注客户体验、坚持提升管理效率的原则，采取"抱团取暖，合作共赢"的发展策略，按照银保监会《关于银行业保险业数字化转型的指导意见》的指引，选择恰当的模式、合理借助外力推进农信机构在战略规划、组织再造、业务重塑、技术升级、人才培育等方面的变革，走出一条差异化、特色化的农信机构数字化转型之路。

第二十章　发展农村数字普惠金融的
路径选择[①]

2021 年中央一号文件首次明确提出"发展农村数字普惠金融",正式吹响了发展农村数字普惠金融的号角,事实上,该政策可以被视为《推进普惠金融发展规划(2016-2020 年)》这个普惠金融国家战略的深度延续。2016 年 G20 杭州峰会发布的《G20 数字普惠金融高级原则》提出,数字普惠金融泛指一切通过使用数字金融服务以促进普惠金融的行动。显然,发展农村数字普惠金融具有十分重要的意义,不仅可以利用数字技术克服传统农村金融交易成本高、信息不对称的痛点,还能极大地缓解农村弱势群体的融资难题,巩固脱贫攻坚成果,助力乡村振兴发展。然而,农村数字普惠金融的发展仍面临着不少的现实挑战,其发展路径是非常值得关注的问题,这正是本章试图回答的问题。

一、发展农村数字普惠金融的重大意义

首先,发展数字普惠金融有助于巩固脱贫攻坚成果。数字普惠金融具有信息共享、服务便捷、公平高效等显著特点,可以有效缓解我国偏远及脱贫地区融资困境,契合后脱贫时代对金融产品创新的需求,实现"普惠"与"精准"的有机统一,有助于巩固减贫增收效果,推进缩小城乡收入差距。

其次,发展数字普惠金融有助于推进乡村振兴战略。数字普惠金融依托互联网、大数据、人工智能等技术,在面向"三农"弱势群体和乡村振兴"薄弱环节"提供金融服务时拥有较强的比较优势,为乡村振兴战略的落地提供了有力的金融支撑。发展数字普惠金融有助于缓解农村地区小微企业及低收入群体的融资

---

① 本章发表于《中国金融家》2021 年第 4 期,作者为张正平和张俊美,录入本书时略有修改。

约束，刺激农村地区的经济活力，改善人民生活水平，为促进我国乡村振兴战略提供了一种切实可行、经济有效的方式。

最后，发展数字普惠金融有助于农村经济高质量发展。数字普惠金融可以在提高创新创业、引领绿色经济发展、促进产业结构升级、减少区域收入差距等多个方面促进农村地区经济高质量发展。例如，农村数字普惠金融提升了金融服务的可得性、便利性、全面性（星焱，2016），通过缓解企业融资约束提升了区域创新水平和对外开放水平，利用普惠服务的核心属性协调区域发展，确保发展成果为全民共享。

二、发展农村数字普惠金融的现实挑战

（一）基础设施建设滞后

发展数字普惠金融离不开基础设施的支撑，新一代信息基础设施、数字资源以及信息技术产业是乡村产业数字化、农业经营和服务数字化以及数字普惠金融发展的基础。据《中国数字乡村发展报告（2020年）》，2019年，英国100%的农民拥有手机，82%的手机可以上网，所有的英国农场有电脑，99.0%能上网，超过50.0%的农民通过互联网获得收益；日本农村计算机网络化普及率达91.4%。据2021年第47次《中国互联网络发展状况统计报告》，农村网民规模为3.09亿，农村地区互联网普及率为55.9%，低于城镇地区23.9个百分点。近年来，一些农村商业银行积极发展金融科技、探索数字金融业务，但因为当地基础设施薄弱进而导致客户需求不足、展业难度大等难题，不得不放弃原有的发展规划。

（二）数字鸿沟有待跨越

由于经济落后、教育水平低下等原因，我国农村居民仍面临着严峻的"数字鸿沟"。互联网、大数据和人工智能的发展极大地提高了金融的普惠性，但在农村地区由于"数字鸿沟""知识鸿沟"的存在，仍有不少农民难以掌握数字普惠金融的相关知识和技能，或者并不拥有支撑数字化的工具。据中国社会科学院发布的《乡村振兴战略背景下中国乡村数字素养调查分析报告》，我国农村居民"数字素养"得分比城市居民低37.5%。事实上，数字鸿沟不仅体现在农民身上，还体现为农业的数字化程度不高、数字农业基础不成熟、农村数据归集和利用水平低下、县级政府的数据治理能力不足等方面。事实上，即使有科技力量的支撑，但考虑到不少农户不在数字金融应用场景内或者因为数字乡村建设的滞后，数字鸿沟问题依然是一道难题。

（三）数字化人才缺乏

在数字经济快速发展的背景下，农村金融机构还面临着严峻的数字化人才缺失问题。据《中国商业银行数字化转型调查研究报告》，尽管我国商业银行在数字化转型上取得了一些成效，但总体上仍面临理念、机制、人才、技术、数据等多方面挑战，特别是部分中小银行在转型资源、科技能力等方面存在约束；73%的样本银行认为创新技术人才不足是推进数字化转型中最普遍的挑战，尤其以股份制银行、城市商业银行和农村商业银行为主。真正的数字化转型，实质是组织、文化、流程、管理等全面变革，并不是单一部门或者单一项目能够驱动实现的，数字化转型不是靠银行科技部来推动的，而是靠管理思想的转变，重在"人"的转变。农村金融机构特别是偏远地区的农信机构，员工的平均教育水平普遍较低，科技人才总量少、占比低，成为其发展数字金融业务的主要障碍。

（四）数字化风险控制难

农村金融机构以支农支小支微为主要业务，服务对象有着天然的弱质性，其风险水平相对较高。中国人民银行发布的《中国金融稳定报告（2019）》显示，在金融机构评级中，8~10级及D级的高风险机构共587家，占比为13.5%，主要集中在农村中小金融机构；从资产质量来看，截至2019年6月，全国农商行（不含农合行、农信社）的不良贷款率为3.95%，为商业银行平均不良贷款率（1.81%）的2.18倍。而当农村金融机构推进数字化转型发展数字金融业务后，还面临着新的数字化风险的冲击。国有大型银行凭借其资金、人才方面的优势，早就对数字化风险防控做出了布局，而大多数农商行受其自身发展水平的限制，往往没有建立其相应的数字化风险防控体系，为其数字风险控制带来巨大的挑战。

（五）农信系统改革发展难

作为农村金融的主力军，农信机构除数量多、规模小之外，还受制于体制机制的困扰，农信系统的改革迫在眉睫、难度较大。一方面，省联社改革困难重重。不可否认的是，在过去的十几年里，省联社在我国农村金融发展中发挥了重要作用，但在农信社改制成为农商行的大背景下，省联社的行政干预已经成为农信机构进一步发展的阻碍，省联社改革也成了当下农村金融改革的一个重点和难点。另一方面，农信机构发展面临巨大压力。2018年3月，国务院推动大中型商业银行设立普惠金融事业部，聚焦服务小微企业和"三农"，一些股份制银行和城商行也涉足农村金融市场，网上银行、新网银行以及蚂蚁金服、京东数科等新兴金融组织也纷纷介入农村市场，进一步加剧了农村金融市场竞争，危及农信机构的生存。

（六）数字普惠金融发展生态缺失

从数字普惠金融发展所需的生态体系来看，与城市地区相比，农村地区发展数字普惠金融启动较晚，体系不完善，也面临着更多的难题，解决难度也较大。具体表现为：一是金融供给主体的意愿与能力不足，数字金融服务系统投入少，针对性的产品服务供给有限，智能化金融互联网终端的布设与互联网基础设施建设有待加强；二是综合性的大数据信用体系建设与使用难度大，数字金融应用场景建设、发掘不充分；三是地方政府认知与理解不到位，农村居民素养不高，提升难度大；四是相关的政策体系不完善，农村数字普惠金融监管难。

三、发展农村数字普惠金融的路径选择

（一）夯实农村数字基础设施

基础设施是农村数字普惠金融发展的前提。首先，扎实推进"宽带乡村"建设。应不断加大统筹协调和投资力度，通过实施农村信息基础设施升级改造等重点工程，进一步扩大对农村地区互联网的投资规模，加快农村宽带的应用与普及。其次，加快农村信息基础设施升级改造。积极推动乡村网络接入设备更新、线路改造和服务升级，大力提升农村固定网络接入能力和速率。再次，加快推动5G基站布局。逐步实现从重点乡镇、村庄5G覆盖到城乡深度覆盖，完成农村5G基站、管线、配套等基础设施建设任务。最后，积极探索5G助农惠农场景应用。鼓励农村企业运用数字化、信息化、智能化技术，实现数字农业农村转型升级。

（二）提高农村居民金融素养

为推进农村数字普惠金融的发展，必须着力提升农村居民的金融素养。从农村金融机构的角度看，既要积极开展线上活动，如利用微博、微信、官方网站等多种方式推送金融知识，主动引导公众了解数字金融的相关知识，增加对数字金融的认知；也要大力开展线下活动，如利用其营业网点开展金融知识普及活动，在网点发放相应的宣传资料，通过电子显示屏、自助设备、液晶电视等形式宣讲金融知识，学会辨别金融产品的真伪，树立金融风险防控意识，提升农村居民金融素养。从农村金融管理部门的角度来看，不仅可以通过电视、广播、报纸等传统媒体向农村居民普及基础金融知识，还可以网站、微信、抖音等新兴媒体传播金融知识，更重要的是，还可与当地学校、村委会等单位合作组织相关的主题活动。

（三）推进农信系统体制机制改革

一方面，转变省联社职能定位，因地制宜推进省联社改革。在推进改革的进程中，省联社要逐步释放管理职能，强化服务职能。同时进行市场化股份制改造，建立起良好的公司治理架构，提升治理机制的有效性，为数字化转型扫清障碍；省联社应积极贯彻落实中央一号文件的要求，尽快研究出台适合自身发展的改革模式，坚持因地制宜选择改革模式。另一方面，持续完善公司治理机制，增强农信机构服务能力。对于农信机构来说，尽管已经明晰了产权归属并完成了股份制改造，但这并不等于建立了有效的公司治理机制。站在金融业数字化转型、发展数字普惠金融的风口上，未来仍要坚持按照市场化原则，通过完善相关的制度规章，稳妥处理大股东与小股东、国有股与民营股的关系，构建权力相互制衡的董事会、监事会、管理层，建立现代农村金融企业制度，提升服务"三农"基础能力。

（四）推进农信机构数字化转型

金融机构的数字化转型涉及战略、组织、系统、流程、产品等多个方面，结合我国农信机构的发展现状来看，其数字化转型可从如下两个方面逐步推进。一方面，利用地缘人缘优势做好"线上+线下"业务。农信机构分布广、数量多，扎根基层，与所在地有着天然的契合度，人缘地缘优势明显。通过分析所在地经济特点、社区人口分布、客户资金情况、金融服务交易习惯、消费行为等因素，采取线上线下相结合模式，既可以发挥互联网精准、快速营销，全面、科学的风险控制等优势，又可以通过人工干预、线下跟进，发挥人缘地缘优势。另一方面，利用省联社平台提升数字化水平。对于大多数农信机构而言，其科技水平及资金实力不足以支撑其自建系统或聘请高水平科技人才，可以利用省联社在整合资源方面的优势搭建核心系统或招募高水平科技人才，进而提升农信机构的数字化水平。

（五）加强数字人才引进和培养

发展数字普惠金融，农村金融机构亟须补齐数字化人才短板。一是加大人才培养和引进的投入。农村金融机构应加大资金投入，既要增强与高校、金融科技公司的合作为机构培养数字人才，也要提升薪酬水平、加大奖励力度等方式加大对数字人才的引进。二是加强自身人才储备和队伍建设。农村金融机构可通过选送技术骨干去业内领先的技术公司、高校进行学习培训，不断提升人才队伍的金融科技能力和核心软件开发的自主可控能力。三是充分发挥省联社的作用。省联社不仅可以帮助农信机构发布招聘信息，还可以组织辖内农信机构举办专门的人才招聘会，也可以组织相关的培训。

（六）完善数字化风险治理体系

建立完善的数字化风险治理体系，是发展农村数字普惠金融的重要保障。一方面，提升监管能力。金融监管部门要建立与县域政府工业和信息化部、发展改革委、公检法等部门的协同机制，建立相应的监管指标体系，提升监管能力。开发针对县域和"三农"特点的监管工具，充分利用大数据、云计算等金融科技，择机引入"监管沙盒"机制，提升监管的预警能力和准确性。另一方面，提升机构数字化风控能力。开展数字普惠金融业务并非简单地将业务线上化，需要从管理者、员工正确地认识数字化转型和数字金融业务可能带来的潜在风险，并从战略、组织、流程、产品、交易等层面建立相应的制度，建立全流程的数字化风控体系。

（七）构建农村数字普惠金融发展生态体系

只有形成良好的生态体系，农村数字普惠金融才能健康发展，才能有效服务于乡村振兴战略。数字普惠金融生态并非简单地将普惠金融生态数字化，而是需要采用系统性思维去看待数字普惠金融发展的全部要素，这里不仅要考虑"三农"数据的采集、归并、溯源，还要考虑数据的确权、估值和定价，既要关注农村金融机构的数字化转型、金融服务和产品的数字化创新，也要关注数字普惠金融的立法、基础设施建设、行业标准和监管政策制定等。从我国的实际情况看，建立完备的金融基础设施，形成多元化、多层次、综合性的金融服务体系，构建有弹性、兼容性强的应用场景，搭建高效的监管与政策支持体系是四个重要的方向。

总之，当前发展农村数字普惠金融的道路并不平坦，仍面临诸多的挑战，需要多方协作、共同推进，随着我国数字乡村和乡村振兴战略的推进，农村数字普惠金融的发展势必将迎来更加有利的局面。

第二十一章　省联社数字化转型的应用实践和发展思路[①]

近年来，数字化转型已成为金融业的重要发展趋势。在新一轮农村金融改革的背景下，省联社的数字化转型对区域金融发展、乡村振兴战略具有重要影响。本章以省联社为研究对象，在揭示省联社数字化转型背景的基础上，分析了省联社数字化转型的动因，梳理比较了省联社数字化转型的典型模式，进而剖析了省联社数字化转型的挑战，最后提出了进一步推进省联社数字化转型的政策建议。

一、省联社数字化转型的背景

（一）金融科技快速发展

近年来，大数据、人工智能和区块链等金融科技在传统金融领域被广泛应用，金融科技正在改变传统的金融业。据毕马威的统计，从国际来看，金融科技行业呈现北美洲和亚洲引领的态势，其中美国和中国成为全球金融科技领域的领导者，在 2019 年的全球 FinTech 公司排行榜前十名中，中国有三家金融科技公司入围。同时，中国人民银行于 2019 年发布《金融科技（FinTech）发展规划（2019—2021 年）》，提出通过加强金融科技战略部署、强化金融科技合理应用等举措推动金融业数字化转型。

（二）银行数字化已成趋势

国内大型商业银行纷纷发力金融科技，助推数字化转型。首先，制定发展战

---

① 本章以《农村金融数字化转型的应用实践和发展思路》为题发表于《金融时报》理论版（2020-12-28），作者为张正平、王子源和陈杨，录入本书时略有修改。

略。例如，2018 年，中国银行提出数字化发展之路将围绕"1234-28"展开，即以"数字化"为主轴，搭建企业级业务与技术两大架构，打造云计算平台、大数据平台、人工智能平台三大技术平台，聚焦业务创新发展、业务科技融合、技术能力建设、科技体制机制转型四大领域，重点推进 28 项战略工程。其次，加大科技投入。据统计，2019 年建设银行在金融科技投入为 176.33 亿元，占该行营业收入的 2.5%；工商银行金融科技投入为 163.74 亿元，占该行营业收入的 2.2%；农业银行信息科技资金投入为 127.9 亿元，占该行营业收入的 2.16%；中国银行信息科技投入为 116.54 亿元，占该行营业收入的 2.12%。再次，加大人才引进力度。据统计，截至 2019 年末，工商银行金融科技人员达 3.48 万人，占全行员工的 7.8%；建设银行科技类人员为 10178 人，人员占比为 2.75%；平安银行科技类人员超过 7500 人；光大银行科技类人员达 1542 人。最后，成立金融科技子公司。自 2015 年 12 月兴业银行成立兴业数字金融服务有限公司起，已有 13 家银行成立了金融科技子公司，大力发展金融科技。

（三）农信机构竞争压力增大

在银行业的数字化转型以及金融科技公司的双重夹击下，农信机构面临巨大的竞争压力。一方面，大银行通过制定发展战略、加大科技投入、组建金融科技子公司等方式推进数字化转型，提升竞争力，而自身实力较弱的农信机构往往因为资金实力不足、人才缺乏等原因无法大力投入金融科技，数字化转型严重滞后；另一方面，由于银行同质化现象严重，同业竞争不断加剧，农信机构正面临着客户流失、盈利下滑的巨大挑战。2018 年 3 月，国务院推动大中型商业银行设立普惠金融事业部，聚焦小微企业和"三农"的服务能力提升，农村金融市场的竞争不断加剧。

二、省联社数字化转型的动因

（一）有利于深化省联社改革

近年来，省联社因对辖内农信机构的行政干预而备受诟病，农信机构的盈利能力也因此受到不利的影响。因此，推进省联社改革势在必行，加快省联社数字化转型将极大地助推省联社的改革进程。一方面，省联社数字化转型瞄准了当前农信机构发展的短板，更能为农信机构所认同和接受，有助于省联社更好地协调与农信机构之间的关系，进而深化省联社改革；另一方面，省联社数字化转型有利于省联社重新审视自身优劣势，落实人民银行、银保监会等五部门联合发布的《关于金融服务乡村振兴的指导意见》的相关要求，更好地发挥其服务职能。省联社作为一个非市场导向的管理部门，不在业务的第一线。因此，数字化转型进程中省联社应更好地突出服务职能，突出服务职能有利于省联社进一步厘清自己的功能定位，这无疑是深化省联社改革的重要内容。

（二）有利于支持农信机构发展

省联社数字化转型将极大地促进辖内农信机构的发展。首先，省联社数字化转型的实力代表着全省农信机构的数字化转型水平，省联社通过其服务平台的身份汇集了各方资源；而且，除了少数实力较强的农商行，大部分农商行的数字化转型都需要依托省联社的科技大平台。其次，省联社的数字化转型推动数字化人才的流动和引进，进而推动农信机构的发展。最后，省联社的数字化转型可以更好地审视自身优劣势，形成具有自身特色的转型方式和业务创新，进而推动辖内农信机构的发展。

（三）有利于实施乡村振兴战略

党的十九大报告明确提出实施乡村振兴战略。农信机构是乡村振兴的主力军，省联社数字化转型无疑将极大地提高农信机构的效率和服务质量，从而推动农信机构更好地服务乡村振兴战略。一方面，省联社的数字化转型对于市场的开拓、技术的升级以及经营模式起到了积极的促进作用，也有助于推动乡村振兴战略的实施；另一方面，省联社数字化转型将极大地提升辖内农信机构数字技术的应用能力，从而进一步扩大农信机构服务的覆盖广度和深度，更好地满足乡村振兴中的金融需求。

三、省联社数字化转型的典型模式

（一）广东省联社的外部合作模式

在宏观经济增速放缓、利率市场化、强监管的大势下，同业竞争日趋激烈，广东省农信机构的发展面临着产品种类和创新不足、风控能力弱等困境。在这种背景下，2016年广东省联社启动了IT规划建设，制定了包括应用架构、数据架构、基础架构、安全架构和 IT 治理五个方面的发展规划，提出 IT 建设向特色化转型，明确了数字化转型的路线。为进一步推进数字化转型战略，广东省联社先后与华为、京东金融、阿里云、中国工商银行、中兴通讯等机构开展合作，从金融科技的创新、数字化平台建设、风险管理以及系统建设方面发展数字化转型，由此逐步形成了数字化转型的外部合作模式。

广东省联社通过这种外部合作模式推进数字化转型，不仅可以满足数字化业务的需求，还可以弥补自身科技实力不足的短板。但需要指出的是，这种外部合作模式仍有不少风险值得关注。因此，在合作中应通过必要的合同条款和制度建设，预防可能带来的风险问题。

（二）安徽省联社的自主研发模式

安徽省联社在推进数字化转型的过程中，坚持自主研发系统，推动辖内农信机构为"三农"客户提供更加优质的服务。2014 年，安徽省联社开发了安徽农金手机银行 App，客户可以随时随地办理业务。2019 年，在安徽省联社的指导下，安徽农金已经完成了移动金融渠道、平台和场景应用的建设，形成了独具安徽农金特色的移动金融新业态。此外，安徽省联社还打造了"金农云数"普惠金融大数据平台，为小额信贷、网格化管理、整村授信等应用场景提供有力的数据支撑。

在推进数字化转型的过程中，安徽省联社坚持自主研发，通过引进数字化人才、学习先进经验、采购先进数据系统等方式改善自主创新能力，在实践中提升自身的科技水平。然而，由于省联社的体制约束、人才短缺、观念落后等原因，自主研发的系统和产品往往水平不高，这些系统和产品很可能会成为省联社进一步提升数字化水平的障碍。因此，对于省联社而言，推进数字化势在必行，但选择自主研发模式仍需要格外谨慎。

（三）浙江省联社的自主研发为主、外部合作为辅模式

2018 年 7 月，浙江省联社自主研发并成功上线了普惠金融线上平台"浙里贷"，利用大数据技术，依托公积金、税务、工商、人行征信等政府公共数据以及浙江农信连续 10 年"走千家访万户"积累的客户数据，推出的一款纯线上贷款产品。与此同时，2018 年 9 月 6 日，浙江省联社与腾讯签署合作协议，双方在风险防控、客户管理、数字营销等领域，进一步强化风险预警能力，提升风险决策准确性；2019 年，浙江省联社与中国移动浙江公司合作，围绕大数据业务及 5G 通信技术创新共同推动数字经济的发展；2020 年 5 月 28 日，浙江省联社与华为达成合作，在 5G 通信技术、人工智能（AI）、大数据等领域开展合作。

在自主研发的基础上，适当引入外部合作方可以有效地弥补省联社在技术、

人才方面的短板，充分发挥金融科技公司的优势，为省联社数字化转型提供技术支持，实现合作共赢。但是，双方合作的范围和深度要把握好，如果金融科技公司在省联社数字化转型中参与较多，从长期来看无疑会弱化省联社的自主创新能力。

四、省联社数字化转型的挑战

（一）省联社改革尚未完成

在省联社积极推进数字化转型的同时，省联社改革已经正式启动，省联社改革的进程势必对其数字化转型产生重要的影响。首先，省联社与农信机构的关系需要理顺。长期以来，省联社体制仍然存在诸多矛盾关系，需要通过新一轮省联社改革进一步明确其管理权限。其次，省联社改革需要关注风险问题。省联社的业务决策很难满足农信机构的需求发展，风险承担和处置责任不对等，对于辖内经营主体出现风险时并没有实际的处置能力，因此省联社在应对风险上的问题亟待解决。最后，省联社改革进程有待推进。按照中央精神来看，这一轮省联社的改革模式将是多样化的，各省需要根据各自的特点选择改革模式，这一进程依然充满挑战。

（二）农信机构发展差异大

受地区经济水平、产业结构等因素的影响，各家农信机构在经营水平、治理结构、风控能力、盈利状况、资本实力等方面存在较大的差异，这种发展上的差异是省联社数字化转型的现实基础，加大了省联社数字化转型的难度，面临着兼顾共性与个性的挑战。首先，在金融科技快速发展、金融竞争不断加剧的背景下，农信机构面临巨大的生存压力。在 2019 年净利润最高的十家农商行中，广东省的农商行占据半壁江山，这得益于广东农信系统广泛的渠道分布、深厚的客户基础和丰富的地方信息优势，但必须正视的现实是，这些优势正随着金融科技公司的侵入、大型银行业务的下沉而逐步丧失。其次，一些农商行利用地缘优势与金融科技公司的科技优势相结合，形成了新的竞争力。但是，更多的农商行由于认知、资金、人才等原因在金融科技方面发展缓慢，制约了省联社数字化转型的进程。最后，农信机构所在的区域也会影响其发展水平。

（三）数字化转型风险突出

数字化转型给省联社带来的不仅仅是机遇，数字化转型带来的风险问题也不容忽视。有研究指出，与传统风险相比，数字风险呈现出三大特点：第一，数字风险广泛存在，不仅存在于新的技术、新的系统中，还会存在于新技术、新系统应用的过程中。第二，数字风险更加复杂，应对更有难度，风险管理涉及多个领域的知识和技能。第三，数字风险系统性更加突出，一旦某个局部出现问题更容易传播到其他领域形成全面的风险。由于数字化本身高度依赖于各类平台和系统，因此，一旦平台和系统的可靠性、稳定性不足，将使平台和系统中的数据面临着各种脆弱和不确定性，从而产生巨大的数字化风险。省联社的数字化转型大多处在起步阶段，考虑到数字化转型的长期性、系统性、复杂性，数字风险无疑将是贯穿始终的重大挑战。

（四）数字化人才缺口较大

在数字经济时代，金融机构面临最大的挑战就是人才不足，需要巨大的人力储备和人才支撑才能有效地推动数字化转型发展。首先，科技人才的缺乏往往是金融机构在数字化转型中面临的主要障碍。据中国互联网金融协会 2019 年 10 月发布的《中国商业银行数字化转型调查研究报告》，73% 的样本银行认为创新技术人才不足是推进数字化转型中最普遍的挑战，尤其以股份制银行、城市商业银行和农村商业银行为主。其次，作为具有强烈行政管理色彩的机构，省联社的数字化转型面临更加严峻的人才缺口。一个侧面的例证是，在 2020 年的省联社招聘中，全国大部分省联社都表现出了对数字化转型所需专门人才的重视。最后，省联社囿于待遇、发展空间等原因难以吸引高素质的科技人才。

五、省联社数字化转型的对策

（一）积极推进省联社改革，因地制宜选择改革模式

一方面，应积极推进省联社改革，理顺体制关系，为数字化转型奠定基础。按照党中央、国务院提出的淡化省联社在人事、财务、业务等方面的行政管理职能，突出专业化服务功能的改革方向，不少省份已经上报了省联社改革方案。然而，令人遗憾的是，省联社改革方案多侧重于理顺省联社与辖内农信机构的关系，

从而构建全新的治理体系，对省联社的数字化转型几乎没有考虑，因为省联社数字化转型同样是一场涉及体制机制的深刻变革，如果能在新一轮省联社改革方案中予以同时考虑，将为省联社的数字化转型创造先机。另一方面，必须坚持因地制宜的改革原则，最大限度地尊重各地经济发展的实情，为差异化的数字化转型创造条件。区别于上一轮农信系统改革在几乎所有省份建立省联社的"一刀切"改革方式，这一轮改革中中央明确提出省联社改革要坚持因地制宜的原则，这使各省可能设计出更加适合本地实情的方案，从而为数字化转型创造更加有利的条件。需要注意的是，在设计省联社改革方案的过程中，省联社自身往往拥有较大的话语权，而辖内农信机构的声音和利益往往被漠视了，这显然不利于构建激励兼容的治理框架和改革方案，也浪费了因地制宜改革原则所蕴含的巨大政策红利，成为推进数字化转型的潜在障碍。

（二）充分调研农信机构需求，发挥省联社比较优势

一方面，省联社在推进数字化转型的过程中应着力增强差异化服务意识，避免"一刀切"。面对省内发展差异较大的农信机构，省联社推动数字化转型面临着"众口难调"的困境，因此必须对辖内农信机构做充分的调研，强化服务意识，构建差异化服务体系。例如，在出台数字化相关的政策文件前，省联社应积极调研农信机构的需求，准确把握农信机构的痛点及其差异性，努力提供"差异化""专业性"的服务；在搭建省农信系统的数字化技术平台时，需要充分考虑辖内农信机构的差异化特征，既要让新技术平台具有技术上的领先性，也要让新技术平台具有足够的兼容性，兼容信息化水平存在差异的不同农信机构接入和使用。另一方面，省联社可以充分利用其比较优势推动数字化转型，寻找最大公约数突破"众口难调"的困境。省联社具备显著的比较优势，包括省联社长期为农信机构提供公共金融服务，拥有丰富的管理、服务、运营经验；省联社具备整合各类资源的优势，是其推动数字化转型的重要基础；省联社已搭建了相对完善的服务平台，包括电子银行等业务平台和人才、技能培训的服务平台。省联社应发挥比较优势，充分整合资源，兼容辖内农信机构的差异化需求，将大大降低省联社推动数字化转型的摩擦成本，有利于加速数字化转型的进程。

（三）深入研判数字化转型风险，提升数字风险防控水平

一方面，省联社应为数字化转型制定规划，深入研判数字化转型过程中潜在的风险。数字化转型是一个长期的自我革新过程，省联社应将数字化转型上升到发展战略层面，制定明确的数字化转型战略，从资金投入、人员配置、激励机制、组织安排、治理结构等方面作出规划和设计。应充分研判数字转型的潜在风险，

这里不仅包括由于产品更新、人员更迭、设备改造、系统升级等有形因素变动带来的风险，还包括由于认识不足、重视不够、理解不到位、文化冲突等无形因素变动导致的风险，为可能爆发的风险做好防控预案。另一方面，省联社应充分运用金融科技提升数字风险的防控水平。显然，数字化意味着大量数字技术和信息化设备的应用，意味着线上业务、智能化产品的广泛普及，传统的业务流程、管理模式都面临着巨大的挑战，应对挑战的重要手段就是运用大数据、区块链、云计算、人工智能等金融科技提升数字风险的防控水平。

（四）大力推动人才政策改革，多措并举优化人才结构

一方面，省联社应当大力改革其人才政策，为数字化转型提供人力资源层面的制度保障。可以考虑"柔性"的人才引进，即针对特定人才设置"为我所用、不为我所有"的工作岗位；可以考虑"更有温度"的人才引进，即针对特定人才设置部分"全家引进"的工作岗位；要让人才引进"更具竞争力"，必须在薪酬福利上有吸引力、有竞争力；要让人才引进更加"市场化"，尽量消除工作岗位上的行政束缚。另一方面，省联社应当采取多样化的举措优化其人才结构，为数字化转型提供人力支持。可以对具备一定专业技能的人员进行培训，进一步提升其专业素养；与相关高校签订人才培养协议，由高校向省联社定向输送高素质人才；与金融科技公司合作，安排员工前往金融科技公司实习、学习，实现能力的提升。

第二十二章 贫困地区普惠金融发展的探索与思考[①]

——基于青海省 8 个区县的调研

2015 年国务院印发了《推进普惠金融发展规划（2016—2020 年）》，确立了推进普惠金融发展的指导思想、基本原则和发展目标，经过两年多的实践，普惠金融在我国已有了长足发展。但是，由于全国各地基础设施条件和经济水平迥异，普惠金融发展水平也是参差不齐，尤其是贫困地区面临地理、人口和资本等现实约束，普惠金融发展缓慢，低收入群体的金融服务水平仍有待提高。由此可见，广大贫困地区已经成为我国普惠金融发展的短板，无疑也是我国乡村振兴战略实施的重点区域。值得注意的是，青海省作为我国深度贫困地区之一，同时也是我国唯一的普惠金融综合示范区试点省，在普惠金融发展方面进行了一系列积极的探索，取得了可喜的成效。因此，本章从青海省的实践出发[②]，分析其存在的问题和原因，进而剖析贫困地区发展普惠金融面临的困境，并提出了相应的政策建议。

一、青海省推动普惠金融发展的有益探索

2016 年，青海省被中国人民银行确定为我国唯一的普惠金融综合示范区试点省，其创造性发展的"双基联动"模式、多维普惠体系等重点工作，在西北贫困地区逐步走出了一条具有藏区特色和高原特色的普惠金融发展道路，不仅提升了青海省普惠金融的服务水平，也促进了青海省的经济增长和扶贫工作的有效开展，

[①] 本章发表于《华东师范大学学报》2019 年第 1 期，作者为张正平、夏海、芮立平和刘云华，录入本书时略有修改。

[②] 2018 年 7 月，张正平教授受邀参加了北京市委组织部与青海省委组织部举办的 2018 年"京青专家服务活动"，深入青海省 8 个区县对当地普惠金融发展情况进行调研，在此对调研过程中给予支持和帮助的青海省委组织部、金融办以及各市区县相关工作人员表示真诚的感谢。

并对我国其他地区普惠金融发展具有一定的借鉴意义。

（一）推广"双基联动"

2015 年初，青海省设计了以基层党组织和基层银行"双向挂职、双签协议、双办业务、双评信用、双控风险"为主要内容的"双基联动"模式，在村委会设立双基联动合作贷款办公室，搭建起农牧区群众申贷新平台，着力推动基层金融机构与农牧区基层党组织深度合作，有效降低了贷款发放中道德风险和信息不对称。2016 年，"双基联动"被纳入《青海省落实普惠金融发展规划（2016—2020年）的实施意见》，并实现了"双基联动+特色产业""双基联动+精准扶贫""双基联动+创业就业""双基联动+信贷补短""双基联动+流动服务""双基联动+风险防控"的多样化发展。

截至 2018 年 6 月底，青海省"双基联动"合作贷款工作已发展至 15 家金融机构、463 个基层网点、2977 个信贷工作室和 4122 名互派挂职人员共同参与，合作贷款余额达到 106.94 亿元，惠及 79.7 万农牧民群众[①]。

（二）发展"四维普惠"[②]

青海省在各级政府的主导下，从"扶贫、信用、网络、绿色"四个方面推动普惠金融的发展，构建了多维普惠的发展格局，如图 22-1 所示。

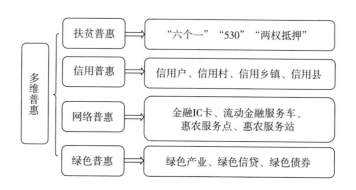

图 22-1　青海省构建的四维普惠金融发展体系

在"扶贫普惠"方面，青海省出台了《关于全面推进扶贫普惠工作的指导意见》等六项推进精准扶贫政策落地的制度措施，以发放扶贫贷款为手段，围绕

---

① 资料来源：青海省金融工作办公室提供。
② 资料来源：青海省人民政府网，http://www.qh.gov.cn/zwgk/system/2018/06/01/010303497.shtml。

"六个一"①的扶贫工作机制，开展"530 信用贷款工程"②和"两权"抵押试点工作，提升贫困人口的信贷资源可得性。截至 2018 年 3 月末，精准扶贫贷款总量达 1134.05 亿元，"530"扶贫贷款余额 27 亿元，其中，个人精准扶贫贷款余额 35.88 亿元，"三有一无"贫困户获贷率达 54%。

在"信用普惠"方面，青海省制定了《青海省信用普惠金融建设指导意见》，通过在贫困主体中开展信用创评工作，逐步开展信用户、信用村、信用乡（镇）和信用县的评定，对信用户实施免抵押担保贷款，着力提升信用户信贷可得性。截至 2018 年 5 月，青海省为 15.11 万户信用农户发放信用贷款总计 55.53 亿元。

在"网络普惠"方面，青海省制定了《青海省网络普惠金融建设指导意见》，充分利用网络的便捷和低成本优势，大力推广金融 IC 卡，加大 ATM 和 POS 机的布放，设立惠农金融服务点等，稳步提升金融消费便利性。截至 2018 年 3 月，青海省发行金融 IC 卡 1814.41 万张，设立惠农金融服务点 4966 个。

在"绿色普惠"方面，青海省主要结合生态保护优先发展理念开展普惠金融工作。近年来，青海省不断加大金融产品创新力度，促进金融资源向绿色产业倾斜，发展绿色信贷、绿色债券等。截至 2018 年 2 月，青海省绿色信贷余额 2173.54 亿元，并完成了全国首单 2 亿元非金融企业绿色债券发行，推动了青海省绿色金融体系的构建。

（三）提升惠农服务水平

针对青海省幅员辽阔，银行网点布施成本高的特点，青海省在全省范围内开展惠农服务体系建设，通过在各村镇设立惠农服务点、惠农服务站和惠农服务中心，以解决农村老年群体现金支取问题，节约交易成本。以惠农服务点建设为例，银行通过村里商户合作，设立惠农服务终端，并且免费给农户开卡，农户凭借此卡到设有惠农服务终端的商户处办理存取款业务，同时银行以底薪加提成的方式为商铺老板提供薪酬。

惠农金融服务点能够完成存取款类基础业务，部分服务点也能够完成贷款还款等业务，惠农服务中心则整合了金融知识、农村电子商务、精准扶贫等金融政策宣传和网上银行、手机银行体验功能，惠农服务站综合了上述服务功能。截至 2018 年 3 月末，青海省共设立"惠农金融服务点"4966 个，遍及 3062 个行政村，

---

① "六个一"是指：一名扶贫联络员、一名主办银行服务员、一名村委会协调员、一份金融档案、一个特殊信用证、一名第一书记指导员。

② "530 信用贷款工程"是对有发展项目、有资金需求、有劳动能力、无不良嗜好、不良记录的建档立卡贫困户提供 5 万元、3 年期、全额贴息、免抵押、免担保贷款。

惠农服务站 72 个，惠农服务中心 38 个①。

（四）创新融资担保机制

抵押担保品缺乏是农户贷款难的一个主要因素（马九杰和沈杰，2010），为解决小微企业和农户融资缺乏有效抵押担保的难题，青海省着力推进政策性担保体系的发展，主要包括以下内容：

第一，成立政策性担保机构为农牧业发展和小微企业提供融资担保，有效避免脱农离农。调研发现，青海省成立的政策性融资担保机构类型主要有以下两类：青海省农牧业信贷担保有限责任公司和信用担保集团有限责任公司（以下简称信保集团）。

第二，创新银保合作的担保模式，引导银行与保险公司共同为小微企业融资进行担保，并按一定比例分摊风险。例如，湟中县农行支行和太平洋保险公司合作担保，由农行承担 20% 的风险比例。大通农商银行与太平洋保险公司合作，出资 27 万元为 3404 户贫困户购买"安贷宝"意外伤害保险，防止贫困户因意外伤害造成返贫。

第三，探索构建农业统贷平台。2017 年 7 月，西宁市成立信保集团，并由市县两级财政共同出资，在湟源、湟中、大通三县成立分公司。信保集团及其分公司与国开行、龙头企业合作，构建农业统贷平台，由信保集团为龙头企业作担保，国开行将贷款打包发放给统贷平台（龙头企业），再由龙头企业筛选推荐合作社或者农户，然后平台或银行放贷，信保集团为合作社和农户提供反担保，如图 22-2 所示。

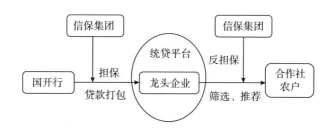

图 22-2　青海省农业统贷平台建设机制

此外，青海省还率先开通了"12363"金融精准扶贫热线功能，安排专人解答群众来电提出的有关问题；积极支持"两权抵押"试点工作，截至 2017 年底，试点地区"两权"抵押贷款余额 2308 万元；探索政策性保险体系建设，推出蔬菜价

---

① 资料来源：青海省人民政府网，http：//www.qh.gov.cn/zwgk/system/2018/06/01/010303497.shtml.

格指数保险等十余种保险，系列举措有效提升了普惠金融发展水平。

二、青海省普惠金融发展中存在的问题及其原因

青海省推动普惠金融发展的一系列举措，对当地"三农三牧"的发展起到了积极的作用，推动了金融扶贫政策的有效落实，提升了金融服务的整体水平，但青海的实践也面临诸多的问题和挑战，深入分析这些问题及其原因，无疑具有重要的现实意义。

（一）存在的问题

1. 可持续性堪忧

第一，地方财政压力加大，可持续性明显不足。一方面，青海省财政收入增长乏力，长期、高度依赖中央财政拨款，各级地方政府又需承担大量基础设施建设等职责，地方财政压力较大，调研中发现很多地区的财政基本属于"吃饭财政"，仅能承担本地财政人员工资；另一方面，地方政府在普惠金融发展中对不良贷款清偿、贴息担保和补贴贷款等采取财政兜底的做法进一步加剧了地方财政的压力，强化了对中央财政的依赖，财政运行的可持续性更加严峻。

第二，支农金融机构压力加大，财务可持续性面临挑战。在发展普惠金融的过程中，支农金融机构必须实现利率覆盖风险，走商业可持续发展的道路，但从青海的调研来看，各级地方政府对扶贫小额信贷、小微企业贷款和绿色贷款等业务均限定了贷款利率，缩窄了金融机构的利润空间，有时还要承担没有盈利机会的"政治任务"，这无疑会进一步加大支农金融机构的负担，而其商业可持续发展则因此面临严峻的挑战。

2. 市场作用弱化

青海省实施的限制贷款利率、贴息贷款担保等措施，在促进普惠金融发展的同时，也带来了市场作用弱化的问题：实施这些措施的过程，本质就是各级政府深度介入普惠金融发展的过程，极有可能会产生市场扭曲、市场弱化等问题。研究显示，政府介入金融经济发展的行为既包括弥补市场失灵的有益部分，也包括了扭曲市场机制起决定作用的行为（吴娅玲和潘林伟，2018），不可避免地压缩了市场作用的空间。主要的问题有：

一方面，弱化市场配置资源的能力。市场是资源配置最有效的手段，各级地方政府直接参与金融资源的配置，不仅降低了市场配置资源的效率，还造成政府

与市场作用失衡，导致市场作用的弱化。

另一方面，弱化市场规避风险的能力。市场对企业的生产经营活动具有直接导向作用，政府的过多干预，容易产生市场的扭曲（汪晓文等，2018），具体而言，地方政府限定贷款利率和贷款目标等举措均会弱化市场防范风险的能力，也降低了金融机构参与普惠金融的积极性。

3. 支农金融机构作用受限

在调研的 8 个区县中，除互助农商行和大通农商行在普惠金融发展中的作用较为突出之外，其余区县的支农金融机构的作用并不明显。

一方面，难贷款和贷款难的矛盾依然十分突出。作为商业化运行的金融机构，农商行等支农金融机构的贷款审批和发放程序较为复杂，难以适应小微企业短频急的贷款需求，而且由于缺乏有效抵押担保，小微企业和农户的贷款要求往往难以满足。另一方面，受限于资金实力，支农金融机构对小微企业提供的贷款产品较为单一，大多为一年以下的流动资金贷款，而这通常难以满足企业的经营需求，资金供求矛盾突出。

4. 地方金融办运行困难

支农金融机构作用的发挥与地方金融工作办公室（以下简称金融办）的工作效率有直接关系，金融办是地方金融发展的大管家和地方金融生态建设的组织者，是地方政府按照地方经济发展的需要制定金融规划、配置金融资源的主要抓手（马向荣，2014），但调研发现，青海省各地金融办大多面临严峻的运行困境，主要表现为：

一是地方金融办大多成立时间较短，普遍存在定位不清、职能不明等问题，对地方金融机构缺乏有效的约束和引导。二是地方金融办面临权力有限、人员短缺的挑战。表 22-1 统计了调研的 8 个区县金融办的人员构成，不少区县金融办主任是由其他部门人员兼任的，金融办缺人、缺权限，开展工作难度较大。三是金融办工作人员专业素质较低，能力欠缺，在调研的区县中，金融办的工作人员中几乎没有一个具有金融经济专业背景的人才，难以有效地开展工作。

表 22-1　青海省 8 个区县金融办人员构成情况（2018 年 7 月）　　　单位：人

区县	西宁市				海东市			海北州	
	西宁	湟源	湟中	大通	化隆	平安	互助	海北	海晏
人数	9	1	1	4	5	2	7	2	1
备注	西宁市金融办的 9 人中，在编 4 人；湟源县 1 人身兼三职；大通县有 2 人为兼职；化隆县公务员 2 人，事业编 3 人								

资料来源：根据调研数据整理。

（二）问题成因

在青海省发展普惠金融的过程中，上述问题的存在具有一定普遍性，而其原因则异常复杂，主要可归结为以下几个方面：

1. 人口、地理劣势

（1）地理劣势明显。青海省位于世界屋脊青藏高原东北部，全省平均海拔3000米以上，大多数地带或者异常寒冷，或者干旱少雨，制约了人口和经济的发展（李国平和范红忠，2003）。主要表现为：

首先，青海省地处高原地区，气候特殊，地广人稀，人力资源匮乏。其次，青海省地处高寒地区，远离沿海地带，能够分享到的改革开放红利有限，不利于本地经济发展。最后，地理可及性障碍进一步引致了金融排斥（粟芳和方蕾，2016）。青海省幅员辽阔、地广人稀和游牧区百姓居无定所并存的特点，导致金融交易地点不固定，各类金融机构开展定点服务难以保证网点盈利或至少达到保本点（马九杰和沈杰，2010），因此，在没有政府扶持的情况下，金融机构往往缺乏主动服务"三农三牧"的动力。

（2）人力资本不足。青海省地广人稀，人力资本严重匮乏。教育是人力资源开发的重要形式，同时也是积累人力资本的重要途径（赵秋成，2000），但是，青海省的人力资本积累难度较大：一方面，青海省整体经济发展落后制约了其科学技术和教育水平的发展，导致人力资本质量普遍不高；另一方面，作为教育载体的学校不适应游牧民族传统的生活习性，教育落后导致青海省整体消费者素养偏低（吴卫星等，2018），进一步制约了当地普惠金融的发展。

2. 经济环境不佳

（1）经济发展落后。2017年青海省GDP位列全国倒数第二，经济发展水平比较落后，与此同时，青海省作为三江源头所在地，为了满足生态环境保护的要求，已经关停了一大批对环境有破坏的生产项目，这进一步抑制了地区经济的发展。主要表现为：

首先，经济发展水平落后，农户和企业缺乏有效的抵押担保品。经济发展与市场投资环境息息相关，资本嫌贫爱富的特性决定了青海这样的经济落后地区市场活跃度较低，投资环境较差，小微企业和农户自身经济效益不佳，难以提供有效的抵押担保品，从银行获得信贷支持的难度因此较大。其次，劳动力流失。在城乡一体化进程中，经济落后导致青海省大量劳动力进城务工或是前往发达地区谋生，这进一步恶化了本地人力资本积累。最后，财政收入不足。受制于落后的经济发展水平，青海省的财政收入增长乏力，进一步抑制了在基础设施、人力资本投资等领域的投资能力，不利于普惠金融的发展。

（2）市场环境恶化。一方面，贫困地区农村金融市场存在更加严重的失灵。由于地理上的劣势、经济发展落后以及人力资本积累不足，导致青海当地的小微企业和农户生产具有更强的不确定性，信息不对称问题和交易成本高昂问题更加严峻，市场失灵突出，更多的金融资源被配置到大中型企业，而小微企业和农户个体享受的金融服务仍然相对单一（郑中华和特日文，2014）。因此，完全依靠市场力量发展普惠金融难以实现金融减贫。

另一方面，脱贫攻坚压力下地方政府面临强烈的时间约束。贫困问题由来已久，落后地区的脱贫问题更加严峻。因此，为了弥补农村金融市场失灵，为了完成脱贫的攻坚目标，各级政府往往习惯采用行政干预的方式推动普惠金融的发展，实现脱贫攻坚任务，由此进一步恶化了市场机制的作用。

3. 发展理念落后

（1）地方政府发展理念落后。一是经济发展理念落后，在高投入、高能耗的粗放型发展模式难以为继的情况下，青海省不少地方政府还没有真正认识到创新发展、绿色发展理念的价值，从而为经济发展建立了新的支撑点；二是普惠金融发展理念落后，调研中发现，不少地方干部认为普惠金融就是扶贫金融，政府理应面面俱到，进一步加大了政府干预市场发展的力度，给支农金融机构施加了过多的非市场任务，无法构建商业化、可持续的普惠金融体系。

（2）金融机构发展理念落后。一是受制于当地经济发展水平和人力资本积累不足，商业性金融机构尚未意识到贷款给穷人的价值，微型金融业态尚未形成（吴国华，2013），普惠金融发展缺乏内生动力；二是支农金融机构未充分认识到数字技术对金融服务的价值，数字普惠金融发展缓慢。据北京大学编制的《数字普惠金融指数》，青海省的排名全国倒数第三，仅略高于西藏和贵州两省份，金融机构在利用数字技术推动普惠金融发展方面成效甚微。

三、从青海实践审视贫困地区普惠金融发展的困境

（一）经济落后引致"贫困陷阱"和"抽血效应"

一方面，经济落后、资本匮乏和投资不足使落后地区容易陷入"贫困陷阱"（习明明和郭熙保，2012）。经济发展水平制约着金融、教育和互联网等基础设施建设，并且越贫穷的地方金融服务成本也越高（星焱，2015），而金融、教育的发展水平又反作用于经济，进一步制约经济发展，从而陷入"经济落后—科教金融

落后—经济落后"的贫困陷阱。

另一方面，贫困地区经济上的落后容易造成金融供给不足，引发资金外流，形成"抽血效应"。贫困地区的农村金融机构数量往往较少，市场竞争不充分，容易形成农信社或农商行"一家独大"的局面，导致金融服务供给不足，服务质量难以得到有效提升；并且，当地银行所吸收的各类资金多通过系统上存或异地放贷等方式流向其他地区，从而对贫困地区形成"抽血效应"（秦汉锋，2017），进一步恶化本地金融发展。

（二）过度干预致使政府与市场作用失衡

一方面，政府主导经济发展容易形成计划安排的低效性（星焱，2015）。通常政府的主要职能是监督和管理市场，一旦贫困地区的政府偏离这个基本职能，运用行政力量直接配置资源，不仅对信贷等金融资源的有效利用形成挑战，也会弱化金融机构对风险控制的能力。

另一方面，行政力量对信贷市场的直接干预容易产生市场扭曲。在贫困地区，当地政府更习惯动用行政力量推动普惠金融发展，这种行政力量的直接接入不仅破坏了正常的金融市场秩序，诱发各种道德风险，甚至滋长小微企业和农户"等、靠、要"思想的同时，加剧了贫困地区农业信贷的区域不均衡（李江华和施文泼，2013）。

（三）金融机构成本与收益困境加剧供给约束

客户群体和金融服务提供者成本的下降是普惠金融发展面临的巨大挑战（杜晓山，2006），这种挑战在贫困地区更加突出。

首先，贫困地区的基础设施建设相对落后，金融机构在这些地区开展服务的前期投入往往更大，而收益却难以覆盖这些成本，因此，大多数金融机构不愿意在贫困地区开展服务。

其次，提供小微贷款等普惠金融服务的成本收益具有不对称性，金融机构在贫困地区开展业务的成本由金融机构承担，但收益却是社会化的，这无疑降低了商业性金融机构对贫困地区的金融供给。

最后，农信社在改制为农商行进行商业化运作之后，以营利为导向开展经营活动，对提供普惠金融服务这类社会效益较为突出的业务缺乏激励；而且，面对贫困地区农业的高成本和低收益冲突，金融机构往往选择减少贫困地区金融服务，这进一步加剧了贫困地区的金融供给约束。

（四）人力资本积累不足制约地区发展

现代经济增长理论认为，人力资本的积累和技术进步提高了劳动生产率，促进了经济增长（柳卸林等，2017），并且，人力资本市场的完全性对普惠金融发展有着至关重要的作用（平新乔和李森，2017），然而，贫困地区往往由于经济基础薄弱，各方面条件受到限制，面临着更加严重的人力资本约束，主要表现为：

首先，贫困地区有效劳动力供给不足，经济增长缺乏劳动力红利的有效支撑点，制约了地区经济发展；其次，贫困地区劳动力素质普遍偏低，且人力资本投资不足，进一步制约了劳动力质量提升；最后，贫困地区科教水平落后，居民金融素养不高，金融知识匮乏（钞小静和沈坤荣，2014），信贷需求不足（宋全云等，2017），怕贷款、怕负债的落后观念制约了普惠金融的发展。

四、促进贫困地区普惠金融发展的若干建议

（一）优化政策环境，坚持"政府引导+市场主导"的发展原则

1. 优化产业政策，提升经济发展水平

贫困地区要走出贫困陷阱，经济发展仍是首要任务。首先，要着力优化本地产业结构，扶持贫困地区生态旅游业等服务业的发展；其次，在保护生态环境的前提下，发掘贫困地区的优势资源，促进资源的转化利用，让绿水青山变成金山银山，积极发展绿色产业；最后，鼓励引进社会资本，支持初创期绿色企业的发展，形成"村有支柱产业、户有增收项目"的可持续金融产业扶贫格局，提升经济发展水平。

2. 坚持"政府引导+市场主导"的发展原则

贫困地区的政府必须深刻认识政府与市场各自的优势，在普惠金融发展中必须坚持"政府引导+市场主导"的基本原则（贝多广和李焰，2017），在努力建设"有为政府"的同时发展"有效市场"（林毅夫，2017），促进金融资源在地区间的合理、有效配置。应重点做好三个方面的工作：

第一，应遵循商业可持续的原则推动普惠金融发展。关键在于政府要遵循成本收益的市场经济运行规律发展普惠金融，坚持保本薄利的市场运作模式（焦瑾璞，2016），要重新定位政府的角色（世界银行和中国人民银行，2018），逐渐从当前的行政力量直接配置资源转向市场主导资源配置，促进商业可持续的普惠金融长效机制的建立。

第二，应明确干预的边界。一是明确政府在政策性担保、贷款目标制定和信用体系建设等方面的作用范围和作用时间，可考虑建立明确的退出时间表；二是

明确贷款补贴额度、贴息担保和不良贷款兜底等方面政府的干预力度和持续时间，将属于市场的还给市场，更多地让市场承担起资源配置和风险防范的作用。

第三，应鼓励市场主体的参与。在贫困地区发展普惠金融，政府应通过出台优惠的税收或优化地方营商环境等方式，积极引导各类市场主体尤其是金融机构服务地方经济发展，主动延伸服务半径，降低服务支持小微企业发展，激发"大众创业、万众创新"的热情。

（二）构建完善的普惠金融市场体系和支撑体系

1. 构建完善的普惠金融市场体系

首先，继续完善商业性金融、政策性金融、合作性金融共存的组织体系。在贫困地区，商业性金融、政策性金融、合作性金融均能找到各自的生存空间，构建三者共存的组织体系是发展普惠金融所必需的。需要强调的是，贫困地区对政策性金融和合作性金融的需求可能更加强烈，因此，当地政府应着力创造条件，适度发展政策性金融，积极引导合作金融。

其次，积极培育良好的市场环境，稳步推进信用体系建设。贫困地区普遍存在更加严重的抵押担保品短期问题，因此，加强信用环境建设、推进信用体系建设显得尤为重要，由于这类工作具有较强的外部性，应考虑由地方政府应给予必要的资金支持，地方金融办或人民银行来牵头推动，降低金融机构在"最后一公里"上的成本。

最后，大力推动数字普惠金融发展。实施普惠金融，支持乡村振兴战略落到实处，不仅需要各级政府部门和地方支农机构的积极参与，还需要互联网等现代信息技术手段的运用（王国刚，2018），这对于地理环境复杂的贫困地区来说具有更加重要的现实意义。第一，应积极完善互联网、电信网等现代信息技术的基础设施建设，为数字技术的推广应用尤其是数字普惠金融的发展奠定基础；第二，应加强对数字普惠金融的宣传培训，改变农村地区"现金为王"的传统观念；第三，支持支农金融机构发展金融科技，帮助落后地区支农金融机构引进专业人才，提升数字技术专业人才储备，切实提升数字普惠金融水平。

2. 构建完善的普惠金融支撑体系

普惠金融的发展离不开市场基础设施的有力支撑，因为完善的基础设施是贫困地区经济发展的基础条件，也是降低金融机构在贫困地区开展金融服务成本的重要因素，关乎普惠金融发展的商业可持续性。重点应构建两大类基础设施的支撑体系：

一方面，应大力加强贫困地区交通、通信、网络水利、医疗和学校等市政基础设施建设，确保人民基本生活需求得到保障，为地方经济发展提供基础设施保障，为普惠金融发展奠定基础。

另一方面，应积极完善金融基础设施建设，尤其是资产评估、信用评级等核心金融基础设施的建设，为各类金融资本的进入和金融机构的发展营造良好的生态环境，有效降低普惠金融服务的隐性成本。

（三）引导农村金融机构坚守初心，提升扶贫对象主观能动性

1. 强化金融办能力，引导支农金融机构服务"三农三牧"

在贫困地区，普惠金融的发展离不开地方金融办和支农金融机构的支持。

一方面，强化地方金融办的能力。首先，要尽快明确地方金融办在金融发展中的权利和职责，尤其要划定其在普惠金融发展中动员地方资源的权限；其次，要给地方金融办足够、合格的人员配置，确保其能够承担相应的工作责任；最后，要大力提升金融办从业人员的工作能力，尤其是监控、处理地方金融风险的能力。

另一方面，引导金融机构坚持服务"三农三牧"。农村商业银行等金融机构是普惠金融发展的主力军，地方金融办在引导农村金融机构更好地服务"三农三牧"方面大有作为。首先，金融办应建立明确的考核机制，对辖区内的金融机构服务"三农"和支持小微企业的社会绩效进行考核。其次，建立长效的激励机制，不仅要对社会绩效好的金融机构在税收等方面给予优惠或进行奖励，还要对社会绩效不好的机构进行问责。最后，金融办要引导金融机构实现财务绩效和社会绩效的双重目标（张正平和王麦秀，2012），促进普惠金融发展。

2. 坚持教育扶贫，缓解人力资源约束

一方面，"扶贫先扶志"，建立普惠金融发展的长效机制，必须着重提高扶贫对象的主观能动性。一是加强对创业先进个人、农业能人等典型进行表彰和宣传，树立榜样，激发落后地区农户和小微企业主的斗志和信心；二是加强贫困地区金融知识宣传和普及，对小微企业和农户进行必要的金融教育和培训，改变"怕负债，怕贷款"的落后观念。

另一方面，"扶志必扶智"，坚持教育扶贫的"造血"模式。在贫困地区发展普惠金融，要把优先发展教育事业落到实处，加大基础教育的投资，加强对贫困家庭的帮扶力度，不让一个贫困家庭的孩子失学，着力提升本地人口教育水平，缓解人力资本约束。

附　录

农村数字普惠金融发展的时事评论

附录一　以系统性思维看待数字普惠金融发展全要素[①]

——访北京工商大学数字金融研究中心主任、教授张正平

乡村振兴战略的全面实施对金融服务提出了更高的要求，金融的数字化进程在不断加快，数字普惠金融的多样性发展也正在全方位地赋能乡村振兴。如何让数字普惠金融更好地、多元化地服务乡村振兴，数字普惠金融服务乡村振兴的创新路径有哪些？如何做好线上线下融合发展，让数字普惠金融更好地发力乡村振兴？围绕上述问题，《金融时报》记者采访了北京工商大学数字金融研究中心主任、教授张正平。

《金融时报》记者：数字普惠金融在乡村振兴战略推进中，其服务对象主要是谁？其与传统金融服务区别在哪里？优势是什么？

张正平：根据人民银行 2015 年发布的《推进普惠金融发展规划（2016－2020年）》，小微企业、农民、城镇低收入人群、贫困人群和残疾人、老年人等特殊群体是当前我国普惠金融重点服务对象。而从数字普惠金融的角度来看，按照《G20普惠金融高级原则》，数字普惠金融可以理解为一切通过使用数字金融服务促进普惠金融的行为，该定义强调利用数字技术推进普惠金融发展，并没有改变传统普惠金融的服务对象，因此，数字普惠金融应与传统普惠金融有一样的服务对象。

由此，也可以清晰地看到数字普惠金融与传统金融服务的区别。首先，服务对象不同，数字普惠金融坚持服务可能被传统金融排斥的、传统金融服务成本较高的弱势群体；其次，手段不同，数字普惠金融更强调运用数字技术触达、服务弱势群体，以拓展服务广度和服务深度。当然，需要强调的是，随着金融科技的广泛应用和金融业数字化转型的推进，越来越多的传统金融机构也可以通过数字技术提供金融服务。随着国家普惠金融战略实施，越来越多的传统金融机构开始重视农村市场，纷纷通过设立普惠金融部门等方式下沉业务重心，积极为农村弱

[①]　本附录发表于《金融时报》2022 年 12 月 22 日，采写记者为张宏斌。

势群体提供金融服务。这意味着，传统金融机构不仅积极推进数字化转型、提供数字金融服务，还高度重视普惠金融业务，由此也使数字普惠金融与传统金融机构金融服务之间的界限逐渐模糊。

《金融时报》记者：做好数字普惠金融服务需要具备的条件有哪些？目前，哪些部分有待提升？

张正平：必须承认一个事实，提供高质量的数字普惠金融服务，对任何金融机构而言都是具有挑战的，毕竟，相对来说，乡村振兴中的这些弱势群体往往面临着更大的风险、更严重的信息不对称、更高的交易成本。理论上讲，做好数字普惠金融服务需要具备四个条件。

首先，较高的金融科技水平。在提供数字普惠金融服务时，金融机构能够将诸如大数据、云计算、人工智能、物联网、区块链、卫星遥感等数字技术与金融机构自身的运营系统、业务流程、产品设计等环节深度融合，输出更加安全、高效的数字金融服务或产品。

其次，多样化的数据获取渠道。对于金融机构来说，利用数字技术提供普惠金融服务，必须通过机构自设积累、对接政府部门、与征信机构合作等多个渠道获取多维度、准确、动态的客户数据（这同时也意味着需要有更加坚实的业务场景），形成大数据集，进而综合应用大数据、云计算、人工智能等技术，构建智慧营销、智能风控等获客更精准、成本更低、效率更高的运营系统，提供体验更好、价格合理的数字金融产品或服务。

再次，持续提升服务质效的耐心。为农户、小微企业等缺少抵押、担保的弱势群体提供金融服务，面临比较大的经营风险和经营成本压力，短期内很可能难以通过提供数字普惠金融服务获得理想的盈利，甚至不得不面对较长时间的亏损。一方面，应用金融科技、改造运行系统、重构业务流程、研发数字产品等方面均需要资金投入，短期内支出成本较高；另一方面，短期内可以服务的普惠金融客户数量有限，难以获得规模经济的好处，不得不面对较高的人均交易成本。

最后，适宜数字普惠金融发展的生态体系。从数字普惠金融发展所需的生态体系来看，与城市地区相比，农村地区发展数字普惠金融启动较晚，体系不完善，也面临着更多难题。具体表现为：一是金融供给主体的意愿与能力不足，数字金融服务系统投入少，针对性产品服务供给有限，智能化金融互联网终端的布设与互联网基础设施建设有待加强；二是综合性的大数据信用体系建设与使用难度大，数字金融应用场景建设、发掘不充分；三是地方政府认知与理解不到位，农村居民素养不高，提升难度大；四是相关的政策体系不完善，农村数字普惠金融监管难。

这也就对应着当前我国数字普惠金融发展需要提升的几个方面：首先，对于大部分农村中小金融机构来说，数字化转型面临着资金实力弱、人才匮乏、研发能力弱等难题，金融科技应用水平有待提高。其次，由于农村农业的数字化水平不高，各部门"数据孤岛"问题仍相对突出，数据标准、数据流通、数据定价、数据共享等方面的问题比较突出，要建立多维度的数据获取渠道、实现数据价值化仍有较大挑战。再次，发展数字普惠金融业务短期内难以产生利润回报还特别"烧钱"的事实，让公司化运营的金融机构面临较大的经营压力，这无疑是对金融机构战略定力的考验。最后，建立数字普惠金融生态体系并非简单地将普惠金融生态数字化，而是要采用系统性思维去看待数字普惠金融发展的全部要素，不仅要考虑"三农"数据的采集、归并、溯源，还要考虑数据的确权、估值和定价，既要关注农村金融机构的数字化转型、金融服务和产品的数字化创新，也要关注数字普惠金融的立法、基础设施建设、行业标准和监管政策制定等，这个生态体系无疑需要更多耐心去构建。

《金融时报》记者：数字普惠金融都有哪些创新的供给方式，包括与农业农村的数字化场景的融合路径都有什么样的创新做法？

张正平：从当前我国农村数字普惠金融发展的实践来看，已经形成了四种典型的创新供给方式。

第一，传统金融业务的数字化。传统银行、保险和担保等金融机构提供的数字普惠金融服务包括移动金融业务、传统金融业务的数字化、金融机构与金融科技企业合作开展业务等，依托网上银行、手机银行和电商平台等方式，逐步向农村用户和低收入客户群体下沉，这样既延伸了服务半径又提高了服务效率，并且有效降低了传统金融机构的服务成本。典型的案例如建行打造"裕农通"统一服务品牌，构建普惠金融服务点线下综合服务中心、乡村振兴线上综合服务平台以及乡村产业链生态场景金融服务体系，探索形成了建行服务乡村振兴整体方案，解决乡村地区金融产品服务供给不充分、不全面等问题。

第二，基于电商平台或"互联网+"的农村产业链金融。基于电商平台开展的供应链金融模式，是指电商平台依托其所积累的大量涉农供应商资源、海量的客户交易记录以及其发达的物流网络，将交易过程中的信息转化为数据，依托大数据、云计算、数学建模等方式对这些数据进行计算分析，预测客户的信用情况，然后根据信用评级结果为其提供相应的金融服务。典型案例如中国农业银行建立了"惠农商城"。

第三，基于"互联网+"的农村供应链金融服务。实践中，一些机构借助数字技术打造了全新的"互联网+农村供应链金融"模式。典型案例如大北农成立的北京农信互联科技集团有限公司，其构建了农业数字金融生态圈并打造了"数据+电商+金融"的业务平台。其中，农信金融平台依托农信云平台的数据分析为农户、上下游企业提供融资服务；农信商城、农信货联等则负责相应产品的销售和运输。

第四，互联网银行的数字金融服务。互联网银行将服务场所放到线上，不开设分支网点，完全通过互联网渠道销售产品为客户提供服务的一类新型银行，借助先天的信息技术优势提供数字普惠金融服务。典型案例如网商银行于2020年发布的"大山雀"卫星遥感风控技术，首次将卫星应用于金融领域；2021年，"大山雀"再次升级，在水稻、玉米等主粮作物之外，进一步实现了对苹果、柑橘等较难识别的经济作物的风控技术。

《金融时报》记者：数字普惠金融对于政府、人民银行、商业银行、互联网（数字）技术提供方等的协作要求有哪些？在这种协同中，需要注意什么？

张正平：在发展数字普惠金融过程中，需要构建适宜数字普惠金融发展的生态体系，这意味着政府、人民银行、银保监会、商业银行、技术提供商等参与方共同努力、相互协作才能完成，具体来说需要重点从以下方面展开协作：

第一，协作推进法律法规进程。为数字普惠金融发展提供制度保障是非常必要的，无论信息技术外包、技术应用标准还是数据共享等领域，都需要相关方协作推进法律法规的出台并不断修订完善。

第二，协作完善金融基础设施。金融基础设施尤其是数字基础设施建设直接关系到数字普惠金融的发展，基础设施具有公共品属性，政府是主要投资人，同时需要人行会同金融机构和数字技术提供商一起提出建设方案，并由数字技术提供商进行建设。

第三，协作构建数据共享体系。数据是数字经济时代的新型生产要素，数据采集、数据存储、数据标准、数据传输、数据确权、数据定价等环节均关乎数据共享体系的建设，这项工作离不开政府立法、人行牵头、银行和数字技术提供商的深度参与。

第四，协作提升金融监管水平。平衡好金融创新与金融风险的关系，才能让数字普惠金融高质量发展，也是金融监管的长期挑战。无论数字技术应用于普惠金融业务还是金融机构的数字化转型，都不可避免地会带来新的风险，需要政府引导、人行指导、银行和数字技术提供商的配合才能实现，协作提升金融监管水平。

需要注意的是，协作应当遵循一些基本的原则，尤其是坚持市场化、法制化的基本原则，坚持保护金融消费者权益的基本原则，坚持鼓励创新与防范风险兼顾的基本原则。

《金融时报》记者：数字普惠金融的发展受数字技术的影响是什么？诸如区块链技术在数字普惠金融方面的应用情况怎样？

张正平：从逻辑上看，数字技术对数字普惠金融的发展影响较大，主要表现在两个方面。一方面，数字技术的融合发展对数字普惠金融发展有重要影响。例如，大数据技术与隐私计算技术的融合，可以让数据在"可用不可得"的前提下得以共享，促进数据价值显现，有助于数字普惠金融的发展；区块链技术与大数据技术、云计算技术的融合，也使通过区块链系统获取的数据更可靠，为云计算加持下更快速、便捷地应用大数据技术挖掘数据价值提供了便利。

另一方面，数字技术的迭代升级对数字普惠金融发展有直接的影响。例如，人脸识别、指纹识别、声纹识别、量子计算等安全技术的持续迭代升级，不仅直接加强了数字普惠金融业务的安全水平，也极大地推进了数字普惠金融的服务范围；随着区块链应用深化，支付结算、物流追溯、医疗病历、身份验证等领域的企业或行业都建立了各自的区块链系统，由此推动了区块链系统间的跨链协作与互通技术的发展，能够更好地赋能数字普惠金融发展。

《金融时报》记者：随着越来越多信息数据共享、分析和应用可以在线上实现，金融机构在线上和线下的服务落脚点是否会发生变化？未来，金融机构在线下更应关注什么？

张正平：随着越来越多信息数据共享、分析和应用可以在线上实现，金融机构在线上和线下的服务落脚点可能会发生变化，更加重视线上服务是基本趋势，当然，不同类型金融机构在线上线下服务落脚点发生变化的时间和程度可能不同。

展望未来，金融机构在线下服务中更要关注以下因素：

第一，线下服务应与线上服务保持协调。金融机构要重视拓展线上服务，但也不能轻易放弃线下服务，线下服务在相当长时间里有其独特的存在价值，例如，满足大额交易的需要，为老年人或社区提供贴心服务等，因此，需要保持线上线下服务的协调性。第二，线下服务应为线上服务创造价值。拓展线上服务是更有前途、更有竞争力的方向，是金融机构必须重点发展的，因此，线下服务的调整和优化应考虑为线上服务创造价值，例如，通过线下网点增强客户黏性等。第三，线下服务也要持续推进转型升级。在数字经济时代，客户需求、竞争环境正在发生深刻变化，每一家金融机构都需要找准自身的发展定位、因地制宜地制定发展战略，线下服务对很多金融机构（如农信机构）而言仍具有战略意义，需要通过改善网点环境、加大网点科技投入等方式持续推进线下服务转型升级，提升其存在价值。

附录二 问道农村数字普惠金融破题之路^①

——访北京工商大学数字金融研究中心主任、教授张正平

2021 年中央一号文件首次明确提出发展农村数字普惠金融，正式为农村数字普惠金融吹响号角。按照 2016 年 G20 杭州峰会发布的《G20 数字普惠金融高级原则》，数字普惠金融泛指一切通过使用数字金融服务以促进普惠金融的行动，其发展对提升金融服务"三农"的精准度和普惠性意义重大。不过，在现阶段，我国农村数字普惠金融的发展仍面临着不少现实挑战，其发展路径值得关注。对此，《金融时报》记者近日采访了北京工商大学数字金融研究中心主任、教授张正平，探讨农村数字普惠金融的破题思路。张正平认为，发展农村数字普惠金融不仅可以利用数字技术克服传统农村金融交易成本高、信息不对称的痛点，还能极大地缓解农村弱势群体的融资难题，以巩固脱贫攻坚成果，助力乡村振兴发展；同时他也表示，当前发展农村数字普惠金融的道路并不平坦，仍需要多方协作、共同推进，随着我国数字乡村和乡村振兴战略的推进，农村数字普惠金融的发展必将迎来更加有利的局面。

《金融时报》记者：您如何看待中央在这个时间明确提出"发展农村数字普惠金融"的要求？

张正平：今年，我国"三农"工作重心发生了历史性转移，从脱贫攻坚正式转向全民推进乡村振兴、加快农业农村现代化；同时，我国普惠金融发展也走过了第一个 5 年规划。事实上，"发展农村数字普惠金融"的政策可以被视为《推进普惠金融发展规划（2016-2020 年）》的深度延续，是普惠金融和数字技术融合发展到一定阶段的必然趋势，也是"十四五"时期"三农"重点工作的重要助力。

一方面，发展农村数字普惠金融有助于巩固脱贫攻坚成果并推进乡村振兴，

---

① 本附录发表于《金融时报》2021 年 5 月 6 日，采写记者为宋珏遐。

在之前的脱贫攻坚工作中，数字技术与农村金融服务的结合应用在推动我国偏远、贫困地区基础金融服务供给和小额信贷服务方面作用显著。而现阶段发展农村数字普惠金融，在进一步缓解农村低收入人群金融排斥的基础上，还可以促进面向小微企业和新型农业经营主体的金融产品创新，更好地实现"普惠"与"精准"的有机统一。另一方面，数字普惠金融对创新创业、绿色经济发展、产业结构升级、缩小区域收入差距等方面有促进作用，有利于农村地区经济的高质量发展。

《金融时报》记者：您认为现阶段发展农村数字普惠金融有哪些现实挑战？

张正平：挑战之一是相关基础设施建设和数字素养形成方面。我在近几年的调研中发现，不少农商行都在积极发展金融科技、探索数字金融业务，但由于地方基础设施薄弱，造成业务开展难度大、业务转型成效有限。根据第 47 次《中国互联网络发展状况统计报告》，我国农村地区互联网普及率为 55.9%，低于城镇地区 23.9 个百分点。这方面与发达国家相比差距较大。除了基础设施因素，经济较弱、教育水平较低等原因造成农村居民仍面临严峻的"数字鸿沟"，仍有不少农民难以掌握数字普惠金融的相关知识和技能，或并不拥有支持数字化的工具。而且，"数字鸿沟"不仅体现在农民身上，农业数字化程度不高、数字农业基础不成熟、农村数据归集和利用水平低下、县级政府的数据治理能力不足等更值得关注。即使有科技力量的支撑，但考虑到数字乡村建设滞后或不少农户及其产业不在数字金融应用场景内，"数字鸿沟"仍然存在。

挑战之二是农村金融机构尤其是农信系统的数字化转型待深化。作为金融服务"三农"主力军，农信系统的数字化转型进程对农村数字普惠金融发展意义重大。而农村金融机构服务对象有天然弱质性，因此机构风险水平相对较高。根据人民银行发布的《中国金融稳定报告（2020）》，在金融机构评级中，8~10 级及 D 级的高风险机构主要集中在农村中小金融机构；从资产质量来看，截至疫情发生前的 2019 年底，全国农商行不良贷款率为 3.95%，明显高于商业银行平均水平。而当农村金融机构推进数字化转型发展数字金融业务时，多数农商行的数字化风险防控体系并不完善，面临着新的数字化风险的冲击。

同时，与大行相比，农村金融机构面临着较为严峻的数字化人才缺失问题。事实上，我国商业银行在数字化转型上取得了一些成效，但不少机构特别是中小银行，在转型资源、科技能力等方面存在约束。真正的数字化转型，实质上是组织、文化、流程、管理等全面变革，并不是单一部门或者单一项目能够驱动实现的。机构数字化转型不能只靠科技部来推动，而是更靠管理思想的转变，重在"人"的转变。而农信机构在员工平均素质、科技人才占比方面的短板，成为其发展数字金融业务的主要障碍。

从已有实践来看，省联社利用其区位、平台优势进行数字化人才培养和系统改造以及其他服务，可以在较大程度上弥补辖内农信机构在科技力量上的短板，像浙江、广东等省份都已呈现出阶段性成效。不过，目前省联社改革是农村金融改革的一个重点和难点，部分省联社改革困难重重，还未找到明确方向，这很可能影响辖内农信机构数字化转型的进程。此外，2018 年国务院推动大中型商业银行设立普惠金融事业部、聚焦服务小微企业和"三农"，一些股份制银行和城商行近几年逐步涉足农村金融市场，新型金融组织也纷纷介入农村市场，进一步加剧了农村金融市场竞争。现阶段，农信机构自身发展也面临巨大压力。

挑战之三是农村数字普惠金融发展生态的缺失。从数字普惠金融发展所需的生态体系来看，与城市地区相比，农村地区发展数字普惠金融启动较晚，体系不完善，也面临着更多难题，解决难度较大。具体表现为：一是金融供给主体的意愿与能力不足，数字金融服务系统投入少，针对性的产品服务供给有限，智能化金融互联网终端的布设与互联网基础设施建设有待加强；二是综合性的大数据信用体系建设与使用难度大，数字金融应用场景建设、发掘不充分；三是地方政府认知与理解不到位，农村居民素养不高，提升难度大；四是相关的政策体系不完善，农村数字普惠金融监管难。

《金融时报》记者：农信系统应如何实现数字化转型方面的进一步深化？

张正平：从现阶段情况来看，推进农信改革是其进一步数字化转型的基础。省联社应积极贯彻落实中央一号文件的要求，尽快研究出台适合自身发展的改革模式，坚持因地制宜选择改革模式；推进职能定位的转变；部分省联社可以进行市场化改制，建立起良好的公司治理架构，为数字化转型扫清障碍。对于农信机构而言，尽管已经明晰了产权归属并完成了股份制改造，但这并不等于建立了有效的公司治理机制。站在发展数字普惠金融的风口上，未来仍要坚持按照市场化原则，通过完善相关制度规章，稳妥处理大股东与小股东、国有股与民营股的关系，构建权利相互制衡的董事会、监事会、管理层，建立现代农村金融企业制度。

在此基础上，结合我国农信机构的发展现状，数字化转型可从两个方面逐步推进。一方面，利用地缘人缘优势做好"线上+线下"业务。农信机构扎根基层，与所在地有着天然的契合度，人缘地缘优势明显。通过分析所在地经济特点、人口分布、客户资金情况、金融交易习惯、消费行为等因素，采取线上线下相结合模式，既可以发挥互联网精准、快速营销，全面、科学的风险控制等优势，又可以通过人工干预、线下跟进，发挥人缘地缘优势。另一方面，利用省联社平台提升数字化水平。省联社可以利用自身在整合资源方面的优势搭建核心系统、招募高水平科技人才，进而提升农信机构的数字化水平。特别是针对农信机构的数字化人才短板，农信系统应加大资金投入力度，既可以与高校、金融科技公司合作培养数字人才，也要通过提升薪酬水平等方式加大对数字人才的引进力度，以培育属于自己的数字化人才和队伍，逐步掌握对数字技术和核心软件开发的自主可控力。

而面临传统和新业务的潜在风险，农信机构要全方位提升机构数字化风控能力。开展数字普惠金融业务并非简单地将业务线上化，需要管理者、员工正确地认识数字化转型和数字金融业务可能带来的潜在风险，并从战略、组织、流程、产品、交易等层面建立相应的制度，以建立全流程的数字化风控体系。

《金融时报》记者：针对搭建农村数字普惠金融发展生态体系，您有何建议？

张正平：只有形成良好的生态体系，农村数字普惠金融才能健康发展，才能有效服务于乡村振兴战略。数字普惠金融生态并非简单地将普惠金融生态数字化，而是需要采用系统性思维去看待数字普惠金融发展的全部要素，这里不仅要考虑"三农"数据的采集、归并、溯源，还要考虑数据的确权、估值和定价，既要关注农村金融机构的数字化转型、金融服务和产品的数字化创新，也要关注数字普惠金融的立法、基础设施建设、行业标准和监管政策制定等。从我国的实际情况来看，建立完备的金融基础设施，形成多元化、多层次、综合性的金融服务体系，构建有弹性、兼容性强的应用场景，搭建高效的监管与政策支持体系是四个重要的方向。

这其中最为基础的，是完善数字化转型下的监管层次和夯实包括设施、数字金融素养等根基。围绕完善符合发展阶段的监管层次，金融监管部门一方面可以加强与区域内政府工业和信息化部、发展改革委、公检法等部门的协同机制，建立相应的监管指标体系，提升监管能力；另一方面应开发针对县域和"三农"特点的监管工具，充分利用大数据、云计算等金融科技，择机引入"监管沙盒"机制，提升监管的预警能力和准确性。对于夯实基础设施等根基，除了政策层面反复强调的实施农村信息基础设施升级改造、推动乡村网络接入设备更新、城乡网络深度覆盖之外，还要积极探索信息技术的助农惠农场景应用，鼓励农村企业运用数字化、信息化、智能化技术，实现数字农业农村转型升级，让金融更精准地服务于农村产业。

附录三　村镇银行数字化转型
需"借力"[①]

编者按：村镇银行的经营发展一直面临着诸多难题。要发展，村镇银行不得不寻求突破。身处数字经济时代，对于较为传统的村镇银行来说，一方面，数字化转型是不得不面对的话题；另一方面，直面科技力量薄弱、技术人才缺乏现状，找到适合自身的数字化转型之路也是发展过程中的一道必答题。本期专题，我们邀请专家和机构一起来探讨这些话题。

据统计，截至2021年末，银保监会共核准成立村镇银行1651家，机构已覆盖全国31个省份1300余个县（市、旗），县域覆盖率超71%，是农村金融服务的新生力量，在支农支小方面持续发挥重要作用。然而，曾经的农村金融改革亮点、被寄予打通农村金融服务"最后一公里"希望的村镇银行，近年来的发展却呈现出"急转直下"的态势。在数字经济时代，村镇银行该如何谋求生存之道？如何通过金融科技实现突围？

经营困局

事实上，作为我国银行体系中"年龄最小""辈分最低""个子最小"的村镇银行，其经营发展一直面临着诸多难题：公司治理结构不完善，容易被个别大股东操纵或与主发起行发生冲突；社会公信力和品牌影响力不足，导致吸储难、吸储贵；市场竞争环境不公平（例如，根据有关规定，地方国库资金不能存放村镇银行；难以进入同业拆解市场等），导致业务发展缓慢；创新能力不足，简单复制主发行业务，业务品种单一，抵御风险能力弱。

近年来，村镇银行的生存环境进一步恶化：一方面，国有大行响应政府号召进入农村市场，大力发展普惠金融业务，网商银行、新网银行等互联网银行纷纷涉足农村业务，抢夺客户资源，进一步加剧了农村金融市场竞争；另一方面，与

[①] 本附录发表于《中国银行保险报》2022年6月6日，作者为张正平。

村镇银行有较多业务重叠的农村信用社在纷纷通过改制农村商业银行实现"轻装上阵"的同时，着力提升在金融科技应用方面的能力，推进数字普惠金融的发展。

"谋生"之道

从 2006 年底开始，历经 16 年艰难发展的村镇银行似乎已经到达"最危险的时候"。展望未来，村镇银行该何去何从？笔者认为，在市场竞争日趋激烈的大环境下，村镇银行的未来发展有两个可能的"谋生"之道：

第一，与主发起行紧密合作，"借势"发展。俗话说，"背靠大树好乘凉"。面对日益激烈的竞争，"小个子"的村镇银行与其主发起行紧密合作是首选，也是最可能、最现实的发展方向。这是因为，一方面，主发起行是村镇银行的控股股东，投入了真金白银自然会更关心是否能够获得回报；另一方面，按照有关政策规定，主发起行对村镇银行的经营安全负有重要责任，通常会通过委派高管等方式直接参与村镇银行的经营管理。因此，村镇银行理所当然积极、主动地与主发起行"靠近"，充分借助主发起行在资金实力、产品创新、业务系统、营销渠道等方面的综合优势，提升村镇银行的业务能力和竞争水平。

第二，多家村镇银行形成联合，"抱团"发展。村镇银行规模普遍较小，面对多方竞争的压力，谋求多家村镇银行的某种联合或合作实现"抱团"发展，不啻为一种有效的手段。一方面，可以通过主发起行牵头，由同一家主发起行发起成立的多家村镇银行形成联合或合作，实现在某些业务资源的共享、管理经验的分享、技术系统的共用等，共同对抗市场竞争压力。另一方面，可以通过中国银行业协会、中国村镇银行发展论坛等行业协会引荐，若干家没有"血缘"关系的村镇银行形成联合或合作，实现业务、资源、技术、经验等方面的交流互助，共同发展。显然，这种抱团模式需要更多的信任和合作，一旦建立稳定的合作关系，就意味着形成了某种更大规模的集体力量，有助于互帮互助甚至获取规模经济的好处。

必须指出的是，对于相当一部分村镇银行来说，不得不选择第三条"道路"，即被大行吸收合并，实现"融入"发展。事实上，村镇银行很可能会成为吸收合并的主要对象之一。在农村金融市场竞争激烈已成为普遍的共识的情况下，一些规模小、不良贷款高企、盈利困难的小银行可能无法正常经营，进而形成较大的金融风险，在金融机构市场化退出机制（破产）不完善的前提下，通过并购方式处理高风险机构是比较合理的选择。

借力发展

数字经济时代，对于那些通过主发起行"借势"发展或试图多家村镇银行

"抱团"发展的村镇银行来说，其未来发展依然充满挑战，因为它们必须直面对手们在金融科技"武装"下的竞争压力。

毋庸置疑，大中型商业银行在发展金融科技、推进数字化转型方面显然更具优势。事实上，中农工建四大国有商业银行和招商银行、光大银行、交通银行等股份制银行以及北京银行等城商行乃至广州农商行、青岛农商行等农商行均已启动各自的数字化转型战略，或投入巨资自建金融科技子公司，或与金融科技巨头合作，大力发展金融科技，助推数字化转型，向银行 3.0 时代或 4.0 时代迈进。与之形成鲜明对比的是，大部分村镇银行还挣扎在常年亏损或大量不良贷款的泥潭里，没有足够的资金、技术和人才投入到金融科技领域，对已然形成浪潮的数字化转型大多只能"望洋兴叹"，甚至还停留在一本存折、几个物理网点、银行服务只能在网点办理的银行 1.0 时代。

无论村镇银行采取何种"谋生"之道，其未来的发展都必须高度重视能力建设、完善公司治理、提升业务能力。

一方面，要坚持"支农支小"的市场定位，秉持差异化的战略定位。村镇银行服务"三农"，坚守"分散""小额"的贷款原则，不仅是其体现设立初衷、履行社会使命的体现，还能有效地防范业务过分集中导致的潜在风险；秉持差异化的战略定位，走差异化发展之路，不仅是村镇银行形成发展特色所必需的，还能因此有效地避开与国有大行、农商行等机构进行过多面对面的竞争，形成实现差异化竞争格局，有助于提升其竞争力。

另一方面，要发掘金融科技力量，借力推进机构数字化转型。尽管村镇银行体量小、压力大、困难多，但也有"船小好调头"的优势。在新生代客户逐渐成长并成为需求主体、数字乡村建设逐步推进的大背景下，发展金融科技、推进金融机构数字化转型已然成为"必答题"，村镇银行也不能例外。

对于村镇银行来说，"借力发展"是其数字化转型的最优选择：如果选择与主发起行紧密合作"借势"发展之路，可考虑依托主发起行的科技支撑（前提是主发行的科技能力比较强），从发展线上业务（如手机银行、网上银行）入手，加入微信、云闪付等主流手机支付平台，逐步推动村镇银行数字化转型。在这方面，中国银行发起设立的中银富登系村镇银行的发展经验值得关注。

如果选择通过多家村镇银行联合的"抱团"发展之路，可考虑共同出资自建科技系统或将系统托管给第三方金融科技公司，从而实现发掘金融科技力量赋能村镇银行数字化转型的目的。然而，在共同出资模式下，村镇银行无法回避复杂的治理问题和高昂的维护成本；在托管模式下，村镇银行将失去较多的自主权，还面临着潜在的数据安全问题。

在上述两种情形之外，借力某个技术合作方提升村镇银行的数字化水平也不失为一种理性的选择。例如，河南中牟郑银村镇银行利用其本土线下优势与网商银行拥有的技术优势开展合作，由中牟郑银村镇银行提供农户名单，网商银行则通过卫星遥感信贷技术为农户授信提额，形成了一种"线下+线上"融合发展的模式，实现了村镇银行授信用户的大幅增加。

　　总之，村镇银行在夹缝中生存着实不易，在数字经济时代，村镇银行必须主动出击，积极作为，寻找适合自身发展的道路。

附录四 《2022年数字乡村发展工作要点》亮点解析[①]

2022年4月20日，中央网信办、农业农村部、国家发展改革委、工业和信息化部、国家乡村振兴局联合印发《2022年数字乡村发展工作要点》（以下简称《工作要点》）。《工作要点》立足于我国数字乡村的发展现状，充分衔接了《中共中央 国务院关于做好2022年全面推进乡村振兴重点工作的意见》《数字乡村发展战略纲要》《"十四五"国家信息化规划》《数字乡村发展行动计划（2022-2025年）》的总体目标要求，全面提出了2022年数字乡村发展工作的具体工作目标及10方面的30项重点任务。《工作要点》突出了年度性任务、针对性举措、实效性导向，强调要充分发挥信息化对乡村振兴的驱动赋能作用，旨在不断推动乡村振兴取得新进展，推进数字中国建设迈出新步伐。总体来看，《工作要点》有四个亮点值得关注：

首先，强调农业信息监测价值，构筑粮食安全数字化屏障。党中央、国务院高度重视粮食安全问题，始终把解决人民吃饭问题作为治国安邦的首要任务。2022年2月，联合国粮食及农业组织发布报告显示，全球食品价格指数为140.7点，比2021年同期上涨20.7%。面对当下的粮食安全问题，通过构筑粮食安全数字化屏障来确保粮食安全，显得尤为重要。《工作要点》则进一步围绕信息监测端，强调应用数字技术，加强农业稳产保供信息监测，建立健全重要农产品市场监测预警体系，开展精细化农业气象灾害预报预警；同时，提高农田建设管理数字化水平，加快建成全国农田建设综合监测监管平台，综合运用卫星遥感等监测技术加强农田全程监控和精准管理。

其次，持续推进数字基础设施建设，明确农村地区互联网普及率工作目标。目前，我国数字乡村发展迅速，但仍处于基础构建阶段。相较城市，农村地区幅员辽阔，信息基础设施建设仍相对滞后并存在明显的地域差异。《工作要点》提

[①] 本附录发表于《中国银行保险报》2022年4月27日，作者为张迎新、张正平。

出，到 2022 年底，5G 网络实现重点乡镇和部分重点行政村覆盖，并首次明确提出农村地区互联网普及率超过 60%。身处数字经济时代，5G 网络、互联网等数字基础设施已成为每个居民发展不可或缺的基本条件。对于广大乡村居民来说，加快弥合数字鸿沟，有助于他们享受更加均等化的教育、医疗健康、社会保障和就业等公共服务，推动农村居民积极开展创业、创新活动，提升个人创造能力和生活质量。因此，普及数字基础设施能够为农村居民共享互联网发展成果提供条件保障，为乡村振兴与经济社会发展提供强大动力，为促进共同富裕奠定良好基础。

再次，推进新型数字化技术应用及供给，覆盖育种、生产、销售等全流程，夯实智慧农业发展基础。当前，相比服务业、工业等领域，农业领域的数字化技术应用仍存在较多问题。第一，数字化应用存在明显滞后性，如农业专用传感器灵敏度低、稳定性差，智能农机装备地域适应性不高等；第二，数字化技术主要应用在生产环节，尚未拓展到育种环节，粮食交易、储存及销售环节等；第三，针对农村领域的数字化关键核心技术研发存在明显差距。2022 年中央一号文件提出，要推进智慧农业发展，促进信息技术与农机农艺融合应用。对此，《工作要点》则明确指出，要推进高分卫星数据在农业遥感中的应用，加大农业生产场景窄带物联网部署，推进数字育种技术应用，加强粮食全产业链数字化协同，完善农产品质量安全溯源管理，以及实施国家重点研发计划"工厂化农业关键技术与智能农技装备""乡村产业共性关键技术研发与集成应用"重点专项，强化农业科技创新供给。大力发展农业科技是智慧农业的重要抓手，当前仍处于起步阶段，应加大自主研发投入，重点支持关键技术突破，并以数字技术为支撑贯通全产业链，全面提升农业生产经营数字化水平。

最后，持续推动农村数字普惠金融发展，加快培育乡村数字经济新业态。《工作要点》提出了农产品电商网络销售额突破 4300 亿元的工作目标，同时将强化农村数字金融服务纳入培育乡村数字经济新业态的重要任务，强调加大金融科技在农村地区的应用推广。2021 年 10 月 9 日，商务部、中央网信办、国家发展改革委联合印发的《"十四五"电子商务发展规划》提出，要多维度加强电子商务金融服务，开展电子商务金融服务创新行动。目前，作为乡村数字经济新业态重要载体的农村电商发展仍面临着资产抵押物有限、资金担保能力不足、消费能力欠缺等问题，使已有的农村金融产品还不能满足当前及未来农村电商的发展和融资需求。因此，进一步探索多元化农村电商融资路径，加快研发适合广大农户、新型农业经营主体需求的金融产品，切实打通农村电商可持续发展的资金链条，是满足农村电商发展需求和保障农村电商可持续发展的必要保障，也是深度发展普惠金融、下沉金融机构业务和拓展普惠金融发展空间的关键举措，对乡村数字经济新业态的培育具有重要的推动作用。

附录五 发挥省联社优势^①

2020年1月26日，银保监会发布了《关于银行业保险业数字化转型的指导意见》（以下简称《指导意见》），提出了明确的工作目标：到2025年，银行业保险业数字化转型取得明显成效。毫无疑问，该《指导意见》为银行保险机构的数字化转型提供了明确的行动指南和路线图，也吹响了中国银行业数字化转型的号角。在这种背景下，农商行数字化转型已成为必选项，没有退路。

然而，对于全国近2200家农信机构来说，除少数头部农商行外，绝大部分农商行因为资本实力有限、数字人才缺乏、科技开发能力不足等原因，在数字化转型浪潮到来之际依然举步维艰。这也意味着，对于大部分农商行来说，在当前国有银行业务下沉和数字化转型的双重压力之下，生死存亡的时刻似乎已经到来。

把握省联社改革机遇

如何推进农商行数字化转型，让农商行搭上数字化的快车，闯出一片新天地？

在笔者看来，抛开技术、文化、治理、模式等微观因素，宏观地审视可知，必须充分结合当前我国农信系统的体制特点和发展趋势去寻找答案。由此，答案是唯一的，即应充分利用省联社改革契机，有效发挥省联社的作用，助推农商行更好更快地数字化转型。

在大部分农信社已改制成为农商行的今天，省联社模式备受"诟病"，省联社这个改革的产物也因此成为新一轮农信系统改革的对象和重点。这是因为，省联社在过去十几年的农信社改革过程中，管理职能不断强化，行政干预色彩日益浓厚，服务职能弱化。

与此同时，我们也不应该否认省联社的历史性贡献：在过去的十几年时间里，省联社在帮助农信社消化历史包袱、处置不良资产、缓解农信社内部人控制问题、提升农信系统整体风险控制能力、增强了农信机构服务"三农"的能力等方面发

---

① 本附录发表于《中国银行保险报》2020年4月18日，作者为张正平。

挥了积极的作用，有效地促进了我国农信机构的发展，提升农村金融服务"三农"的能力。

正是在这种背景下，省联社改革再次提上了议程。2019年1月29日，中国人民银行、银保监会等五部门联合印发的《关于金融服务乡村振兴的指导意见》强调，淡化省联社在人事、财务、业务等方面的行政管理职能，突出专业化服务功能；2022年银保监会工作会议对农村信用社改革提出了明确要求：按照加强党的领导、落实各方责任、规范股权关系、健全公司治理、普及专业管理的指导原则，"一省一策"加快推进农信社改革。2022年4月14日，浙江银保监局批复浙江农村商业联合银行开业；较之浙江省联社改革采取联合银行模式，广东农信系统改革则呈现出"N个一部分"的竞争格局。

发挥省联社优势

更加重要的是，在数字经济时代，我们要看到省联社在推动农商行数字化转型方面的诸多优势：第一，拥有丰富的服务经验。改革初期，省联社积极建设农信机构公共金融服务基础设施（如系统建设、人员培训等方面），积累了丰富的服务经验；在服务"三农"的过程中，省联社积极调动辖内农信机构服务地方特色农业，积累了丰富的业务经验。第二，具备整合多方资源的潜力。省联社在与各级政府部门和监管机构对接的过程中，积累了多方面的信息和资源。在建设辖内农信机构业务系统中，省联社与各类技术公司尤其是金融科技公司接触较多，积累了丰富的技术信息和资源。省联社还可以协调整合辖内外农信机构的资源，组织农信机构间的交流与合作，助推数字化转型。第三，搭建了相对完善的服务平台。通过其强大的平台优势，指导辖内农信机构搭建平台、引进技术、开发产品，取得了积极的成效；而且，省联社已搭建了电子银行等数字平台，可为辖内农信机构提供搭建服务平台服务。

需要强调的是，应结合省联社改革的不同模式去寻找推进农信机构数字化转型的着力点。当省联社改革选择了不同的模式时，省联社与农信机构的关系存在较大的差异，省联社助推农信机构数字化转型的着力点必然有不同的选择。

从金融持股公司模式的宁夏黄河农商行来看，该行以资本为纽带对各县市行社实现统一管理，省联社成为县级行社的控股股东或最大股东，此时省联社持有银行牌照，不从事银行存贷款业务，但参与金融市场、教育培训、平台建设等基层行社需要的共性业务。在这种模式下，省联社对黄河农商行仍有较大影响力，省联社的平台优势突出，可充分发挥其平台优势为基层行社搭建统一的金融科技平台和信息系统。从金融服务公司模式来看，省联社通过自下而上的入股方式组建金融服务公司，服务作为成员的基层行社，变管理性收费为服务性收费，由管理型机构转型为服务型机构。从联合银行模式来看，省联社与基层行之间的关系不再是行政管理关系，在这两种模式下，尽管省联社对农信机构的影响力会大大削弱，服务农信机构数字化转型的具体方式需要协商讨论才能确定，但省联社依然有较大的可能促进农商行在数字化转型上形成某种"联合"和"合力"。

一个更加值得肯定的做法是，在设计省联社改革方式的同时，将服务辖内农商行数字化转型一并考虑进去。一方面，省联社改革是影响全局的大动作，其模式选择、推进方式、进程等因素势必对农商行的数字化转型产生重要影响；另一方面，不论省联社改革选择何种模式，在金融业数字化转型的大趋势下，仍有必要在省联社改革框架下考虑农商行的数字化转型问题。

农商行的现状决定了其数字化转型不宜单兵推进，应积极把握省联社改革的机遇，充分利用省联社的优势，助力农商行的数字化转型。

附录六　加快推进省联社改革助力农信机构数字化转型[①]

金融业数字化转型渐成趋势，农信机构面临巨大生存压力。近年来，大数据、人工智能及区块链等金融科技在传统金融领域被广泛应用，金融科技正在改变传统的金融业，"无科技、不金融"已成行业共识。

中国人民银行于 2019 年发布《金融科技（FinTech）发展规划（2019-2021年）》，提出加强金融科技战略部署，强化金融科技合理应用等方面推动金融转型。与此同时，国有银行、股份制银行以及城商银行纷纷下沉业务重心，与农信机构抢占市场；众多商业银行积极布局金融科技，推动自身的数字化转型。国内各大银行在科技投入的占比逐步增加，大力引进金融科技人才，成立金融科技子公司。截至目前，已经有 13 家银行成立了金融科技子公司。在这种背景下，数量多、规模小的农信机构，如何跟上金融业数字化转型的大潮、提高业务竞争能力？笔者认为，加快推进省联社改革，发挥省联社平台优势，是助推农信机构数字化转型的一个重要方式。

值得关注的是，省联社推进农信机构数字化转型具备多重优势。第一，拥有丰富的服务经验。改革初期，省联社积极建设农信机构公共金融服务基础设施（如系统建设、人员培训等），积累了丰富的服务经验；在服务"三农"过程中，省联社积极调动辖内农信机构服务地方特色农业，积累了丰富的业务经验。第二，具备整合多方资源的潜力。省联社在与各级政府部门和监管机构对接的过程中，积累了多方面的信息和资源。在建设辖内农信机构业务系统中，省联社与各类技术公司尤其是金融科技公司接触较多，积累了丰富的技术信息和资源。省联社还可以协调整合辖内外农信机构的资源，组织农信机构间的交流与合作，助推数字化转型。第三，搭建了相对完善的服务平台。通过其强大的平台优势，指导辖内农信机构搭建平台、引进技术、开发产品，取得了积极的成效；而且，省联社已

[①]　本附录发表于《中国农村信用合作报》2020 年 12 月 29 日，作者为张正平。

经搭建了电子银行等数字平台，可为辖内农信机构提供搭建服务平台服务。

事实上，一些地方在积极探索省联社改革的同时，在推进省联社数字化转型方面也取得了不错的成绩，形成了不同的模式。例如，广东省联社于2016年启动了IT规划建设，先后与华为、京东金融、阿里云、中兴通讯等开展合作。从金融科技创新、数字化平台建设、风险管理，以及系统建设方面进行数字化转型，逐步形成了数字化转型的"外部合作"模式。2014年，安徽省联社开发了安徽农金手机银行App，2015年"社区e银行"平台入驻手机银行，2017年由安徽农信主导的"金农信e付"全面推广，它将系统银行内快捷支付和支付宝、微信、银联等第三方支付合为一体，同时引入大数据技术。安徽省联社形成了数字化转型的"自主研发"模式，主导建立了信息科技、产品研发、资金清算、风险管控、教育培训五大基础服务平台，为农信机构数字化发展打下了坚实的基础。浙江省联社采取的则是"自主研发为主、外部合作为辅"的模式。2018年7月，浙江省联社自主研发并成功上线了普惠金融线上平台"浙里贷"，利用大数据技术，依托公积金、税务、工商、人行征信等政府公共数据。在外部合作方面，2018年9月6日，浙江省联社与腾讯签署合作协议，2019年浙江省联社与中国移动浙江公司合作，2020年5月28日，浙江省联社与华为达成合作，基于浙江农信联社的实际需求和华为的优势领域，在5G、AI、大数据等新技术开展数字化转型合作。

需要强调的是，应针对省联社改革的不同模式，去寻找推进农信机构数字化转型的着力点。当省联社改革选择了不同的模式时，省联社与农信机构的关系存在较大的差异，省联社助推农信机构数字化转型的着力点必然有不同的选择。从金融持股公司模式的宁夏黄河农商行来看，该行以资本为纽带对各县级农商行或农信社实现统一管理，宁夏回族自治区联社再成为县级行社的控股股东或最大股东，此时自治区联社持有银行牌照，但不从事银行存贷款业务，仅参与金融市场、教育培训、平台建设等基层行社需要的共同性业务。在这种模式下，自治区联社对黄河农商行仍有较大影响力，可充分发挥其平台优势为基层行社搭建统一的金融科技平台、建立统一的信息系统，助力黄河农商行等基层行社的数字化转型。

从金融服务公司模式来看，省联社通过自下而上的入股方式组建金融服务公司，变管理性收费为服务性收费，由管理型机构转型为服务型机构；从联合银行模式来看，省联社与基层行之间的关系不再是行政管理关系。在这两种模式下，尽管省联社对农信机构的影响力会削弱，但服务农信机构数字化转型的具体方式需要协商讨论才能确定，省联社依然有较大的可促进省内农信机构在数字化转型上形成某种"联合"，形成合力发展数字金融业务。

参考文献

［1］巴曙松．普惠金融的中国实践：技术驱动变革［J］．哈佛商业评论，2016（05）：22-26．

［2］白广玉．印度农村金融体系和运行绩效评介［J］．农业经济问题，2005，26（11）：75-78．

［3］白俊红，刘宇英．对外直接投资能否改善中国的资源错配［J］．中国工业经济，2018（01）：60-78．

［4］白钦先，张坤．农业政策性金融机构财务指标的国际比较［J］．武汉金融，2016（06）：4-9．

［5］北京大学数字金融研究中心课题组．北京大学数字普惠金融指数（2011-2018）［R］．北京：北京大学数字金融研究中心，2019．

［6］贝多广，李焰．数字普惠金融新时代［M］．北京：中信出版社，2017．

［7］贝多广，张锐．包容性增长背景下的普惠金融发展战略［J］．经济理论与经济管理，2017（02）：5-12．

［8］蔡海龙，关佳晨．不同经营规模农户借贷需求分析［J］．农业技术经济，2018（04）：90-97．

［9］仓明，鞠玲玲，孟令杰．互联网金融对我国商业银行效率的影响研究［J］．金融与经济，2016（06）：62-65+34．

［10］曾小艳，祁华清．数字金融发展对农业产出的影响机理及结构效应［J］．贵州社会科学，2020（11）：162-168．

［11］钞小静，沈坤荣．城乡收入差距、劳动力质量与中国经济增长［J］．经济研究，2014，49（06）：30-43．

［12］陈斌开，张鹏飞，杨汝岱．政府教育投入、人力资本投资与中国城乡收入差距［J］．管理世界，2010（01）：36-43．

［13］陈池波，龚政．数字普惠金融能缓解农村家庭金融脆弱性吗？［J］．中南财经政法大学学报，2021（04）：132-143．

［14］陈冬梅，王俐珍，陈安霓．数字化与战略管理理论——回顾、挑战与展望［J］．管理世界，2020，36（05）：220-236+20．

［15］陈刚．管制与创业——来自中国的微观证据［J］．管理世界，2015（05）：89-99+187-188．

［16］陈红，葛恒楠．银行异质性对货币政策信贷传导效果的影响［J］．当代经济研究，2017（01）：72-79+97．

［17］陈虹，陈韬．金砖国家与发达国家对外直接投资经济增长效应比较研究——基于动态面板工具变量法的分析［J］．国际贸易问题，2018（04）：72-89．

［18］陈慧卿，陈国生，魏晓博，彭六妍，张星星．数字普惠金融的增收减贫效应——基于省际面板数据的实证分析［J］．经济地理，2021，41（03）：184-191．

［19］陈佳音，付琼．我国农村信用社改制农商行后的绩效评价——基于资产规模差异化的分析［J］．农村金融研究，2019（12）：49-56．

［20］陈霄，丁晓裕，王贝芬．民间借贷逾期行为研究——基于P2P网络借贷的实证分析［J］．金融论坛，2013（11）：65-72．

［21］陈燕红．网络银行运行风险的法律防范机制［J］．甘肃社会科学，2017（06）：142-147．

［22］陈烨丹，范云芳．农村金融发展减贫动态效应的实证分析［J］．统计与决策，2021，37（03）：162-165．

［23］陈云松，范晓光．社会学定量分析中的内生性问题测估社会互动的因果效应研究综述［J］．社会，2010，30（04）：91-117．

［24］陈泽鹏，肖杰，李成青．新形势下商业银行发展金融科技的思考［J］．国际金融，2018（02）：37-41．

［25］陈征宇．论金融电子化战略［J］．金融理论与实践，2002（05）：9-11．

［26］陈忠阳，易卓睿．批发融资与银行风险［J］．当代财经，2022（12）：52-63．

［27］陈梓元，王晟先，冯志静．我国商业银行客户服务与管理创新的IT支持体系研究［J］．现代管理科学，2016（12）：82-84．

［28］程大友．基于变异系数法的财产保险公司绩效评价研究［J］．改革与战略，2008（02）：128-130．

［29］程芳．上饶市三县金融支持农业机械化发展的调查［J］．武汉金融，2018（08）：86-87．

［30］程广帅，胡锦锈．信息化、就业增长与人口流动——基于"胡焕庸线"的分析［J］．新疆大学学报（哲学·人文社会科学版），2021，49（05）：11-18.

［31］程名望，张家平．互联网普及与城乡收入差距：理论与实证［J］．中国农村经济，2019（02）：19-41.

［32］仇克．金融支持体系与农业机械化的研究［J］．中国农机化，2002（04）：6-7.

［33］褚蓬瑜，郭田勇．互联网金融与商业银行演进研究［J］．宏观经济研究，2014（05）：19-28.

［34］崔吉芳．2020-2035 年我国人力资源总量增长潜力及各级教育的贡献——基于教育人口预测模型的实证分析［J］．教育研究，2019，40（08）：127-138.

［35］崔洛源，赵鲁南．数字普惠金融促进乡村振兴的政策与方式［J］．国际金融，2019（05）：48-51.

［36］戴魁早，刘友金．市场化改革能推进产业技术进步吗？——中国高技术产业的经验证据［J］．金融研究，2020（02）：71-90.

［37］戴美虹．金融地理结构、银行竞争与营商环境——来自银行分支机构数量和企业失信的经验证据［J］．财贸经济，2022，43（05）：66-81.

［38］单德朋．金融素养与城市贫困［J］．中国工业经济，2019（04）：136-154.

［39］丁疆辉，刘卫东．信息技术应用对农村居民行为空间的影响研究——以河北省无极县为例［J］．地理研究，2012（04）：735-740.

［40］丁杰．互联网金融与普惠金融的理论及现实悖论［J］．财经科学，2015（06）：1-10.

［41］丁志国，徐德财，赵晶．农村金融有效促进了我国农村经济发展吗［J］．农业经济问题，2012（09）：52-59+113.

［42］董晓林，石晓磊．信息渠道、金融素养与城乡家庭互联网金融产品的接受意愿［J］．南京农业大学学报（社会科学版），2018（04）：109-118.

［43］董晓林，张晔，徐虹．金融科技发展能够帮助小微企业度过危机吗？——基于新冠肺炎疫情的准自然实验［J］．经济科学，2021a（06）：73-87.

［44］董晓林，张晔．自然资源依赖、政府干预与数字普惠金融发展——基于中国 273 个地市级面板数据的实证分析［J］．农业技术经济，2021（01）：117-128.

［45］董晓林，朱晨露，张晔．金融普惠、数字化转型与农村商业银行的盈利能力［J］．河海大学学报，2021b，23（05）：67-75.

［46］董晓林，朱敏杰，杨小丽．放宽市场准入、信贷技术创新与农村小微企业融资［J］．南京农业大学学报（社会科学版），2015（01）：24-31.

［47］董晓林，朱敏杰．农村金融供给侧改革与普惠金融体系建设［J］．南京农业大学学报（社会科学版），2016，16（06）：14-18+152

［48］董晓琳，徐虹．我国农村金融排斥影响因素的实证分析——基于县域金融机构网点分布的视角［J］．金融研究，2012（09）：123-125.

［49］董玄，孟庆国，周立．混合型组织治理：政府控制权视角——基于农村信用社等涉农金融机构的多案例研究［J］．公共管理学报，2018，15（04）：68-79.

［50］董雪兵，池若楠．中国区域经济差异与收敛的时空演进特征［J］．经济地理，2020，40（10）：11-21.

［51］董玉峰，刘婷婷，路振家．农村互联网金融的现实需求、困境与建议［J］．新金融，2016（11）：32-36.

［52］董志勇，高雅．社会融合与农民工自我雇佣选择［J］．经济与管理研究，2018（01）：33-45.

［53］杜晓山．小额信贷的发展与普惠性金融体系框架［J］．中国农村经济，2006（08）：70-73+78.

［54］杜晓山．疫情冲击下更应服务好普惠金融主体的融资需求［EB/OL］.https：//mp. weixin. qq. com/s/z7FG0Zv1DBdBRRrvAMq9Sw.

［55］杜鑫．劳动力转移、土地租赁与农业资本投入的联合决策分析［J］．中国农村经济，2013（10）：63-75.

［56］杜宇，吴传清．中国南北经济差距扩大：现象、成因与对策［J］．安徽大学学报（哲学社会科学版），2020，44（01）：148-156.

［57］樊文翔．数字普惠金融提高了农户信贷获得吗？［J］．华中农业大学学报（社会科学版），2021（01）：109-119+179.

［58］范秀红．浅议农信社省级联社之职能定位［J］．河北金融，2008（08）：62-64.

［59］范亚辰，田雅群，何广文．市场竞争视角下资本约束与农村商业银行风险承担［J］．管理现代化，2019，39（06）：1-4.

［60］方洪全，曾勇，唐小我．银行电子业务研发和管理中面临的风险分析［J］．中国管理科学，2003（04）：97-101.

［61］方意．货币政策与房地产价格冲击下的银行风险承担分析［J］．世界经济，2015（07）：73-98.

［62］封思贤，郭仁静．数字金融、银行竞争与银行效率［J］．改革，2019（11）：75-89.

［63］冯加益．省联社 IT 建设转型建议与思考［J］．中国农村金融，2018（12）：62-64.

［64］冯璐，吴梦．互联网金融对中国商业银行利润效率的影响研究［J］．武汉金融，2018（10）：41-47+53.

［65］冯庆水，孙丽娟．农村信用社双重改革目标冲突性分析——以安徽省为例［J］．农业经济问题，2010（03）：78-84.

［66］冯文芳，申风平．区块链：对传统金融的颠覆［J］．甘肃社会科学，2017（05）：239-244.

［67］冯永琦，蔡嘉慧．数字普惠金融能促进创业水平吗？——基于省际数据和产业结构异质性的分析［J］．当代经济科学，2021，43（01）：79-90.

［68］傅昌銮．不同类型农村中小金融机构绩效的决定——基于浙江省的研究［J］．农业经济问题，2015（05）：71-77.

［69］傅秋子，黄益平．数字金融对农村金融需求的异质性影响——来自中国家庭金融调查与北京大学数字普惠金融指数的证据［J］．金融研究，2018（11）：68-84.

［70］高延雷，张正岩，王志刚．城镇化提高了农业机械化水平吗？——来自中国 31 个省（区、市）的面板证据［J］．经济经纬，2020，37（03）：37-44.

［71］葛和平，朱卉雯．中国数字普惠金融的省域差异及影响因素研究［J］．新金融，2018（02）：47-53.

［72］葛永波，周倬君，马云倩．新型农村金融机构可持续发展的影响因素与对策透视［J］．农业经济问题，2011（12）：48-54.

［73］龚沁宜，成学真．数字普惠金融、农村贫困与经济增长［J］．甘肃社会科学，2018（06）：139-145.

［74］龚欣阳，朱振，闫妍．农商行资产证券化前景［J］．中国金融，2018（08）：66-67.

［75］巩世广，郭继涛．基于区块链的科技金融模式创新研究［J］．科学管理研究，2016，34（04）：110-113.

［76］谷慎，吴国平．业务自由化与商业银行的风险承担——来自中国银行业的经验证据［J］．山西财经大学学报，2018，40（07）：32-44.

［77］顾海峰，闫君．互联网金融与商业银行盈利：冲击抑或助推——基于盈利能力与盈利结构的双重视角［J］．当代经济科学，2019（04）：100-108.

［78］顾海峰，于家珺．中国经济政策不确定性与银行风险承担［J］．世界经济，2019（11）：148-171.

［79］顾宁，刘扬．我国农村普惠金融发展的微观特征分析［J］．农业技术经济，2018（01）：48-59.

［80］顾天竹，纪月清，钟甫宁．中国农业生产的地块规模经济及其来源分析［J］．中国农村经济，2017（02）：30-43.

［81］管仁荣，张文松，杨朋君．互联网金融对商业银行运行效率影响与对策研究［J］．云南师范大学学报（哲学社会科学版），2014，46（06）：56-64.

［82］郭爱君，范巧．南北经济协调视角下国家级新区的北—南协同发展研究［J］．贵州社会科学，2019（02）：117-127.

［83］郭丛斌，闵维方．家庭经济和文化资本对子女教育机会获得的影响［J］．高等教育研究，2006（11）：24-31.

［84］郭峰，孔涛，王靖一．互联网金融空间集聚效应分析——来自互联网金融发展指数的证据［J］．国际金融研究，2017（08）：75-85.

［85］郭峰，王靖一，王芳，等．测度中国数字普惠金融发展：指数编制与空间特征［J］．经济学（季刊），2020，19（04）：1401-1418.

［86］郭峰，王瑶佩．传统金融基础、知识门槛与数字金融下乡［J］．财经研究，2020，46（01）：19-33.

［87］郭敏，段艺璇．银行信贷行为对政府隐性或有负债的影响［J］．山西财经大学学报，2019（10）：28-41.

［88］郭品，沈悦．互联网金融对商业银行风险承担的影响：理论解读与实证检验［J］．财贸经济，2015a（10）：102-116.

［89］郭品，沈悦．互联网金融加重了商业银行的风险承担吗？——来自中国银行业的经验证据［J］．南开经济研究，2015b（04）：80-97.

［90］郭士祺，梁平汉．社会互动、信息渠道与家庭股市参与——基于2011年中国家庭金融调查的实证研究［J］．经济研究，2014（S1）：116-131.

［91］郭纹廷，王文峰．金融发展失衡的区域性分析［J］．财经科学，2005（02）：22-28.

［92］郭妍，韩庆潇．盈利水平、支农服务与风险控制——农商行规模调整的理论分析与实证检验［J］．金融研究，2019（04）：130-148.

［93］郭妍，张立光．我国区域经济的南北分化及其成因［J］．山东社会科学，2018（11）：154-159.

［94］韩喜平，金运．中国农村金融信用担保体系构建［J］．农业经济问题，2014，35（03）：37-43+110-111.

［95］汉桂民，原雪梅，李雪松．外资银行进入对中国银行业系统风险影响——基于稳健最小方差模型的研究［J］．商业经济研究，2018（01）：165-167.

［96］行伟波，张思敏．财政政策引导金融机构支农有效吗？——涉农贷款增量奖励政策的效果评价［J］．金融研究，2021（05）：1-19.

［97］郝项超．高管薪酬、政治晋升激励与银行风险［J］．财经研究，2015（06）：94-106.

［98］何广文，何婧．农商行电商平台发展［J］．中国金融，2015（20）：64-66.

［99］何广文．农村信用社制度变迁：困境与路径选择［J］．经济与管理研究，2009（01）：50-54.

［100］何广文．中国农村金融供求特征及均衡供求的路径选择［J］．中国农村经济，2001（05）：40-44.

［101］何佳．供应链金融环境下"三农"融资模式及其信用风险研究［J］．农业经济，2016（11）：100-102.

［102］何婧，何广文．农村商业银行股权结构与其经营风险、经营绩效关系研究［J］．农业经济问题，2015，36（12）：65-74+111.

［103］何婧，李庆海．数字金融使用与农户创业行为［J］．中国农村经济，2019（01）：112-126.

［104］何婧．涉农网络借贷平台的信息不对称缓释机制研究［J］．农业经济问题，2020（04）：89-97.

［105］何杨，王蔚．土地财政、官员特征与地方债务膨胀——来自中国省级市政投资的经验证据［J］．中央财经大学学报，2015（06）：10-19.

［106］何宜庆，王茂川，李雨纯．普惠金融数字化是"数字红利"吗？——基于农村居民收入增长的视角［J］．南方金融，2020（12）：71-84.

［107］何运信，洪佳欢，王聪聪，骆亮．互联网金融如何影响银行流动性创造——银行风险承担中介效应的实证检验［J］．国际金融研究，2021（12）：64-73.

［108］何宗樾，宋旭光．数字经济促进就业的机理与启示——疫情发生之后的思考［J］．经济学家，2020（05）：58-68.

［109］贺健，张红梅．数字普惠金融对经济高质量发展的地区差异影响研究——基于系统 GMM 及门槛效应的检验［J］．金融理论与实践，2020（07）：26-32.

［110］赫国胜，柳如眉．人口老龄化、数字鸿沟与金融互联网［J］．南方金融，2015（11）：11-18+37.

［111］洪正，王万峰，周轶海．道德风险、监督结构与农村融资机制设计——兼论我国农村金融体系改革［J］．金融研究，2010（06）：189-206.

［112］侯麟科，仇焕广，白军飞，徐志刚．农户风险偏好对农业生产要素投入的影响——以农户玉米品种选择为例［J］．农业技术经济，2014（05）：21-29.

［113］侯翔，曾力．我国农商银行适度规模经营研究［J］．南方金融，2020（07）：79-86.

［114］胡滨，程雪军．金融科技、数字普惠金融与国家金融竞争力［J］．武汉大学学报（哲学社会科学版），2020，73（03）：130-141.

［115］胡滨．数字普惠金融的价值［J］．中国金融，2016（22）：58-59.

［116］胡国晖，郑萌．农业供应链金融的运作模式及收益分配探讨［J］．农村经济，2013（05）：45-49.

［117］黄国妍．中国商业银行收入结构多元化能够分散银行风险吗？［J］．金融经济学研究，2015，30（06）：16-28.

［118］黄浩．数字金融生态系统的形成与挑战：来自中国的经验［J］．经济学家，2018（04）：80-85.

［119］黄惠春，褚保金，张龙耀．农村金融市场结构和农村信用社绩效关系研究——基于江苏省农村区域经济差异的视角［J］．农业经济问题，2010，31（02）：81-87.

［120］黄惠春．金融市场准入与农信社信贷支农关联：苏北样本［J］．改革，2011（02）：49-54.

［121］黄健，邓燕华．高等教育与社会信任：基于中英调查数据的研究［J］．中国社会科学，2012（11）：98-111+205-206.

［122］黄金木．省联社的作用机制［J］．中国金融，2017a（13）：65-66.

［123］黄金木．省联社作用机制的研究［J］．清华金融评论，2017b（07）：73-75.

［124］黄凯南，郝祥如．数字金融发展对我国城乡居民家庭消费的影响分析——来自中国家庭的微观证据［J］．社会科学辑刊，2021（04）：110-121+215.

［125］黄玛兰，李晓云，游良志．农业机械与农业劳动力投入对粮食产出的影响及其替代弹性［J］．华中农业大学学报（社会科学版），2018（02）：37-45+156.

［126］黄倩，李政，熊德平．数字普惠金融的减贫效应及其传导机制［J］．改革，2019（11）：90-101.

［127］黄锐，赖晓冰，唐松．金融科技如何影响企业融资约束？——动态效应、异质性特征与宏微观机制检验［J］．国际金融研究，2020（06）：25-33.

［128］黄益平，黄卓．中国的数字金融发展：现在与未来［J］．经济学（季刊），2018（04）：1489-1502.

［129］黄益平，陶坤玉．中国的数字金融革命：发展、影响与监管启示［J］．国际经济评论，2019（06）：24-35+5.

［130］黄益平，王敏，傅秋子，张皓星．以市场化、产业化和数字化策略重构中国的农村金融［J］．国际经济评论，2018（03）：106-124+7.

［131］黄益平．数字普惠金融的机会与风险［J］．新金融，2017（08）：4-7.

［132］黄志岭．人力资本、收入差距与农民工自我雇佣行为［J］．农业经济问题，2014（06）：39-45+111.

［133］纪淼，李宏瑾．当前我国中小银行风险成因及政策建议［J］．金融理论与实践，2019（12）：48-54.

［134］贾康．"十三五"时期的供给侧改革［J］．国家行政学院学报，2015，99（06）：12-21.

［135］贾立，汤敏．农村互联网金融：模式与发展形态［J］．西南金融，2016（09）：7-11.

［136］江红莉，蒋鹏程．数字普惠金融的居民消费水平提升和结构优化效应研究［J］．现代财经（天津财经大学学报），2020，40（10）：18-32.

［137］江艇．因果推断经验研究中的中介效应与调节效应［J］．中国工业经济，2022（05）：120-140.

［138］姜向群，丁志宏，秦艳艳．影响我国养老机构发展的多因素分析［J］．人口与经济，2011（04）：58-63+69.

［139］蒋殿春，王晓娆．中国R&D结构对生产率影响的比较分析［J］．南开经济研究，2015（02）：59-73.

［140］蒋海，占林生．资本监管、市场竞争与银行贷款结构［J］．金融经济学研究，2020，35（01）：67-80.

［141］蒋庆正，李红，刘香甜．农村数字普惠金融发展水平测度及影响因素研究［J］．金融经济学研究，2019，34（04）：123-133.

［142］焦瑾璞．普惠金融发展应坚持商业可持续原则［J］．清华金融评论，2016（12）：20-21.

［143］焦长勇．浙江"省联社"改革路径与策略［J］．浙江金融，2012（07）：33-35.

［144］解垩．中国非农自雇活动的转换进入分析［J］．经济研究，2012（02）：54-66.

［145］金洪飞，李弘基，刘音露．金融科技、银行风险与市场挤出效应［J］．财经研究，2020（05）：52-65.

［146］金鹏辉．货币政策风险承担渠道的机理探索——没过两次次贷危机启示［J］．上海金融，2015（01）：9-15.

［147］靳永辉．互联网金融发展对传统商业银行的影响研究［J］．理论月刊，2017（04）：168-171+182.

［148］靳玉红．大数据环境下互联网金融信息安全防范与保障体系研究［J］．情报科学，2018，36（12）：134-138.

［149］兰庆高，李岩，赵翠霞．农户生产经营性贷款需求及其影响因素［J］．农村经济，2014（02）：45-49.

［150］蓝虹，穆争社．论省联社淡出行政管理的改革方向［J］．中央财经大学学报，2016（07）：56-61.

［151］李飚．互联网使用、技能异质性与劳动收入［J］．北京工商大学学报（社会科学版），2019（05）：104-113.

［152］李丁．社会互动对家庭商业保险参与的影响——来自中国家庭金融调查（CHFS）数据的实证分析［J］．金融研究，2019（07）：96-113.

［153］李东荣．加快推进城市商业银行金融科技建设［J］．金融电子化，2018（04）：8-10+6.

［154］李东荣．疫情环境下互联网金融应用思考［J］．武汉金融，2020（07）：12-15.

［155］李广子，曾刚．股份制还是股份合作制——对农村金融机构绩效的比较分析［J］．财贸经济，2013（09）：43-56.

［156］李国平，范红忠．生产集中、人口分布与地区经济差异［J］．经济研究，2003（11）：79-86.

［157］李昊．人口老龄化、医疗负担与微观人力资本投资［J］．统计与决策，2021，37（02）：88-92.

［158］李建民．"全面普及高中阶段教育"的内涵释要与路径选择［J］．教育研究，2019，40（07）：73-82.

［159］李江华，施文泼．政府对农业信贷资金配置的干预及效应分析［J］．经济研究参考，2013（67）：34-41.

［160］李杰，赵勇．农村小额保险的解困途径［J］．中国金融，2013（12）：82-83.

［161］李婧，朱承亮，郑世林．不良贷款约束下的农村信用社绩效——来自陕西省8市86个县（区）的证据［J］．中国农村经济，2015（11）：63-76.

［162］李敬，陈澍．农信社运行绩效与影响因素：西部地区311个样本［J］．改革，2012（08）：47-52.

［163］李俊玲，戴朝忠，吕斌，胥爱欢，张景智．新时代背景下金融高质量发展的内涵与评价——基于省际面板数据的实证研究［J］．金融监管研究，2019（01）：15-30.

［164］李凌，任维哲．金融发展对农村居民收入水平的影响研究——基于VAR模型展开［J］．经济问题探索，2014（03）：135-145.

［165］李牧辰，封思贤，谢星．数字普惠金融对城乡收入差距的异质性影响研究［J］．南京农业大学学报（社会科学版），2020，20（03）：132-145.

［166］李涛．社会互动与投资选择［J］．经济研究，2006（08）：45-57.

［167］李维安，曹廷求．股权结构、治理机制与城市银行绩效——来自山东、河南两省的调查证据［J］．经济研究，2004（12）：4-15.

［168］李伟．金融科技时代的电子银行［J］．中国金融，2017（01）：68-69.

［169］李伟．落实发展规划　推动金融科技惠民利企［N］．经济参考报，2020-04-23.

［170］李文溥，龚敏．城乡不同收入群体通胀差距对收入、消费的影响——基于中国季度宏观经济模型CQMM的实证分析［J］．中国流通经济，2011（10）：50-55.

［171］李向阳．信息通信技术、金融发展与农村经济增长——基于县域面板数据的经验证据［J］．社会科学家，2015（06）：68-72.

［172］李雪莲，刘德寰．知沟谬误：社交网络中知识获取的结构性悖论［J］．新闻与传播研究，2018，25（12）：5-20+126.

［173］李洋，佟孟华，褚翠翠．银行业竞争、信贷配置效率与风险承担［J］．当代经济管理，2022，44（11）：77-86.

［174］李一昕．省联社改革，路在何方？［J］．银行家，2016（05）：108-111.

［175］李志辉，李梦雨．我国商业银行多元化经营与绩效的关系——基于50家商业银行2005—2012年的面板数据分析［J］．南开经济研究，2014（01）：74-86.

［176］李志辉，王纬虹．西部地区农村普通高中学生辍学现象研究——基于重庆市8个区（县）14所学校的调查［J］．教育理论与实践，2017，37（11）：21-23.

［177］连玉君，廖俊平．如何检验分组回归后的组间系数差异？［J］．郑州航空工业管理学院学报，2017，35（06）：97-109.

［178］连玉君，彭方平，苏治．融资约束与流动性管理行为［J］．金融研究，2010（10）：158-171.

［179］梁榜，张建华．中国城市数字普惠金融发展的空间集聚及收敛性研究
［J］．财经论丛，2020（01）：54-64．

［180］梁伟森，程昆．监管约束下农村中小金融机构的资本调整与风险承担
［J］．金融监管研究，2021（06）：21-36．

［181］梁伟森，温思美，余秀江．农村中小金融机构资本监管与盈利能
力——基于风险承担与资产质量的中介效应［J］．农业技术经济，2022（09）：
46-58．

［182］梁文艳，何茜，胡咏梅．"十四五"时期中国普通高中的经费保障：
现状、挑战与展望［J］．教育经济评论，2021，6（01）：3-22．

［183］廖继伟．农村信用社省联社改革的现实审视与路径选择［J］．晋阳学
刊，2011（02）：36-40．

［184］廖理，初众，张伟强．中国居民金融素养差异性的测度实证［J］．数
量经济技术经济研究，2019（01）：96-112．

［185］廖理，李梦然，王正位．聪明的投资者：非完全市场化利率与风险识
别——来自P2P网络借贷的证据［J］．经济研究，2014（07）：125-137．

［186］廖文梅，乔金笛，高雪萍，等．劳动力转移对农户脱贫路径的影响研
究：基于收入中介效应模型分析［J］．中国农业大学学报，2019，24（04）：
202-210．

［187］林万龙，孙翠清．农业机械私人投资的影响因素：基于省级层面数据
的探讨［J］．中国农村经济，2007（09）：25-32．

［188］林毅夫．缓解"三农"问题要靠金融创新［J］．中国农村信用合作，
2006（03）：16-17．

［189］林毅夫．中国经验：经济发展和转型中有效市场与有为政府缺一不可
［J］．行政管理改革，2017（10）：12-14．

［190］刘春杰，简之，凌滔，谈建军．网络银行的风险及其控制研究［J］．
国际金融研究，2000（08）：74-77．

［191］刘春志，范尧熔．银行贷款集中与系统性风险——基于中国上市商业银
行（2007-2013）的实证研究［J］．宏观经济研究，2015，195（02）：94-108．

［192］刘丹，张兵．股权结构与农村商业银行二元绩效研究［J］．农业经济
问题，2018（02）：60-70．

［193］刘方，李正彪．人口出生率、年龄结构与金融发展［J］．审计与经济
研究，2019，34（03）：117-127．

［194］刘海二．信息通讯技术、金融包容与经济增长［J］．金融论坛，2014
（08）：72-73．

［195］刘宏，马文瀚．互联网时代社会互动与家庭的资本市场参与行为［J］．国际金融研究，2017（03）：55-66.

［196］刘锦怡，刘纯阳．数字普惠金融的农村减贫效应：效果与机制［J］．财经论丛，2020（01）：43-53.

［197］刘澜飚，沈鑫，郭步超．互联网金融发展及其对传统金融模式的影响探讨［J］．经济学动态，2013（08）：73-83.

［198］刘利科，任常青．农业数字供应链金融创新模式分析——以新希望"好养贷"为例［J］．金融理论与实践，2020（11）：113-118.

［199］刘凌，方艳，黄恺泰．富裕促进教育公平的省际差异分析——基于全国和省级的数据［J］．上海对外经贸大学学报，2018，25（01）：49-58.

［200］刘孟飞，张晓岚，张超．我国商业银行业务多元化、经营绩效与风险相关性研究［J］．国际金融研究，2012（08）：59-69.

［201］刘勍勍，左美云，刘满成．基于期望确认理论的老年人互联网应用持续使用实证分析［J］．管理评论，2012，24（05）：89-101.

［202］刘荣茂，刘永．市场竞争、支农行为与农村信用社经营绩效——基于扬州县域金融的实证研究［J］．南京农业大学学报（社会科学版），2011，11（02）：57-62.

［203］刘伟，华保健，吴文彦，宋超．金融行业数字化安全体系的探索与实践［J］．金融电子化，2018（09）：101-102.

［204］刘西川，潘巧方，傅昌銮．小额贷款公司的双重目标：冲突还是兼容？——基于浙江省数据与联立方程的实证分析［J］．山东财经大学学报，2019，31（02）：52-59.

［205］刘以研，王胜今．信息化背景下的移动金融产业链［J］．情报科学，2013（05）：138-141.

［206］刘永好．"三农"急需数字普惠金融输血供氧［N］．经济参考报，2017-03-14（001）．

［207］刘云平，王翠娥．外来务工人员自我雇佣决定机制的性别差异［J］．人口与经济，2013（04）：96-102.

［208］刘哲希，王兆瑞，陈小亮．人口老龄化对居民部门债务的非线性影响研究［J］．经济学动态，2020（04）：64-78.

［209］刘忠璐．互联网金融对商业银行风险承担的影响研究［J］．财贸经济，2016（04）：71-85+115.

［210］刘仲生．推动农商行智慧化转型［J］．中国金融，2019（12）：39-41.

［211］柳卸林，高雨辰，丁雪辰．寻找创新驱动发展的新理论思维——基于新熊彼特增长理论的思考［J］．管理世界，2017（12）：8-19.

［212］娄飞鹏．新冠疫情的经济金融影响与应对建议——基于传染病视角的分析［J］．西南金融，2020（04）：34-43.

［213］卢亚娟，张龙耀，许玉韫．金融可得性与家庭创业——基于 CHARLS 数据的实证研究［J］．经济理论与经济管理，2014（10）：95-97.

［214］卢珍菊．国外金融信息化发展对我国的启示［J］．改革与战略，2005（11）：79-81.

［215］陆凤芝，黄永兴，徐鹏．中国普惠金融的省域差异及影响因素［J］．金融经济学研究，2017，32（01）：111-120.

［216］陆岷峰．金融科技与中小银行的耦合发展［J］．中国金融，2017（17）：34-35.

［217］陆岷峰．金融科技在供应链金融风险管理中的运用研究［J］．湖北经济学院学报，2020，18（01）：67-73.

［218］陆铭，高虹，佐藤宏．城市规模与包容性就业［J］．中国社会科学，2012（10）：47-66+206.

［219］罗楚亮，孟昕．高等教育机会不均与高中入学决策的城乡差异［J］．教育经济评论，2016，1（01）：90-111.

［220］罗靳雯，彭湃．教育水平、认知能力和金融投资收益——来自 CHFS 的证据［J］．教育与经济，2016（06）：77-85.

［221］罗明忠，陈明．人格特质、创业学习与农民创业绩效［J］．中国农村经济，2014（10）：62-75.

［222］吕雁琴，赵斌．数字金融与农村经济发展研究［J］．武汉金融，2020（03）：79-84.

［223］吕志革．基于成人学习特点的在线深度学习策略探究［J］．中国成人教育，2019（17）：6-8.

［224］马光荣，杨恩艳．社会网络、非正规金融与创业［J］．经济研究，2011（03）：83-93.

［225］马九杰，沈杰．中国农村金融排斥态势与金融普惠策略分析［J］．农村金融研究，2010（05）：5-10.

［226］马九杰，吴本健．互联网金融创新对农村金融普惠的作用：经验、前景与挑战［J］．农村金融研究，2014（08）：5-11.

［227］马九杰，吴本健．农村信用社改革的成效与反思［J］．中国金融，2013（15）：59-61.

[228] 马九杰，薛丹琦．信息通信技术应用与金融服务创新：发展中国家经验分析［J］．贵州社会科学，2012（06）：48-52．

[229] 马述忠，郭继文．数字经济时代的全球经济治理：影响解构、特征刻画与取向选择［J］．改革，2020（11）：69-83．

[230] 马树才，华夏，韩云虹．地方政府债务如何挤出实体企业信贷融资？——来自中国工业企业的微观证据［J］．国际金融研究，2020（05）：3-13．

[231] 马威，张人中．数字金融的广度与深度对缩小城乡发展差距的影响效应研究——基于居民教育的协同效应视角［J］．农业技术经济：2022（02）：62-76．

[232] 马向荣．地方"金融办"职能定位与金融分层监管体系催生［J］．改革，2014（02）：59-66．

[233] 孟娜娜，粟勤．挤出效应还是鲶鱼效应：金融科技对传统普惠金融影响研究［J］．现代财经（天津财经大学学报），2020，40（01）：56-70．

[234] 宓福驹．从银行电子化到电子化银行［J］．上海金融，2000（09）：48-50．

[235] 闵师，项诚，赵启然，王晓兵．中国主要农产品生产的机械劳动力替代弹性分析——基于不同弹性估计方法的比较研究［J］．农业技术经济，2018（04）：4-14．

[236] 莫媛，周月书，张雪萍．县域银行网点布局的空间效应——理解农村金融资源不平衡的一个视角［J］．农业技术经济，2019（05）：123-136．

[237] 宁光杰．自我雇佣还是成为工资获得者？——中国农村外出劳动力的就业选择和收入差异［J］．管理世界，2012（07）：54-66．

[238] 宁泽逵．农户种植业生产及其要素替代分析——基于联立方程模型［J］．西安财经学院学报，2012，25（04）：87-92．

[239] 牛蕊．互联网金融对商业银行金融效率影响研究［J］．山西大学学报（哲学社会科学版），2019，42（03）：122-131．

[240] 欧明刚，王炜，孙宝文．数字化转型：实践与挑战［J］．银行家，2019（07）：28-31．

[241] 潘彪，田志宏．中国农业机械化高速发展阶段的要素替代机制研究［J］．农业工程学报，2018，34（09）：1-10．

[242] 彭迪云，李阳．互联网金融与商业银行的共生关系及其互动发展对策研究［J］．经济问题探索，2015（03）：133-139．

[243] 彭江波，孙军，唐功爽．对当前农信社差别化准备金政策的探讨——以山东省为例［J］．金融研究，2011（11）：125-138．

［244］彭俞超，彭丹丹．金融业相对盈利性与经济增长——来自121个国家的国际经验［J］．国际金融研究，2018（08）：23-32．

［245］平新乔，李森．资源禀赋、收入分配与农村金融发展的关联度［J］．改革，2017（07）：137-150．

［246］齐红倩，李志创．中国普惠金融发展水平测度与评价——基于不同目标群体的微观实证研究［J］．数量经济技术经济研究，2019，36（05）：101-117．

［247］钱海章，陶云清，曹松威，曹雨阳．中国数字金融发展与经济增长的理论与实证［J］．数量经济技术经济研究，2020，37（06）：26-46．

［248］钱龙，钱文荣．外出务工对农户农业生产投资的影响——基于中国家庭动态跟踪调查的实证分析［J］．南京农业大学学报（社会科学版），2018，18（05）：109-121+158．

［249］钱学锋，陈勇兵．国际分散化生产导致了集聚吗：基于中国省级动态面板数据GMM方法［J］．世界经济，2009，32（12）：27-39．

［250］乔海曙，黄荐轩．金融科技发展动力指数研究［J］．金融论坛，2019（03）：64-80．

［251］秦汉锋．普惠金融模式新思路［J］．中国金融，2017（22）：88-89．

［252］秦士晨．中小企业融资问题的研究——基于"数字普惠金融"创新借贷模式［J］．工业经济论坛，2017（05）：89-94．

［253］邱晗，黄益平，纪洋．金融科技对传统银行行为的影响——基于互联网理财的视角［J］．金融研究，2018（11）：17-29．

［254］曲小刚，罗剑朝．新型农村金融机构可持续发展的现状、制约因素和对策［J］．中国农业大学学报（社会科学版），2013，30（02）：137-146．

［255］曲兆鹏，郭四维．户籍与创业：城乡居民自我雇佣的差异研究——来自CGSS2008的证据［J］．中国经济问题，2017（06）：72-86．

［256］冉光和，肖渝．市场势力、收入多元化与商业银行绩效［J］．金融论坛，2014，19（01）：43-49．

［257］任安军．运用区块链改造我国票据市场的思考［J］．南方金融，2016（03）：39-42．

［258］申创，刘笑天．互联网金融、市场势力与商业银行绩效［J］．当代经济科学，2017，39（05）：16-29+124．

［259］申创，赵胜民．互联网金融对商业银行收益的影响研究——基于我国101家商业银行的分析［J］．现代经济探讨，2017（06）：32-38+55．

［260］申云，张尊帅，李京蓉．农业供应链金融信贷风险防范研究：综述与展望［J］．世界农业，2018（09）：39-44．

［261］沈悦，郭品．互联网金融、技术溢出与商业银行全要素生产率［J］．金融研究，2015（03）：160-175.

［262］沈悦，马续涛．政策不确定性、银行异质性与信贷供给［J］．西安交通大学学报（社会科学版），2017，37（03）：1-6.

［263］盛来运，郑鑫，周平，李拓．我国经济发展南北差距扩大的原因分析［J］．管理世界，2018，34（09）：16-24.

［264］石丹淅，赖德胜．自我雇佣问题研究进展［J］．经济学动态，2013（10）：143-151.

［265］史永东，王龑．职务犯罪是否加剧了银行风险？——来自中国城商行和农商行的经验证据［J］．金融研究，2017（09）：99-114.

［266］世界银行，中国人民银行．全球视角下的中国普惠金融：实践、经验与挑战［EB/OL］．［2018-02-12］．http：//www. chinamfi. net/News_ Mes. aspx？type=16&Id=52593.

［267］世界银行集团．2016 世界发展报告：数字红利［M］．北京：清华大学出版社，2017.

［268］宋波，华桂宏．农村商业银行支农效率的影响因素研究——以江苏省为例［J］．南京社会科学，2019（08）：22-28+35.

［269］宋海风，刘应宗．小麦生产中农业机械与劳动力替代弹性及地区差异测算［J］．中国农机化学报，2019，40（02）：200-206.

［270］宋科，李振，尹李峰．市场竞争与银行流动性创造——基于分支机构的银行竞争指标构建［J］．统计研究，2021，38（11）：87-100.

［271］宋磊，王家传．山东省农村信用社产权改革绩效评价的实证研究［J］．农业经济问题，2007（08）：70-75.

［272］宋全云，吴雨，尹志超．金融知识视角下的家庭信贷行为研究［J］．金融研究，2017（06）：95-110.

［273］宋小宁，陈斌，梁琦．区位劣势和县域行政管理费增长［J］．经济研究，2015（03）：32-46.

［274］宋晓玲，侯金辰．互联网使用状况能否提升普惠金融发展水平？——来自25个发达国家和40个发展中国家的经验证据［J］．管理世界，2017（01）：172-173.

［275］宋晓玲．数字普惠金融缩小城乡收入差距的实证检验［J］．财经科学，2017（06）：14-25.

［276］宋雅楠，赵文，于茂民．农业产业链成长与供应链金融服务创新：机理和案例［J］．农村金融研究，2012（03）：11-18.

［277］苏虹，张同健．国有银行信息化创新与风险控制的相关性研究［J］．技术经济与管理研究，2010（05）：136-139.

［278］苏群，赵霞，陈杰．社会资本、非正规金融与农民工自我雇佣［J］．中国农业大学学报（社会科学版），2016（06）：85-95.

［279］苏卫良，刘承芳，张林秀．非农就业对农户家庭农业机械化服务影响研究［J］．农业技术经济，2016（10）：4-11.

［280］粟芳，方蕾．"有为政府"与农村普惠金融发展——基于上海财经大学2015"千村调查"［J］．财经研究，2016（12）：72-83.

［281］粟勤，杨景陆．金融科技、中小银行小微企业信贷供给与风险［J］．现代经济探讨，2022（04）：43-60.

［282］孙建，吴利萍，齐建国．技术引进与自主创新：替代或互补［J］．科学学研究，2009，27（01）：133-138.

［283］孙杰，贺晨．大数据时代的互联网金融创新及传统银行转型［J］．财经科学，2015（01）：11-16.

［284］孙倩，王文莉．市场化程度、政府作用与农村商业银行绩效［J］．经济论坛，2019（10）：93-105.

［285］孙伟增，李汉雄，刘诗濛．房价上涨与教育选择：财富效应还是就业冲击？［J］．经济科学，2021（03）：136-149.

［286］孙秀峰，冯浩天，王华夏．非利息收入对中国商业银行风险的影响研究——基于面板门限回归模型的实证分析［J］．大连理工大学学报（社会科学版），2018，39（02）：12-18.

［287］孙旭然，王康仕，王凤荣．金融科技、竞争与银行信贷结构——基于中小企业融资视角［J］．山西财经大学学报，2020，42（06）：59-72.

［288］孙焱林，王珮珺，黄星．异质性、信贷行为与货币政策——基于引入银行微观特征变量的面板向量自回归模型［J］．广西社会科学，2017（06）：84-89.

［289］孙英杰，林春．中国普惠金融发展的影响因素及其收敛性——基于中国省级面板数据检验［J］．广东财经大学学报，2018，33（02）：89-98.

［290］孙玉环，张汀昱，王雪妮，李丹阳．中国数字普惠金融发展的现状、问题及前景［J］．数量经济技术经济研究，2021，38（02）：43-59.

［291］孙玥璠，辛雪雯，张成成．基于区块链技术的数字票据应用［J］．财务与会计，2018（01）：54-56.

［292］孙志红，琚望静．数字金融的结构性效应：风险抑制还是推助？［J］．产业经济研究，2022（02）：128-142.

［293］索彦峰，陈继明．资产规模、资本状况与商业银行资产组合行为——基于中国银行业面板数据的实证分析［J］．金融研究，2008（06）：21-36.

［294］谭燕芝，杨芸．市场化竞争对金融支农水平影响的分析——基于省际面板数据的实证研究［J］．经济经纬，2016（03）：25-30.

［295］谭政勋，李丽芳．中国商业银行的风险承担与效率——货币政策视角［J］．金融研究，2016（06）：112-126.

［296］汤莹玮．信用制度变迁下的票据市场功能演进与中小企业融资模式选择［J］．金融研究，2018（05）：37-46.

［297］唐时达．区块链技术使"数据质押"成为可能［J］．农村金融研究，2016（12）：18-21.

［298］唐松，伍旭川，祝佳．数字金融与企业技术创新：结构特征、机制识别与金融监管下的效应差异［J］．管理世界，2020（05）：52-67.

［299］唐也然．商业银行发展金融科技如何影响信贷业务？——基于上市银行年报文本挖掘的证据［J］．金融与经济，2021（02）：38-44.

［300］唐宇，龙云飞，郑志翔．数字普惠金融的包容性经济增长效应研究——基于中国西部12省的实证分析［J］．西南金融，2020（09）：60-73.

［301］田霖．我国金融排斥的二元性研究［J］．中国工业经济，2011(02)：36-44.

［302］田雅群，何广文，张正平．基于市场势力的农村商业银行贷款市场风险承担与效率分析［J］．商业研究，2018（06）：133-142.

［303］田雅群，何广文，张正平．价格竞争对农村商业银行风险承担的影响研究——基于贷款利率市场化视角［J］．农村经济，2019（09）：75-84.

［304］田雅群．加剧还是抑制：价格竞争与农村商业银行风险承担［J］．经济与管理，2022（36）：65-72.

［305］童元保．海南省农村信用社改革绩效影响因素分析［J］．中国经贸导刊，2014（30）：73-76.

［306］汪昌云，钟腾，郑华懋．金融市场化提高了农户信贷获得吗？——基于农户调查的实证研究［J］．经济研究，2014，49（10）：33-45+178.

［307］汪可．金融科技、利率市场化与商业银行风险承担［J］．上海经济，2018（02）：108-116.

［308］汪丽娟．凉山地区教育获得差异与教育精准扶贫新思路：基于民、汉学生受教育年限的基尼系数分析（2000—2015）［J］．民族教育研究，2019，30（02）：22-30.

［309］汪伟，刘玉飞，彭冬冬．人口老龄化的产业结构升级效应研究［J］．中国工业经济，2015（11）：47-61.

［310］汪小亚，杨庆祥．疫情对三农的冲击与金融对策［J］．中国金融，2020（07）：31-33.

［311］汪晓文，叶楠，李紫薇．普惠金融的政策导向与引领——以税收为例［J］．宏观经济研究，2018（02）：21-29.

［312］汪亚楠，叶欣，许林．数字金融能提振实体经济吗［J］．财经科学，2020，384（03）：1-13.

［313］王广州．新中国70年：人口年龄结构变化与老龄化发展趋势［J］．中国人口科学，2019（03）：2-15+126.

［314］王国刚．从金融功能看融资、普惠和服务"三农"［J］．中国农村经济，2018（03）：2-14.

［315］王浩名，岳希明．贫困家庭子女受教育程度决定因素研究进展［J］．经济学动态，2019（11）：112-125.

［316］王欢，黄健元．中国人口年龄结构与城乡居民消费关系的实证分析［J］．人口与经济，2015（02）：11-20.

［317］王靖一，郭峰，李勇国．新冠肺炎疫情对线下微型商户短期冲击的定量估算——兼论数字金融缓解冲击的价值［D］．北京大学数字金融研究中心工作论文，2020.

［318］王炯．商业银行的数字化转型［J］．中国金融，2018（22）：48-50.

［319］王俊芹，宗义湘，赵邦宏．农村信用社改革的绩效评价及影响因素分析——以河北省为例［J］．农业技术经济，2010（06）：82-88.

［320］王凯．基于技术接受模型的我国网络银行发展问题研究［J］．浙江金融，2014（02）：38-41.

［321］王凌飞，陈小辉，卢孔标，李兴发．工业废气排放对涉农贷款有溢出效应吗？［J］．技术经济，2021，40（03）：64-77.

［322］王罗方．加速丘陵山区农业机械化的途径与措施——以湖南省为例［J］．湖湘论坛，2015，28（01）：56-60.

［323］王曼舒，刘晓芳．商业银行收入结构对盈利能力的影响研究——基于中国14家上市银行面板数据的分析［J］．南开管理评论，2013，16（02）：143-149.

［324］王欧，唐轲，郑华懋．农业机械对劳动力替代强度和粮食产出的影响［J］．中国农村经济，2016（12）：46-59.

［325］王鹏虎．商业银行数字化转型［J］．中国金融，2018（15）：55-56.

［326］王平权．人口与金融的三个关系［J］．财经科学，1996（02）：80-81.

［327］王萍，郭晓鸣．农地流转与农户金融需求［J］．华南农业大学学报（社会科学版），2018，17（02）：72-82．

［328］王善高，Mwalupaso Endelani Gershom，田旭．地形约束下劳动力价格上涨对农业生产的影响研究——基于要素替代、产品替代和非农就业的分析［J］．上海农业学报，2020，36（04）：122-131．

［329］王姝勋，方红艳，荣昭．期权激励会促进公司创新吗？——基于中国上市公司专利产出的证据［J］．金融研究，2017（03）：176-191．

［330］王曙光．传统银行的互联网思维［J］．中国金融，2014（08）：42-43．

［331］王曙光．农商行的制度变革与品牌文化建设［J］．中国金融，2019（12）：44-46．

［332］王伟．科技引领步入发展快车道——专访武汉农村商业银行董事长徐小建［J］．金融电子化，2019（10）：100-102．

［333］王伟．改制后的农村商业银行效率提高了吗？——来自21家银行的证据［J］．金融理论与实践，2015（05）：47-53．

［334］王伟同，周佳音．互联网与社会信任：微观证据与影响机制［J］．财贸经济，2019（10）：111-125．

［335］王文娟，余柯男．农商行经营困境与对策［J］．银行家，2018（12）：78-80．

［336］王文莉，陈园，谢瑞阳．内部治理对农村信用社支农效率影响的研究——基于陕西省调研数据［J］．生产力研究，2017（06）：23-27．

［337］王文莉，罗新刚．农村信用社支农服务问题及其改革路径研究［J］．宏观经济研究，2013（11）：60-68．

［338］王贤彬，徐现祥．地方官员来源、去向、任期与经济增长——来自中国省长省委书记的证据［J］．管理世界，2008（03）：16-26．

［339］王香丽．我国高等教育入学机会的城乡差异研究——高中阶段教育的视角［J］．高教探索，2011（01）：55-59．

［340］王修华，赵亚雄．数字金融发展是否存在马太效应？——贫困户与非贫困户的经验比较［J］．金融研究，2020（07）：114-133．

［341］王秀丽，鲍明明，张龙天．金融发展、信贷行为与信贷效率——基于我国城市商业银行的实证研究［J］．金融研究，2014（07）：94-108．

［342］王勇州．省联社改革的结与解［J］．中国金融，2017（13）：63-64．

［343］王喆，陈胤默，张明．传统金融供给与数字金融发展：补充还是替代？——基于地区制度差异视角［J］．经济管理，2021，43（05）：5-23．

［344］王子扶．持续推进农村信用社改革更多释放服务"三农"的红利［J］．农村经济，2015（05）：77-80.

［345］韦群生．农村商业银行信贷风险识别存在问题及对策［J］．农业经济，2019（09）：124-125.

［346］温涛，白继山，王小华．基于Lotka-Volterra模型的中国农村金融市场竞争关系分析［J］．中国农村经济，2015（10）：42-54.

［347］温涛，陈一明．数字经济与农业农村经济融合发展：实践模式、现实障碍与突破路径［J］．农业经济问题，2020（07）：118-129.

［348］温忠麟，叶宝娟．中介效应分析：方法和模型发展［J］．心理科学进展，2014，22（05）：731-745.

［349］吴方卫，康姣姣．农民工流向选择和区域流动变化研究——基于河南省农民工流向的经验研究［J］．农业技术经济，2019（12）：43-55.

［350］吴非，胡慧芷，林慧妍，任晓怡．企业数字化转型与资本市场表现——来自股票流动性的经验证据［J］．管理世界，2021，37（07）：130-144+10.

［351］吴国华．进一步完善中国农村普惠金融体系［J］．经济社会体制比较，2013（04）：32-45.

［352］吴金旺，顾洲一．数字普惠金融文献综述［J］．财会月刊，2018（19）：123-129.

［353］吴金旺，郭福春，顾洲一．数字普惠金融发展影响因素的实证分析——基于空间面板模型的检验［J］．浙江学刊，2018（03）：136-146.

［354］吴敬花．基于新制度经济理论的农村支付制度演变路径研究［J］．农村金融研究，2015（12）：59-64.

［355］吴静，张凤，孙翊，朱永彬，刘昌新．抗疫情助推我国数字化转型：机遇与挑战［J］．中国科学院院刊，2020，35（03）：306-311.

［356］吴立雪．省联社体制有助于"三农"金融服务吗？［J］．金融理论与实践，2015（01）：25-31.

［357］吴连霞，吴开亚．中国人口老龄化时空演化特征的比较分析——基于固定年龄与动态年龄指标的测算［J］．人口研究，2018，42（03）：51-64.

［358］吴强．家庭的收入和特征对家庭教育支出的影响研究［J］．华中师范大学学报（人文社会科学版），2020，59（05）：175-186.

［359］吴悫华．基于应用环境分析的农村地区移动支付业务发展研究［J］．农村金融研究，2015（01）：73-76.

［360］吴卫星，吴锟，王琎．金融素养与家庭负债——基于中国居民家庭微观调查数据的分析［J］．经济研究，2018（01）：97-109.

［361］吴晓刚.1990-2000年中国的经济转型、学校扩招和教育不平等［J］.社会，2009，29（05）：88-113+225-226.

［362］吴娅玲，潘林伟.我国分权式金融发展对地方政府的影响与激励［J］.当代经济管理，2018，40（07）：76-83.

［363］吴雨，李晓，李洁，等.数字金融发展与家庭金融资产组合有效性［J］.管理世界，2021，37（07）：92-104.

［364］吴愈晓，黄超.中国教育获得性别不平等的城乡差异研究——基于CGSS2008数据［J］.国家行政学院学报，2015（02）：41-47.

［365］吴愈晓.中国城乡居民的教育机会不平等及其演变（1978—2008）［J］.中国社会科学，2013（03）：4-21+203.

［366］武志勇，李冯坤，李宏扬.多元化经营与我国商业银行绩效关系研究——基于银行规模和银行性质的视角［J］.金融发展研究，2018（04）：34-41.

［367］习明明，郭熙保.贫困陷阱理论研究的最新进展［J］.经济学动态，2012（03）：109-114.

［368］夏淼，吴义根.人口老龄化与我国金融结构的变迁［J］.西北人口，2011，32（02）：124-129.

［369］肖斌卿，李心丹，颜建晔.商业效率与社会效率：替代还是互补？——基于农村商业银行的面板数据检验［J］.复旦大学学报（社会科学版），2017，59（05）：117-129.

［370］肖四如."小银行+大平台"农村金融模式［J］.中国金融，2014（19）：59-61.

［371］肖四如.农村信用社管理体制改革及省联社走向问题［J］.经济研究参考，2008（58）：21-26+38.

［372］肖小和，汪办兴.新常态下中国票据市场发展的机遇、挑战与前景展望［J］.农村金融研究，2015（07）：12-16.

［373］肖远飞，张柯扬.数字普惠金融对城乡居民消费水平的影响——基于省级面板数据［J］.武汉金融，2020（11）：61-68.

［374］肖作平，张欣哲.制度和人力资本对家庭金融市场参与的影响研究——来自中国民营企业家的调查数据［J］.经济研究，2012（S1）：91-104.

［375］谢朝华，邓亚波，刘玲杉，裴文婷.银行信贷影响实体经济增长的区域性差异研究［J］.财经理论与实践，2020，41（03）：31-38.

［376］谢宏，李鹏.金融监管与公司治理视角下的农村信用社省联社改革研究［J］.农业经济问题，2019（02）：101-107.

［377］谢家智，吴静茹．数字金融、信贷约束与家庭消费［J］．中南大学学报（社会科学版），2020，26（02）：9-20.

［378］谢金静，王银枝．银行网点转型：动因、典型案例及策略选择［J］．金融发展研究，2020（05）：66-71.

［379］谢丽霜，董玉峰．数字金融：西部民族地区普惠金融发展的新动力［J］．北京金融评论，2018（02）：41-52.

［380］谢平，刘海二．ICT、移动支付与电子货币［J］．金融研究，2013（10）：1-14.

［381］谢平，徐忠．公共财政、金融支农与农村金融改革——基于贵州省及其样本县的调查分析［J］．经济研究，2006（04）：106-114.

［382］谢平，邹传伟，刘海二．互联网金融监管的必要性与核心原则［J］．国际金融研究，2014（08）：3-9.

［383］谢平，邹传伟．互联网金融模式研究［J］．金融研究，2012（12）：11-22.

［384］谢绚丽，沈艳，张皓星，郭峰．数字金融能促进创业吗？——来自中国的证据［J］．经济学（季刊），2018（04）：1557-1580.

［385］谢媛．网络银行风险监管制度探析［J］．上海金融，2014（05）：68-71+10.

［386］谢治春，赵兴庐，刘媛．金融科技发展与商业银行的数字化战略转型［J］．中国软科学，2018（08）：184-192.

［387］星焱．普惠金融的效用与实现：综述及启示［J］．国际金融研究，2015（11）：24-36.

［388］熊健，张晔，董晓林．金融科技对商业银行经营绩效的影响：挤出效应还是技术溢出效应？［J］．经济评论，2021（03）：89-104.

［389］徐峰，储为文，程胜男，何林．农业机械化扶持政策体系构建研究——基于三维框架模型［J］．农机化研究，2021（04）：7-11.

［390］徐明东，陈学彬．货币环境，资本充足率与商业银行风险承担［J］．金融研究，2012（07）：48-62.

［391］徐尚朝．现行省联社机制存在的问题及其改革路径［J］．金融与经济，2019（03）：91-93.

［392］徐绍峰．省联社核心系统加速迭代是数字化转型关键［N］．金融时报，2019-10-31（009）.

［393］徐忠，姚前．数字票据交易平台初步方案［J］．中国金融，2016（17）：31-33.

［394］许坤，苏扬．逆周期资本监管、监管压力与银行信贷研究［J］．统计研究，2016，33（03）：97-105.

［395］许玉韫，张龙耀．农业供应链金融的数字化转型：理论与中国案例［J］．农业经济问题，2020（04）：72-81.

［396］许肇然，胡安安，黄丽华．国内外老年人互联网使用行为研究述评［J］．图书情报工作，2017，61（20）：140-148.

［397］薛旭静．巴塞尔协议Ⅲ对银行绩效的影响——基于11家上市银行2007-2012年面板数据实证分析［J］．中国证券期货，2013（08）：210+213.

［398］晏国祥．探寻农村信用社省联社改革之路[J].南方金融，2012(06)：60-62.

［399］燕翔，冯兴元．农信机构的稳健经营、可持续发展问题及对策［J］．农村金融研究，2020（01）：3-9.

［400］阳烨，杨胜刚．目标偏移视角下农村商业银行支农有效性研究——基于湖南省107家农村商业银行的数据［J］．中国软科学，2018（02）：42-53.

［401］杨波，王向楠，邓伟华．数字普惠金融如何影响家庭正规信贷获得？——来自CHFS的证据［J］．当代经济科学，2020，42（06）：74-87.

［402］杨德勇，曾楠茜，辛士波．农村金融排斥的区域差异［J］．中国金融，2014（18）：69-70.

［403］杨东．监管科技：金融科技的监管挑战与维度建构［J］．中国社会科学，2018（05）：69-91+205-206.

［404］杨芳，张应良，刘魏．社会网络、土地规模与农户生产性投资［J］．改革，2019（01）：97-108.

［405］杨皓月，李庆华，孙会敏，杨公元．金融支持农业机械化发展的路径选择研究——基于31省（区、市）面板数据的实证分析［J］．中国农机化学报，2020，41（12）：202-209.

［406］杨虎锋，何广文．治理机制对小额贷款公司绩效的影响——基于169家小额贷款公司的实证分析［J］．中国农村经济，2014（06）：74-82.

［407］杨慧琴，孙磊，赵西超．基于区块链技术的互信共赢型供应链信息平台构建［J］．科技进步与对策，2018，35（05）：21-31.

［408］杨建春，施若．金融支持旅游产业发展的动态效应比较——以贵州、浙江两省为例［J］．社会科学家，2014（06）：88-92+126.

［409］杨进，钟甫宁，陈志钢，等．农村劳动力价格、人口结构变化对粮食种植结构的影响［J］．管理世界，2021（01）：78-87.

［410］杨菊华，王苏苏，刘轶锋．新中国70年：人口老龄化发展趋势分析［J］．中国人口科学，2019（04）：30-42+126.

［411］杨娟，赖德胜，泰瑞·史努莉．什么因素阻碍了农村学生接受高中教育［J］．北京大学教育评论，2014，12（01）：138-155+191．

［412］杨立军，徐隽．区域背景如何影响大学生发展——基于 CCSS 调查的大学生发展指数 GTWR 模型分析［J］．高等教育研究，2021，42（02）：82-90．

［413］杨柳，魏可，冯源，尹雷．银行异质性、金融监管强度与银行信贷扩张——基于 PSTR 模型的实证研究［J］．上海金融，2020（06）：19-28．

［414］杨明婉，张乐柱．互联网金融参与如何影响农户正规借贷行为？——基于 CHFS 数据实证研究［J］．云南财经大学学报，2021，37（02）：42-53．

［415］杨涛．商业银行的信息科技风险及其防范［J］．金融论坛，2010，15（11）：55-60．

［416］杨涛．疫情黑天鹅加速金融数字化转型发展［EB/OL］．https：//mp.weixin.qq.com/s/_xfm-JftZPjBijf2GpZczA．

［417］杨望，徐慧琳，谭小芬，薛翔宇．金融科技与商业银行效率——基于 DEA-Malmquist 模型的实证研究［J］．国际金融研究，2020（07）：56-65．

［418］杨伟明，粟麟，王明伟．数字普惠金融与城乡居民收入——基于经济增长与创业行为的中介效应分析［J］．上海财经大学学报，2020，22（04）：83-94．

［419］杨新兰．资本监管下银行资本与风险调整的实证研究［J］．国际金融研究，2015（07）：67-74．

［420］杨宇，李容．劳动力转移、要素替代及其约束条件［J］．南京农业大学学报（社会科学版），2015，15（02）：44-50+125．

［421］杨竹清，张超林．数字普惠金融与银行信用贷款关系研究——基于中国城市数据的实证研究［J］．当代经济管理，2021，43（06）：79-89．

［422］姚凤阁，李婕妤，路少朋．农村商业银行经营效率及影响因素研究［J］．统计与决策，2017（05）：161-165．

［423］叶银龙．农村信用体系建设、信用成果运用与信贷模式创新——以浙江丽水农村金融改革试点为例［J］．西南金融，2016（03）：66-70．

［424］易行健，周利．数字普惠金融发展是否显著影响了居民消费——来自中国家庭的微观证据［J］．金融研究，2018（11）：47-67．

［425］易祯，朱超．人口结构与金融市场风险结构：风险厌恶的生命周期时变特征［J］．经济研究，2017，52（09）：150-164．

［426］尹威，刘晓星．地方政府行为与城市商业银行风险承担［J］．管理科学，2017，30（06）：79-91．

［427］尹志超，公雪，郭沛瑶．移动支付对创业的影响——来自中国家庭金融调查的微观证据［J］．中国工业经济，2019（03）：119-137.

［428］尹志超，彭嫦燕，里昂安吉拉．中国家庭普惠金融的发展及影响［J］．管理世界，2019，35（02）：74-87.

［429］尹志超，吴雨，林富美．市场化进程与商业银行风险——基于中国商业银行微观数据的实证研究［J］．金融研究，2014（01）：124-138.

［430］于波，周宁，霍永强．金融科技对商业银行盈利能力的影响——基于动态面板 GMM 模型的实证检验［J］．南方金融，2020（03）：30-39.

［431］于富海，董海涛．省级联社："四大职能"定位凸显管理优势［J］．中国农村信用合作，2005（06）：36.

［432］于引，赵雅玮，周月书，孙美琳．农村商业银行双重效率同步性分析［J］．统计与决策，2019，35（15）：168-171.

［433］余晶晶，何德旭，仝菲菲．竞争、资本监管与商业银行效率优化——兼论货币政策环境的影响［J］．中国工业经济，2019（08）：24-41.

［434］余静文，吴滨阳．数字金融与商业银行风险承担——基于中国商业银行的实证研究［J］．产经评论，2021，12（04）：108-128.

［435］余静文，姚翔晨．人口年龄结构与金融结构——宏观事实与微观机制［J］．金融研究，2019（04）：20-38.

［436］俞立平．中国省级信息化与金融发展互动关系研究——基于 PVAR 模型的估计［J］．中南大学学报，2012（03）：112-114.

［437］喻微锋，周黛．互联网金融、商业银行规模与风险承担［J］．云南财经大学学报，2018，34（01）：59-69.

［438］袁志刚，余静文．中国人口结构变动趋势倒逼金融模式转型［J］．学术月刊，2014，46（10）：55-65.

［439］翟华云，刘易斯．数字金融发展、融资约束与企业绿色创新关系研究［J］．科技进步与对策，2021，38（17）：116-124.

［440］翟振武，陈佳鞠，李龙．2015～2100 年中国人口与老龄化变动趋势［J］．人口研究，2017，41（04）：60-71.

［441］詹欢．非利息收入对中国农村商业银行绩效的影响——基于 35 家银行面板数据的实证分析［J］．会计之友，2017（14）：88-92.

［442］湛小梅，李亚丽，李龙峰，等．重庆丘陵山区农业机械化发展战略研究［J］．中国农机化学报，2019（01）：168-173.

［443］张百平．中国南北过渡带研究的十大科学问题［J］．地理科学进展，2019，38（03）：305-311.

［444］张斌昌，兰可雄，林丽琼．数字金融发展对家庭储蓄的差异性影响——基于 CFPS 和数字普惠金融指数的实证分析［J］．福建农林大学学报（哲学社会科学版），2020，23（04）：52-60.

［445］张兵，曹阳．商业可持续、支农力度与农村信用社新一轮制度变迁——基于苏南农村商业银行的实证分析［J］．中国农村经济，2010（06）：87-96.

［446］张兵，王东，刘晓玲．持股比例、境外战略投资者与城市商业银行效率研究——基于 12 家城市商业银行随机前沿分析［J］．金融理论与实践，2014（10）：34-38.

［447］张晨，董晓君．绿色信贷对银行绩效的影响［J］．金融经济学研究，2018（06）：56-66.

［448］张川川．"中等教育陷阱"？——出口扩张、就业增长与个体教育决策［J］．经济研究，2015，50（12）：115-127+157.

［449］张存刚，王传智．中国南北区域经济发展差异问题分析及建议［J］．兰州文理学院学报（社会科学版），2019，35（06）：57-65.

［450］张德茂，蒋亮．金融科技在传统商业银行转型中的赋能作用与路径［J］．西南金融，2018（11）：13-19.

［451］张东博．农业供应链金融风险源与风险控制研析［J］．农业经济，2017（06）：95-96.

［452］张海苗，秦国楼．信息技术的变革与金融中介机构的发展［J］．上海金融，2003（07）：11-12.

［453］张号栋，尹志超．金融知识和中国家庭的金融排斥——基于 CHFS 数据的实证研究［J］．金融研究，2016（07）：88-90.

［454］张欢欢，熊学萍．农村居民金融素养测评与影响因素研究——基于湖北、河南两省的调查数据［J］．中国农村观察，2017（03）：131-144.

［455］张健．区块链：定义未来金融与经济新格局［M］．北京：机械工业出版社，2016.

［456］张健华，王鹏．银行效率及其影响因素研究——基于中、外银行业的跨国比较［J］．金融研究，2011（05）：13-28.

［457］张杰，杨连星，新夫．房地产阻碍了中国创新么？——基于金融体系贷款期限结构的解释［J］．管理世界，2016（05）：64-80.

［458］张静宇，周宏．全程机械化背景下水稻生产环节劳动力与机械的替代弹性分析——基于江苏省水稻种植户调查数据［J］．南方农业学报，2019，50（02）：432-438.

［459］张乐，黄斌全，曹静．制度约束下的农村金融发展与农业经济增长［J］．农业技术经济，2016（04）：71-83．

［460］张龙耀，邢朝辉．中国农村数字普惠金融发展的分布动态、地区差异与收敛性研究［J］．数量经济技术经济研究，2021（03）：23-42．

［461］张龙耀，杨军，张海宁．金融发展、家庭创业与城乡居民收入——基于微观视角的经验分析［J］．中国农村经济，2013（07）：47-57+84．

［462］张龙耀，张海宁．金融约束与家庭创业——中国的城乡差异［J］．金融研究，2013（09）：123-135．

［463］张荣．我国农村金融发展存在的问题与改革路径探寻［J］．农村金融研究，2017（10）：45-48．

［464］张瑞宏，王俊杰，秦海东，等．农业机械化金融信贷扶持政策研究［J］．中国农机化学报，2014，35（02）：43-47．

［465］张瑞怀，孙涌，李家鸽，任丹妮，郑六江．省联社管理及其对农信社效率提升的影响：理论与实证研究［J］．金融研究，2020（07）：95-113．

［466］张尚，杨燕萍．"普及高中"政策下高中教育阶段的困境与对策——基于困难家庭教育需求的调查研究［J］．教学与管理，2018（33）：37-39．

［467］张同建，吕宝林．信息化创新、内部控制和操作风险控制的相关性研究［J］．软科学，2010，24（12）：13-18．

［468］张卫峰，方显仓，刘峻峰．非常规货币政策、银行贷款与人口老龄化——来自日本的经验证据［J］．国际金融研究，2020（07）：45-55．

［469］张文娟，刘瑞平．中国老年人社会隔离的影响因素分析［J］．人口研究，2016，40（05）：75-91．

［470］张旭，方显仓，顾鑫．货币政策对银行风险承担的影响——杠杆率的视角［J］．华侨大学学报（哲学社会科学版），2022（04）：65-79．

［471］张勋，万广华，张佳佳，何宗樾．数字经济、普惠金融与包容性增长［J］．经济研究，2019（08）：71-86．

［472］张烨宁，王硕．金融科技对商业银行数字化转型的影响机制——基于中介效应模型的实证研究［J］．武汉金融，2021（11）：30-40．

［473］张应良，欧阳鑫．农户借贷对土地规模经营的影响及其差异——基于土地转入视角的分析［J］．湖南农业大学学报（社会科学版），2020，21（05）：18-27．

［474］张羽，李黎．非利息收入有利于降低银行风险吗？——基于中国银行业的数据［J］．南开经济研究，2010（04）：69-91．

［475］张正平，黄帆帆．数字普惠金融的发展影响农信机构的社会绩效吗？——基于2014-2018年非平衡面板数据的实证检验［J］．江南大学学报（人文社会科学版），2021，20（03）：5-17.

［476］张正平，黄帆帆．数字普惠金融对农村劳动力自我雇佣的影响［J］．金融论坛，2021（04）：58-68.

［477］张正平，江千舟．互联网金融发展、市场竞争与农村金融机构绩效［J］．农业经济问题，2018（02）：50-59.

［478］张正平，江千舟．农村金融机构的互联网化：现状、问题、原因及对策［J］．农村金融研究，2016（07）：65-70.

［479］张正平，刘云华．电子化影响农村商业银行的风险承担吗［J］．财贸经济，2020，41（06）：95-110.

［480］张正平，刘云华．数字金融发展对农村商业银行运营效率的影响——基于2014-2018年非平衡面板数据的实证研究［J］．农业技术经济，2022（04）：67-81.

［481］张正平，卢欢．数字鸿沟研究进展［J］．武汉金融，2020（03）：64-71+84.

［482］张正平，马彦贵．我国区块链+供应链金融的发展：模式、挑战与对策［J］．金融发展研究，2020（08）：48-54.

［483］张正平，王麦秀．小额信贷机构能兼顾服务穷人与财务可持续的双重目标吗？——来自国际小额信贷市场的统计证据及其启示［J］．农业经济问题，2012（01）：98-109.

［484］张正平，王子源．省联社在农信机构数字化转型中的作用［J］．农村金融研究，2020（04）：30-36.

［485］张正平，夏海，毛学峰．省联社干预对农信机构信贷行为和盈利能力的影响——基于省联社官网信息的文本分析与实证检验［J］．中国农村经济，2020（09）：21-40.

［486］张正平，夏海．农村信用社改革视角下省联社"干预"的成效与反思［J］．银行家，2019（07）：124-126.

［487］张正平，夏玉洁，杨丹丹．小额信贷机构的双重目标相互冲突吗——基于联立方程模型的检验与比较［J］．农业技术经济，2016（04）：16-27.

［488］张正平，杨丹丹．市场竞争、新型农村金融机构扩张与普惠金融发展——基于省级面板数据的检验与比较［J］．中国农村经济，2017（01）：30-43+94.

［489］张智富．结构性货币政策工具运用效果研究［J］．金融与经济，2020（01）：4-9.

［490］赵大伟 . 区块链技术在互联网保险行业的应用探讨［J］. 金融发展研究，2016（12）：35-38.

［491］赵洪瑞，李克文，王芬芬 . 商业银行战略转型的理论、路径与实证研究［J］. 金融监管研究，2019（05）：47-69.

［492］赵健宇，陆正飞 . 养老保险缴费比例会影响企业生产效率吗？［J］. 经济研究，2018，53（10）：97-112.

［493］赵利 . 农业机械化发展水平、影响因素及作用研究综述［J］. 农村经济与科技，2020，31（11）：22-25.

［494］赵秋成 . 我国中西部地区人口素质与人力资本投资［J］. 管理世界，2000（01）：121-130.

［495］赵旭升 . 互联网金融商业模式演进及商业银行的应对策略［J］. 金融论坛，2014（10）：11-20.

［496］赵昱光，张雪梅 . 信息技术与金融发展［J］. 技术经济与管理研究，2009（05）：104-106.

［497］甄峰，魏宗财，杨山，曹小曙 . 信息技术对城市居民出行特征的影响——以南京为例［J］. 地理研究，2009（05）：1310-1316.

［498］郑六江 . 农信社股东治理、内部人控制与风险承担——来自贵州省 67 家农信社的经验证据［J］. 农业技术经济，2020（02）：93-102.

［499］郑美华 . 农村数字普惠金融：发展模式与典型案例［J］. 农村经济，2019（03）：96-104.

［500］郑旭媛，徐志刚 . 资源禀赋约束、要素替代与诱致性技术变迁——以中国粮食生产的机械化为例［J］. 经济学（季刊），2017，16（01）：45-66.

［501］郑雅萍 . 家庭资本对教育机会平等的影响研究［J］. 东南学术，2017（05）：220-225.

［502］郑中华，特日文 . 中国三元金融结构与普惠金融体系建设［J］. 宏观经济研究，2014（07）：51-57.

［503］钟甫宁，陆五一，徐志刚 . 农村劳动力外出务工不利于粮食生产吗？——对农户要素替代与种植结构调整行为及约束条件的解析［J］. 中国农村经济，2016（07）：36-47.

［504］钟世和，何英华，吴艳 . 基于改进 SFA 模型的银行效率与风险动态关系研究——来自中国 16 家上市商业银行的经验证据［J］. 统计与信息论坛，2018，33（12）：30-36.

［505］钟真，刘世琦，沈晓晖 . 借贷利率、购置补贴与农业机械化率的关系研究——基于 8 省 54 县调查数据的实证分析［J］. 中国软科学，2018（02）：

32-42.

[506] 钟震，郭立．新冠肺炎疫情对中小银行的影响及对策研究［J］．武汉金融，2020（03）：37-41+59.

[507] 周广肃，樊纲．互联网使用与家庭创业选择——来自 CFPS 数据的验证［J］．经济评论，2018（05）：134-147.

[508] 周广肃，李力行．养老保险是否促进了农村创业［J］．世界经济，2016（11）：172-192.

[509] 周广肃，梁琪．互网络使用、市场摩擦与家庭风险金融资产投资［J］．金融研究，2018（01）：84-101.

[510] 周广肃，谢绚丽，李力行．信任对家庭创业决策的影响及机制探讨［J］．管理世界，2015（12）：121-129+171.

[511] 周晶，陈玉萍，阮冬燕．地形条件对农业机械化发展区域不平衡的影响——基于湖北省县级面板数据的实证分析［J］．中国农村经济，2013（09）：63-77.

[512] 周晶，陶士贵．结构性货币政策对中国商业银行效率的影响——基于银行风险承担渠道的研究［J］．中国经济问题，2019（03）：25-39.

[513] 周君，周林．新型城镇化背景下农村基础设施投资对农村经济的影响分析［J］．城市发展研究，2014（07）：14-17.

[514] 周立群，李智华．区块链在供应链金融的应用［J］．信息系统工程，2016（07）：49-51.

[515] 周利，冯大威，易行健．数字普惠金融与城乡收入差距："数字红利"还是"数字鸿沟"［J］．经济学家，2020（05）：99-108.

[516] 周梅，赵德泉．乡村振兴视角下的涉农贷款投放效率分析［J］．金融发展研究，2019（05）：82-86.

[517] 周敏敏．关于推进丘陵山区农业机械化发展的思考［J］．中国农业文摘-农业工程，2016，28（05）：58-59.

[518] 周晓时．劳动力转移与农业机械化进程［J］．华南农业大学学报（社会科学版），2017，16（03）：49-57.

[519] 周月书，彭媛媛．双重目标如何影响了农村商业银行的风险？［J］．中国农村观察，2017（04）：102-115.

[520] 周再清，杨鹤皋．我国农村商业银行效率测度及其影响因素探讨［J］．广州大学学报（社会科学版），2015，14（05）：36-41.

[521] 朱超，宁恩祺．金融发达地区是否存在金融排斥？——来自北京市老年人口的证据［J］．国际金融研究，2017（04）：3-13.

［522］朱超，张林杰．人口结构能解释经常账户平衡吗［J］．金融研究，2012（05）：30-44.

［523］朱辰，陈莉萍．农商行的资本监管［J］．中国金融，2016（23）：95.

［524］朱承亮．支农 VS 盈利：农村信用社双元目标协调性研究——来自陕西省 8 市 79 区县的证据［J］．经济与管理评论，2015（05）：117-125.

［525］朱华明．制度、流动性与农村信用社支农绩效的实证研究［J］．金融研究，2004（12）：119-127.

［526］朱太辉，张彧通．农村中小银行数字化转型［J］．金融监管研究，2021（04）：36-58.

［527］朱太辉，张彧通．农村中小银行数字化转型赋能乡村振兴研究——兼论"双链联动"模式创新［J］．南方金融，2022（04）：55-69.

［528］朱兴雄，何清素，郭善琪．区块链技术在供应链金融中的应用［J］．中国流通经济，2018，32（03）：111-119.

［529］庄雷，周函．金融科技创新与应用的演化博弈研究［J］．金融理论与实践，2020（07）：42-50.

［530］邹瑾．人口老龄化与房价波动——来自中国的经验证据［J］．财经科学，2014（06）：115-124.

［531］邹新月，王旺．数字普惠金融对居民消费的影响研究——基于空间计量模型的实证分析［J］．金融经济学研究，2020，35（04）：133-145.

［532］Adhikari B. K., Agrawal A. Does Local Religiosity Matter for Bank Risk-taking？［J］．Journal of Corporate Finance，2016（38）：272-293.

［533］Aiello F., Bonanno G. Bank Efficiency and Local Market Conditions：Evidence from Italy［J］．Journal of Economics and Business，2016，83（03）：70-90.

［534］Akbari P., Rezavandi R., Vatandost T., Baharestan O. Study of Factors Affecting Operational Electronic Banking Risks in Iran（Case study，Melli Bank of Kernanshah）［J］．International Research Journal of Applied and Basic Sciences，2012，3（10）：2057-2065.

［535］Alan de Brauw，John Giles. Migrant Opportunity and the Educational Attainment of Youth in Rural China［J］．Journal of Human Resources，2017，52（01）：272-311.

［536］Altunba Y., Thornton J., Uymaz Y. The Effect of CEO Power on Bank Risk：Do Boards and Institutional Investors Matter？［J］．Finance Research Letters，2020，33（03）：101-202.

［537］Arenas-Gaitan J., Ramos A. F. V., Peral-Peral B. A Posteriori Segmentation of Elderly Internet Users: Applying Pls－pos [J] . Marketing Intelligence & Planing, 2020, 38 (03): 340-353.

[538] Ariss R. T. On the Implications of Market Power in Banking: Evidence from Developing Countries [J] . Journal of Banking & Finance, 2010, 34 (04): 765－775.

[539] Askitas N. Google Econometrics and Unemployment Forecasting [J] . Applied Economics Quarterly, 2009 (55): 107-120.

[540] Banker R. D. , Chang H. , Lee S. Y. Differential Impact of Korean Banking System Reforms on Bank Productivity [J] . Journal of Banking and Finance, 2010, 34 (07): 1450-1460.

[541] Bauer K. , Hein S. E. The Effect of Heterogeneous Risk on the Early Adoption of Internet Banking Technologies [J] . Journal of Banking & Finance, 2006, 38 (03): 340-353.

[542] Beck H. Banking is Essential, Banks are Not. The Future of Financial Intermediation in the Age of the Internet [J] . Netnomics, 2001, 3 (01): 7-22.

[543] Beck T. , Demirguc－Kunt A. , Peria M. S. M. Reaching Out: Access to and Use of Banking Services across Countries [J] . Journal of Financial Economics, 2007, 85 (01): 234-266.

[544] Beck T. , Chen T. , Lin C. , et al. Financial Innovation: The Bright and the Dark Sides [J] . Journal of Banking and Finance, 2016, 72 (04): 28-51.

[545] Berger A. N. , Clarke G. R. G. , Cull R. , et al. Corporate Governance and Bank Performance: A Joint Analysis of the Static, Selection, and Dynamic Effects of Domestic, Foreign, and State Ownership [J] . Journal of Banking and Finance, 2005, 29 (8-9): 2179-2221.

[546] Berger A. N. The Economic Effects of Technological Progress: Evidence from the Banking Industry [J] . Journal of Money Credit & Banking, 2003, 35 (02): 141-176.

[547] Bikhchandani S. , Hieshleifer D. , Welch I. A Theory of Fads, Fashion, Custom, and Cultural Change as Informational Cascades [J] . Journal of Political Economy, 1992, 100 (05): 992-1026.

[548] Blankenau W. , Youderian X. Early Childhood Education Expenditures and the Intergenerational Persistence of Income [J] . Review of Economic Dynamics, 2015, 18 (02): 334-349.

[549] Bogan V. Stock Market Participation and the Internet [J] . Journal of Finan-

cial and Quantitative Analysis, 2008, 43（01）: 191-211.

［550］Braniff L. Digital Finance and Innovations in Financing for Education ［R］. CGAP Working Paper, 2016.

［551］Chen M., Jeon B. N., Wang R., et al. Corruption and Bank Risk-taking: Evidence from Emerging Economies ［J］. Emerging Markets Review, 2015, 24（05）: 122-148.

［552］Chou W. H., Lai Y. T., Liu K. H. User Requirements of Social Media for the Elderly: A Case Study in Taiwan ［J］. Behaviour & Information Technology, 2013, 32（09）: 920-937.

［553］Christian K., Lukas M., Markus N. Financial Knowledge, Risk Preference, and the Demand for Digital Financial Services ［J］. Schmalenbach Business Review, 2017, 18（12）: 343-375.

［554］Claessens S., Glaessner T., Klingebiel D. Electronic Finance: A New Approach to Financial Sector Development ［EB/OL］. World Bank Publications, 2002（431）: 145-150.

［555］Collins D., Morduch J., Rutherford S., Ruthven O. Portfolios of the Poor: How the World's Poor Live on $2 a Day ［M］. Princeton: Princeton University Press, 2009.

［556］Czaja S. J., Charness N., Fisk A. D., et al. Factors Predicting the Use of Technology: Findings from the Center for Research and Education on Aging and Technology Enhancement（greate）［J］. Psychology & Aging, 2006, 21（02）: 333-352.

［557］Dahl D., Meye R. A., Wiggins N. How Fast will Banks Adopt New Technology this Time? ［J］. The Regional Economist, 2017（04）: 1-2.

［558］Davis F. D. A Technology Acceptance Model for Empirically Testing New End-user Information Systems: Theory and Results ［D］. Massachusetts: Massachusetts Institute of Technology, 1986.

［559］Degryse H., Jonghe O. D., Jakovljevii S., et al. The Impact of Bank Shocks on Firm-level Outcomes and Bank Risk-taking ［EB/OL］.（2016-06）. http://dx.doi.org/10.2139/ssrn.2788512.

［560］Delis M. D., Kouretas G. P. Interest Rates and Bank Risk-taking ［J］. Journal of Banking & Finance, 2011, 35（04）: 840-855.

［561］Dell'Ariccia G., Laeven. L, Marquez R. Real Interest Rates, Leverage, and Bank Risk-taking ［J］. Journal of Economic Theory, 2014, 149（04）: 65-99.

［562］Dias R. Capital Regulation and Bank Risk Taking: New Global Evidence ［J］. Accounting & Finance, 2020, 61 (03): 847-884.

［563］Djankov S. , Qian Y. Y. , Roland G. , Zhuravskaya E. Who are China's Entrepreneurs? ［J］. American Economic Review, 2006, 96 (02): 348-352.

［564］Drake L. , Hall M. J. B. Efficiency in Japanese Banking: An Empirical Analysis ［J］. Journal of Banking and Finance, 2003, 27 (05): 891-917.

［565］Drasch B. J. , Schweizer A. , Urbach N. Integrating the "Troublemakers": A Taxonomy for Cooperation between Banks and Fintechs ［J］. Journal of Economics and Business, 2018 (100): 26-42.

［566］Du Zaichao, Guo Jiannan, Zhang Lin. Guanxi and Income Inequality ［R］. Southwestern University of Finance and Economics Working Paper, 2014.

［567］Dunn T. , Holtz-Eakin D. Financial Capital, Human Capital, and the Transition to Self-employment: Evidence from Intergenerational Links ［J］. Journal of Labor Economics, 2000, 18 (02): 282-305.

［568］Durlauf S. N. , Ioannides Y. M. Social Interactions ［J］. Annual Review of Economics, 2010, 2 (01): 451-478.

［569］Dymski G. A. , Veitch J. M. Financial Transformation and the Metropolis: Booms, Busts, and Banking in Los Angeles ［J］. Environment and Planning, 1996 (07): 1233-1250.

［570］Evans D. S. , Jovanovic B. An Estimated Model of Entrepreneurial Choice under Liquidity Constraints ［J］. Journal of Political Economy, 1989, 97 (04): 808-827.

［571］Furlong F. T. , M. C. Keeley. Capital Regulation and Bank Risk-taking: A Note ［J］. Journal of Banking & Finance, 1989 (13): 883-891.

［572］Galor O, Zeira J. Income Distribution and Macroeconomics ［J］. Review of Economic Studies, 1993 (01): 35-52.

［573］Gambacota L. Monetary Policy and the Risk-taking Channel ［J］. BIS Quarterly Review, 2009, 12 (01): 43-53.

［574］Gan C. , Clemes M. , Limsombunchai V. , et al. A Logit Analysis of Electronic Banking in New Zealand ［J］. International Journal of Bank Marketing, 2006, 24 (06): 360-383.

［575］Gomber P. , Koch J. A. , Siering M. Digital Finance and FinTech: Current Research and Future Research Directions ［J］. Journal of Business Economics, 2017, 87 (05): 537-580.

［576］Guinnane, Timothy W. The Historical Fertility Transition: A Guide for

Economists [J] . Journal of Economic Literature, 2011, 49 (03): 589-614.

[577] Haapanen M., Tervo H. Self-employment Duration in Urban and Rural Locations [J] . Applied Economics, 2009, 41 (19): 2449-2461.

[578] Harkin S. M., Mare D. S., Crook J. N. Independence in Bank Governance Structure: Empirical Evidence of Effects on Bank Risk and Performance [J] . Research in International Business and Finance, 2019, 52 (04): 101-177.

[579] Hermes N., Lensink R., Meesters A. Outreach and Efficiency of Microfinance Institutions [J] . World Development, 2011, 39 (06): 938-948.

[580] Hernando I., María J. Nieto. Is the Internet Delivery Channel Changing Banks' Performance? The Case of Spanish Banks [J] . Journal of Banking & Finance, 2007, 31 (04): 1083-1099.

[581] Hogarth J. M., O' Donnell K. H. Being Accountable: A Descriptive Study of Unbanked Households in the US [C] . Proceedings of the Association for Financial Counseling and Planning Education. 1997.

[582] Izaguirre J. C., Lyman T., Mcguire C., et al. Deposit Insurance and Digital Financial Inclusion [R] . Brief, Washington, D. C. : CGAP, 2016.

[583] Jagtiani J, A. Saunders, G. Udell. The Effect of Bank Capital Requirements on Bank Off-balance Sheet Financial Innovations [J] . Journal of Banking and Finance, 1995, 19 (3-4): 647-658.

[584] Jin N., Fei-Cheng M. Network Security Risks in Online Banking [C] . Proceedings. 2005 International Conference on Wireless Communications, Networking and Mobile Computing, IEEE, 2005.

[585] Kapoor A. Financial Inclusion and the Future of the Indian Economy [J] . Futures, 2014, 56 (01): 35-42.

[586] Karaa I. E., Kugu T. U. Determining Advanced and Basic Financial Literacy Relations and Overconfidence, and Informative Social Media Association of University Students in Turkey [J] . Educational Sciences Theory and Practice, 2016, 16 (06): 1865-1891.

[587] Kasman A., Kasman S. Bank Size, Competition and Risk in the Turkish Banking Industry [J] . Empirica, 2016, 43 (08): 607-631.

[588] Kellner D., Dannenberg M. The Bank of Tomorrow with Today's Technology [J] . International Journal of Bank Marketing, 1998, 16 (02): 90-91.

[589] Lapavitsas C., Dos Santos P. L. Globalization and Contemporary Banking: On the Impact of New Technology [J] . Contributions to Political Economy, 2008, 27

（01）：31-56.

［590］Laukkanen T. Consumer Adoption Versus Rejection Decisions in Seemingly Similar Service Innovations：The Case of the Internet and Mobile Banking ［J］. Journal of Business Research, 2016, 69（07）：2432-2439.

［591］Lian C., Ma Y., Wang C. Low Interest Rates and Risk Taking：Evidence from Individual Investment Decisions ［J］. Review of Financial Studies, 2019, 32（06）：2107-2148.

［592］Liang Pinghan, Guo Shiqi. Social Interaction, Internet Access and Stock Market Participation：An Empirical Study in China ［J］. Journal of Comparative Economics, 2015, 43（04）：883-901.

［593］Luo B., Chong T. T. Regional Differences in Self-employment in China ［J］. Small Business Economics, 2018（02）：1-25.

［594］Lusardi A., Mitchell O. S. Financial Literacy around the World：An Overview ［J］. Journal of Pension Economics & Finance, 2011, 10（04）：497-508.

［595］Malhotra P., Singh B. An Analysis of Internet Banking Offerings and Its Determinants in India ［J］. Internet Research, 2010, 20（01）：87-106.

［596］Malthotra P., Singh B. The Impact of Internet Banking on Bank Performance and Risk ［J］. Eurasian Journal of Business and Economics, 2009, 2（04）：43-62.

［597］Manyika J., Lund S., Singer M. Digital Finance for All：Powering Inclusive Growth in Emerging ［R］. Economies McKinsey Global Institute Working Paper, 2016.

［598］Marcus A. J. Deregulation and Bank Financial Policy ［J］. Journal of Banking & Finance, 1984, 8（04）：557-565.

［599］Mayo E. Financial Exclusion：Can Mutuality Fill the Gap? ［M］. London：New Policy Institute, 1997.

［600］Meng Zhao, Paul Glewwe. What Determines Basic School Attainment in Developing Countries? Evidence from Rural China ［J］. Economics of Education Review, 2009, 29（03）：451-460.

［601］Meslier C., Morgan D. P., Samolyk K., et al. The Benefits and Costs of Geographic Diversification in Banking ［J］. Journal of International Money and Finance, 2016, 69（12）：287-317.

［602］Micco A., Panizza U., Yañez M. Bank Ownership and Performance：Does Politics Matter? ［J］. Journal of Banking and Finance, 2007, 31（01）：219-241.

［603］Mohapatra S., Rozelle S., Goodhue R. The Rise of Self-employment in Rural China：Development or Distress? ［J］. World Development, 2006, 35（01）：

163-281.

［604］Nazaire N. , X. Diao, F. Cossar, S. Kolavalli, K. Jimah, P. Aboagye. Agricultural Mechanization in Ghana: Is Specialized Agricultural Mechanization Service Provision a Viable Business Model? ［J］. American Journal of Agricultural Economics, 2013, 95（05）: 1237-1244.

［605］Nguyen D. D. , Nguyen L. , Sila V. Does Corporate Culture Affect Bank Risk Taking: Evidence from Loan Level Data? ［J］. British Journal of Management, 2018, 30（01）: 106-133.

［606］Nguyen T. , Stuzle R. Implications of an Aging Population on Pension Systems and Financial Markets ［J］. Theoretical Economics Letters, 2012（02）: 141-151.

［607］Niehaves B. , Plattfaut R. , Gorbacheva E. , et al. Analysis of E-inclusion Projects in Russia, Austria and Switzerland ［J］. Interactive Technology and Smart Education, 2010, 7（02）: 72-84.

［608］Norden L. , Buston C. S. , Wagner W. Financial Innovation and Bank Behavior: Evidence from Credit Markets ［J］. Journal of Economic Dynamics and Control, 2014（43）: 130-145.

［609］OECD. PISA 2015 Assessment and Analytical Framework: Science, Reading, Mathematics and Financial Literacy ［R］. PISA, OECD Publishing, Paris, 2016.

［610］Ozili P. K. Impact of Digital Finance on Financial Inclusion and Stability ［J］. Borsa Istanbul Review, 2018, 18（04）: 329-340.

［611］Pathan S. Strong Boards, CEO Power and Bank Risk-taking ［J］. Journal of Banking and Finance, 2009, 33（07）: 1340-1350.

［612］Peterson K. Ozili. Impact of Digital Finance on Financial Inclusion and Stability ［J］. Borsa Instalbul Review, 2018, 18（04）: 329-340.

［613］Phang C. W. , Sutanto J. , Kankanhalli A. , et al. Senior Citizens' Acceptance of Information Systems: A Study in the Context of E-government Services ［J］. IEEE Transactions on Engineering Management, 2006, 53（04）: 555-569.

［614］Press J. Wealth, Information Acquisition, and Portfolio Choice ［J］. Review of Financial Studies, 2004, 17（03）: 227-233.

［615］Rooij M. V. , Lusardi A. , Alessie R. Financial Literacy and Stock Market Participation ［J］. Journal of Financial Economics, 2011, 101（02）: 449-472.

［616］Ryu H. S. What Makes Users Willing or Hesitant to Use Fintech? The Moderating Effect of User Type［J］. Industrial Management & Data Systems, 2018, 118 (03): 541-569.

［617］Safeena R., Kammani A., Date H. Assessment of Internet Banking Adoption: An Empirical Analysis［J］. Arabian Journal for Science and Engineering, 2014, 39 (02): 837-849.

［618］Santomero A., Trester J. Financial Innovation and Bank Risk-taking［J］. Journal of Economic Behavior & Organization, 1998, 35 (01): 25-37.

［619］Sathye, Milind. The Impact of Internet Banking on Performance and Risk Profile: Evidence from Australian Credit Unions［J］. Journal of Banking Regulation, 2005, 6 (02): 163-174.

［620］Saunders A., Strock E., Travlos N. G. Ownership Structure, Deregulation, and Bank Risk Taking［J］. Journal of Finance, 1990, 45 (02): 643-654.

［621］Schafer D., Talavera O., Weir C. Entrepreneurship, Windfall Gains and Financial Constraints: Evidence from Germany［J］. Economic Modelling, 2011, 28 (05): 2174-2180.

［622］Scott S. V., Reenen J. V., Zachariadis M. The Long-term Effect of Digital Innovation on Bank Performance: An Empirical Study of SWIFT Adoption in Financial Services［J］. Research Policy, 2017, 46 (05): 984-1004.

［623］Siliverstovs B., Kholodilin K A., Thiessen U. Does Aging Influence Structural Change? Evidence from Panel Data［J］. Economic Systems, 2011, 35 (02): 244-260.

［624］Simpson J. The Impact of the Internet in Banking: Observations and Evidence from Developed and Emerging Markets［J］. Telematics and Informatics, 2002, 19 (04): 315-330.

［625］Slozko O., Pelo A. Problems and Risks of Digital Technologies Introduction into E-payments［J］. Transformations In Business & Economics, 2015, 14 (01): 225-235.

［626］Stafford B. Risk Management and Internet Banking: What Every Banker Needs to Know［J］. Community Banker, 2001, 10 (02): 48-49.

［627］Standaert W., Muylle S., Cumps B. Opening the Gates: A Framework for an Open Banking Strategy［J］. Journal of Digital Banking, 2020, 40 (04): 364-376.

［628］Stiroh K. J., Rumble A. The Dark Side of Diversification: The Case of US Financial Holding Companies［J］. Journal of Banking & Finance, 2006, 30 (08):

2131-2161.

［629］ Tan Y. , Floros C. Risk, Competition and Efficiency in Banking: Evidence from China［J］. Global Finance Journal, 2018 (35): 223-236.

［630］ Tom Simonite. Project Loon［J］. MIT Technology Review, 2015 (02): 40-45.

［631］ Turvey C. G. , Xiong X. Financial Inclusion, Financial Education, and E-commerce in Rural China［J］. Agribusiness, 2017, 33 (02): 279-285.

［632］ Van Rooij M. C. J. , Kool C. J. M. , Prast H. M. Risk-return Preferences in the Pension Domain: Are People Able to Choose?［J］. Journal of Public Economics, 2007, 91 (03): 701-722.

［633］ Vasiljeva T. , Lukanova K. Commercial Banks and Fintech Companies in the Digital Transformation: Challenges for the Future［J］. Journal of Business Management, 2016 (11): 25-33.

［634］ Wang D. W. , Cai F. , Zhang G. Q. Factors Influencing Migrant Workers' Employment and Earnings: The Role of Education and Training［J］. Social Sciences in China, 2010 (03): 123-145.

［635］ Watson A. Financing Farmers: The Reform of Rural Credit Cooperatives and Provision of Financial Services to Farmers. Rural Financial Markets in China［M］. New York: Asia Pacific Press, 2003.

［636］ Winnefeld C. H. , Permantier A. FinTech-The Digital (R) Evolution in the German Banking Sector?［J］. Business and Management Research, 2017, 6 (03): 65-84.

［637］ Yueh L. Self-employment in Urban China: Networking in a Transition Economy［J］. China Economic Review, 2009, 20 (03): 471-484.

后 记

书稿终于完成的那一刻，"如释重负"的同时又"分外忐忑"。如释重负的原因有二：

一方面，本书是对自己承担的国家自然科学基金项目研究的系统总结。自2018年暑假得知自己幸运地中标国家自然科学基金面上项目（项目名称：乡村振兴战略背景下我国农村数字普惠金融的形成机制及其风险治理研究；项目批号：71873011）后，就计划着以若干家农信机构为对象进行连续地跟踪访问和问卷调查，新冠肺炎疫情给项目研究计划带来了诸多干扰和困难，计划中的调研和问卷调查不得不放弃，线下会议和交流访问不得不挪到线上，一些研究选题也只能放弃，在这样的情况下，能顺利地完成相关的研究任务并发表多篇学术论文实属不易！本书的出版是对我承担的这项国家自然科学基金项目的一个总结，也算是对国家自然科学基金面上项目给予经费资助的一个"交代"吧。

另一方面，本书是对自己过去几年来研究转向的初步总结。自2003年进入中国农业大学经济管理学院跟随导师何广文教授从事农村金融相关研究以来，我的研究始终锁定在农村金融这个大方向上，其间先后接触到小额信贷、微型金融、普惠金融等新概念，并展开相关的研究工作，并先后出版（参编）过多本有关小额信贷、微型金融和普惠金融的著作（例如，何广文主编，张正平等副主编：《小额信贷运作与管理指南（上、下）》，中国金融出版社，2011年5月；张正平：《我国微型金融机构可持续发展问题研究》，经济科学出版社，2013年6月；吴红军、何广文主编，张正平等副主编：《中国农村普惠金融研究报告2015：互联网+农商银行》，中国金融出版社，2016年4月；张正平：《微型金融机构的商业化、风险与目标偏离：理论与实证》，中国金融出版社，2016年1月）。自2015年以来，随着金融科技的快速发展和金融数字化转型的推进，尤其是自2016年G20峰会提出"数字普惠金融"概念以来，我开始将研究的重心转向金融数字化，特别是"数字普惠金融"，并于2019年11月牵头成立了"北京工商大学数字金融研究中心"，本书所收录的研究成果是我过去几年研究转向的初步总结。

而之所以"分外忐忑",原因在于：

第一，本书内容依然非常肤浅。无论是对农村数字普惠金融发展现状和风险的分析，或是对农村数字普惠金融发展的影响因素或经济效益的讨论，受限于数据的可得性、理论应用的合理性等原因，本书对涉及研究内容的探讨依然是非常肤浅的，不免担心视角是否恰当，方法是否合理，逻辑是否顺畅，内容是否清晰。

第二，本书观点难免有所错漏。我国农村金融市场的复杂性、农村基础设施的落后性以及农村市场主体发展的多变性，都注定了农村数字普惠金融发展面临着多重困难，加之数字技术应用带来的不可预知风险和农村金融改革中的利益博弈等因素的影响，要清晰准确地揭示农村数字普惠金融面临的风险、影响因素、经济影响进而给出合理的政策建议，都不是一件容易的事，本书观点因此难免有所错漏，请各位读者批评指正。

本书的出版绝不只是一段研究工作的终结，更应该是开启一段新的研究旅程的标志：面向全面乡村振兴、农业现代化和农业强国建设，农村数字普惠金融高质量发展的相关研究大有可为！

最后，要特别感谢我的妻子和儿子，他们无私的爱和包容为我完成本书相关研究工作提供了力量，谨以此书献给我最爱的妻子和儿子！